Die Umsetzung
des UNCITRAL-Modellgesetzes
über die internationale Handelsschiedsgerichtsbarkeit
im Zuge der nationalen Reformen

Schriftenreihe der August Maria Berges Stiftung für Arbitrales Recht

Herausgegeben von Dr. Hubertus W. Labes

Band 9

PETER LANG
Frankfurt am Main · Berlin · Bern · Bruxelles · New York · Oxford · Wien

Jana Dominique Jaeger

Die Umsetzung des UNCITRAL-Modellgesetzes über die internationale Handelsschiedsgerichtsbarkeit im Zuge der nationalen Reformen

PETER LANG
Europäischer Verlag der Wissenschaften

Die Deutsche Bibliothek - CIP-Einheitsaufnahme

Jaeger, Jana Dominique:

Die Umsetzung des UNCITRAL-Modellgesetzes über die internationale Handelsschiedsgerichtsbarkeit im Zuge der nationalen Reformen / Jana Dominique Jaeger. - Frankfurt am Main ; Berlin ; Bern ; Bruxelles ; New York ; Oxford ; Wien : Lang, 2001
(Schriftenreihe der August-Maria-Berges-Stiftung für Arbitrales Recht ; Bd. 9)
Zugl.: Köln, Univ., Diss., 2000
ISBN 3-631-37554-9

D 38
ISSN 1435-4748
ISBN 3-631-37554-9

Meinen Eltern

Ich danke der August Maria Berges Stiftung für Arbitrales Recht für ihre freundliche Unterstützung durch die Aufnahme meiner Arbeit in ihre Schriftenreihe.

Inhaltsverzeichnis

Abkürzungsverzeichnis

a. A.	anderer Auffassung
a.a.O.	am angegebenen Ort
Abs.	Absatz
AcP	Archiv für die civilistische Praxis
a.F.	alte Fassung
AG	Die Aktiengesellschaft
AGB	Allgemeine Geschäftsbedingungen
AI	Arbitration International
AJIL	American Journal of International Law
Alt.	Alternative
A. L. R.	Alberta Law Reports
Am. Rev. Int. Arb.	American Review of International Arbitration
Anm.	Anmerkung
Arb. & Dispute Resolution L.J.	Arbitration & Dispute Resolution Law Journal
Arb. & the L.	Arbitration & the Law
arg. e contr.	argumentum e contrario
ASA Bull.	Bulletin Association suisse de l'arbitrage
AWD	Außenwirtschaftsdienst des Betriebs-Beraters
BB	Betriebsberater
B.C.L.R.	British Columbia Law Reports
B.C. S.C.	British Columbia *Supreme Court*
Beil.	Beilage
BG	Bundesgericht (Schweiz)
BGB	Bürgerliches Gesetzbuch
BGBl.	Bundesgesetzblatt
BGE	Entscheidungen des Schweizerischen Bundesgerichts
BGH	Bundesgerichtshof
BGHZ	Entscheidungen des Bundesgerichtshofs in Zivilsachen
BT-Drucks.	Bundestags-Drucksache
bzw.	beziehungsweise

c/	contre
Cal.	California
C.B.L.J.	Canadian Business Law Journal
CC	französischer Code Civil
c.i.f.	cost, insurance, freight
CJ belge	Code judiciaire belge
CLOUT	Case Law on UNCITRAL Texts
Colum. J. Transnat'l L.	Columbia Journal of Transnational Law
CoA	Court of Appeal
D.	Dalloz
DAC-Report	Departmental Advisory Committee Report on Arbitration Law
DAJV-NL	Newsletter der Deutsch-Amerikanischen Juristenvereinigung
ders.	derselbe
d.h.	das heißt
DIS	Deutsche Institution für Schiedsgerichtsbarkeit
DZWiR	Deutsche Zeitschrift für Wirtschaftsrecht
EGBGB	Einführungsgesetz zum Bürgerlichen Gesetzbuch
EuÜ	Europäisches Übereinkommen von 1961
EuZW	Zeitschrift für europäisches Wirtschaftsrecht
EWiR	Entscheidungen zum Wirtschaftsrecht
f./ff.	folgende/fortfolgende
F.R.	Federal Reporter
F.2d	Federal Reporter, 2nd Series
F.3d	Federal Reporter, 3rd Series
F.C.A.	Federal Court of Appeal (Canada)
F.C.	Federal Court (Canada)
F.C.R.	Federal Court Reports
F.C. T.D.	Federal Court of Canada, Trial Division
FILJ	Financial International Law Journal, ICSID Review
Fla. AA	Florida International Arbitration Act
Fn.	Fußnote
f.o.b.	free on board
FS	Festschrift
F. Supp.	Federal Supplement
F.T.R.	Federal Trial Reporter

Ga.	Georgia
gem.	gemäß
HGB	Handelsgesetzbuch
HKC	Hong Kong Cases
HKLD	Hong Kong Law Digest
HKLR	Hong Kong Law Report
H.L.	House of Lords
H.L.C.	House of Lords Cases
h.M.	herrschende Meinung
Hrsg.	Herausgeber
HS	Halbsatz
IBA	International Bar Association
I.B.L.	International Business Lawyer
ICC	International Chamber of Commerce
ICCA	International Council for Commercial Arbitration
ICLQ	International & Comparative Law Quarterly
ICSID	International Center for the Settlement of Investment Disputes
ILM	International Legal Materials
IPRax	Praxis des internationalen Privat- und Verfahrensrechts
i.R.d.	im Rahmen der/des
i.S.d.	im Sinne der/des
JIA	Journal of International Arbitration
JDI	Journal du Droit International
JPS	Jahrbuch für die Praxis der Schiedsgerichtsbarkeit
JZ	Juristenzeitung
LCIA	London Court of International Arbitration
Lloyd's L.Rep.	Lloyd's Law Report
McGill L.J.	McGill Law Journal
MDR	Monatsschrift für Deutsches Recht
MüKo	Münchener Kommentar
m. w. N.	mit weiteren Nachweisen
NCPC	Nouveau Code de Procédure Civile (Frankreich)
NJW	Neue Juristische Wochenschrift
No.	Number
Nr.	Nummer
NZG	Neue Zeitschrift für Gesellschaftsrecht
NZPO	Niederländische Zivilprozeßordnung

O.C.	Ontario Court
Ont. C.A.	Ontario Court of Appeal
RabelsZ	Zeitschrift für ausländisches und internationales Privatrecht
Rapports suisses	Rapports suisses présentés au XVème Congrès international de droit comparé
R.C.J.B.	Revue Critique de Jurisprudence Belge
RDAI/IBLJ	Revue de droit et affaires internationales/International Business Law Journal
Rev. arb.	Revue de l'arbitrage
Rev.crit.dr.int.priv.	Revue critique de droit international privé
Rev. dr. jud.	Revue de droit judiciaire
RIW	Recht der Internationalen Wirtschaft
R.J.Q.	Receuil de jurisprudence du Québec
R.S.C.	Revised Statutes of Canada
Rspr.	Rechtsprechung
RTD com.	Revue trimestrielle de droit commercial et de droit économique
S.	Seite/Section (am Satzanfang)
s.	section
SchG	Schiedsgesetz
SchO	Schiedsordnung
SJZ	Schweizer Juristen Zeitung
schweiz. IPRG	Bundesgesetz über das Internationale Privatrecht (Schweiz)
Secr. Note	Secretariat Note (UNCITRAL)
SLT	Scots Law Times
st. Rspr.	ständige Rechtsprechung
Texas Int'l. L.J.	Texas International Law Journal
TvA	Tijdschrift voor Arbitrage
u.a.	unter anderem
UCC	Uniform Commercial Code
ULR/RDU	Uniform Law Review/Revue de Droit Uniforme
UN	United Nations
UNCITRAL	United Nations Commission on International Trade Law
v.	vom/versus
Vand. L. Rev.	Vanderbilt Law Review
vgl.	vergleiche
Vol.	Volume

WG Rep.	Working Group Report
W.L.R.	Weekly Law Reports
WM	Wertpapier Mitteilungen
W.W.R.	Western Weekly Reports
YB	Yearbook Commercial Arbitration
z.B.	zum Beispiel
ZEuP	Zeitschrift für Europäisches Privatrecht
ZfRV	Zeitschrift für Rechtsvergleichung, Int. Privatrecht und Europarecht
ZGR	Zeitschrift für Unternehmens- und Gesellschaftsrecht
ZHK-SchO	Zürcher Handelskammer – Schiedsordnung
ZHR	Zeitschrift für das gesamte Handelsrecht und Wirtschaftsrecht
ZIP	Zeitschrift für Wirtschaftsrecht
zit.	zitiert
ZPO	Zivilprozeßordnung
ZRP	Zeitschrift für Rechtspolitik
ZVglRWiss	Zeitschrift für Vergleichende Rechtswissenschaft
ZZP	Zeitschrift für Zivilprozeß

Einleitung

Die oftmals pauschal behaupteten Vorteile der Schnelligkeit und Kostengünstigkeit des Schiedsverfahrens können heute – zumindest auf internationaler Ebene – keine uneingeschränkte Geltung mehr beanspruchen[1]. Die Komplexität der internationalen Verfahren, die auch der Schnelligkeit eines effektiv arbeitenden Schiedsgerichts Grenzen setzt sowie die häufig enormen Streitwerte sind nur zwei Gründe, die dazu beigetragen haben, daß Dauer und Kosten eines solchen Verfahrens dem staatlichen weitgehend entsprechen[2]. Paradoxerweise ist diese Entwicklung eine Folge der steigenden Beliebtheit des Schiedsverfahrens. Dieses ist für die Beilegung von Streitigkeiten aus internationalen Wirtschaftsverträgen schon längst zur Regel geworden[3]. Fast 90 % aller grenzüberschreitenden Wirtschaftsverträge enthalten eine Schiedsklausel[4], darunter auch die, bei denen die Höhe des Streitwertes den „Kampf mit allen Mitteln" zu rechtfertigen scheint. Die Tatsache, daß die Effektivität eines Schiedsverfahrens als privates Verfahren stark von der Kooperation, der Fairneß und der Einigungsbereitschaft der Parteien abhängt – Voraussetzungen, die eigentlich in der Natur der Schiedsgerichtsbarkeit liegen – scheint im heutigen Rechtsverkehr immer mehr in Vergessenheit zu geraten[5]. Vielmehr hat sich eine Streitkultur entwickelt[6], bei der oftmals alle prozessualen Möglichkeiten für eine Verzögerung des Verfahrens ausgeschöpft werden, um z.B. bei hohen Streitwerten etwaige Zinsvorteile auszunutzen oder wertvolle Vermögensgegenstände aus dem Vollstreckungsforum zu verbringen.

---

1 Vgl. hierzu insbesondere Lachmann, Rn.163, 1048 ff., der bei Streitwerten bis zu 100.000,- aus Kostengründen von einem Schiedsverfahren abrät; Gruber, ZRP 1990, 172 (173); Storme/De Ly, S. 1 (3); vgl. auch OGH, Urt. v. 23.2.1998, ZfRV 1999, 24 m. Anm. Michaels, ZfRV 1999, 5.

2 Jarvin, Rev. arb. 1986, 509 (513). Hinzu kommen z.B. Kosten für Anreise, Übernachtung und Tagungsräume bzw. die Bezahlung einer Schiedsinstitution.

3 Craig, Texas Int'l L.J. 30 (1995), 1 (2); Kerr, AI 1997 (13/2), 121 (123); Kirry, AI 1996 (12/4), 373.

4 Berger, RIW 1994, 12; Böckstiegel, DRiZ 1996, 267 (269).

5 Vgl. hierzu auch Leurent, Note – *Société Procédés de préfabrication de béton c/ Libye*, Rev. arb. 1998, 402 (403).

6 Besson, Nr. 42; Berger, Kodifizierung, S. 68; Storme/De Ly, S. 1 (3); Fouchard, McGill L.J. 34 (1989), 435.

Diese Tendenz zu prozeßtaktisch günstigem Verhalten wird durch den von einigen Staaten exzessiv betriebenen Trend zur Liberalisierung des Schiedsverfahrens noch begünstigt. Beleg dessen sind die zahlreichen Reformen im Bereich des Schiedsverfahrensrechts seit Anfang der achtziger Jahre, in deren Vordergrund der Wunsch nach Vergrößerung der Parteiautonomie, Verringerung der gerichtlichen Kontrollmöglichkeiten sowie weitestgehender Einschränkung zwingender nationaler Vorschriften stand. Ziel dieser Reformen war es, das Schiedsrecht durch erhöhte Effektivität attraktiver zu machen bzw. den Status eines schiedsfreundlichen Staates beizubehalten, um so möglichst viele internationale Schiedsverfahren anzuziehen[7]. Dies berücksichtigt die Tatsache, daß sich die internationale Schiedsgerichtsbarkeit im Laufe der letzten fünf Jahrzehnte zu einer eigenen Industrie entwickelt hat, deren wirtschaftliche Bedeutung man nicht länger ignorieren konnte[8].

England machte den Anfang[9], als es sein Schiedsrecht 1979[10] reformierte. Bereits zu diesem Zeitpunkt wurde der Erlaß eines neuen, noch umfassenderen Schiedsgesetzes diskutiert, das mit dem *Arbitration Act 1996*[11] realisiert wurde, und von dem England sich den wahren Durchbruch als Zentrum der internationalen Schiedsgerichtsbarkeit erhoffte[12]. Dem Beispiel Englands folgten viele Staaten innerhalb und außerhalb Europas mit Reformen und Teilreformen[13] sowohl des nationalen als auch des internationalen Schiedsverfahrensrechts[14].

---

7 Vgl. Mustill, JIA 1989 (6/2), 43 (53): „[It is an] undeniable fact that contemporary legislation in more than one country has had at least one eye on the direct and indirect economic advantages of attracting disputants to come and arbitrate in one's own country rather than somewhere else", Romeu-Matta, Am. Rev. Int. Arb. 1990, 140.

8 Vgl. nur Schumann, RIW 1987, 415 (416).

9 Die im folgenden genannten Gesetze sind fast alle im ICCA-Handbook in englischer Version abgedruckt. Sofern dies nicht der Fall ist, werden andere Quellen angegeben.

10 UK Arbitration Act vom 4. April 1979, abgedruckt in ILM 1979, 1246 ff.; siehe auch YB V (1980), S. 239 ff.

11 *The Arbitration Act 1996 (Commencement n° 1) Order* 1996, 1996 n° 3146 (C.96), ICCA-Handbook I; vgl. auch LCIA-Report, S. 1.

12 Dem DAC-Report folgend, hat England nicht das ModG übernommen, sondern ein eigenes Schiedsgesetz erlassen, das auf den i.R.d. englischen Rechtstradition entwickelten Prinzipien aufbaut, das allerdings in Struktur und Inhalt stark dem ModG angeglichen ist.

13 Eine Teilreform hat z.B. in Belgien stattgefunden, Loi relative à l'annulation des sentences arbitrales v. 27. 3.1985, Moniteur belge v. 13.4.1985, abgedruckt in Rev. arb. 1985, 461 [im folgenden *CJ belge* a.F.]; genaugenommen handelte es sich bei dieser „Reform" um die Änderung einer einzigen Vorschrift, nämlich des Art. 1717 *CJ belge*, dem ein Absatz 4 angefügt wurde. Seit dem 19. Mai 1998 verfügt auch Belgien über ein neues Schiedsgesetz. Art. 1676 – 1723 *CJ belge* v. 4.7.1972, geän-

Vor allem bei den früheren Reformvorhaben bis ca. 1986, zu denen auch die Reformen der Länder mit der längsten Tradition im Bereich der Schiedsgerichtsbarkeit gehören[15], entwickelte sich ein regelrechter Wettlauf, bei dem die einzelnen Staaten versuchten, sich gegenseitig mit besonders liberalen Regelungen zu übertrumpfen[16]. Die dadurch entstandene große Divergenz der nationalen Regeln stellte einen erheblichen Unsicherheitsfaktor für die Vorhersehbarkeit eines Verfahrens und die Durchsetzbarkeit des Schiedsspruchs dar, so daß die Bedeutung der Wahl des Schiedsortes[17] immer größer wurde[18]. Denn bei Regelungslücken in der Parteivereinbarung wird grundsätzlich auf das am Schiedsort geltende Recht zurückgegriffen[19].

---

dert am 27.3.1985, geändert am 19.Mai 1998, abgedruckt in RDAI/IBLJ 1998/7, 854 [im folgenden *CJ belge*].

14 Für einen bis 1996 vollständigen Überblick siehe Sanders, Nr. 30, S. 18-22. Die jüngste europäische Reform hat in Schweden stattgefunden, wo das neue Schiedsverfahrensgesetz am 1.4.1999 in Kraft getreten ist, *Lag om skiljeförfarande* [im folgenden *LSF*], englische Übersetzung erhältlich bei der DIS; vgl. hierzu Strempel/Hober, BB 1999, Beil. 4, S. 8.

15 Z.B. FRANKREICH, Dekret 81-500 vom 12. Mai 1981 (4. Buch, Art. 1442 – 1507 Code de Procédure Civil); Titel 5 behandelt das internationale Schiedsverfahren (Art. 1492 – 1497); Journal Officiel v. 14.05.1981, ICCA-Handbook II [im folgenden *NCPC*]; die SCHWEIZ, Bundesgesetz über das Internationale Privatrecht vom 18. Dezember 1987, 12. Kapitel Art. 176 – 194 – Internationales Schiedsverfahrensrecht, SR Nr. 291; abgedruckt bei Labes/Lörcher, Nr. 8 [im folgenden *schweiz. IPRG*]; die NIEDERLANDE, Staatsblad 1986, Nr. 372; Boek IV van het Wetboek van Burgerlijke Rechtsvordering, Art. 1020 – 1076, abgedruckt bei Berger, Wirtschaftsschiedsgerichtsbarkeit, Anhang C.II., S. 633 [im folgenden *NZPO*]; BELGIEN, Loi relative à l'annulation des sentences arbitrales v. 27. 3.1985, Moniteur belge v. 13.4.1985, abgedruckt in Rev. arb. 1985, 461 [im folgenden *CJ belge* a.F.].

16 Vgl. z.B. England, Frankreich, die Schweiz, die Niederlande.

17 Im folgenden wird die Bezeichnung „Schiedsort“ für den Ort verwendet, der als formales Legaldomizil in der Schiedsvereinbarung von den Parteien festgelegt wird und die Verbindung zwischen dem Schiedsverfahren und dem am Sitz geltenden Schiedsrecht darstellt. Der „Schiedsort“ ist zu unterscheiden vom „Sitz des Schiedsgerichts“ als dem Ort, an dem das Schiedsgericht sich zur Durchführung des Verfahrens jeweils befindet. Selbst wenn das Schiedsgericht das Verfahren nicht am Schiedsort durchführt, bestimmt sich das anwendbare Recht nach diesem Ort. Siehe hierzu auch unten, 1. Kapitel, VI.3.

18 Vgl. nur die Verhandlungen für die Schiedsvereinbarung i.R.d. Konsortialvertrages zum Bau des Ärmelkanaltunnels, in der die Wahl der Schweiz als Schiedsort abgelehnt wurde, da das schweizerische Schiedsrecht zu große Anfechtungsmöglichkeiten böte und auf diese Weise Sabotagehandlungen der Schiedsrichter begünstigt werden könnten. Statt dessen wurde Belgien als Schiedsort gewählt; Editorial, ASA Bull. 1987, 150 f.; *Safri* v. *Comgrap*, ASA Bull. 1986, 77 ff.

19 Vgl. zur Wichtigkeit des Schiedsortes, Storme/De Ly, The Place of Arbitration, 1992; Jarvin, I.B.L. 1988, 417 ff.; Gaillard, FILJ 1987, 424 ff.; Lionnet, S. 94 ff.

Für das internationale Schiedsverfahren ergaben sich daraus zwei Konsequenzen: entweder wurde die Bedeutung der Wahl des Schiedsortes von den Parteien verkannt. Dann wurden ihre Erwartungen in das Verfahren und seine Vorhersehbarkeit regelmäßig durch unerwartete zwingende Vorschriften des Rechts des Schiedsortes enttäuscht und zunichte gemacht. Oder die Parteien wählten den Schiedsort bewußt aus, dann konnten sie im Wege des *forum shopping*[20] durch eine geschickte Auswahl des Schiedsortes ihre Interessen durchsetzen und der gegnerischen, meist schwächeren oder unerfahreneren Partei schaden. Auf diese Weise wurde auch mancher Ort, der sich aus praktischen Erwägungen als Schiedsort für das Verfahren angeboten hätte, abgelehnt. Die überragende Bedeutung, die damit der Wahl des Schiedsortes zukam, wurde als überaus mißlich empfunden und verstärkte so den schon vorher bestehenden Wunsch, das Schiedsverfahrensrecht zu vereinheitlichen.

Am 21. Juni 1985 wurde das UNCITRAL-Modellgesetz (ModG)[21] durch die für das internationale Handelsrecht zuständige Kommission der Vereinten Nationen verabschiedet[22], und den Mitgliedstaaten von der Vollversammlung der Vereinten Nationen am 11. Dezember 1985 zur Berücksichtigung bei künftigen Reformen des Schiedsprozeßrechts empfohlen[23]. Das große Interesse, von dem dieses Vorhaben von Anfang an geprägt war, läßt sich daran erkennen, daß Repräsentanten aus über 50 Staaten mit verschiedenen Rechts- und Wirtschaftssystemen sowie fünfzehn internationale Organisationen an den Beratungen teilnahmen. Das Hauptziel des ModG ist die Vereinheitlichung und Verbesserung des Schiedsverfahrensrechts, die durch eine weltweit möglichst unveränderte Umsetzung des ModG in den einzelnen Rechtsordnungen erreicht werden soll. Diese erhoffte globale Verbreitung des ModG soll die Bedeutung der Wahl des

20 Hußlein-Stich, S. 20 f.; vgl. zum *forum shopping* auch Kropholler, FS Firsching, S. 165 ff.

21 Im folgenden ModG.

22 1978 gründeten die Vereinten Nationen einen Sonderausschuß für den Bereich des internationalen Wirtschaftsrechts, *United Nations Commission for International Trade Law – UNCITRAL*. Dieser erarbeitete zunächst die UNCITRAL Arbitration Rules, bevor 1979 auf einer Konferenz in Paris u.a. mit der Internationalen Handelskammer, dem International Council for Commercial Arbitration (ICCA) und dem Asian-African Legal Consultative Committee (AALCC) beschlossen wurde, ein Modellgesetz für die internationale Wirtschaftsschiedsgerichtsbarkeit auszuarbeiten.

23 Resolution adopted by the General Assembly of the United Nations, Documentation A/RES/40/72 vom 6. Februar 1986. Der entscheidende Text lautet: The General Assembly, [...] 2. recommends that all States give due consideration to the Model Law on International Commercial Arbitration, in view of the desirability of uniformity of the law of arbitral procedures and the specific needs of International Commercial Arbitration practice.“

Schiedsortes reduzieren, indem durch eine Vereinheitlichung der nationalen Schiedsgesetze ein vergrößertes Angebot an gleichwertigen Schiedsorten geschaffen wird[24].

Im Rahmen der Erarbeitung des ModG galt als vorrangig zu lösendes Problem, daß nur die wenigsten Rechtsordnungen über ein den internationalen Bedürfnissen angepaßtes Schiedsverfahrensrecht verfügten. Häufig wurden deshalb auch internationale Schiedsverfahren auf der Grundlage der inländischen Schiedsverfahrensgesetze entschieden, was zur Anwendung inädaquater nationaler Prozeßgrundsätze in diesen Verfahren führte[25]. Es wurde deshalb darauf geachtet, Regelungen zu entwerfen, die der sog. *spécificité*[26], der Besonderheit des internationalen Schiedsverfahrens, Rechnung tragen sollten[27]. Diese *spécificité* äußert sich in einer gewissen Eigengesetzlichkeit der internationalen gegenüber der nationalen Schiedsgerichtsbarkeit[28], aufgrund derer die internationale Schiedsgerichtsbarkeit eigener, liberaler Gesetze bedarf, um zu angepaßten Lösungen zu kommen.

Im internationalen Schiedsverfahren nimmt die Parteiautonomie deshalb einen besonders hohen Stellenwert ein[29]. Um dem gerecht zu werden, basiert das ModG auf einem sog. *two-level system*. Dementsprechend bestimmen grundsätzlich die Parteien den Ablauf des Verfahrens. Nur wenn die Parteien keine Regelung getroffen haben, greifen die Vorschriften des ModG ein, damit das Verfahren ohne Verzögerung fortgesetzt werden kann. Die hervorgehobene Stellung der Parteiautonomie wird durch die Reduzierung der Rolle der staatlichen Gerichte verstärkt, deren Interventionsmöglichkeiten im ModG auf ein Minimum reduziert wurden. Die dadurch bewirkte erhöhte Mitverantwortung der Parteien für das Verfahren, findet ihr Gegengewicht in dem Grundsatz des *due process of law,* der die Durchführung eines geregelten und fairen Verfahrens sicherstellt. Dabei sind zwingende Verfahrensvorschriften nur vorgesehen, soweit dies für die Beachtung fundamentaler Verfahrensgrundsätze und die Gleichbehandlung der Parteien notwendig ist[30].

Die Verfasser des ModG wollten ein Regelwerk schaffen, das sich durch Vollständigkeit, gute Verständlichkeit und einen hohen Wiedererkennungswert

24 7th Secr. Note, A/CN.9/264, unter 8-9; Kerr, ICLQ 34 (1985), 1 (6).

25 Herrmann, ULR/RDU 1985, 285 (288 f.); Lionnet, AI 1998 (14/1), 57 (59).

26 Dieser Begriff wurde von Lalive, Rev. arb. 1980, 341 (345 ff.) und Fouchard, Rev. arb. 1981, 449, eingeführt.

27 Jarvin, Rev. arb. 1986, 509.

28 Berger, Wirtschaftsschiedsgerichtsbarkeit, S. 6; Herrmann, ULR/RDU 1998, 483 (486).

29 Lionnet, AI 1998 (14/1), 57 (60).

30 Böckstiegel, RIW 1984, 670 (675).

auszeichnet[31]. Das ModG spiegelt die in den letzten Jahrzehnten weltweit in der Schiedsgerichtsbarkeit entwickelten Grundsätze, Ansichten und Interpretationsrichtlinien wider[32], und stellt so einen Konsens dessen dar, was die unterschiedlichen Rechts- und Wirtschaftssysteme in der internationalen Schiedsgerichtsbarkeit für sinnvoll und durchführbar halten. Von der Schiedsvereinbarung bis zur Anerkennung und Vollstreckung eines Schiedsspruchs deckt das ModG alle Bereiche des internationalen Verfahrens ab.

Ein auf breite Akzeptanz gerichteter Gesetzesentwurf muß aber zwangsläufig in vielen Bereichen Kompromisse schließen[33]. Das ModG sieht sich deshalb mit der Kritik konfrontiert, daß es nicht immer den neusten Rechtsstandard erreicht und außerdem durch eine möglichst generelle Formulierung Lücken bzw. zu enge oder sachlich verbesserungswürdige Vorschriften aufweist, die sogar zu einer Verschlechterung des Rechtsschutzniveaus führen könnten. Ebenso wird eine gelegentlich zu starke Anlehnung an das UN-Übereinkommen, etwa beim Unterschriftserfordernis, kritisiert, da hierdurch flexible und moderne Lösungen verhindert würden[34].

Es kann vorweggenommen werden, daß das Ziel einer weltweit einheitlichen Übernahme des Gesetzestextes nicht erreicht wurde. Zwar wurde das ModG mittlerweile von 33 Staaten[35] – nämlich Ägypten[36], Australien[37], Bahrain[38], den

---

31 Vgl. UN Dok. A/CN.9/207, unter 27: What has to be done first is to work towards a clear and complete set of rules establishing fair and modern standards of international arbitration which would be acceptable to the different legal and economic systems of the world.

32 Schumacher, FS Glossner, S. 341 (342).

33 Gegen den Ausdruck vom „kleinsten gemeinsamen Nenner" wendet sich Herrmann, ULR/RDU 1998, 484 (488).

34 Vgl. etwa Berger, Wirtschaftsschiedsgerichtsbarkeit, S. 36; Jarvin, Rev. arb. 1986, 509 (511).

35 Nach Auskunft des Sekretariats der UNCITRAL vom 13. April 1999; vgl. http://www.un.or.at/uncitral.

36 Law No. 27/1994 – *Law on Arbitration in Civil and Commercial Matters*, in Kraft getreten am 22.5.1994; ICCA-Handbook II, Egypt, Annex I-1 ff.; vgl. auch Aboul-Enein, AI 1995 (11/1), 75 ff. [im folgenden *ägypt. SchG*].

37 *International Arbitration Act*, eingeführt als Part III (International Commercial Arbitration) durch die *International Arbitration Amendment Bill 1988*, die den Arbitration (Foreign Awards and Agreements) Act 1974 erweitert hat. Das ModG wurde ohne Änderungen für Australien, einschließlich der sechs Provinzen und zwei Territorien übernommen, die Parteien können seine Anwendung aber schriftlich ausschließen. Die zum ModG gemachten Ausführungen gelten entsprechend. Abgedruckt in AI 1990, 194 ff.; ICCA-Handbook I, Australia, Annex II-1 ff. [im folgenden *Australia AA*].

38 *Decree Law No. 9 of 1994 with respect to Promulgation of International Commercial Arbitration*, in Kraft getreten am 16.8.1994. Das ModG wurde ohne Änderung

Bermudas[39], Bulgarien[40], Deutschland[41], Guatemala, Hong Kong (Special Administrative Region)[42], Indien[43], Iran (Islamische Republik Iran)[44], Irland[45], Kanada[46] (sowohl auf Bundesebene[47], als auch in allen Bundesstaaten und den Territorien[48]), Kenia[49], Litauen[50], Malta[51], Mexiko[52], Neuseeland[53], Nigeria[54],

übernommen, die Parteien können seine Anwendung aber ausschließen. Die zum ModG gemachten Ausführungen gelten entsprechend.

39 *Bermuda International Conciliation and Arbitration Act 1993*, in Kraft getreten am 29.6.1993 [im folgenden *Bermudas AA*].

40 *Law on International Commercial Arbitration* (LICA) vom 29.7.1988 [im folgenden *LICA*].

41 §§ 1025 ff. ZPO, ICCA-Handbook II mit Nationalbericht von Böckstiegel [im folgenden ZPO].

42 *Arbitration (Amendment) (No.2) Ordinance* (No. 64/89), in Kraft getreten am 6.4.1990, geändert durch Arbitration (Amendment) Ordinance (No. 75/96), in Kraft getreten am 27.6.1997; das ModG wurde mit unwesentlichen Änderungen durch Verweis in s. 34 C HK Arbitration Ordinance übernommen. Die Ausführungen zum ModG gelten entsprechend. [im folgenden *HK Arbitration Ordinance*].

43 *The Arbitration and Conciliation Ordinance*, 1996 (No.8 of 1996) [im folgenden *ind. AA*].

44 *Law on International Commercial Arbitration*, Official Gazette No. 15335, 20.10.1997, in Kraft getreten am 5.11.1997; in der Literatur bestehen Zweifel, ob durch das neue iranische Schiedsverfahrensgesetz wirklich das ModG umgesetzt wurde. Jedenfalls wurden sofort umfassende Reformen gefordert. Auf die Rechtslage im Iran wird deshalb im Rahmen dieser Arbeit nicht eingegangen werden. Vgl. hierzu Gharavi, AI 1999 (15/1), 85 ff.

45 Arbitration Act, 1980.

46 Ausführliche Literaturhinweise bei Biukovic, C.B.L.J. 1998 (30/3), 376 (Fn.3).

47 *Commercial Arbitration Act*, R.S.C. 1985,C-34.6 [im folgenden *Kanada AA*]

48 ALBERTA, S.A. 1986, c. I-6.6 [im folgenden *Alberta AA*]; BRITISCH KOLUMBIEN, S.B.C. 1986, c.14 geändert durch R.S.B.C. 1996, c. 233 [im folgenden *B.C. AA*]; MANITOBA, S.M. 1986, c.32 [im folgenden *Manitoba AA*], NEU BRAUNSCHWEIG, S.N.B. 1986, c. I-12.2 [im folgenden *N.B. AA*]; NEUFUNDLAND, S.N. 1986, c. 45 [im folgenden *Nfdl. AA*]; NEU SCHOTTLAND, R.S.N.S. 1989, c. 234 [im folgenden *N.S. AA*]; ONTARIO, R.S.O. 1990, c. I-9 [im folgenden *Ont. AA*]; PRINZ EDWARD INSEL, R.S.P.E.I. 1988, c. I-5 [im folgenden *P.E.I. AA*]; QUÉBEC, S.Q. 1986, c. 73 [im folgenden *Québec AA*]; SASKATCHEWAN, R.S.S. 1978, c. I-10.2 (in Kraft seit dem 15.6.1988) [im folgenden *S.S. AA*]; NORDWEST TERRITORIEN, R.S.N.W.T. 1988, c.I-6 [im folgenden *N.W.T. AA*]; YUKON, S.Y. 1987, c. 14 [im folgenden *Yukon AA*].

49 *The Arbitration Act 1995* (No.4 of 1995), verabschiedet am 10.8.1995, in Kraft getreten am 2.1.1996, [im folgenden *Kenia AA*].

50 Das Gesetz in Litauen ist seit Mai 1996 in Kraft, BB 1999, 12 [im folgenden *Litauen AA*].

51 *Arbitration Act 1996 No. II of 1996*, 13.2.1996; das ModG wurde ohne wesentliche Änderungen übernommen. Die zu den gesetzlichen Regelungen des ModG gemachten Ausführungen gelten entsprechend [im folgenden *Malta AA*].

Oman[55], Peru[56], Russischen Föderation[57], Schottland[58], Singapur[59], Sri Lanka[60], Tunesien[61], Ukraine[62], Ungarn[63], innerhalb der Vereinigten Staaten von Connecticut[64], Kalifornien[65], Oregon[66] und Texas[67]; in Simbabwe[68] und Zypern[69] unverändert oder jedenfalls größtenteils textgleich übernommen[70].

---

52 *Decree 22 July 1993 Containing Amendments and Diverse Additional Provisions made to the Commercial Code and the Federal Code of Civil Procedure*, Art. 1415 – 1463 Commercial Code, Official Gazette v. 22.7.1993, ICCA-Handbook III, Mexico, Annex I-1 ff. [im folgenden *mex. CC*].

53 *Arbitration Act 1996*, in Kraft getreten am 1.7.1997 [im folgenden *Neuseeland AA*].

54 *Arbitration And Conciliation Decree 1988*, Decree No. 11, Part III, Artikel 43 bis 47, in Kraft getreten am 14.3.1988 [im folgenden *Nigeria AA*].

55 *The Law of Arbitration in Civil and Commercial Disputes*, in Kraft getreten am 1.7.1997, veröffentlicht durch das Sultani Decree No. 47/97 [im folgenden *Oman AA*].

56 *General Arbitration Law*, Decree Law No. 26572, in Kraft getreten am 6.1.1996, Section Two, Artikel 88 ff., ICCA-Handbook III, Peru, Annex I-1 ff. [im folgenden *GAL Peru*].

57 *Gesetz über die internationale Handelsschiedsgerichtsbarkeit* v. 7.7.1993; das ModG wurde fast wortwörtlich und mit derselben Numerierung der Artikel übernommen [im folgenden *russ. SchG*].

58 *Law Reform (Scotland) Act 1990*, s.66 and Sched.7; ICCA-Handbook III, Scotland, Annex I-1 ff. [im folgenden *Scotland Act*].

59 *International Arbitration Act 1994*, in Kraft getreten am 25.1.1995, ICCA-Handbook II, Singapur, Annex I-1 ff.; das ModG wurde ohne wesentliche Änderungen übernommen. Die zu den gesetzlichen Regelungen des ModG gemachten Ausführungen gelten entsprechend [im folgenden *Singapur IAA*].

60 *Arbitration Act No. 11 of 1995, veröffentlicht in der Gazette of the Democratic Socialist Republic of Sri Lanka* v. 30.6.1995 [im folgenden *Sri Lanka AA*].

61 *Code de l'arbitrage*, Gesetz Nr. 93-42 vom 26.4. 1993 [im folgenden *tunes. SchG*].

62 *Law on International Commercial Arbitration*, 24.2.1994 [im folgenden *Ukraine AA*].

63 *Act LXXI of 1994 on Arbitration*, in Kraft getreten am 8.11.1994, ICCA-Handbook II, Hungary, Annex I-1 ff. [im folgenden *ungarisches SchG*].

64 *An Act Concerning the UNCITRAL Model Law on International Commercial Arbitration*, Conn. Gen. Stat. Ann., §§ 52-408 et seq., 1.10. 1989. Connecticut hat das ModG wörtlich übernommen, so daß die zu den gesetzlichen Regelungen des ModG gemachten Ausführungen entsprechend gelten [im folgenden *Conn. AA*].

65 *An Act to add Title 9.3 to Part 3 of the Code of Civil Procedure*, 4.3.1988, California Code Civ. Proc., §§ 1297.11-1297.432. Kalifornien hat das ModG fast wörtlich übernommen [im folgenden *kalif. AA*].

66 *International Commercial Arbitration and Conciliation Act*, 29.9.1991 [im folgenden *Oregon AA*].

67 *An Act relating to the Arbitration or Conciliation of International Commercial Disputes*, 1.9.1989, Texas Rev. Civ. Stat. Ann., Title 10, Articles 249-1 to 249-43, Texas hat das ModG fast wörtlich übernommen. Auf die zum ModG gemachten Ausführungen kann bis auf wenige Ausnahmen verwiesen werden [im folgenden *Texas AA*].

In Anbetracht der Skepsis, die dem ModG anfänglich entgegengebracht wurde[71], stellt dies einen großen Erfolg dar. Doch handelt es sich hierbei hauptsächlich um Länder, die vorher entweder über gar kein Schiedsgesetz verfügten – in diese Kategorie fallen Entwicklungsländer, die das ModG als erstmalige rechtliche Regelung des Schiedsverfahrens übernommen haben – oder um Länder, die nur über ein sehr veraltetes und unvollständiges Gesetz verfügten. Dies entsprach der Situation in Deutschland, dessen neues Schiedsverfahrensrecht im 10. Buch der ZPO (§§ 1025 – 1066 ZPO) enthalten ist[72] und auf dem ModG basiert. Die Reformierung des noch aus dem Jahre 1877[73] stammenden deutschen Schiedsverfahrensrechts wurde seit langem dringend gefordert, wobei vor allem auf die schlechte Position Deutschlands als Austragungsort für internationale Schiedsverfahren verwiesen wurde[74]. Diese stand in keinem Verhältnis zu Deutschlands führender Position im Welthandel[75]. Bei der Suche nach Erklärungen wurde deutlich, daß dieser Standortnachteil nicht allein auf inhaltliche Nachteile des, zumindest von Kennern als „extrem liberal[76]„ angesehenen, deutschen Schiedsverfahrensrechts zurückzuführen war. Auch psychologische Aspekte[77] oder sprachliche Hindernisse[78] konnten die Meidung Deutschlands bei

---

68 *Arbitration Act 1996 No. 6 of 1996*, in Kraft getreten am 13.9.1996 [im folgenden *Simb. AA*].

69 *The International Commercial Arbitration Law 1987*, ICCA-Handbook I, Cyprus, Annex I-1 ff.; das ModG wurde ohne wesentliche Änderungen übernommen. Die zu den gesetzlichen Regelungen des ModG gemachten Ausführungen gelten entsprechend [im folgenden *zypr. SchG*].

70 Im folgenden werden diese Länder der Einfachheit halber als Modellgesetzjurisdiktionen bezeichnet, vgl. Sanders, der von „Model law countries" spricht, AI 1995 (11/1), 1.

71 vgl. nur Calavros, S. 7.

72 Neufassung durch das Schiedsverfahrens-Neuregelungsgesetz vom 22. Dezember 1997, in Kraft seit dem 1.1.1998, u.a. abgedruckt bei Labes/Lörcher, Nr. 4, S. 53 ff.

73 10. Buch der ZPO vom 30.1.1877, i. d. F. der Bekanntmachung vom 12.9.1950.

74 Triebel, AnwBl 1985, 296; Sandrock, Am. Rev. Int. Arb. 1990, 49.

75 Sandrock, Am. Rev. Int. Arb. 1990, 49; Schumann, RIW 1987, 415 (416).

76 Lörcher, AI 1995 (11, No. 4), 391; v. Hoffmann, IPRax 1986, 337 (340) bezeichnet es sogar als eines der liberalsten der Welt; Sandrock, Am. Rev. Int. Arb. 1990, 49 (50); ders. AI 1998 (14/1), 33 (34); BT-Drucks. 13/9124, S.49.

77 vgl. Berger, Deutsches Schiedsrecht, S. 2, der hier die „angebliche Notwendigkeit eines neutralen politischen Umfeldes" anführt, die „Ländern wie der Schweiz, Österreich und Schweden einen natürlichen Wettbewerbsvorteil verschaffen würden"; ähnlich Schumann, der die gegen Deutschland als Schiedsort vorgebrachten sachlichen Beweggründe als Vorwand für „historisch begründete Ressentiments" ansieht, RIW 1987, 415 (416, Fn.4).

78 Böckstiegel, DIS-MAT IV (1998), S. 1; ders., BB 1992, Beil.15, S. 4 (8); Weigand, AI 1995 (11/4), 397 (398); Lörcher, AI 1995 (11, No.4), 391 (392).

der Wahl des Schiedsortes nur in gewissem Maße erklären. Die Hauptursache lag vielmehr in der Undurchschaubarkeit und Kompliziertheit des deutschen Schiedsverfahrensrechts[79], die sich daraus ergab, daß das Schiedsrecht nur ansatzweise geregelt war und hauptsächlich auf Richterrecht beruhte. Der den Schiedsrichtern durch die geringe Regelungsdichte zukommende große Ermessensspielraum verstärkte zusätzlich die Unvorhersehbarkeit des Verfahrensablaufs. All diese Faktoren trugen dazu bei, daß vor allem ausländischen Juristen der Zugang zum deutschen Recht nicht unwesentlich erschwert wurde[80]. Von der Übernahme des ModG erhoffte sich Deutschland deshalb eine starke Signalwirkung[81] und somit eine hohe Akzeptanz des neuen Rechts bei ausländischen Anwendern[82].

Dagegen sahen Länder, die sich seit jeher als beliebte Schiedsorte bewährt hatten – wie etwa die Schweiz, Frankreich oder England – von der Übernahme des ModG ab[83]. Dies lag vor allem an der fehlenden Bereitschaft, althergebrachte Schiedstraditionen aufzugeben, da man es angesichts des starken Wettbewerbs für sinnvoll hielt, sich gewisse prozessuale Besonderheiten, mit denen die Gesetzgebung seit Jahren identifiziert wurde, zu erhalten. Hinzu kam aber auch die Unzufriedenheit mit einigen Vorschriften und Formulierungen des ModG, die zu so zahlreichen Abänderungen bei der Übernahme geführt hätte, daß diese nicht mehr sinnvoll erschien.

Die dargestellte Umsetzungssituation wirft die Frage auf, ob das mit dem ModG verfolgte Ziel erreicht wurde, die Bedeutung der Wahl des Schiedsortes durch die Vereinheitlichung der nationalen Schiedsgesetze zu reduzieren und den gesamten Ablauf des Schiedsverfahrens vorhersehbarer zu machen. Ebensowenig wie die Einheitlichkeit von Gesetzestexten automatisch eine einheitliche Auslegung dieser Vorschriften garantiert, muß eine gewisse Spezifität der einzelnen Gesetze zwangsläufig divergierende Auslegungen nach sich ziehen. Um den bisherigen Vereinheitlichungserfolg des ModG im internationalen Vergleich im Allgemeinen und in Deutschland im Besonderen zu bilanzieren, ist es deshalb notwendig, die konkrete Auslegung der Vorschriften des ModG, so wie sie in das jeweilige nationale Recht übernommen wurden, zu analysieren. Hierbei soll ermittelt werden, ob bzw. inwieweit diese Vorschriften auf internationaler Ebene

79 Vgl. auch BT-Drucks. 13/9124, S. 49 f.

80 v. Hoffmann, IPRax 1986, 337 (340).

81 Berger, Deutsches Schiedsrecht, S. 3, spricht in diesem Zusammenhang von den drei Leitmotiven der modernen Gesetzgebung: Wiedererkennungswert oder Signalwirkung, Benutzerfreundlichkeit und Schiedsfreundlichkeit.

82 Lionnet, AI 1998 (14/1), 57 (62); Thomas/Putzo, vor § 1025, Rn. 2.

83 Vgl. z.B. zur Erarbeitung eines eigenen Gesetzesentwurfes durch die Schweiz, Blessing, Schweiz (II), S. 13 (24).

einheitlich ausgelegt werden oder übergeordnete Rechts- und Auslegungsgrundsätze geschaffen wurden. Im Rahmen dieser Analyse werden die bisher unter Anwendung des Modellgesetzes erlassenen und öffentlich zugänglichen Fälle untersucht, die bei den Vereinten Nationen gesammelt sind[84]. Um ein möglichst vollständiges Bild der Rechtsprechungssituation zu schaffen, werden auch Schiedssprüche bzw. Urteile analysiert, bei denen das ModG zwar noch nicht angewandt wurde, in denen jedoch ausdrücklich im Hinblick auf dessen Umsetzung entschieden wurde, so daß sich eine Tendenz in der zukünftigen Interpretationsrichtung erkennen läßt. Dies ist insbesondere im Hinblick auf die deutsche Rechtsprechung von Interesse, da das neue deutsche Schiedsverfahrensrecht erst 1998 in Kraft trat, und bisher nur vereinzelt angewandt wurde[85].

Obwohl sie das ModG nicht umgesetzt haben, ist am Rande auch auf die Gesetzgebungen von England, Frankreich, Belgien und der Schweiz einzugehen. Diese Rechtsordnungen nehmen aufgrund ihrer langen Schiedstradition eine führende Rolle in der internationalen Schiedsgerichtsbarkeit ein und beeinflussen somit die Entwicklung und Auslegung des internationalen Schiedsverfahrensrechts wesentlich.

Vor der eigentlichen Rechtsprechungsanalyse sollen indessen zunächst die Vorschriften des ModG und die ihnen zugrundeliegenden Prinzipien und gesetzgeberischen Ziele dargestellt werden. Im Rahmen eines Vergleichs soll dabei ermittelt werden, welche Bedeutung der Einheitlichkeit der Vorschriften bei den Reformen in den Modellgesetzjurisdiktionen zugemessen wurde[86] bzw. welche Konsequenzen sich aus etwaigen Abweichungen[87] für die Vereinheitlichung des internationalen Schiedsverfahrensrechts bereits ergeben haben oder ergeben könnten[88]. Von besonderem Interesse sind hierbei auch die rechtspolitischen Hintergründe der einzelnen Vorschriften.

---

84 Case Law on UNCITRAL Texts – Cases relating to the UNCITRAL Model Arbitration Law (MAL), A/CN.9/SER.C/ABSTRACTS; vgl. ferner http://www.un.or.at/uncitral.

85 Der III. Zivilsenat des BGH hat aber seit Erlaß des ModG seine Entscheidungen an dessen Standard ausgerichtet, so daß ein großer Teil der jüngeren BGH-Rechtsprechung den Anforderungen des ModG bereits entspricht, vgl. Raeschke-Kessler, AI 1998 (14/1), 47 ff.

86 Für Staaten, die das ModG textgleich oder ohne wesentliche Änderungen übernommen haben, wird im Rahmen dieses Vergleichs nicht gesondert eingegangen, sondern auf die Ausführungen zum ModG verwiesen.

87 Da es sich nicht um eine Konvention, sondern um ein ModG handelt, sind die Länder nicht gezwungen die Vorschriften insgesamt und auch nicht in der vorgegebenen Form zu übernehmen, vgl. dazu unten 1. Kap., V.

88 Dies gilt insbesondere für die Bereiche, die im ModG nicht geregelt wurden. Hierbei handelt es sich um Bereiche wie Fragen der Geschäftsfähigkeit; die Auswirkung der Staatsimmunität; die Verbindung von Schiedsverfahren; Probleme beim Mehrparteien-

Im Mittelpunkt dieser Analysen steht das neue deutsche Schiedsverfahrensrecht. Die allgemeine Bewertung der Umsetzung und Anwendung des ModG in den verschiedenen Modellgesetzjurisdiktionen soll deshalb, ebenso wie der Vergleich mit den in anderen Rechtsordnungen gesammelten Erfahrungen, dazu dienen, Prognosen hinsichtlich der Auslegung des neuen deutschen Rechts sowie für die zukünftige Entwicklung des Schiedsstandortes Deutschland aufzustellen.

schiedsverfahren; die Berechtigung der Schiedsrichter Schiedsverträge anzupassen; die Art der vertraglichen Beziehungen zwischen Parteien und Schiedsrichtern bzw. Schiedsinstitutionen; die Festsetzung von Kosten; die Sicherheitsleistungen für Kosten; die Frist für die Vollstreckung des Schiedsspruches.

1. Kapitel: Entwicklung der internationalen Schiedsgerichtsbarkeit

I. Die Genfer Verträge

Die ersten größeren Vereinheitlichungsversuche fanden durch das Genfer Protokoll über die Schiedsklauseln im Handelsverkehr vom 24.9.1923[89] und das Genfer Abkommen zur Vollstreckung ausländischer Schiedssprüche vom 26.9.1927[90] statt, denen für die damalige Zeit ein beachtlicher Erfolg beschieden war. In diesen Übereinkommen wurde erstmals die Anerkennung von Schiedsklauseln über künftige Streitigkeiten staatsvertraglich sichergestellt[91]. Außerdem wurde die gegenseitige Vollstreckung von Schiedssprüchen vereinbart, die „nach der auf sie anwendbaren Gesetzgebung gültig sind[92]". Doch wiesen diese Abkommen insgesamt noch zu viele Unsicherheiten und Schwierigkeiten bei der Anwendung auf[93].

II. Das UN-Übereinkommen von 1958

Das UN-Übereinkommen über die Anerkennung und Vollstreckung ausländischer Schiedssprüche vom 10. Juni 1958[94] sollte die Genfer Verträge ersetzen und hat sich zur wichtigsten Konvention im Rahmen der internationalen Schiedsgerichtsbarkeit entwickelt[95]. Mit der Ausarbeitung dieses Übereinkommens durch die Vereinten Nationen wurden zwei große Ziele verfolgt. Erstens sollte die weltweite gegenseitige Anerkennung internationaler Schiedsvereinbarungen erreicht werden, und zweitens wollte man die Anerkennungs- und Vollstreckungssituation internationaler Schiedssprüche vereinheitlichen, um so die Vorteile des

89 RGBl. 1925 II 47; abgedruckt bei Jayme/Hausmann Nr. 122.
90 RGBl. 1930 II 1068; abgedruckt bei Jayme/Hausmann Nr. 123.
91 Art. 1 Abs.1 Genfer Protokoll.
92 Art. 1 Abs.2 lit. a Genfer Abkommen.
93 Heute sind sie im Hinblick auf Art. 7 Abs.2 UN-Übereinkommen kaum noch von praktischer Bedeutung, vgl. Reithmann-Hausmann, Rn. 2309.
94 BGBl. 1961 II S. 122 für die Bundesrepublik Deutschland in Kraft getreten am 28.09.1961, BGBl. II 1964 S. 102 [im folgenden UNÜ oder UN-Übereinkommen]. Die deutsche Übersetzung, abgedruckt z.B. bei Jayme/Hausmann, Nr. 124, ist keine offizielle authentische Übersetzung.
95 van den Berg, NYC, S. 1; Sonnauer, S. 55; Redfern/Hunter, S. 362.

Schiedsverfahrens auch auf internationaler Ebene voll zur Geltung zu bringen[96]. Durch ein einheitliches Kontrollsystem sollte die gegenseitige Durchsetzbarkeit der Schiedssprüche in allen Vertragsstaaten gewährleistet, und die Vorhersehbarkeit und Schnelligkeit des internationalen Schiedsverfahrens erhöht werden, ohne dabei aber einen gewissen Mindeststandard an Kontrolle einzubüßen.

Am 18.Mai 1999 war das UN-Übereinkommen von 121 Staaten unterzeichnet worden[97]. Der Erfolg des UN-Übereinkommens läßt sich schon daran ersehen, daß fast 90 % aller grenzüberschreitenden Wirtschaftsverträge heute eine Schiedsklausel enthalten, und daß vor allem 90 % der international ergehenden Schiedssprüche freiwillig befolgt werden[98]. Dies beruht hauptsächlich auf dem effektiven Vollstreckungssystem der Konvention, aufgrund dessen es i.d.R. leichter ist, einen Schiedsspruch im Ausland durchzusetzen als ein Urteil[99]. Zur Anerkennung und Vollstreckung reicht gem. Art. IV UNÜ die Vorlage des Schiedsspruchs und der schriftlichen Schiedsvereinbarung beim Exequaturgericht aus. Dadurch wird ein *prima facie* Beweis für die Berechtigung zur Vollstreckung erzeugt[100].

Neben der Vereinfachung und Optimierung der Vollstreckungssituation von Schiedssprüchen war es ein Hauptanliegen des UN-Übereinkommens, eine optimale Ausgewogenheit zwischen notwendiger staatlicher Kontrolle der Schiedsrichter bzw. des Schiedsspruchs und maximaler Autonomie der Parteien zu schaffen, denn zu große Rekursmöglichkeiten können die Effektivität, und damit einen der größten Vorteile des Schiedsverfahrens, genauso schnell zunichte mache wie eine zu großzügig gewährte Liberalität des Schiedsverfahrensrechts. Im Rahmen des UN-Übereinkommens wurde deshalb der Umfang der Überprüfung eines internationalen Schiedsspruchs durch die abschließende Aufzählung einiger grundlegender Anerkennungsversagungsgründe einheitlich festgelegt und so weit wie möglich, d.h. auf die Kontrolle grundlegender Prinzipien, beschränkt. Durch die erschöpfende Aufzählung der Versagungsgründe hat das UN-Übereinkommen eine Art transnationalen Rahmen für die Anerkennung und Vollstreckung von Schiedssprüchen geschaffen, da jeder Vertragsstaat im Rahmen eines inter-

---

96 Kolkey, International Lawyer 1988, 693; Berger, Wirtschaftsschiedsgerichtsbarkeit, S. 17; Eine Zusammenfassung der Dokumente der New York Conference findet sich bei Gaja (Hrsg.), New York Convention, *Travaux Préparatoires*.

97 Vgl. die Übersicht bei UNCITRAL, www.un.or.at/uncitral/en-index.htm.

98 Das *Yearbook on Commercial Arbitration* veröffentlicht Schiedssprüche, die unter Anwendung des UN-Übereinkommens erlassen wurden und zeigt anhand dieser Entscheidungen die Einheitlichkeit der Interpretation des UN-Übereinkommens in den verschiedenen Ländern auf.

99 BGH, RIW 1984, 644 (647); Stumpf/Steinberger, RIW 1990, 174 (176); Bülow/ Böckstiegel-Bredow, CI 3a, S. 714,1.

100 van den Berg, NYC, S. 264.

nationalen Schiedsverfahrens auf dieselben Versagungsgründe, und eben nur auf diese[101], zurückgreifen kann. Das ergibt sich auch aus Art. III UNÜ, wonach jeder Vertragsstaat die Anerkennung von Schiedssprüchen garantiert und anerkennt, daß diese Regelung für den territorialen und sachlichen Anwendungsbereich den nationalen Rechtsordnungen vorgeht[102]. Dadurch sollte eine gewisse Vorhersehbarkeit der Kontrolle erreicht und die Unwägbarkeiten bei der Anwendung unbekannter nationaler Rechtsordnungen ausgeschlossen werden. Damit ein solches „transnationales" System funktioniert, ist es unerläßlich, daß dessen Voraussetzungen von allen Vertragsstaaten einheitlich ausgelegt werden. Diese Einheitlichkeit wurde im Rahmen des UN-Übereinkommens weitgehend durchgesetzt und hat somit einen großen Beitrag zur Harmonisierung des internationalen Schiedsverfahrens geleistet[103].

Allerdings konzentriert sich das UN-Übereinkommen nur auf einen Teilbereich des Schiedsverfahrens, nämlich auf die Anerkennungs- und Vollstreckungssituation internationaler Schiedssprüche. Deshalb wurde zunächst im Rahmen der Beratungen, wie eine Harmonisierung für das gesamte Schiedsverfahren am besten und überzeugendsten zu erreichen sei, auch die Revision des UN-Übereinkommens vorgeschlagen[104]. Dieser Vorschlag wurde aber von UNCITRAL zurückgewiesen, da schon allein die erneute Ratifizierung einer reformierten Konvention zu viele unüberwindlich scheinende praktische Schwierigkeiten aufwarf. Vielmehr entschied man sich dafür, auf der Grundlage der im Rahmen des UN-Übereinkommens gemachten Erfahrungen das Modellgesetz zu erarbeiten[105].

III. Genfer Europäisches Übereinkommen von 1961

Das Genfer Europäische Übereinkommen über die internationale Handelsschiedsgerichtsbarkeit vom 21.4.1961 (EuÜ)[106] stellt einen weiteren Harmonisierungsversuch im Rahmen der internationalen Schiedsgerichtsbarkeit dar. Es enthält aber, neben Kollisionsnormen hinsichtlich der Gültigkeit der Schiedsvereinbarung und des anwendbaren materiellen Rechts, hauptsächlich Vorschriften

---

101 Dies gilt zumindest, sofern die Durchsetzung nach nationalem Recht schwieriger wäre. Zu der Frage, ob ein Rückgriff auf nationales Recht im Sinne einer Meistbegünstigung möglich ist, vgl. Schlosser, Rn. 156 ff.

102 Berger, Wirtschaftsschiedsgerichtsbarkeit, S. 98.

103 So noch kürzlich Wagoner, Arbitration 1999 (65/1), 17 (18).

104 Vorschlag des Asian-African Legal Consultative Committee (AALCC) 1977, UN-Dokument A/CN.9/127.

105 Vgl. Herrmann, ULR/RDU 1998, 484 (486).

106 BGBl. 1964 II 426; abgedruckt bei Labes/Lörcher, S. 13 ff.

über die Bildung des Schiedsgerichts. Genau wie das UN-Übereinkommen regelt es damit nur einen Teilbereich des Schiedsverfahrens. Es hat hauptsächlich die Streiterledigung im Ost-West-Handel verbessert. Insgesamt traten diesem Übereinkommen aber nur 17 Staaten bei[107].

IV. Das Straßburger Übereinkommen von 1966

Ein noch geringerer Erfolg war dem Straßburger Übereinkommens beschieden[108], das der Einführung eines einheitlichen Gesetzes über die Schiedsgerichtsbarkeit diente und auf eine Initiative des Europarates zurückging[109]. Dieses Übereinkommen enthält im Annex ein das gesamte Schiedsverfahren von Beginn bis Abschluß regelndes *„loi uniforme"*. Durch ihre Unterschrift sollten sich die Staaten verpflichten, das Gesetz binnen sechs Monaten ohne Abweichungen vom Wortlaut oder der Reihenfolge der Artikel in ihr Recht zu übernehmen. Allerdings wurde die angestrebte Einheitlichkeit des Gesetzes durch fünfzehn Vorbehalte aufgeweicht und erschien damit derart wirkungslos, daß fast alle Staaten von der Ratifizierung dieses Übereinkommens Abstand nahmen. Lediglich Belgien hat das Übereinkommen am 22.2.1973 ratifiziert[110], und es ist nicht zu erwarten, daß sich die Zahl der Beitrittsländer noch erhöhen wird. Auch dieser Konvention war also kein Erfolg beschieden.

V. Das UNCITRAL-Modellgesetz von 1985 - Modellgesetz oder Konvention?

Vor dem Hintergrund der Erfahrungen, die mit der Umsetzung internationaler Konventionen gemacht wurden[111], hat man sich bei der Ausarbeitung eines Gesetzeswerkes zur Vereinheitlichung der internationalen Schiedsgerichtsbarkeit für die Form eines Modellgesetzes entschieden. Dieses bietet im Gegensatz zu einer Konvention den Vorteil, daß die einzelnen Staaten nicht zu einer vollständigen

---

107 vgl. die Liste bei Granzow, S. 37; vgl. auch Redfern/Hunter, S. 17.

108 20. 1. 1966.

109 Wiebringhaus, S. 122.

110 Österreich hat das Übereinkommen unterschrieben (17.11.1966), aber nicht ratifiziert, vgl. Shifman, Am. Rev. Int. Arb. 1990, 281 (282); Verbist, RDAI/IBLJ 1998/7, 842.

111 So sprach etwa der Governing Council von UNIDROIT, von „limitations of attempting uniformity or harmonisation through binding international legal instruments". zitiert bei Herrmann. ULR/RDU 1998. 483.

und unveränderten Übernahme des Regelwerkes unter Aufgabe ihrer eigenen Gesetzgebung gezwungen sind, sondern flexibel über das „Ob“ und „Wie“ der Umsetzung entscheiden können[112]. Gerade im Rahmen der Schiedsgerichtsbarkeit, die in zahlreichen Staaten schon durch umfassende Gesetzeswerke geregelt war, bot sich deshalb die Form eines Modellgesetzes an, da so vermieden werden konnte, durch die Vorgabe zu detaillierter Regelungen, die Rechtsvereinheitlichung zu gefährden[113]. Ein Modellgesetz erlaubt es den nationalen Gesetzgebern außerdem, Anpassungen vorzunehmen, durch die ein Systembruch mit der jeweiligen Rechtsordnung vermieden werden kann, so daß das Gesetzeswerk nicht zum Fremdkörper in einer Rechtsordnung wird. Auch empfundene Ungenauigkeiten oder Unklarheiten können beseitigt werden[114].

Die Flexibilität bei der Umsetzung und die Unverbindlichkeit eines solchen Regelwerks bringen es aber auch mit sich, daß nicht vorhersehbar ist, welcher Vereinheitlichungserfolg schließlich erreicht werden wird. Die Möglichkeit, die einzelnen Regelungen länderspezifisch anzupassen, birgt die Gefahr, daß keine einheitlichen Gesetzestexte entstehen und die erhoffte Signalwirkung des Gesetzes ausbleibt. Das kann wiederum dazu führen, daß eine einheitliche Auslegung durch die staatlichen Gerichte nicht erreicht wird. Bei der Anwendung und Auslegung der Gesetze durch die Schiedsgerichte kommt noch hinzu, daß es zumindest im Rahmen der *ad-hoc*-Schiedsgerichtsbarkeit an einer gerichtstypischen Organisation des Schiedsgerichtswesens fehlt, so daß immer verschiedene Spruchkörper fungieren, deren Schiedssprüche grundsätzlich auch keine Präzedenzwirkung entfalten[115].

Trotzdem entschied sich die Kommission für ein ModG, da man sich von dieser Form insgesamt eine wesentlich höhere Akzeptanz bei den einzelnen Gesetzgebern versprach, als für die Umsetzung einer Konvention.

112 Zerbe, S. 56 ff.

113 So hat man sich z.B. bei der Definition des Begriffs der Handelssache auf eine Definition in der Fußnote beschränkt, die als Richtungsvorgabe bei der Auslegung des Gesetzes dienen soll.

114 Herrmann, ULR/RDU 1998, 483 (484).

115 Zur Präzedenzwirkung von Schiedssprüchen siehe unten, 3. Kap.

2. Kapitel: Nationale Reformen

I. Allgemeine Vorschriften

1. Anwendungsbereich

a. Internationalität

(1) Monistischer oder spezieller Ansatz

Das UNCITRAL-Modellgesetz wurde als Spezialgesetz für internationale Schiedsverfahren entworfen, da man davon ausging, daß diese Beschränkung des Anwendungsbereiches eine höhere Akzeptanz des ModG garantieren würde[116]. Im internationalen Schiedsverfahren gilt das ModG also als *lex specialis*. Es bestand jedoch von Anfang an Konsens darüber, daß jeder Staat selber entscheiden sollte, ob er das ModG auch für die Regelung des nationalen Schiedsverfahrens übernimmt[117]. Infolgedessen lassen sich in den Modellgesetzjurisdiktionen zwei Tendenzen bei der Gesetzgebung unterscheiden. Zum einen gibt es diejenigen Staaten, die ein einheitliches Schiedsgesetz erlassen haben, welches sowohl auf nationale als auch auf internationale Schiedsverfahren Anwendung findet (sog. monistischer Ansatz[118]); zum anderen diejenigen Staaten, in denen das internationale Schiedsverfahren in einem besonderen Gesetz geregelt ist (sog. spezieller Ansatz[119]).

---

116 7th Secr. Note, A/CN.9/264, Art. 1 unter 22.; Böckstiegel, RIW 1984, 670 (675).

117 Holtzmann/Neuhaus, S. 40.

118 So z.B. in Deutschland, Hong Kong, in den Niederlanden, in Bulgarien, in Kanada (auf Bundesebene, *arg. e contr.* Short Title, s. 5 (2) *Kanada AA* und in Québec, Art. 940.6 *Québec AA*), in Ägypten, Mexiko, Finnland, Spanien und Belgien und neuerdings auch in Schweden. Schottland erklärt das ModG durch eine vorangestellt *opting-in* Klausel als auf nationale Verfahren gleichermaßen anwendbar.

119 So z.B. in Hong Kong (Part II.A und 5th Schedule HK Arbitration Ordinance); in den vier amerikanischen Bundesstaaten, die das ModG umgesetzt haben, siehe Fn. 64 ff.; in Peru (Art. 81-109 GAL Peru); in Tunesien (III. Kapitel, Artt. 47-82 tunes. SchG). Ebenso in Frankreich (Art. 1492 ff. NCPC), in der Schweiz (Art. 176 ff. schweiz. IPRG), in Italien (Art. 832 ff. ital. ZPO) und in Portugal (VII. Kapitel, Artt. 32-35).

(2) Das deutsche Recht

Der deutsche Gesetzgeber hat sich bei der Neuregelung des Schiedsverfahrensrechts für den monistischen Ansatz entschieden[120]. Die §§ 1025 ff. ZPO unterscheiden also nicht zwischen einem nationalen und einem internationalen Schiedsverfahrensrecht, sondern wenden auf beide Verfahren dasselbe Recht an. Für diesen Ansatz spricht vor allem, daß sich der Begriff „international" nur sehr schwer definieren läßt, und deshalb in den verschiedenen Staaten auch keineswegs einheitlich ausgelegt wird[121]. Deshalb können Abgrenzungsprobleme und Rechtsunsicherheit entstehen, wenn nationale und internationale Verfahren in zwei verschiedenen Gesetzen geregelt sind, aber nicht genau feststeht, wann ein Verfahren als „international" zu qualifizieren ist[122]. Des weiteren wird angeführt, daß Lücken im Bereich des auf internationale Verfahren anzuwendenden Rechts den Rückgriff auf Regeln des nationalen Schiedsverfahrensrechts erforderlich machen können[123], und es ausländischen Parteien dann erheblich erschwert werde, sich ein ganzheitliches Bild von dem anwendbaren Recht zu verschaffen[124].

Gegen den monistischen Ansatz läßt sich vorbringen, daß Regelungen, die für internationale Schiedsverfahren angemessen erscheinen, nicht immer auch im Rahmen nationaler Verfahren sinnvoll sein müssen[125]. Dies hängt vor allem mit der bereits erwähnten *spécificité*[126] internationaler Schiedsverfahren zusammen, die eine große Parteiautonomie und Liberalität bei internationalen Verfahren

---

120 Siehe zur Begründung des deutschen Gesetzgebers für einen monistischen Ansatz, BT-Drucks. 13/5274, S. 25 unter 2.

121 Skepsis hinsichtlich der Möglichkeit einer klaren Definition des Begriffs „international", äußert auch Keutgen, FS Glossner, S.165 (176): « La spécificité de l'arbitrage international conduit à plaider pour un tel statut [gemeint ist ein Sonderstatut für das internationale Schiedsverfahren] pour autant que le concept soit défini avec précision de manière à ne pas être source d'insécurité juridique et que les aspects de l'arbitrage international qui nécessite un traitement différentiel soient clairement circonscrits et nécessairement limités ».

122 Zöller-Geimer, vor § 1025, Rn. 10; vgl. nur *Supreme Court* of Hong Kong, 29. September 1991, ICCA Yearbook 1992, 289-303.

123 Sanders, AI 1995 (11), 1 (6).

124 Die Tatsache, daß Frankreich trotz des dort vertretenen speziellen Ansatzes zu den am häufigsten gewählten Schiedsorten zählt, ist darauf zurückzuführen, daß das französische Schiedsrecht als eines der ersten eine umfassende Reform erfahren hat und deshalb den meisten Anwälten bekannt ist, auch wenn auf interne Regeln verwiesen wird, vgl. Lionnet AI 1998 (14/1), 57 (59).

125 Vgl. zur Kritik am monistischen Ansatz für das deutsche Recht Berger, Wirtschaftsschiedsgerichtsbarkeit, S. 528 ff.

126 Siehe Fn. 26 sowie den dazugehörigen Text.

sinnvoll erscheinen läßt, im nationalen Schiedsverfahren dagegen zu weit gehen kann. Im Einzelfall kann der monistische Ansatz dann dazu führen, daß die Rechtsprechung die internationalen Vorschriften durch Auslegung korrigieren und an ein nationales Verfahren anpassen muß. Dadurch wird wiederum die Vorhersehbarkeit des Verfahrens gefährdet.

Dieser Kritik am monistischen Ansatz wurde jedoch entgegengehalten, daß das nationale deutsche Schiedsrecht seit jeher sehr liberale Regelungen vertreten habe, so daß eine Anwendung derselben Vorschriften im nationalen Verfahren kaum Probleme bereiten dürfte[127].

Mit der Entscheidung für einen monistischen Ansatz folgte der deutsche Gesetzgeber dem allgemeinen Trend[128]. Er vermied dadurch insbesondere die Abgrenzungsprobleme, die beim speziellen Ansatz durch die Schwierigkeit einer präzisen Definition des Begriffs „international" bestehen[129]. Auch das im folgenden erläuterte Problem des *„opting in"* durch die Parteien stellt sich deshalb bei der Anwendung deutschen Rechts nicht.

(3) Opting-in Klausel

Da das ModG auf dem speziellen Ansatz basiert, war es unerläßlich, den Begriff „international" zu definieren. Im Interesse klarer Lösungen wurde hierfür zunächst auf territoriale Kriterien, wie die Niederlassung der Parteien, den Schiedsort und den Erfüllungsort abgestellt sowie auf den Ort, zu dem der Streitgegenstand die engste Verbindung aufweist, vgl. Art. 1 Abs.3 a), b) ModG. Unabhängig von diesen klassischen Kriterien, soll ein Schiedsverfahren gem. Art. 1 Abs.3 c) ModG aber auch dann als international gelten, wenn die Parteien ausdrücklich bestimmen, daß der Streitgegenstand zu mehr als einem Land eine Beziehung aufweist[130]. Mit anderen Worten können die Parteien auf diese Weise in einem rein nationalen Verfahren zwischen dem nationalen und internationalen

127 Berger, Deutsches Schiedsrecht, S. 19.

128 Vgl. Gottwald, S. 6.

129 Vgl. nur Art. 1492 NCPC: « est international l'arbitrage qui met en cause des intérêts du commerce international ». Danach soll das Schiedsverfahren als international zu bezeichnen sein, wenn ihm eine grenzüberschreitende Waren-, Dienst- oder Geldleistung zugrunde liegt, Cour d'Appel de Paris (1re Ch. C), 24.2.1994, Ministère tunisien de l'Equipment c/ société Bec Frères, Rev. arb. 1995, 275. Dieselbe Definition gilt auch im portugiesischen Schiedsrecht, Art. 32 port. ZPO.

130 Die ursprüngliche, dann aber verworfene Formulierung lautete: „[...]if the subject matter of the arbitration agreement is otherwise related to more than one State [...]", 5th Draft, A/CN.9/246 (Annex), Art. 1 (2)(c), S. 60; vgl. auch s. 66 (4) *Scotland AA* 1990.

Schiedsverfahrensrecht des Landes wählen, sog. *opting-in* Klausel[131]. Dadurch kann einerseits der ausdrückliche Wille des Gesetzgebers, unterschiedliche Verfahrensrechte auf nationale und internationale Verfahren anzuwenden, ignoriert werden, und andererseits können die Parteien durch Vereinbarung einer *opting-in* Klausel die Anwendung eines unliebsamen nationalen Gesetzes umgehen[132]. Diese Konsequenzen wurden jedoch von den Verfassern des ModG zugunsten einer klaren Abgrenzung bewußt in Kauf genommen. Jedes andere Anknüpfungskriterium zur Bereitstellung einer umfassenden Definition des Begriffs „international" erschien ihnen zu vage[133].

Von den Modellgesetzjurisdiktionen, die den speziellen Ansatz vertreten, haben nur Singapur[134], Malta[135], Hong Kong[136] und Tunesien[137] sowie Kalifornien[138] und Texas[139] eine *opting-in* Klausel eingeführt. Die übrigen Jurisdiktionen definieren „international" anhand territorialer oder schwerpunktmäßiger Kriterien.

In der Literatur wird diese *opting-in* Klausel stark kritisiert[140]. Insbesondere wird ihre Akzeptanz durch die staatlichen Gerichte angezweifelt[141], und darauf verwiesen, daß eine „parteiautonome Internationalisierung" auch im internationalen Vertragsrecht nicht anerkannt ist[142]. Man befürchtet, die Gerichte könnten

---

131 Die gleiche Problematik besteht im schweizerischen Recht durch eine *opting-out* Klausel, die den Parteien die Möglichkeit gibt, anstelle des schweiz. IPRG das für Binnenstreitigkeiten geltende Konkordat zu vereinbaren.

132 Vgl. Holtzmann/Neuhaus, S. 32.

133 Commission Rep. A/40/17 (21.8.1985) unter 30 f.

134 S. 5 Abs.1 *Singapur IAA*.

135 S. 14 Abs.2 *Malta AA*.

136 S. 2L und 34B *HK Arbitration Ordinance*.

137 Art. 48 Abs.1 (c) *tunes. SchG*.

138 S. 1297.13 (c) *kalif. AA*.

139 Art. 249-1, sec. 3 *Texas AA*.

140 Calavros, S. 22; Berger, Wirtschaftsschiedsgerichtsbarkeit, S. 52; Holtzmann/Neuhaus, Commentary, S. 31.

141 Diese Klausel war auch in der Kommission umstritten, vgl. Commission Report, A/40/17, unter 33: „It was pointed out that courts were unlikely to give effect to such an agreement [to arbitrate in a foreign country] in a purely domestic case". Holtzmann/Neuhaus, S. 32

142 Vgl. für das deutsche Recht z.B. Art. 27 Abs.3 EGBGB, der i.R.d. internationalen Vertragsrechts für Verfahren ohne Auslandsberührung eine Rechtswahlgrenze hinsichtlich der zwingenden inländischen Normen aufstellt. Vgl. auch Art. 1 Abs.4 des Haager Übereinkommens betr. das auf internationale Kaufverträge über bewegliche Sachen anzuwendende Recht: „Eine Erklärung der Parteien über das anzuwendende Recht oder über die Zuständigkeit eines Richters oder eines Schiedsrichters genügt allein nicht, um dem Kaufvertrag die Eigenschaft eines internationalen Vertrages [...] zu geben".

die Anerkennung eines Schiedsspruchs, der auf der Grundlage einer *opting-in* Klausel erlassen wurde, wegen rechtsmißbräuchlicher Abwahl des nationalen Rechts verweigern, z.B. wenn eine Partei im Wege des *forum shopping* ihre gegenüber der anderen Partei stärkere Verhandlungsposition ausnutzt. Um zu verhindern, daß ein sog. *„opting-in"* bei rein nationalen Verfahren stattfinden kann, wird deshalb teilweise gefordert, daß die Vorschrift eng auszulegen ist, und daß der Streitgegenstand ein internationales Element aufweisen muß[143]. In diesem Sinne stellt Art. 2 Abs.3 *Ont. AA* ausdrücklich klar, daß trotz Art. 1 Abs.3 c) ModG die Vereinbarung der Parteien allein nicht ausreiche, um ein Schiedsverfahren als international zu bewerten, wenn alle Parteien ihren Sitz in Ontario haben.

b. Territorialitätsprinzip

(1) Ausgestaltung als negative Kollisionsnorm

Gem. Art. 1 Abs.2 ModG bestimmt sich die territoriale Anwendbarkeit des ModG ausschließlich nach dem Schiedsort[144], sog. striktes Territorialitätsprinzip. Diese Norm ist als negative Kollisionsnorm ausgestaltet[145], d.h. das ModG findet immer dann, aber auch nur dann Anwendung, wenn der Sitz des Verfahrens in einem Staat liegt, der das ModG rezipiert hat[146]. Die Gerichte sind also für Schiedsverfahren, auf die zwar ihr Verfahrensrecht anzuwenden ist, deren Schiedsort jedoch in einem anderem Land belegen ist, durch die territoriale Anbindung ihrer Ermächtigungsnormen nicht zuständig. Das Territorialitätsprinzip wurde der Anknüpfung an eine parteiautonome Bestimmung vorgezogen, weil es Klarheit über die anzuwendende Rechtsordnung schafft und den Bedürfnissen der modernen Schiedspraxis entspricht. Denn durch die territoriale Anbindung des

143 Sanders, AI 11 (1995), 1 (10); Berger, Wirtschaftsschiedsgerichtsbarkeit, S. 52.

144 Das ModG spricht vom „place of arbitration", der deutsche Gesetzgeber hat diesen Ausdruck mit „Ort des schiedsrichterlichen Verfahrens" übersetzt. Im Rahmen dieser Arbeit wird der Begriff „Schiedsort" verwendet, vgl. hierzu Fn. 17.

145 Art. 1 Abs.2 ModG lautet: „Mit Ausnahme der Artikel 8, 9, 35 und 36 sind die Bestimmungen dieses Gesetzes nur anzuwenden, wenn der Ort des schiedsrichterlichen Verfahrens im Hoheitsgebiet dieses Staates liegt" (Hervorhebung durch die Verfasserin).

146 Calavros kritisiert, daß sich das ModG damit die Chance auf absolute Verbreitung verbaut habe, da es nur in Staaten angewandt werden könne, die es rezipiert haben, S. 28. Hußlein-Stich interpretiert diese Regelung dagegen als Anreiz für die Staaten, das ModG zu übernehmen, S. 22.

Verfahrens werden sowohl wichtige verfahrensbegleitende Kompetenzen[147] als auch die Kompetenz der Gerichte für das Aufhebungsverfahren eindeutig festgelegt[148].

Das Territorialitätsprinzip gilt heute in fast allen Staaten, auch jenen, die das ModG nicht rezipiert haben[149]. Frankreich sieht dagegen eine parteiautonome Anknüpfung vor, wonach das Verfahren auch losgelöst von jeglicher nationaler Rechtsordnung stattfinden kann[150].

(2) Das deutsche Recht

Für das deutsche Recht stellt die Übernahme des Territorialitätsprinzips in § 1025 ZPO eine bedeutende Neuerung dar. Damit wurde die bis 1998 herrschende Verfahrenstheorie aufgegeben[151], derzufolge sich die Nationalität des Schiedsspruchs nach dem Verfahrensrecht richtet, auf dessen Grundlage der Schiedsspruch gefällt wurde. Auf in Deutschland stattfindende Schiedsverfahren ist also in Zukunft obligatorisch deutsches Schiedsrecht anzuwenden. Dies gilt allerdings nur für die zwingenden Normen des deutschen Rechts. Kraft vertraglicher Verweisung können die Parteien ein fremdes Schiedsverfahrensrecht trotzdem zur Anwendung bringen, soweit dieses nicht mit den zwingenden Normen des deutschen Rechts kollidiert[152]. Da das neue deutsche Schiedsrecht, ebenso wie das ModG, nur wenige zwingende Regeln enthält[153], die zudem größtenteils den zwingenden Normen anderer Schiedsgesetze entsprechen, handelt es sich hierbei um keine große Einschränkung der Parteifreiheit[154].

147 Wie etwa die Ernennung und Ablehnung von Schiedsrichtern, die Hilfe bei der Beweisaufnahme etc.

148 Berger, RIW 1993, 8 (9).

149 Die h.M. spricht von der „heute unbestrittenen Anerkennung“ des Territorialitätsprinzips, vgl. Berger, Wirtschaftsschiedsgerichtsbarkeit, S. 70 (Fn. 310 m.w.N.); das Territorialitätsprinzip gilt nicht in Ägypten, vgl. Art. 1 *ägypt. SchG*; Aboul-Enein, AI 1995 (11/1), 75 (76). wohl auch nicht in den Niederlanden, *arg.e contr.* Art. 1037 Abs.2 *NZPO*

150 Lörcher, Frankreich, S. 14 ff.; vgl. zur Zweckmäßigkeit des Territorialitätsprinzips im modernen Schiedsverfahren auch Böckstiegel, RIW 1984, 670 (675).

151 Vgl. zur Verfahrenstheorie BGHZ 21, 365 (367 ff.); BGHZ 96, 40 (41) = NJW 1986, 1436; BGH, Urteil v. 26.9.1985 – III ZR 16/84, auszugsweise abgedruckt in RIW 1985, 970; sowie Sandrock, FS Glossner, S. 281 (284) m.w.N.

152 BT-Drucksache 13/5274, 47; vgl. auch Kaufmann-Kohler, Rev. arb. 1998, 517 (519, Fn. 3).

153 Zwingend sind z.B. die Formvorschriften des neuen deutschen Rechts. Das ergibt sich aus § 1059 Abs.2 Nr. 1 a) ZPO, der die Rechtswahlfreiheit nur im Rahmen einer nach §§ 1029, 1031 ZPO wirksam geschlossenen Schiedsvereinbarung zuläßt.

154 Eines der Argumente gegen die Beibehaltung der Verfahrenstheorie war die Tatsache, daß von der Möglichkeit, ein vom Schiedsort abweichendes Schiedsrecht zu

Im Unterschied zum ModG beschränkt sich das deutsche Recht darauf, das Territorialitätsprinzip nur für inländische Verfahren vorzuschreiben[155]. Wenn also ein ausländisches Gesetz die Wahl eines fremden Verfahrensrechts zuläßt[156], so stellt sich der deutsche Gesetzgeber dieser Wahl (deutschen Verfahrensrechts) trotz möglicherweise entgegenstehender positiver Kompetenzkonflikte nicht entgegen[157]. Dies wird damit gerechtfertigt, daß jedem Gesetzgeber die Entscheidung, ob er der Wahl eines fremden Verfahrensrechts auf seinem Territorium Geltung verschaffen wolle, selbst überlassen bleiben müsse[158]. Zwar dürfte sich diese Beschränkung des Territorialitätsprinzips auf inländische Verfahren angesichts der weiten Verbreitung des Territorialitätsprinzips in der Praxis kaum auswirken. Insbesondere auch deshalb, weil der Gesetzgeber durch die Aufhebung von Art. 2 des Zustimmungsgesetzes zum UN-Übereinkommen von 1958[159] deutlich gemacht hat, daß er seine bisher im Rahmen der Verfahrenstheorie vertretene Auffassung, die Nationalität des Schiedsspruchs bestimme sich nach dem angewandten Verfahrensrecht, zugunsten der alleinigen Maßgeblichkeit des territorialen Kriteriums aufgegeben hat[160]. Sollte es zu Kompetenzkonflikten kommen, dann bleibt aber abzuwarten, ob diese gesetzgeberische Klarstellung ausreicht, um die aus Harmonisierungsgründen wünschenswerte fehlende Zuständigkeit deutscher Gerichte für im Ausland nach deutschem Recht ergangene Schiedssprüche zu begründen, und auf diese Weise Kompetenzkonflikte weitestgehend zu vermeiden[161].

(3) Kritik am Territorialitätsprinzip

Gegen das Territorialitätsprinzip wird häufig vorgebracht, daß die Bestimmung des Schiedsortes[162] aus praktischen Gründen häufig erst zu Beginn des Verfah-

---

wählen, in der Praxis kaum Gebrauch gemacht wurde, und daß sich dieses Bedürfnis mit der Verbreitung des ModG noch verringern würde.

155 Der deutsche Gesetzgeber hat in § 1025 Abs.1 ZPO auf die Einfügung des Wortes „nur" verzichtet.

156 So z.B. das ägyptische Recht, vgl. Art. 1 *ägypt. SchG.*

157 Zimmermann, § 1025, Rn. 1.

158 BT-Drucks. 13/5274, S. 31.

159 *Deutsches Gesetz zu dem Übereinkommen vom 10. Juni 1958 über die Anerkennung und Vollstreckung ausländischer Schiedssprüche*, v. 15. März 1961 (BGBl. 961 II S. 121), abgedruckt bei Bülow/Böckstiegel, CI 3c, S. 714, 47. Art. 2 Abs.1 lautete: Ist ein Schiedsspruch, auf den das Übereinkommen anzuwenden ist, in einem anderen Vertragsstaat nach deutschem Verfahrensrecht ergangen, so kann die Klage auf Aufhebung dieses Schiedsspruches im Inland erhoben werden. Für die Aufhebung gelten §§ 1041, 1043, 1045 Abs.1 und § 1046 der Zivilprozeßordnung".

160 Schumacher, FS Glossner, S. 341 (351).

161 Berger, Deutsches Schiedsrecht, S. 18.

162 Vgl. zur Begrifflichkeit oben, Fn. 17.

rens, nach Bestellung der Schiedsrichter, vorgenommen werde, und der Schiedsort sich deshalb nicht als Anknüpfungspunkt zur Bestimmung des anwendbaren Verfahrensrechts eigne, da es bis zu dessen Bestimmung zu Verfahrensverzögerungen kommen könne[163].

Um dieser Kritik Rechnung zu tragen, haben das deutsche und das englische Recht weitere Durchbrechungen des Territorialitätsprinzips in ihren Gesetzen vorgesehen. Um jegliche Verzögerung am Beginn des Verfahrens zu vereiteln, sieht § 1025 Abs.3 ZPO vor, daß das staatliche Gericht Unterstützungshandlungen bei der Schiedsrichterbestellung gem. §§ 1034 Abs.2, 1035 Abs.4, 1037 Abs.3 und 1038 Abs.1 ZPO auch dann vornehmen kann, wenn der Schiedsort noch nicht bestimmt ist, der Beklagte oder der Kläger aber seinen (Wohn-)Sitz oder seinen gewöhnlichen Aufenthalt in Deutschland hat[164]. Das englische Recht geht noch weiter und stellt es in das Ermessen des staatlichen Gerichts, zu entscheiden, welche Maßnahmen es für notwendig hält, um das Schiedsverfahren in Gang zu setzen[165].

c. *Handelsschiedsgerichtsbarkeit*

Schwierigkeiten bei der Definition des Wortes „Handel" haben dazu geführt, daß das ModG auf eine Definition des Begriffs „Handel" verzichtet und nur in einer Fußnote einen nicht abschließenden Katalog der wichtigsten Handelsgeschäfte aufgenommen hat. Mit dieser etwas eigenwilligen gesetzestechnischen Lösung, sollte trotz einer gewissen Konkretisierung[166] eine möglichst weite Auslegung des Begriffs „Handel" sichergestellt werden[167].

Die Wirkung des Fußnotenannexes ist allerdings insofern unklar, als diese Technik nicht in allen Gesetzgebungen gleichermaßen bekannt ist, und solche Fußnoten außerdem bei der Umsetzung eines Modellgesetzes selten in die nationalen Rechtsordnungen übernommen werden[168]. Soweit ersichtlich, hat kein Staat

163 Fouchard, Clunet 114 (1987), 861; Hußlein-Stich, S. 23; diese Kritik wurde i.R.d. Diskussionen zum ModG zwar erörtert, aber schließlich nicht umgesetzt, Commission Report, A/40/17, unter 80.

164 BT-Drucks. 13 /5274, S. 31.

165 Vgl. s. 2 Abs.4 *Arbitration Act 1996*. Hierbei wird es aber regelmäßig um Maßnahmen bei der Schiedsrichterbestellung gehen.

166 5th WG Rep., A/CN.9/246, unter 159; 7th Secr. Note, A/CNC.9/264, Art. 1 unter 17; Commission Report , A/40/17, unter 20.; Shifman, Am. Rev. Intl. Arb. 1990, 281 (284).

167 Vgl. zur grundsätzlich engen Auslegung dieses Begriffs im romanischen Rechtskreis, Böckstiegel, NJW 1975, 1577.

168 Böckstiegel, RIW 1984, 670 (676); Calavros spricht dem Fußnotenannex jegliche rechtliche Bindung ab, S. 11.

den Fußnotenannex übernommen. Die meisten Staaten haben entweder völlig auf eine Begrenzung des Anwendungsbereiches i.S.d. Art. 1 ModG verzichtet[169], oder sie haben diese direkt in den Gesetzestext aufgenommen[170].

2. Verlust des Rügerechts

Eine sehr begrüßenswerte Entwicklung stellt die Normierung des Verlustes des Rügerechts in Art. 4 ModG dar. Diese Vorschrift soll dazu beitragen, die Verzögerung des Verfahrens durch unzufriedene Parteien zu vermeiden, die aus taktischen Gründen im Zeitpunkt der Anerkennung und Vollstreckung des Schiedsspruchs mit der Rüge von Verfahrensfehlern oder sonstigen Mängeln aufwarten, deren Existenz ihnen schon während oder vor dem Verfahren bekannt war, die sie aber trotzdem – z.B. in Hoffnung auf einen günstigen Schiedsspruch – nicht gerügt haben[171]. Es handelt sich hierbei um ein Prinzip, das weltweit in unterschiedlicher Form anerkannt ist und dessen Vereinheitlichung das ModG erreichen will. Bei der Anwendung dieses Grundsatzes muß das Schiedsgericht einen gerechten Ausgleich zwischen dem Anspruch auf rechtliches Gehör und dem Grundsatz der Verfahrensbeschleunigung finden. Die gesetzliche Regelung dieses Grundsatzes in Art. 4 ModG macht deutlich, daß in Zukunft dem Grundsatz der Verfahrensbeschleunigung Vorrang vor dem Grundsatz jederzeitigen rechtlichen Gehörs zu geben ist.

Die deutsche Rechtsprechung ist solchen Verfahrenstaktiken bisher unter Verweis auf das *venire contra factum proprium*-Prinzip oder einen Verstoß gegen Treu und Glauben entgegengetreten[172]. Mit der Reform wurde der Verlust des Rügerechts in § 1027 ZPO gesetzlich geregelt[173].

Im anglo-amerikanischen Recht ist dieser Grundsatz unter dem Begriff *estoppel* bekannt, und bezeichnet die Verwirkung eines Verfahrensrechts in dem Fall, in dem sich eine Partei selbst nicht den Verfahrensregeln entsprechend verhalten hat. Entsprechende Regelungen finden sich auch in den meisten anderen Schieds-

---

169 Z.B. Deutschland; Kanada (Québec); Peru; Hong Kong, mit ausdrücklicher Streichung in Art. 34 C (2) *HK Arbitration Ordinance* und unter Hinweis darauf, daß es im englischen *common law* keine Differenzierung zwischen Handels- und Zivilrecht gebe, Kaplan, Am. Rev. Int. Arb. 1990, 25 (29).

170 Z.B. Art. 1 Abs.6 *B.C. AA*; Art. 43 *Nigeria AA*; Art. 1 Abs.2 *russ. SchG*; Art. 1 Abs.1 *Scotland Act*; Art. 2 *ägypt. SchG*; Art. 2 Abs.4, 5 *zypr. SchG*.

171 Das Schiedsgericht ist nicht verpflichtet, die Parteien auf diese Folgen hinzuweisen, die Rechtsfolge beruht auf der erhöhten Selbstverantwortung der am Schiedsverfahren Beteiligten, vgl. Hans .OLG, DIS Mitt. 1990, S. 57.

172 BGHZ 50, 191; BGH WuB VII B.3 § 1041 ZPO a.F. 1.87, 1084 m. krit. Anm. Frisinger.

173 § 1027 ZPO, der sich teilweise an Art. 4 ModG, teils an § 295 ZPO orientiert.

gesetzen[174], allerdings nicht in Italien, Österreich, der Schweiz und Frankreich. Ausdrücklich abgelehnt wird das Prinzip des *estoppel* wohl nur in Brasilien, wo das Recht, gegen den Schiedsspruch vorzugehen, als Bestandteil der öffentlichen Ordnung angesehen, und deshalb der Verlust des Rügerechts genauso abgelehnt wird, wie der fakultative Ausschluß der Kontrolle des Schiedsspruchs durch die Parteien[175]. Diese Regelung ist indessen der Bekämpfung von prozeßtaktischen Manövern nicht dienlich.

3. Umfang gerichtlicher Tätigkeit

Das ModG folgt dem aktuellen Trend, die Rolle der staatlichen Gerichte im Rahmen von Schiedsverfahren darauf zu beschränken, den Verfahrensablauf zu unterstützen und die dem Schiedsgericht fehlende Befugnis zur Vornahme von Zwangsmaßnahmen auszufüllen[176]. Art. 5 ModG regelt deshalb, daß die staatlichen Gerichte in den vom ModG geregelten Bereichen nur tätig werden dürfen, wenn das Gesetz selbst dies explizit vorsieht[177]. Wie ausdrücklich betont wird, sollte mit dieser Bestimmung nicht das Verhältnis zwischen staatlichen Gerichten und Schiedsgerichten qualifiziert werden. Vielmehr wollte man die Gesetzgeber bei der Umsetzung dazu anhalten, die Eingriffsbefugnisse der staatlichen Gerichte konkret festzulegen, um die Parteien vor unerwarteten nationalen Vorschriften zu schützen, die den Ablauf des Verfahrens verzögern könnten[178].

Das deutsche Recht enthält in § 1026 ZPO[179] eine dem Art. 5 ModG entsprechende Vorschrift, gesteht dem staatlichen Gericht aber in drei weiteren Situationen zusätzliche Eingriffsmöglichkeiten zu. Zunächst ist es nach § 1032 Abs.2

---

174 Vgl. nur Art. 5 und Art. 20 *LICA*; Art. 5 *zypr. SchG.*; s. 34C *HK Arbitration Ordinance*; s. 6 *ungarisches SchG*; s. 4 *ind. AA*; s. 73 *Arbitration Act 1996.*

175 Nehring Netto, ICCA-Handbook I, 22.

176 Kerr, ICLQ 34 (1985), 1 (12).

177 Die Eingriffsbefugnisse der staatlichen Gerichte sind begrenzt auf die Mitwirkung bei der Bestellung (Art. 11 Abs.6), Ablehnung (Art. 13) oder Ersatzbestellung (Art. 15) eines Schiedsrichters, bei der Beweiserhebung auf Antrag einer der Parteien (Art. 27), bei der Aufhebung eines Schiedsspruches (Art. 34), bei der Anerkennung und Vollstreckung eines Schiedsspruches (Art. 35) bzw. bei der Verweigerung der Anerkennung (Art. 36) sowie beim Erlaß einstweiliger Maßnahmen (Art. 9).

178 7th Secr. Note, A/CN.9/264 (25. März 1985) zu Art. 5 unter 2.

179 Das deutsche Recht enthielt auch bisher in §§ 1045, 1046 ZPO a.F. eine Aufzählung der gerichtlich zulässigen Eingriffsmöglichkeiten, so daß es sich bei dieser Vorschrift eher um eine aus „Gründen der Rechtssicherheit gebotene Klarstellung" handelt, vgl. BT-Drucks. 13/5274, S. 32.

ZPO[180] möglich, bis zur Konstituierung des Schiedsgerichts einen Antrag auf Feststellung der Zulässigkeit oder Unzulässigkeit des Schiedsverfahrens zu erheben[181]. Setzt ein Schiedsgericht das Verfahren trotzdem fort, so ist ein daraus ergehender Schiedsspruch unwirksam, wenn die Unzulässigkeit des Schiedsverfahrens rechtskräftig festgestellt wird[182]. Weiterhin ist in § 1034 Abs.2 ZPO eine sog. Überlegenheitsklausel enthalten, die einer bei der Zusammensetzung des Schiedsgerichts benachteiligten Partei das Recht gibt, eine Ernennung durch das Gericht zu beantragen[183]. Schließlich ist der deutsche Richter gem. § 1050 ZPO, neben der Unterstützung bei der Beweisaufnahme, auf Antrag auch zur Vornahme „sonstiger richterlicher Handlungen, zu denen das Schiedsgericht nicht befugt ist", berechtigt[184]. Vor allem durch diese relativ umfassende Ermächtigungsnorm, wollte der Gesetzgeber vermeiden, daß das Verfahren ins Stocken gerät, weil die notwendige Unterstützung des Schiedsgerichts aufgrund fehlender ausdrücklicher Ermächtigung im Gesetz nicht stattfinden kann. Da diese gerichtliche Intervention nur auf Antrag oder mit Zustimmung des Schiedsgericht möglich ist, stellt sich die Vorschrift als eine sinnvolle Regelung zur effektiven Förderung des Schiedsverfahrens dar.

Bei der Festlegung des Umfangs staatlicher Interventionsmöglichkeiten in das Schiedsverfahren, handelt es sich um einen sehr sensiblen Regelungsbereich. Das Verhältnis der Schiedsgerichte zu den staatlichen Gerichten und umgekehrt, ist der klassische Problembereich der Schiedsgerichtsbarkeit, der in der Beurteilung von den Rechtstraditionen und -entwicklungen des jeweiligen Staates abhängig ist. Schon deshalb ist die Erwartung einer völligen Harmonisierung der gesetzlichen Vorschriften in diesem Bereich unrealistisch. Auch stößt hier die Form des Modellgesetzes als Vereinheitlichungsgrundlage[185] an ihre Grenzen, da der nationale Gesetzgeber, bei der Umsetzung des ModG, den Katalog der Eingriffsbefugnisse staatlicher Gerichte beliebig erweitern kann. Einen Schutz vor überraschenden nationalen Regelungen kann das ModG in diesem Bereich des-

180 § 1046 ZPO a.F.

181 Dadurch wird allerdings die Frist für die Schiedseinrede nicht verlängert, da die Teilnahme an der Bildung des Schiedsgerichts auch in anderen Rechtsordnungen nicht als Einlassung zur Sache angesehen wird, vgl. hierzu unter 2. Kap. V.1.; Fn. 387.

182 Mü-Ko-Maier, § 1046, Rn. 1; Stein/Jonas-Schlosser, § 1046, Rn. 2.

183 Diese Klausel entstammt dem niederländischen Recht, vgl. Art. 1028 *NZPO*; eine ähnliche Regelung findet sich auch im belgischen Recht, Art. 1687 *CJ belge*.

184 BT-Drucks. 13/5274, S. 51; vgl. aber Schlosser in Stein/Jonas, § 1034 Rn. 5, der die Möglichkeit des Schiedsgerichts eine Vorlage nach Art. 100 GG vorzunehmen, für unzulässig hält, da die Gefahr von Manipulationen bestehe, wenn Parteien versuchten, auf diesem Wege rasch an das BVerfG zu gelangen; unter Verweis auf BVerfG 10, 214.

185 Siehe dazu im 1. Kap., V.

halb nicht garantieren. Ein Erfolg des ModG zeichnet sich aber insofern ab, als der Trend in allen Gesetzgebungen dahin geht, dem staatlichen Gericht nur eine unterstützende, und keine eingreifende bzw. das Schiedsgericht ersetzende Rolle zuzugestehen.

Besonders deutlich wird dies an dem für die weiten Interventionsbefugnisse der staatlichen Gerichte bekannten englischen Recht[186]. Zwar wird der Einfluß des ModG auf das neue englische Schiedsgesetz, den *Arbitration Act 1996*, immer heruntergespielt[187]. Der englische Gesetzgeber hat aber bei der Reform des Schiedsverfahrensrechts die Rolle der staatlichen Gerichte stark begrenzt, und diese Begrenzung sogar in s. 1 (c) *Arbitration Act 1996* als eines der grundlegenden Prinzipien des neuen Schiedsverfahrensrechts formuliert[188]. Die Unterstützung bei der Beweisaufnahme stellt auch im englischen Recht die hauptsächliche Interventionsmöglichkeit für das staatliche Gericht dar[189]. Allerdings ist die Möglichkeit der „bindenden Vorabentscheidung einer Rechtsfrage" durch den *High Court* immer noch vorgesehen[190]. Diese wurde durch den *Arbitration Act 1950* eingeführt, um die Fortentwicklung des englischen *case law* sicherzustellen. Die Parteien können diese Möglichkeit in ihrer Schiedsvereinbarung aber ausdrücklich ausschließen[191].

In Hong Kong ist s. 14 Abs.4-6 *HK Arbitration Ordinance*, der dem Gericht im Rahmen des nationalen Schiedsverfahrens gewisse Interventionsbefugnisse zugesteht, durch s. 34E *HK Arbitration Ordinance* auch auf das internationale Verfahren für anwendbar erklärt worden. Hierbei handelt es sich um Maßnahmen wie die förmliche Zeugenvorladung oder die Ladung, mit der Auflage, Urkunden vorzulegen (Abs.4) sowie diverse andere Maßnahmen (Abs.6). Allerdings stehen diese Erweiterungen der gerichtlichen Befugnisse unter dem Vorbehalt des Art. 5 ModG, so daß das Gericht auf diese Maßnahmen nur zurückgreifen kann, wenn sie z.B. als Maßnahme des einstweiligen Rechtsschutzes i.S.d. Art. 9 ModG gelten oder als Unterstützung bei der Beweisaufnahme i.S.d. Art. 27 ModG anzusehen sind[192].

---

186 Weigand, RIW 1997, 904 (909).

187 Vgl. Mustill, JIA 1989 (6/2), 43 (54), wonach der Einfluß des ModG in Europa auf „kosmetische Korrekturen in Layout und Terminologie beschränkt geblieben ist".

188 LCIA-Report, S. 1; Jones, Arbitration 1999 (65/1), 35.

189 Vgl. s. 43 *Arbitration Act 1996*.

190 S. 45 *Arbitration Act 1996*; vgl. auch Weigand, RIW 1997, 904 (909).

191 Als Ausschluß der Vorabentscheidung gilt z.B. auch der Verzicht auf Entscheidungsgründe im Schiedsspruch, vgl. s. 45 Abs.1 *Arbitration Act 1996*.

192 Vgl. hierzu unten *Vibroflotation A.G.* v. *Express Builders Co. Ltd.*, 15.8.1994, unveröffentlicht. CLOUT Case 77.

II. Schiedsvereinbarung

1. Rechtsnatur und Schiedsvertragsstatut

Die Rechtsnatur der Schiedsvereinbarung ist umstritten, da diese sowohl materiellrechtliche als auch prozessuale Züge aufweist[193]. Einer Ansicht zufolge ist sie als Prozeßvertrag anzusehen[194], da die prozessualen Konsequenzen ausschlaggebend für die Charakterisierung der Schiedsvereinbarung seien. Hierbei wird darauf verwiesen, daß die Schiedsvereinbarung einerseits als prozeßhindernde Einrede herangezogen werden könne; andererseits entfalte der aufgrund der Schiedsvereinbarung ergangene Schiedsspruch eine Rechtskraftwirkung, die der eines Urteils entspreche, das in einem staatlichen Verfahren ergangen sei. Nach dieser Auffassung bestimmt sich das Schiedsvertragsstatut nach der *lex fori*.

Die h.M. im nationalen und internationalen Schiedsverfahrensrecht, qualifiziert die Schiedsvereinbarung dagegen als „materiellrechtlichen Vertrag über prozeßrechtliche Beziehungen[195]". Die Beseitigung auftretender Streitigkeiten erfolge auf der Grundlage der Parteivereinbarung. Neben den prozessualen Konsequenzen ergäben sich deshalb – ähnlich wie beim materiellrechtlichen Vergleich – Mitwirkungsverpflichtungen der Parteien, die das Bild des Vertrages ebenso prägen würden wie die prozeßrechtlichen Konsequenzen. Nach dieser Auffassung können die Parteien das Schiedsvertragsstatut autonom festlegen[196]. Dies entspricht auch der Regelung in Art. 34 Abs.2 a)i) ModG, in Art. V Abs.1a) UNÜ und Art. VI Abs.2a) EuÜ, die den Parteien die Rechtswahlfreiheit bezüglich des Schiedsvertragsstatuts einräumen.

In der Praxis kommt es jedoch relativ selten vor, daß die Parteien das Recht, dem die Schiedsvereinbarung unterstehen soll, ausdrücklich bestimmen. Dieses ist deshalb in der Regel konkludent zu bestimmen. Dabei kann das auf den Hauptvertrag anwendbare Recht ein starkes Indiz für eine stillschweigende Rechtswahl hinsichtlich der Schiedsvereinbarung darstellen[197]. Es muß aber be-

---

193 Vgl. allgemein zur Einordnung der Schiedsvereinbarung Reithmann/Hausmann, Rn. 2297 ff. m.w.N.; Schlosser, Rn. 229 ff.

194 Zöller-Geimer, § 1029, Rn. 1, 15; Henn, S. 6 f.; Stein/Jonas-Schlosser, § 1025, Rn. 1; Schwab/Walter, S. 69; a.A. Lorenz, AcP 157 (1958/59), 265 (27 ff.), der sie als materiellrechtlichen Vertrag einstuft.

195 So auch die deutsche Rechtsprechung, BGH, RGZ 74, 321 (322); BGHZ 23, 198 (200); 40, 320 (322); OLG Oldenburg, NJW 1971, 1461 (1462); ebenso MüKo-Maier, § 1025, Rn.3; Wais in Schütze/Tscherning/Wais, vor Rn. 153; Lachmann, Rn. 94.

196 Vgl. für die NIEDERLANDE: De Ly, Nr. 9; für die SCHWEIZ: Bucher, Rn. 103; für FRANKREICH: Fouchard, Nr. 8.

197 Vgl. z.B. Art. 27 Abs.1 Satz 2 EGBGB; BGHZ 40, 320 (323); NJW 1969, 750; RIW 1979, 482 (484 f.) m. Anm. Mezger; OLG München, RIW 1990, 585 (586).

achtet werden, daß eine akzessorische Anknüpfung der Schiedsvereinbarung an den Hauptvertrag nicht immer ohne weiteres möglich ist, da Schiedsvereinbarung und Hauptvertrag unterschiedliche Zwecke verfolgen und somit als voneinander getrennt anzusehen sind. Gegen die Unterstellung der Schiedsvereinbarung unter das Statut des Hauptvertrages würde danach etwa sprechen, daß das Schiedsverfahren in einem anderen Staat stattfindet[198]. Nach überwiegender Ansicht liegt es deshalb näher, das von den Parteien gewählte Verfahrensstatut als Indiz für das Statut der Schiedsvereinbarung anzusehen, da diese beiden Statuten wegen ihres engen Zusammenhangs übereinstimmen sollten[199]. Haben die Parteien also den Schiedsort in der Schiedsvereinbarung bestimmt, so richtet sich die Wirksamkeit der Schiedsvereinbarung nach dem dort geltenden Recht. Dies gilt nach der Einführung des Territorialitätsprinzips auch für das deutsche Recht[200], das insofern mit dem ModG und den Grundsätzen des UN-Übereinkommens übereinstimmt.

Ein sehr liberaler Ansatz wird in der Schweiz vertreten. Art. 178 Abs. 2 *schweiz. IPRG* bestimmt im Sinne des *in favorem validitatis* Prinzips, daß sich die Wirksamkeit der Schiedsvereinbarung alternativ aus dem von den Parteien gewählten Recht, aus dem auf den Hauptvertrag anwendbaren Recht oder aus dem schweizerischen Recht ergeben kann[201]. Allerdings kann dies zu Problemen führen, wenn sich die Schiedsrichter unter Zugrundelegung dieser Anknüpfungskriterien über die parteiautonome Rechtswahl hinwegsetzen, da sie dadurch einen Aufhebungsgrund i.S.d. Art. V Abs.1a) UNÜ[202] schaffen und die Vollstreckbarkeit des Schiedsspruchs gefährden.

2. Definition und Erscheinungsformen

Die in Art. 7 Abs.1 ModG enthaltene Legaldefinition stellt Schiedsvereinbarungen über bereits entstandene Streitigkeiten solchen über zukünftige Streitigkeiten gleich. Damit wird die sog. *clause compromissoire*[203], also die Schiedsvereinba-

---

198 Reithmann-Hausmann, Rn. 2440.

199 Reithmann-Hausmann, Rn. 2301; Berger, Wirtschaftsschiedsgerichtsbarkeit, S. 117; Basedow, JPS 1987, 3 (9); Kronke, RIW 1998, 257 (258); Lachmann, Rn. 96; Holtzmann/Neuhaus, S. 303.

200 Vgl. auch Art. 28 Abs.1 EGBGB und jüngst BGH, NJW 1998, 2452.

201 Bucher, Rn. 103; Tschanz, RDAI/IBLJ 1989/6, 749 (751).

202 Gem. Art. V Abs.1a) UNÜ kommt es zunächst auf das Recht an, dem die Parteien die Schiedsvereinbarung unterstellt haben.

203 Das ModG benutzt die Synonyme *compromis* und *clause compromissoire* nicht. Dadurch soll verdeutlicht werden, daß beide Formen der Schiedsvereinbarung als völlig gleichwertig anzusehen sind. Zum besseren Verständnis wird aber im folgenden weiterhin auf diese Synonyme zurückgegriffen.

rung im Hinblick auf zukünftige Streitigkeiten, ausdrücklich anerkannt[204]. Die Schiedsvereinbarung in Form der *clause compromissoire* ist im internationalen Rechtsverkehr von großer Bedeutung. Von ihrer ausdrücklichen Anerkennung im ModG erhofft man sich einen weltweiten Vereinheitlichungsimpuls[205].

Das deutsche Recht enthält in § 1029 ZPO eine dem Art. 7 Abs.1 ModG entsprechende Vorschrift[206] und erkennt somit, ebenso wie die meisten Rechtsordnungen[207], auch eine Schiedsvereinbarung über zukünftige Streitigkeiten an.

3. Formelle Voraussetzungen

a. Schriftform

(1) Modellgesetz

Gem. Art. 7 Abs.2 ModG bedarf die Schiedsvereinbarung der Schriftform. Diese Anforderung wird als erfüllt angesehen, wenn die Schiedsvereinbarung in einem von den Parteien unterzeichneten Schriftstück enthalten ist, oder aus einem Austausch von Schriftstücken, wie Telegrammen, Telex oder jeglicher Form der Nachrichtenübermittlung, die einen Nachweis der Vereinbarung zuläßt, hervorgeht. Außerdem kann die Schriftform „nachträglich" erfüllt werden, wenn die Schiedsvereinbarung in der Klageschrift behauptet, und in der Klageerwiderung nicht bestritten wird[208].

Diese, nach dem Vorbild des Art. II Abs.2 UNÜ gestaltete Vorschrift, ist nicht ohne Widerspruch geblieben. Zwar wurden durch die Aufnahme des Zusatzes „jeglicher Nachrichtenübermittlung" auch moderne Kommunikationstechno-

---

204 7th Secr. Note, A/CN.9/264 (25. März 1985) zu Art. 7 unter 2.

205 Der Cour Suprême Kanadas hat noch im Jahre 1963 entschieden, daß eine *clause compromissoire* in Québec unwirksam sei, *National Gypsum Co. Inc.* v. *Northern Sales Ltd.* [1963] 2 Lloyd's L.Rep. 499. Mittlerweile ist die *clause compromissoire* in Québec gesetzlich anerkannt, vgl. Art. 1926.1 *Québec AA*; vgl. auch *Zodiak International v. Polish People's Republic* [1983] 1 RCS 529.

206 Der einzige Unterschied besteht im Aufbau, da das deutsche Recht der Schiedsvereinbarung eine eigene Vorschrift widmet. Zur Terminologie: Das deutsche Recht benutzt den Begriff „Vertrag" nur noch in bezug auf den Hauptvertrag, vgl. § 1029 Abs.2, § 1040 Abs.1 S.2, § 1051 Abs.4 ZPO.

207 S. 2 *HK Arbitration Ordinance*; s. 2 Abs.1 *Singapur IAA*; § 1020 Abs.2 *NZPO*; Art. 1 *span. SchG; arg. e. contr.* Art. 178 Abs.3 *schweiz. IPRG*; s. 6 *Arbitration Act 1996*; Art. 806 *ital. ZPO*; Art. 1442 *NCPC*, vgl. aber die grundsätzliche Einstellung des französischen Gesetzgebers gegen die *clause compromissoire* in Art. 2061 CC [CC in 97. Auflage], vgl. auch Jarrosson, Rev. arb. 1992, 259.

208 Art. 7 Abs.2 S.2 letzte Alt. ModG.

logien in gewissem Maße berücksichtigt[209]. Somit ist wohl davon auszugehen, daß kein faktischer Austausch von Dokumenten mehr erforderlich ist, sondern auch unverkörperte Mitteilungen anerkannt werden, sofern sich der Zeitpunkt der Ausstellung und die Urheberschaft zweifelsfrei feststellen lassen[210]. Kritisiert wird aber das von Art. 7 ModG geforderte Unterschriftserfordernis bei fehlendem Austausch von Dokumenten, da hierdurch wichtige Instrumente des internationalen Wirtschaftsverkehrs, wie etwa Konnossemente, Schlußnoten u.ä., aus dem Anwendungsbereich des ModG fallen könnten. Denn diese werden regelmäßig nur vom Aussteller bzw. Verfrachter, nicht aber vom Auftraggeber oder den Indossataren des Konnossements gezeichnet[211].

Die Kommission wies dennoch alle Änderungsvorschläge mit dem Hinweis zurück, daß es ohne das Unterschriftserfordernis zu Problemen bei der Durchsetzung von Schiedssprüchen im Rahmen des UN-Übereinkommens kommen könne. Außerdem seien die Handelsbräuche, nach denen sich die Wirksamkeit eines nicht unterschriebenen Dokuments bestimme, so unterschiedlich, daß die Gefahr einer unvorhersehbaren und uneinheitlichen Auslegung bestünde[212]. Zumindest für Konnossemente ist diese Argumentation aber mittlerweile durch die von UNCITRAL vorgebrachte Gesetzesinitiative eines „*Model Law on Legal Aspects of Electronic Data Interchange and Related Means of Communication*[213]" überholt. Im Rahmen dieses Gesetzes werden Regeln aufgestellt, denen zufolge elektronisch übermittelten Daten derselbe Status und dieselbe Beweisfunktion zukommen, wie herkömmlichen Dokumenten[214].

(2) Das deutsche Recht

Das deutsche Recht hat die Formvorschriften des ModG in § 1031 ZPO übernommen. Im Vergleich mit dem vorher geltenden Schiedsverfahrensrecht, stellt die Übernahme des Art. 7 Abs.2 ModG eine wesentliche Formerleichterung dar. Gem. § 1027 Abs.1 ZPO a.F. mußte eine Schiedsvereinbarung zwischen Nicht-

209 Eine entsprechende Regelung findet sich mittlerweile in allen modernen Gesetzgebungen, vgl. nur Art. 1021 S.1 *NZPO*; Art. 178 *schweiz. IPRG*; § 577 *ÖZPO*; s. 5 *Arbitration Act 1996*; Art. 5 *GAL Peru*.

210 Vgl. hierzu Berger, Wirtschaftsschiedsgerichtsbarkeit, S. 101 f., der diese Form der Nachrichtenübermittlung auch i.R.d. UN-Übereinkommens für wirksam hält. Dieses müsse durch Auslegung an die „Entwicklung der Rechtswirklichkeit" angepaßt werden.

211 DAC-Report, S. 23; Berger, Wirtschaftsschiedsgerichtsbarkeit, S. 105; Herrmann, ICCA Congress Series No. 6, S. 41 (45).

212 Commission Rep., A/40/17 (21.8.1985) zu Art. 7 Abs.2 unter 84 ff.

213 A/CN.9/426, 24.4.1996.

214 Vgl. hierzu Livermore/Euarjai, J.Mar.L.& Com. 28 (1997), 55 m.w.N.

Vollkaufleuten regelmäßig in einer gesonderten Urkunde abgeschlossen werden, die nur die Schiedsvereinbarung enthalten durfte. Mit Erlaß des neuen Schiedsgesetzes gilt dieses Erfordernis einer separaten eigenhändig unterzeichneten Urkunde nur noch für Verbraucher[215], also für natürliche Personen, die bei dem Geschäft zu einem Zweck handeln, der außerhalb ihrer gewerblichen oder selbständigen beruflichen Tätigkeit liegt[216]. Die Aufnahme des Zusatzes „selbständige berufliche Tätigkeit" in das Schiedsverfahrensrecht ist als praxisgerechte und sinnvolle Regelung zu begrüßen, da hierdurch Freiberufler und Selbständige den Gewerbetreibenden gleichgestellt werden, und ihnen auf diese Weise der formfreie Abschluß von Schiedsvereinbarungen ermöglicht wird[217]. Allerdings werden davon solche Schiedsvereinbarungen nicht erfaßt, die Selbständige außerhalb ihrer beruflichen Tätigkeit abschließen, also z.B. im Rahmen von privaten Wertpapiergeschäften[218]. Bei der Beurteilung der Formwirksamkeit einer Schiedsvereinbarung sollte aber immer der Schutzgedanke der Vorschrift im Vordergrund stehen. Eine Schiedsvereinbarung kann dann auch ohne Einhaltung der Form als wirksam angesehen werden, wenn sie dem Verbraucher günstig ist, etwa wenn sie ihm ein Wahlrecht zwischen Schiedsgerichtsbarkeit und ordentlichem Verfahren zugesteht.

Im Gegensatz zu den Verfassern des ModG hat der deutsche Gesetzgeber das Unterschriftserfordernis durch zusätzliche Vorschriften abgeschwächt. So genügt gem. § 1031 Abs.2 ZPO auch die einseitige schriftliche Form (sog. *half written form*) den gesetzlichen Anforderungen. Das ist z.B. dann der Fall, wenn das Schweigen der anderen Vertragspartei als Zustimmung zu dem schriftlichen Abschlußangebot gewertet werden kann, also etwa beim Schweigen auf ein kaufmännisches Bestätigungsschreiben[219] oder bei Vereinbarung von AGB[220]. Hierunter fällt auch ganz generell die Erfüllung der Schriftform durch den

---

215 Auch Simbabwe sieht in s. 4 Abs.2 (f) *Simb. AA* vor, daß eine Schiedsvereinbarung im Rahmen eines Verbrauchervertrages nur wirksam ist, wenn sie in einer gesonderten Urkunde enthalten ist. Das englische Recht erklärt in s. 89-91 *Arbitration Act 1996* den *Consumer Protection Act* auch auf Schiedsvereinbarungen für anwendbar.

216 So die Legaldefinition des Verbrauchers in § 1031 Abs.5 S.3 ZPO; vgl. zu den unterschiedlichen Definitionen des Verbrauchers im europäischen und deutschen Recht, Staudinger-Reinhart, Art. 29, Rn. 4; Dreher, JZ 1997, 167 (170).

217 Schlabrendorff, DIS-MAT IV (1998), S. 27 (36).

218 BGH WM 1991, 360; zur Gründung einer Personengesellschaft als Verbrauchergeschäft vgl. Ebbing, NZG 1998, 281 (282).

219 Voit, JZ 1997, 120 (121); BT-Drucks. 13/5274, S. 36 f.; dem Schweigen auf ein kaufmännisches Bestätigungsschreiben wird auch in Frankreich, den Niederlanden, Belgien und Luxemburg rechtsgeschäftliche Bedeutung im Sinne der Annahme des Vertragsangebots beigemessen.

220 Schlabrendorff, DIS-MAT IV (1998), S. 27 (35); anders wohl Lachmann, Rn. 135.

Austausch von Schriftstücken. Für Konnossemente sieht § 1031 Abs.4 ZPO eine Sonderregelung vor, und schließt damit die Lücke des ModG. Gemäß dieser Vorschrift kann der Verfrachter durch die Begebung des Konnossements eine Schiedsvereinbarung abschließen, vorausgesetzt das Konnossement enthält eine Inkorporationsklausel, die ausdrücklich auf die in der Charterpartie enthaltene Schiedsklausel verweist. Eine allgemeine Verweisung auf die Charterpartie i.S.d. § 1031 Abs.3 ZPO ohne ausdrückliche Bezugnahme auf die Schiedsklausel genügt also nicht[221].

Die Formerleichterung macht die veränderte Einstellung und Bewertung der Schiedsgerichtsbarkeit durch den Gesetzgeber deutlich. Die nunmehr anerkannte Gleichwertigkeit von Schiedsgerichtsbarkeit und staatlicher Gerichtsbarkeit, läßt die Notwendigkeit entfallen, die Parteien auf den Verzicht des staatlichen Rechtsschutzes durch Abschluß einer Schiedsvereinbarung ausdrücklich hinzuweisen; denn es handelt sich lediglich um eine „Wahl der Partei zwischen zwei gleichwertigen Wegen der Rechtsdurchsetzung[222]“. Die gem. § 1031 Abs.1 – Abs. 4 ZPO geforderte Schriftform erfüllt nach dem Willen des Gesetzgebers deshalb nicht mehr den Zweck einer Warnfunktion, sondern nur noch den einer Beweisfunktion[223].

(3) Die Modellgesetzjurisdiktionen

In den meisten Gesetzgebungen ist Art. 7 ModG nur mit Änderungen übernommen worden. So wird in der Regel nicht nur der eine spezifische Fall des Austauschs der Klagebegründungen, sondern allgemein die sog. *half written form*[224] als Erfüllung der Schriftform anerkannt.

In Hong Kong, wo Art. 7 ModG mit der *Arbitration Amendment Ordinance No. 64/89*[225] zunächst ohne Änderung übernommen wurde, haben die Erfahrungen mit dem Unterschriftserfordernis[226] mittlerweile zu einer Gesetzesänderung geführt. Im Rahmen des 1997 erlassenen neuen Schiedsgesetzes wird jetzt nach englischem Vorbild[227] von dem Erfordernis der Unterschrift abgesehen[228]. Dage-

221 BT-Drucks. 13/5274, S. 37.

222 Voit, JZ 1997, 120 (121).

223 BT-Drucks. 13/5274, S. 37; Voit, JZ 1997, 120 (121); vgl. auch Herrmann, ICCA Congress series No. 6, S. 41 (45 f.), zu dieser Einstellung, die allgemein bei den modernen Gesetzgebungen zu beobachten ist und nach Herrmanns Ansicht Veranlassung gibt, darüber nachzudenken, ob die Schriftform überhaupt noch erforderlich ist.

224 Herrmann, ICCA Congress Series No. 6, S. 41 (45).

225 Siehe Fn. 42.

226 Vgl. dazu unten 3. Kap., II. 2.

227 Vgl. s. 5 Abs.2 (a) *Arbitration Act 1996*, der ausdrücklich vom Unterschriftserfordernis absieht, und Art. 7 ModG als einen der Gründe gegen die Übernahme des ModG in das englische Recht anführt.

gen verweist Singapur ohne Einschränkung auf Art. 7 ModG, erkennt aber zusätzlich die Wirksamkeit von Schiedsvereinbarungen in Konnossementen an[229]. Rußland hat die Schriftform des ModG in Art 7 Abs.2 Satz 2 *russ. SchG* auf elektronisch übermittelte Dokumente erweitert, so daß vom Erfordernis der Unterschrift abgesehen werden kann.

Außerhalb der Modellgesetzjurisdiktionen fallen vor allem die Schiedsgesetze Frankreichs, Schwedens und der Schweiz durch geringe Formvoraussetzungen auf. Im Rahmen von schwedischen sowie von internationalen französischen Schiedsverfahren wird gar keine bestimmte Form verlangt[230]. Die Unterschrift der Parteien ist in keiner dieser Gesetzgebungen Gültigkeitsvoraussetzung[231].

(4) Literaturansicht

In der Literatur gibt es mittlerweile schon Überlegungen, die Schriftform ganz abzuschaffen[232]. Es sei nicht einzusehen, daß die Vereinbarung über eine Form der Streitbeilegung, die in internationalen Wirtschaftsverträgen mittlerweile alltäglich sei, strengeren Formvoraussetzungen unterliege, als andere Vereinbarungen oder Verträge, die gegebenenfalls zu weitaus „gefährlicheren“ Verpflichtungen führen könnten. Zudem sei es aufgrund der technischen Entwicklung unabdingbar, das Schriftformerfordernis dem modernen Stand der Datenübertragung anzupassen. Der Abschaffung des Schriftformerfordernisses stehe auch das UN-Übereinkommen nicht entgegen, da dieses insofern eine angepaßte Auslegung zulasse[233].

b. Mündliche Schiedsvereinbarung

Eine mündliche Schiedsvereinbarung ist im Rahmen des ModG nicht zulässig. Das gilt seit der Reform auch für das deutsche Recht. Die Bestimmung des § 1027 ZPO a.F., die eine mündliche Schiedsvereinbarung unter Vollkaufleuten zuließ, wurde nicht in das neue deutsche Gesetz übernommen. Der Grund hierfür

228 Ibid., S. 2AC Abs.2 *HK Arbitration Ordinance* lautet jetzt: „An agreement is n writing [...] if (a) the agreement is in a document whether signed by the parties or not [...]“.

229 S. 2 Abs.1 *Singapur IAA*.

230 Weigand, AI 1995 (11/4), 397 (403); Art. 1443 *NCPC* bezieht sich nur auf das interne Schiedsverfahren, vgl. auch Fouchard, Nr. 14.

231 Probleme kann dies bei der Vollstreckung nach dem UN-Übereinkommen bereiten. Allerdings kann hier immer noch die Berufung auf die Meistbegünstigungsklausel des Art. VII UNÜ weiterhelfen.

232 Herrmann, ICCA Congress Series No. 6, S. 41 (45 f.).

233 Berger, Wirtschaftsschiedsgerichtsbarkeit, S. 102 f.

lag unter anderem darin, daß die meisten Rechtsordnungen den für die Anknüpfung notwendigen Begriff des „Handelsgeschäftes" i.S.d. §§ 343, 344 HGB nicht kennen. Ein entsprechender Verweis wäre deshalb unpraktikabel gewesen. Für Kaufleute stellt die neue Schriftform also eine Verschärfung der Anforderungen dar.

Soweit ersichtlich, ist die Zulässigkeit einer mündlichen Schiedsvereinbarung nur in den kanadischen Provinzen Alberta[234] und Britisch Kolumbien[235] gesetzlich geregelt. Im schottischen Recht ist es aber üblich, daß die Existenz informell abgeschlossener Verträge durch mündlichen Zeugenbeweis nachgewiesen werden kann (*parol evidence rule*). Hiervon soll auch für Schiedsvereinbarungen keine Ausnahme gelten[236].

Die sehr weit gefaßte Formulierung der s. 5 (6) *Arbitration Act 1996*, die für die Schriftlichkeit der Schiedsvereinbarung „Aufzeichnungen irgendwelcher Art, die den Rückschluß auf eine Vereinbarung des behaupteten Inhalts zulassen[237]", genügen läßt, hat bei der zweiten Gesetzeslesung im *House of Lords* die Frage aufkommen lassen, ob auch die Tonbandaufzeichnung einer mündlichen Vereinbarung diesen Anforderungen genügen kann. Eine so weitgehende Interpretation ist wohl abzulehnen, da der englische Gesetzgeber, auch ohne Übernahme des ModG, eine Harmonisierung des internationalen Schiedsverfahrensrechts angestrebt hat und sich an diesem orientiert. Die Vorschrift soll also nur schriftliche Vereinbarungen, und nicht lediglich magnetisch oder digital aufgezeichnete Gespräche umfassen[238].

c. Folgen der Formunwirksamkeit

Wurden die Formerfordernisse nicht erfüllt, so ist die Schiedsvereinbarung ungültig, denn es handelt sich um zwingende Vorschriften, vgl. Art. 34 Abs.2 Nr.1 a) ModG.

Auch nach deutschem Recht hat die mangelnde Form die Nichtigkeit der Schiedsvereinbarung zur Folge, vgl. § 1059 Abs.2 Nr.1 a) ZPO. Dieser Mangel wird aber durch die vorbehaltlose Teilnahme am Schiedsverfahren geheilt. Der betroffenen Partei ist es dann versagt, sich am Ende des Verfahrens auf den Formmangel der Schiedsvereinbarung zu berufen[239].

---

234 S. 5 (1) *Alberta AA*.
235 S. 1 (b) *B.C. AA*.
236 Dervaird, ICCA-Handbook III, 7.
237 S. 5 Abs.6 *Arbitration Act 1996* lautet: „Reference in this part to anything being written or in writing include its being recorded by any means".
238 Hill, ICLQ 46 (1997), 274 (284); DAC-Report, S. 14 (unter 33).
239 Vgl. §§ 1027, 1031 Abs.6, 1040 Abs.2 ZPO.

Eine Besonderheit besteht im englischen Recht. Hier zieht ein Formmangel der Schiedsvereinbarung nicht deren Nichtigkeit, sondern lediglich die Unanwendbarkeit des *Arbitration Act 1996* nach sich. Das Verfahren beurteilt sich dann nach den *common law* Regeln, deren Fortgeltung für diesen Zweck in s. 81 Abs.1 *Arbitration Act 1996* ausdrücklich festgestellt wird[240].

4. Grundsatz der Unabhängigkeit der Schiedsvereinbarung (*separability*)

Art. 16 Abs.1 ModG[241] bestimmt unter anderem das Prinzip der Unabhängigkeit oder Autonomie der Schiedsvereinbarung (*separability*)[242]. Letzteres bewirkt, daß die Schiedsvereinbarung nicht automatisch das rechtliche Schicksal des Hauptvertrages teilt. Vielmehr bleibt sie von der Unwirksamkeit des Hauptvertrages unberührt, wenn nicht der Grund für die Nichtigkeit des Hauptvertrages auch gleichermaßen die Wirksamkeit der Schiedsvereinbarung betrifft[243]. Solange dies nicht nachgewiesen ist, wird widerleglich vermutet, daß die Parteien jegliche aus dem Hauptvertrag entstehende Streitigkeit im Wege des Schiedsverfahrens lösen wollen. Die Schiedsrichter sind somit zuständig für die Rückabwicklungsansprüche der Parteien aus dem unwirksamen Hauptvertrag[244]. Die schiedsrichterliche Entscheidung über die Nichtigkeit des Hauptvertrages ist als Schiedsspruch verbindlich und kann von den staatlichen Gerichten nicht auf ihre materielle Richtigkeit hin kontrolliert werden[245].

Der Grundsatz der Unabhängigkeit der Schiedsvereinbarung vom Hauptvertrag war im deutschen Recht schon durch die Rechtsprechung anerkannt[246] und wurde nun in § 1040 Abs.1 Satz 2 ZPO normiert. Es handelt sich hierbei um ein grundlegendes Prinzip[247] der internationalen Schiedsgerichtsbarkeit, das fast

240 Das gilt gem. s. 81 Abs.1 (b) *Arbitration Act 1996* ausdrücklich im Falle mündlicher Schiedsvereinbarungen.

241 Art. 16 ModG ist Art. V EuÜ nachgebildet.

242 Zur systematisch ungeschickten Plazierung der *separability*-Klausel in Art. 16 Abs.1 S.2, 3 ModG, s. Hußlein-Stich, S. 38; Calavros, S. 42.

243 Barber, S. 11 f.; vgl. auch BGE 88 I 105; Berger, Wirtschaftsschiedsgerichtsbarkeit, S. 93; van den Berg, YB XII (1987), 3 (10).

244 So auch schon BGHZ 53, 318; ausdrücklich geregelt ist diese Rechtsfolge in Art. 6 Abs.4 S.2 ICC-SchO i. d. F. vom 1.1.1998.

245 Craig/Park/Paulsson, S. 66. Anders stellt sich die Situation bei der schiedsrichterlichen Entscheidung über die eigene Zuständigkeit dar. Diese ist für die staatlichen Gerichte nicht verbindlich, s. dazu unten V.1.

246 Vgl. BGHZ 53, 315 (318); BGH NJW 1979, 2567; BGH NJW 1991, 2216.

247 Dieses Prinzip bezeichnen Craig/Park/Paulsson als „a conceptual cornerstone of international arbitration", S. 65; vgl. auch *Enrique C. Welbers S.A.I.C. A.G.* v. *Extraktionstechnik Gesellschaft für Anlagenbau M.B.M. S/Ordinario*", A/CN.9/SER.C/ Abstracts/2, S.5.

überall entweder gesetzlich[248] oder durch die Rechtsprechung[249] anerkannt ist[250]. Um ein schnelles und effektives Verfahren zu gewährleisten, und um zu verhindern, daß eine Partei das Schiedsverfahren durch die bloße Behauptung der Unwirksamkeit des Hauptvertrages scheitern lassen kann, ist dieser Grundsatz unverzichtbar. Auch in England, wo die Rechtsprechung[251] erst vor kurzem die Unabhängigkeit der Schiedsvereinbarung akzeptiert hat, ist dieser Grundsatz jetzt gesetzlich geregelt[252].

5. Wirkung der Schiedsvereinbarung

a. Schiedseinrede

Wird vor einem staatlichen Gericht Klage hinsichtlich eines Streitgegenstandes erhoben, für den eine Schiedsvereinbarung existiert, so ist das Gericht gem. Art. 8 Abs.1 ModG verpflichtet, die Parteien an ein Schiedsgericht zu verweisen[253]. Die Verweisung erfolgt aber nicht *ex officio*, sondern nur auf den aus-

248 Vgl. nur s. 1297.161 *kalif. AA*; Art. 249-9, sec.1 *Texas AA*; Art. 1926.5 CC Québec; Art. 178 Abs.3 *schweiz. IPRG*; Art. 808 Abs.3 1. HS *ital. ZPO*; Art. 1503 *NZPO*; Art. 1697 Abs.2 *CJ belge*; s. 7 *Arbitration Act 1996.*

249 Z.B. in FRANKREICH, allerdings nur für das internationale Schiedsverfahrensrecht, *Arrêt Gosset*, Cour Cass., 1ère, 7.5.1963, D. 1963, 543 m. Anm. Robert; bestätigt in *Municipalité de Khoms El Mergeb c/ Société Dalico*, Cour Cass. 1ère, Rev. arb. 1994, 116 m. Anm. Gaudemet-Tallon; in den USA *Prima Paint Corp.* v. *Flood & Conklin MfG. Co.*, 388 U.S. 395 (402 f.) (1967); *Sauer-Getriebe KG* v. *White Hydraulics Inc.*, 715 F.2d 348 (351) (1983); *Lawrence* v. *Comprehensive Business Service Company*, 833 F.2d 1159 (1987); in GRIECHENLAND vgl. Koussoulis, Nationalbericht Griechenland, S. 405 (411); in ENGLAND *Harbour Assurance* v. *Kansa* [1993] QB 701; in DEUTSCHLAND BGHZ 53, 315 (318); BGH, WM 1990, 1301 (1302 f.); NJW 1991, 2215 f.; NJW 1992, 575 ff.; in KANADA *Globe Union Industrial Corp.* v. *G.A.P. Marketing Corp.* (B.C. S.C.), [1995] 2 W.W.R. 696, CLOUT Case 114; *Krutov* v. *Vancouver Hockey Club Ltd.* (B.C. S.C.), [1991] B.C.J. No. 3464, CLOUT Case 19; *Haymen & Another* v. *Darwins Ltd.*, [1942] 1 All E.R. 337 (H.L.), S. 343 (347, 250); *Roy* v. *Boyce*, (1991) 57 B.C.L.R. (2d) 187).

250 In Florida wird das Prinzip der Autonomie der Schiedsvereinbarung nicht erwähnt, was aber nicht den Rückschluß zuläßt, daß es nicht anerkannt ist.

251 Vgl. *Harbour Assurance Co. (UK) Ltd.* v. *Kansa General International Insurance Co. Ltd.* [1993] QB 701 (724) = [1993] 1 Lloyd's L.Rep. 455.

252 S. 7 *Arbitration Act 1996*; Triebel/Plaßmeier, BB 1997, Beil.13, S. 2 (6 f.), warnen aber aufgrund der dispositiven Ausgestaltung und der noch ungefestigten Rechtsprechung vor Auslegungsschwierigkeiten dieser Vorschrift.

253 Die Formulierung der englischen Fassung „[..]the court *shall* refer the parties to arbitration [..]" macht nach Ansicht von Biukovic den imperativen Charakter dieser Vorschrift deutlich und entzieht dem staatlichen Gericht jegliches Ermessen, C.B.L.J. 1998 (30/3), 376 (389).

drücklichen Antrag einer Partei hin[254], der spätestens bei der ersten Einlassung gestellt werden muß[255]. Dieser Zeitpunkt soll einheitlich auch für die Staaten gelten, deren Prozeßrecht einen früheren Präklusionszeitpunkt für diese Rüge vorsieht[256]. Die zeitliche Fixierung impliziert nach Ansicht der Verfasser des ModG die Unbeachtlichkeit einer verspätet vorgebrachten Rüge, so daß man eine ausdrückliche Regelung für überflüssig, bzw. wegen der Komplexität der Fallgestaltungen für unmöglich hielt[257].

Voraussetzung für die Verweisung ist neben der rechtzeitigen Beantragung durch eine Partei, das Bestehen einer wirksamen und durchführbaren Schiedsvereinbarung, die den konkreten Streitgegenstand umfaßt[258]. Die Wirksamkeit der Schiedsvereinbarung bestimmt sich nach dem Schiedsvertragsstatut. Ergibt sich danach, daß eine gültige und durchführbare Schiedsvereinbarung vorliegt, so muß das staatliche Gericht die Parteien auf das Schiedsverfahren verweisen. Dies gilt in Abweichung vom Territorialitätsprinzip auch dann, wenn der Schiedsort außerhalb des Staates liegt, in dem die Klage eingereicht wurde[259].

Gem. Art. 8 Abs.2 ModG hindert das Vorbringen der Schiedseinrede vor dem staatlichen Gericht nicht die gleichzeitige Einleitung und Fortführung eines Schiedsverfahrens. Vielmehr geht das ModG von der Gleichrangigkeit der Verfahren aus. Der Zweck dieser Vorschrift besteht darin, Verschleppungstaktiken einer Partei zu verhindern, die das staatliche Gericht nur anruft, um das Schiedsverfahren ins Stocken zu bringen[260].

---

254 Dies gilt auch für das deutsche Recht, da durch den Beginn des Schiedsverfahrens nach h.M. keine für das staatliche Gericht zu beachtende Rechtshängigkeit i.S.d. ZPO entsteht, vgl. BGH, NJW 1958, 950; BGH, NJW 1984, 669; Lachmann, Rn. 213; Henn, S. 48; Schwab, Kap. 16, Rn. 4 m. w. N.

255 7th Secr. Note, A/CN.9/264 (25. März 1985) zu Art. 8 unter 3., vgl. auch *Iberfreight S.A. et al.* v. *Ocean Star Container Line A.G. et al.*, 2.6.1989, F.C.A., A-784-88, unveröffentlicht, CLOUT Case 14.

256 Hußlein-Stich, S. 44. Das Recht der kanadischen Provinz Québec sieht dagegen in Art. 940.1 *Québec AA* einen späteren Zeitpunkt, die sog. „inscription de la cause" vor, also das Ende des schriftlichen Verfahrens, vgl. Prujiner, Rev. arb. 1994, 569 (579).

257 5th WG Rep., A/CN.9/246 (6. März 1984) unter 22; 7th Secr. Note, A/CN.9/264 (25. März 1985) zu Art. 8 unter 4.

258 Summary Record, A/CN.9/SR.312.332 unter 1.-2.; vgl. auch Artt. 1022 Abs.1, 1074 Abs.1 *NZPO*; Art. 7 *schweiz. IPRG.*

259 Vgl. Art. 1 Abs.2 ModG, der Art. 8 ModG vom Territorialitätsprinzip ausnimmt.

260 Diese Vorschrift entspricht § 1032 Abs.3 ZPO.

b. Abweichung im deutschen Recht

Das deutsche Recht weicht hinsichtlich der prozessualen Folgen der Schiedseinrede vom ModG ab[261]. Während es sich bei Art. 8 Abs.1 ModG um eine Verweisungsnorm handelt[262], wird die Klage gem. § 1032 Abs.1 ZPO durch Endurteil[263] als unzulässig abgewiesen[264]. In praktischer Hinsicht besteht der Unterschied zwischen Art. 8 ModG und § 1032 Abs.1 ZPO darin, daß bei der vom ModG gewählten Lösung aufgrund der Verweisung alle durch die Klageerhebung entstandenen Rechtsfolgen bestehen bleiben[265]. Die Klage bleibt also rechtshängig und kann, falls das Schiedsverfahren scheitert, vor den staatlichen Gerichten wieder aufgenommen werden. Hat das Schiedsverfahren Erfolg, so kann die Klage nach entsprechender Klageänderung als Vollstreckbarerklärungsverfahren wieder aufgenommen werden.

Dagegen wird nach deutschem Recht die Klage durch Prozeßurteil als unzulässig abgewiesen und damit auch die Rechtshängigkeit beendet[266]. Dadurch entstehen erhöhte Verfahrenskosten, da zunächst alle streitwertabhängigen Gebühren vor dem staatlichen Gericht anfallen. Bei Erfolg der Schiedseinrede addieren sich hierzu die Gebühren des Schiedsverfahrens, und in einem eventuellen Vollstreckbarerklärungsverfahren der ordentlichen Gerichtsbarkeit fallen noch einmal die vollen Prozeßkosten an[267].

---

261 Es besteht Einvernehmen, daß sich die prozessualen Wirkungen der Schiedseinrede stets nach der *lex fori* des angerufenen staatlichen Gerichts bestimmen, Reithmann-Hausmann, Rn. 2302.

262 Zerbe, S. 168 ff.

263 Die Entscheidung über die Unzulässigkeit ist gem. § 1065 Abs.1 Satz 2 i.V.m. § 1062 Abs.1 ZPO unanfechtbar.

264 Dies gilt nur, wenn die Schiedsvereinbarung wirksam ist. Im Falle der Unwirksamkeit wird über die Zulässigkeit der Klage durch Zwischenurteil entschieden (§ 280 ZPO), vgl. Lachmann, Rn. 226; Schütze/Tscherning/Wais, Rn. 130.

265 Nach Ansicht von Berger, Wirtschaftsschiedsgerichtsbarkeit, S. 228, macht die Verweisung die Schiedsklage aber nicht automatisch bei dem zuständigen Schiedsgericht anhängig, da das ModG nur bestimme, daß eine Verweisung zu erfolgen habe, aber nicht, wie dies zu geschehen habe. Die Einleitung des Schiedsverfahrens sei also den Parteien überlassen. Die Rechtshängigkeit könne aber im Wege der Auslegung erhalten bleiben, wenn die Schiedsklage unverzüglich beim Schiedsgericht eingereicht werde; dies sei aufgrund der Gleichstellung von Schiedsgerichtsbarkeit und staatlicher Gerichtsbarkeit auch anzunehmen.

266 Das entspricht der Regelung nach § 1027 a ZPO a.F.

267 Vgl. Schlosser, ZIP 1987, 492 (496); kritisch hierzu Zerbe, S. 168 ff., der sich dafür ausgesprochen hat, Art. 8 ModG als technische Verweisungsnorm in das neue Gesetz zu übernehmen, um den Parteien diese sonst anfallende doppelte Kostenbelastung zu ersparen; vgl. auch Calavros, S. 51.

Trotzdem hat der deutsche Gesetzgeber die Entscheidung durch Endurteil einer Verweisung (analog § 281 ZPO) oder einer Aussetzung des Verfahrens (analog § 148 ZPO) vorgezogen, weil dem staatlichen Gericht in jedem Fall die endgültige und verbindliche Entscheidung über die Zuständigkeit des Schiedsgerichts zustehe. Gegen eine Verweisung spreche außerdem, daß die Schiedseinrede in der Regel vor Beginn des Schiedsverfahrens, häufig sogar noch vor der Konstituierung des Schiedsgerichts vorgebracht werde, so daß eine Verweisung überhaupt nicht möglich sei[268]. Vielmehr liege es im Interesse der zügigen Durchführung des Verfahrens, die Frage der Gültigkeit der Schiedsvereinbarung nicht nur bei einer offensichtlichen Ungültigkeit, sondern in jedem Zweifelsfall so früh wie möglich verbindlich zu klären[269].

Das Kriterium der offensichtlichen Unwirksamkeit gilt etwa im Rahmen des UN-Übereinkommens. Gem. Art. II Abs.2 UNÜ sollen Gerichte die Schiedseinrede nur dann zurückweisen, wenn die Schiedsvereinbarung „*manifest*" hinfällig oder nicht erfüllbar ist[270]. Ebenso ist dem staatlichen Gericht im französischen[271] und schweizerischen[272] Recht eine Sachentscheidung nur dann erlaubt, wenn die Schiedsvereinbarung offensichtlich unwirksam ist. Die Offensichtlichkeit wird aber in den seltensten Fällen gegeben sein. Vielmehr wird auf diese Weise eine eventuelle Unwirksamkeit der Schiedsvereinbarung erst im Exequaturverfahren sichtbar, während die Schiedseinrede dazu dienen soll, Zuständigkeitsfragen schnell zu klären[273].

Das wurde auch von den Verfassern des ModG erkannt, die aus diesem Grund, die Hinzufügung des Wortes „offensichtlich [unzulässig, undurchführbar oder nichtig]" abgelehnt haben[274]. Auch im Rahmen eines Schiedsverfahrens, das Art. 8 ModG untersteht, kann das staatliche Gericht also nicht nur einen *prima facie* Beweis für die gültige Schiedsvereinbarung unterstellen, sondern muß die Frage nach deren Gültigkeit einer gründlichen Prüfung unterziehen.

---

268 BT-Drucks. 13 /5274, S. 38; so auch Schwab, FS Nagel, S. 427 (430 ff.); a.A. Calavros, der dieses Argument nicht für überzeugend hält, S. 51.

269 Vgl. BT-Drucks. 13 /5274, S. 38.

270 Van den Berg, NYC, S. 155.

271 Art. 1458 Abs.1 *NCPC*.

272 Vgl. Bucher, Rn. 139, 130.

273 Schlosser, ZIP 1987, 492 (496); Berger, Wirtschaftsschiedsgerichtsbarkeit, S. 230.

274 3rd WG Rep., A/CN.9/233 (28.3.1983) unter 77.

6. Vorläufige gerichtliche Maßnahmen während des Schiedsverfahrens

Zwar ist mittlerweile in fast allen Gesetzen vorgesehen, daß auch das Schiedsgericht vorläufige Rechtsschutzmaßnahmen erlassen kann. Deren Durchsetzbarkeit entspricht aber nicht den gerichtlichen Maßnahmen, so daß die Parteien auch vorläufigen Rechtsschutz beim ordentlichen Gericht beantragen können[275].

III. Schiedsfähigkeit

1. Subjektive Schiedsfähigkeit

a. Private Parteien

Das ModG sieht keine Definition oder nähere Bestimmung des Begriffs der subjektiven Schiedsfähigkeit vor, sondern erwähnt das Fehlen der subjektiven Schiedsfähigkeit nur als Aufhebungsgrund, vgl. Art. 34 Abs.2 Nr.a)i) i.V.m. Art.7 ModG. Unter subjektiver Schiedsfähigkeit versteht man die rechtliche Handlungsfähigkeit einer Person beim Abschluß einer Schiedsvereinbarung[276]. Sie wird selbständig angeknüpft[277]. Maßgeblich ist somit das jeweilige Personalstatut[278], nicht das Statut der Schiedsvereinbarung.

b. Staaten bzw. staatlich kontrollierte Unternehmen

Die immer häufigere Beteiligung von Staaten, staatlichen Unternehmen und staatlich kontrollierten Organisationen an internationalen Schiedsverfahren[279] – sei es um sich modernen Gegebenheiten des Wirtschaftsverkehrs anzupassen, oder um die Unterwerfung unter ein fremdes Rechtssystem zu vermeiden – wirft die Frage nach deren Bindung an eine Schiedsvereinbarung auf. Unter Berufung auf ihre Immunität und Souveränität haben Staaten immer wieder versucht, sich ihren Verpflichtungen gegenüber privaten Parteien zu entziehen. Diese Versuche

---

275 Vgl. Art. 9 ModG; § 1033 ZPO; s. 37 *ungarisches SchG*; s. 7 Abs.1 *Kenia AA*; s. 34C *HK Arbitration Ordinance*; Art. 1074 Abs.2 *NZPO*; Art. 183 Abs.2 *schweiz. IPRG*; s. 44 *Arbitration Act 1996*; Art. 1679 Abs.2 *CJ belge*.

276 Schlosser, DIS-MAT IV, 51.

277 Geimer, LM § 1041 ZPO, Nr. 18 = LM H 10 /1998 Bl. 1903 (1907).

278 Schütze/Tscherning/Wais, Rn. 563; Zöller-Geimer, § 1029, Rn. 23; Reithmann-Hausmann, Rn. 2474; Barber, S. 23; Reithmann-Hausmann, Rn. 2482; Stein/Jonas-Schlosser § 1025, Rn. 31; Weber/Weber-Rey, JPS 1987, 153 (155); Lachmann, Rn. 114; Schütze, IPRax 1999, 87 (88).

279 Vgl. Böckstiegel, AI 1986 (2/1), 22.

wurden aber unter Hinweis auf die Grundsätze *pacta sunt servanda, non concedit venire contra factum proprium*, den guten Glauben und das Prinzip des *estoppel*[280] konstant und einheitlich abgewehrt[281]. Es kann heute als ein gefestigter Grundsatz des internationalen Schiedsverfahrensrechts bezeichnet werden[282], daß ein Staat oder eine staatlich kontrollierte Organisation sich nicht unter Hinweis auf internes Recht oder traditionelle diplomatische Privilegien einer Schiedsvereinbarung entziehen kann[283]. Jede andere Auffassung hätte eine unerträgliche, dem internationalen Handel schadende Rechtsunsicherheit zur Folge und würde jede Schiedsvereinbarung mit einer solchen Partei *ad absurdum* führen[284].

Dieser ungeschriebene Grundsatz des internationalen Schiedsverfahrensrechts ist nun erstmalig in Art. 177 Abs.2 *schweiz. IPRG* gesetzlich geregelt. Danach können Staaten, Staatsunternehmen und staatliche Organisationen nicht unter Berufung auf ihr eigenes Recht ihre Parteifähigkeit im Schiedsverfahren oder die Schiedsfähigkeit der Streitsache bestreiten. Leider hat sich der deutsche Gesetzgeber damit zufriedengegeben, in der Begründung zum neuen Schiedsverfahrensrecht auf Art. 177 Abs.2 *schweiz. IPRG* zu verweisen, und ausdrücklich zu betonen, daß dieser Grundsatz auch für das deutsche Recht gilt[285]. Es wäre hingegen im Interesse der Rechtsklarheit wünschenswert gewesen, eine entsprechende Norm in die ZPO aufzunehmen[286].

---

280 Vgl. hierzu oben 2. Kap., I.2.

281 Vgl. die bei Fouchard/Gaillard/Goldman zitierten Entscheidungen, No. 551 ff.

282 Böckstiegel, Arbitration and State Enterprises, S. 25; Paulsson, AI 1986 (2/2), 90; Keutgen, R.C.J.B. 1998, 391 (402); van den Berg, DIS-Kolloquium in Köln, 1996; Zöller-Geimer, § 1029, Rn. 19, 66; vgl. auch Art. 12 Europäische Konvention vom 16.5.1972 über Staatenimmunität.

283 So Berger, Deutsches Schiedsrecht, S. 25, unter Hinweis auf den *ad-hoc*-Schiedsspruch *Benteler* v. *Belgian State,* JIA 1984 (Vol.1), 184 f.; *ad-hoc*-Schiedsspruch *Framatome et al.* v. *Atomic Energy Organization of Iran*, Clunet 1984, 58 ff.; ICC-Schiedsspruch Nr. 2521, Clunet 1976, 97; Nr. 3227, Clunet 1982, 971; Nr. 4381, Clunet 1986, 1102; Nr. 6162, YB XVII (1992), 153 (158); CIRDI-Schiedsspruch v 30.11.1979, Rev.crit.dr.int.priv. 1982, 92 m. Anm. Batifol; in diesem Sinne auch Kronke, RIW 1998, 257, unter Hinweis auf eine eventuelle Vollstreckungsimmunität des Staates; Kirry, AI 1996, 373 (381 f.); vgl. auch Schlosser, Rn. 342; Delaume, AI 1989 (5/1), 21 (34); Plantey, ICC-Bulletin 1996 (7/1), 15 (23).

284 Böckstiegel, NJW 1975, 1577 (1582); Langkeit, S. 63; Paulsson, AI 1986 (2/2), 90 (98); Keutgen, R.C.J.B. 1998, 391 (399); vgl. auch Gaillard, Rev. arb. 1985, 241.

285 BT-Drucks. 13/5274, S. 36.

286 Der deutsche Gesetzgeber hat seine Einstellung aber dadurch verdeutlicht, daß er die Aufhebung des „Gesetzes über die schiedsrichterliche Erledigung privatrechtlicher Streitigkeiten des Reiches und der Länder“ (vom 10. Oktober 1933, RGBl. I S. 722), wonach seitens des Bundes oder der Länder für privatrechtliche Streitigkeiten getroffene Schiedsvereinbarungen zu ihrer Wirksamkeit der Zustimmung des Bundesfinanzministers bedurften, angeordnet hat.

In Frankreich ist dagegen die Schiedsfähigkeit von Staaten, Staatsunternehmen und staatlichen Organisationen nach dem nationalen Recht ausgeschlossen[287]. Allerdings soll diese Vorschrift nicht für den Bereich des internationalen Schiedsverfahrensrechts gelten. Die französischen Gerichte haben seit jeher den Standpunkt vertreten, daß ein Staat sich nicht auf innerstaatliches Recht berufen kann, um die Wirksamkeit einer ihn bindenden internationalen Schiedsvereinbarung abzustreiten[288]. Das Verbot, Schiedsvereinbarungen abzuschließen, sei nicht Bestandteil des *ordre public international* und könne deshalb nur im Bereich des internen Rechts gelten. Für die Wirksamkeit einer internationalen Schiedsvereinbarung reiche folglich die Existenz eines internationalen Vertrages aus, der mit den Regeln des internationalen Handels in Einklang stehe[289].

Auch Belgien hat in seinem 1998 erlassenen Schiedsgesetz die Schiedsunfähigkeit juristischer Personen des öffentlichen Rechts weitgehend aufgehoben[290]. Gem. Art. 1676 Abs.2 *CJ belge* sind juristische Personen des öffentlichen Rechts jetzt berechtigt, Schiedsvereinbarung abzuschließen, wenn es um Streitigkeiten im Zusammenhang mit dem Abschluß oder der Ausübung eines Vertrages geht sowie in allen Bereichen, in denen sie durch Gesetz ermächtigt sind, einen Vergleich zu schließen[291]. Der belgische Gesetzgeber hat aber drei Bedingungen für die Rechtmäßigkeit der Beteiligung juristischer Personen des öffentlichen Rechts an einem Schiedsverfahren aufgestellt. Hierbei handelt es sich um das Verbot, das Schiedsgericht zu einer Billigkeitsentscheidung zu ermächtigen, um die Verpflichtung, ein Dreier-Schiedsgericht einzusetzen sowie um das Recht der Parteien, den von der gegnerischen Partei gewählten Schiedsrichter abzulehnen. Diese Bedingungen sind von Teilen der Lehre mit großer Enttäuschung aufgenommen worden. Schon die negative Formulierung[292], insbesondere jedoch das Verbot einer Billigkeitsentscheidung, mache das weiterbestehende Mißtrauen gegenüber der Schiedsgerichtsbarkeit deutlich. Darüber hinaus bleibe der Gesetzgeber mit diesen Einschränkungen hinter den Anforderungen der Praxis zurück[293].

287 Art. 2060 Code Civil, abgedruckt bei Labes/Lörcher, S. 148.

288 Vgl. nur *Office National Interprofessionnel des Céréales c/ Capitaine du SS. San Carlo*, (Ch. Civ. 1re), 14.4.1964, Rev. arb. 1964, 82 (83); *Galakis*, Cour de Cassation, 2.5.1966, Rev. arb. 1966, 99; Batifol, Colum. J. Transnat'l L. 1968 (7), 32; Keutgen, R.C.J.B. 1998, 391 (397).

289 *GATOIL v. NIOC*, Paris, Cour de Cass., 17.12.1991, Rev. arb. 1993, 281; zuletzt Paris, Cour d'Appel, 24.2.1994, *Ministère tunisien de l'Equipment c/ Société Bec Frères*, Rev. arb. 1995, 275 m. Anm. Gaudemet.

290 Vgl. aber Art. 1676 Abs.2 *CJ belge* a.F. und Cour de Cassation, 1re chambre, Urteil v. 10.10.1996, R.C.J.B. 1998, 388.

291 Verbist, RDAI/IBLJ 1998/7, 842 (844).

292 «[...] les personnes morales de droit public ne peuvent toutefois conclure une convention d'arbitrage que [...] ».

293 Keutgen, R.C.J.B. 1998, 391 (403 f.).

2. Objektive Schiedsfähigkeit

a. Umfang

Das ModG enthält keine Definition der objektiven Schiedsfähigkeit. Eine allgemeingültige Definition dieses Begriffs hielt man für unmöglich, da sich die Schiedsfähigkeit seit jeher nach ihrer Vereinbarkeit mit der öffentlichen Ordnung bestimme, und somit weitgehend länderspezifisch geregelt sei. Mit dieser Definition lege jeder Staat fest, in welchem Umfang er die private Streiterledigung für zulässig erachte[294] und setze so seine eigenen Wertvorstellungen gegen die anderer Staaten durch[295]. Hinsichtlich der Schiedsfähigkeit bestimmt deshalb Art. 1 Abs.5 ModG ausdrücklich, daß nationale Bestimmungen der Schiedsfähigkeit vom ModG unberührt bleiben.

Im Rahmen der nationalen Gesetzgebungen[296] haben sich für die Bestimmung der objektiven Schiedsfähigkeit zwei Ansätze herausgebildet.

(1) Vergleichsfähigkeit

Die meisten Staaten bejahen die objektive Schiedsfähigkeit eines Streitgegenstandes, wenn die Parteien über diesen verfügen können. Sie stellen also auf das Kriterium der Vergleichsfähigkeit ab[297]. Dieser Ansatz wurde vor der Reform auch im deutschen Recht vertreten[298].

(2) Vermögensrechtlicher Ansatz

Mit der Reform des deutschen Schiedsverfahrensrechts wurde auf das Merkmal der Vergleichsfähigkeit verzichtet, sofern es sich bei dem Gegenstand der Schiedsvereinbarung um einen vermögensrechtlichen Anspruch handelt, vgl.

294 1st WG Rep., A/CN.9/216 (23. März 1982) unter 30; Holtzmann/Neuhaus (Fn. 41), S. 39.

295 „Im Zeitalter zunehmender sozialer wie rechtlicher Interdependenz dient sie [die öffentliche Ordnung] als Maginotlinie des Staates, mit der er seine heiligsten Güter gegen den Ansturm fremder Rechte oder Entscheidungen verteidigt“, so Lange/Wiessner, RIW 1985, 757 (759).

296 Die kanadischen Gesetze bestimmen nur die fehlende Schiedsfähigkeit von Statusangelegenheiten. Der englische *Arbitration Act 1996* enthält gar keine Definition der Schiedsfähigkeit. Art. 2060 *CC* grenzt die Schiedsfähigkeit negativ ab.

297 Vgl. nur Art. 8 *tunes. SchG*; Art. 806 *ital. ZPO*; Art. 1020 Abs.3 *NZPO*; Art. 2059, 2060 franz. CC; § 577 Abs.1 *ÖZPO*; Art. 2 *span. SchG;* vgl. auch Kirry, AI 1996, 373 (383).

298 Vgl. § 1025 Abs.1 ZPO a.F.

§ 1030 ZPO. Infolgedessen können die Parteien auch dann schiedsrichterliche Streiterledigung vereinbaren, wenn es sich um eine vermögensrechtliche Streitigkeit handelt, über die sie sich nicht vergleichen können, oder wenn der Anspruch Vermögensrechte betrifft, die nicht der freien Disponibilität der Parteien unterliegen[299]. Mit diesem Ansatz ist das deutsche Recht dem Vorbild des schweizerischen Rechts gefolgt, vgl. Art. 177 Abs.1 *schweiz. IPRG.* Hintergrund dieser Regelung war es, die Frage der Schiedsfähigkeit unabhängig von dem jeweils anwendbaren Recht und unter Rückgriff auf allgemeine Grundsätze beurteilen zu können[300]. Der Begriff der vermögensrechtlichen Streitigkeit ist dementsprechend weit auszulegen. Es genügt ein Anspruch, der für die Partei von wirtschaftlichem Interesse ist, also jedes wie auch immer geartete, wenn auch nur subjektiv empfundene wirtschaftliche Interesse des Klägers an der schiedsgerichtlichen Geltendmachung des Anspruchs, und sei es auch nur im Hinblick auf die, ebenfalls weit zu interpretierenden, wirtschaftlichen Auswirkungen oder Folgewirkungen der Klage[301]. Die Schiedsgerichtsbarkeit ist somit nicht auf den Bereich vertraglicher Ansprüche begrenzt. Solange der geltend gemachte Anspruch im Einklang mit der öffentlichen Ordnung steht, ist nur entscheidend, daß mit der Klage ein wirtschaftlicher Zweck verfolgt wird[302]. Mit dieser Regelung hat der Gesetzgeber den Kreis der schiedsfähigen Gegenstände erheblich erweitert[303]. Verfügungs-, Vergleichs- oder Verzichtsverbote, wie etwa in § 312 BGB oder in § 89 b HGB, §§ 50, 302 Abs.2 AktG oder §§ 9b, 43 GmbHG, stehen der Schiedsfähigkeit solcher Ansprüche in Zukunft grundsätzlich nicht mehr entgegen[304]. Eine andere wichtige Erweiterung der Schiedsfähigkeit wurde im deutschen Recht durch die Aufhebung des § 91 GWB erreicht, die bewirkt, daß nunmehr auch Schiedsvereinbarungen über kartellrechtliche Streitigkeiten unbeschränkt wirksam sind[305].

299 BT-Drucks. 13/9124, S. 51.

300 In der Schweiz gilt diese Definition nur für internationale Schiedsverfahren. Das beruht aber hauptsächlich darauf, daß sich die Problematik in nationalen Streitigkeiten fast nie stellt.

301 Das Kriterium des vermögensrechtlichen Anspruchs ist dem deutschen Recht nicht fremd, vgl. § 128 Abs.3 ZPO, § 708 Nr.11 ZPO, § 546 ZPO, § 12 Abs.2 und 3 GKG. I.R.d. Schiedsverfahrens kann deshalb in Zukunft auf die hierzu bereits existierende Judikatur und Literatur als Auslegungshilfe zurückgegriffen werden, vgl. Lachmann, Rn. 99.

302 Walter, § 13 II.2; Budin, Rev. arb. 1988, 51 (53); Schlosser, DIS-MAT IV, S. 51 (55).

303 Vgl. hierzu aber Voit, JZ 1997, 120 (124 ff.), nach dessen Ansicht die Schiedsgerichtsbarkeit durch diese Neuregelung ihre Legitimationsgrundlage verliert.

304 BT-Drucks. 13/5274, S. 34 f.

305 Unter § 91 GWB waren Schiedsvereinbarungen nur wirksam, wenn sie den Beteiligten ein Wahlrecht zwischen staatlicher und schiedsgerichtlicher Streitentscheidung ließen, vgl. BT-Drucks. 13/5274, S. 70.

Diese begrüßenswerte Erweiterung der Schiedsfähigkeit entspricht der in der deutschen Rechtsprechung bereits seit längerem vertretenen Auffassung, daß die Möglichkeit zur privaten Streitbeilegung nur dann ausgeschlossen sein soll, wenn ein Entscheidungsmonopol des Staates wegen der besonderen Schutzwürdigkeit des Rechtsgutes notwendig ist[306].

b. Bereiche staatlicher Eingriffsnormen

Diese Wertung findet sich auch in der amerikanischen Entscheidung *Mitsubishi Motors Co.* v. *Soler Chrysler Plymouth, Inc.*[307]. Der *Supreme Court* betonte ausdrücklich, daß die Schiedsfähigkeit nur dann zu verneinen sei, wenn der Gesetzgeber sie zum Schutze der Parteien nicht zulassen wolle[308]. Diese Entscheidung steht im Zusammenhang mit anderen[309], durch die – vor allem auf dem amerikanischen Kontinent, aber auch in den meisten europäischen Ländern – die schiedsfähigen Streitgegenstände enorm erweitert wurden. Die Schiedsfähigkeit von Ansprüchen aus Bereichen wie etwa dem Verbraucher-, Kartell- oder Konkursrecht wurde lange Zeit sehr restriktiv beurteilt, da man befürchtete, die Schiedsgerichte könnten sich über die Anwendbarkeit zwingender Schutzvorschriften hinwegsetzen. Dies galt um so mehr für internationale Verfahren, wenn es darum ging, daß ein ausländisches Schiedsgericht fremdes Recht anwenden sollte[310].

In Deutschland ist die Erweiterung der schiedsfähigen Streitgegenstände mit der Einführung der „Vermögensrechtlichkeit" als Beurteilungskriterium für die Schiedsfähigkeit einhergegangen. Allerdings scheint dieser vermögensrechtliche Ansatz neben dem deutschen und schweizerischen Recht nur noch Eingang in das

---

306 Zuletzt BGH ZIP 1996, 830 (832), unter ausdrücklichem Hinweis auch auf den Gesetzesentwurf; auch BGH, NJW 1991, 2215 (2216); vgl. auch Schwab/Walter, S. 33; Bork ZZP 100 (1987), 249 (272); Zöller-Geimer, vor § 1025, Rn. 3; BT-Drucks. 13/5274, S. 34.

307 473 U.S. 614 (1985), 105 S.Ct. 3346.

308 A.a.O., S. 626.

309 Vgl. die „landmark-decision" *Scherk* v. *Alberto-Culver Co.*, 417 U.S. 506 (1974), 41 L. Ed. 2d 270, 94 S. Ct. 2449; vgl. auch die Fälle *Shearson/American Express* v. *McMahon*, 107 S.Ct. 2332 (1987); *Rodriguez De Quidas* v. *Shearson/American Express*, 109 S.Ct. 1917 (1989); *Bird* v. *Shearson Lehman/American Express Inc.*, 926 F.2d. 116 (2d Cir. 1991).

310 In vielen Entwicklungsländern bestehen diese Beschränkungen in einigen Bereichen auch weiterhin fort, z.B. in Indien, Krishnamurthi/Nariman, ICCA-Handbook II, 7; in Mexiko (für Patent- und Konkursrecht), ICCA-Handbook III, 7; in Nigeria (für Patentrecht, dagegen sind Kartell- und Konkursrecht bei vorheriger Parteivereinbarung schiedsfähig), ICCA-Handbook III, 5; in Singapur, ICCA-Handbook III, 8; in Tunesien (für Konkurs- und Kartellrecht) Malouche, ICCA-Handbook IV, 4-1.

bulgarische[311] Recht gefunden zu haben[312]. Da sich die Wirksamkeit der Schiedsvereinbarung nach dem Schiedsvertragsstatut richtet[313], kann dies zu Komplikationen führen, wenn ein in Deutschland oder der Schweiz über einen vermögensrechtlichen Streitgegenstand ergangener Schiedsspruch in einem Staat durchgesetzt werden soll, nach dessen Recht der Streitgegenstand nicht objektiv schiedsfähig ist. Die fehlende Schiedsfähigkeit stellt gem. Art. V Abs.2 a) UNÜ einen Anerkennungsversagungsgrund dar, so daß sich die klagende Partei der Gefahr ausgesetzt sieht, den Schiedsspruch nicht überall durchsetzen zu können[314]. Dieser Nachteil ist aber vor dem Hintergrund zu sehen, daß auch in den Staaten, die an dem Kriterium der Vergleichsfähigkeit festhalten, die Tendenz dahin geht, für die Beurteilung der Schiedsfähigkeit immer mehr auf allgemeine Rechtsgrundsätze abzustellen, und nicht nur auf das nationale Recht[315]. Ausschlaggebend ist auch in diesem Bereich das fehlende Entscheidungsmonopol des Staates[316]. Folglich wird die Einheitlichkeit der Auslegung hier also nicht zwingend durch unterschiedliche Kriterien verhindert.

IV. Das Schiedsgericht

1. Bildung des Schiedsgerichts

a. Anzahl der Schiedsrichter

In internationalen Schiedsverfahren stellt das Dreier-Schiedsgericht die am häufigsten gewählte Besetzung eines Schiedsgerichts dar und wurde deshalb im ModG als Regelfall vorgesehen[317]. Grundsätzlich können die Parteien die Anzahl

311 Art. 9 *bulg. ZPO*, der das Schiedsverfahren für alle „property disputes [...] except if the dispute is about real property rights or possession on immovables, alimony or a right from a labour relationship" anwendbar erklärt, abgedruckt in ICCA-Handbook I, Bulgaria: Annex II-1.

312 Schlabrendorff, DIS-MAT IV (1998), S. 27 (32).

313 So die h.M., vgl. oben 2. Kap., II.1.; vgl. auch Gottwald, S. 22 f.; BGH, NJW 1998, 2452.

314 Schlosser, DIS-MAT IV, S. 51 (55 f.).

315 Kirry, AI 1996 (12/4), 373 (379).

316 Berger, Wirtschaftsschiedsgerichtsbarkeit, S. 130; vgl. auch s. 1 (b) *Arbitration Act 1996*, wonach die Gerichte ein Schiedsverfahren nur noch unter Berufung auf das öffentliche Interesse am staatlichen Rechtsschutz in dem konkreten Fall an sich ziehen können; *Halki Shipping Corporation* v. *Sopex Oil Ltd. (The Halki)*, [1998] 1 W.L.R. 726 (750 D-H).

317 Art. 10 Abs.2 ModG.

der Schiedsrichter aber frei bestimmen, so daß sie sich auch auf eine gerade Anzahl von Schiedsrichtern einigen können. Dabei wurde jedoch keine Regelung für den Fall getroffen, daß es bei einer geraden Anzahl von Schiedsrichtern während des Verfahrens zu einer Pattsituation kommt. Allerdings wird diese Pattsituation dann durch die Entscheidung der Parteien hervorgerufen, von den Empfehlungen des ModG abzuweichen. Ziel des ModG war es, den Parteien durch das sog. „*two-level system*“[318] die größtmögliche Freiheit einzuräumen, d.h. nur dann einzugreifen, wenn eine bestimmte Situation nicht vorhergesehen oder aus sonstigen Gründen nicht geregelt wurde. Weichen die Parteien aber ausdrücklich von den Empfehlungen des ModG ab, so ist es ihnen auch zuzumuten, die Konsequenzen ihres parteiautonomen Handelns selber zu tragen. Dies entspricht dem Wesen der Schiedsgerichtsbarkeit und dem hohen Stellenwert, der der Parteiautonomie in diesem Verfahren zukommt.

§ 1034 Abs.1 ZPO beruht auf Art. 10 ModG, so daß die Besetzung des Schiedsgerichts mit drei Schiedsrichtern nunmehr auch nach deutschem Recht den Regelfall bei fehlender Parteivereinbarung darstellt. Damit wurde zwar die alte Rechtslage beseitigt, die das Zweier-Schiedsgericht als Regelfall vorsah. Die Vereinbarung eines Zweier-Schiedsgerichts ist indessen auch weiterhin möglich, und somit auch die Gefahr von Patt-Situationen.

Um dies zu vermeiden, ist nach ägyptischem, tunesischem, indischem, spanischem, italienischem und französischem Schiedsrecht eine ungerade Anzahl von Schiedsrichtern vorgeschrieben[319]. Nach Art. 15 Abs.2 *ägypt. SchiedsG* zieht die Vereinbarung einer geraden Anzahl von Schiedsrichtern sogar die Nichtigkeit der Schiedsvereinbarung nach sich. Dieselbe Folge gilt wohl ebenfalls für das spanische Recht, auch wenn hier keine ausdrückliche Regelung in dieser Hinsicht besteht[320]. Dagegen regeln das italienische und französische Recht in diesem Fall die Wahl eines zusätzlichen Schiedsrichters, so daß die Schiedsvereinbarung nicht schon wegen eines solchen Formfehlers nichtig ist[321].

Die Berufung eines Einzelschiedsrichters spielt im internationalen Verfahren eine untergeordnete Rolle, da die Komplexität der Fälle regelmäßig die Wahl eines Dreier-Schiedsgerichts gebietet. Bei den Beratungen zum ModG wurde davon ausgegangen, daß die Parteien, die aus Zeit- und Kostengründen einen Einzelschiedsrichter bevorzugen, einen solchen ausdrücklich vereinbaren werden[322].

318 7th Secr. Note, A/CN.9/264 (25. März 1985) zu Art. 10 unter 1.

319 Vgl. Art. 15 Abs.2 *ägypt. SchG*; Art. 55 Abs.1 *tunes. SchG*; Art. 10 Abs.1 *ind. AA*; Art. 13 *span. SchG*; Art. 809 Abs.1 *ital. ZPO*; Art. 1453 *NCPC*.

320 Cremades, ICCA-Handbook III, 9.

321 Art. 810 *ital. ZPO*; Art. 1454 *NCPC*; ähnliches gilt nach nationalem tunesischen Schiedsrecht, und läßt sich wohl auf das internationale Verfahren übertragen, Malouche, ICCA-Handbook IV, 5.

322 7th Secr. Note, A/CN.9/264 (25. März 1985) zu Art. 10 unter 3.

Das schottische, indische, mexikanische, singapurianische und das englische Recht, die Schiedsgesetze einiger US-Staaten sowie die LCIA-SchO, die ICC-SchO und die AAA-SchO sehen dagegen, u.a. aus Kostengründen, den Einzelschiedsrichter als Regelfall vor[323].

b. Bestellungsverfahren

(1) Parteiautonomie

Das Recht auf Benennung des eigenen Schiedsrichters wird als wichtigstes prozessuales Grundrecht im Schiedsverfahren bezeichnet[324]. Ebenso wie die Anzahl der Schiedsrichter, kann deshalb auch das Verfahren zur Bestellung und die Person des Schiedsrichters parteiautonom bestimmt werden. Nur sofern es an einer Vereinbarung fehlt, oder sich die Parteien nicht innerhalb von 30 Tagen über die Bestellung einigen können, ist die Bestellung bzw. sind die „erforderlichen Maßnahmen" auf Antrag einer Partei von der zuständigen Stelle vorzunehmen, Art. 11 Abs.3, Abs.4 ModG[325].

Die parteiautonome Ausgestaltung des Schiedsrichterbestellungsverfahrens ist überall anerkannt[326]. Voraussetzung für die Gültigkeit des Bestellungsverfahrens ist, daß eine gleichmäßige Beteiligung der Parteien garantiert sein muß[327]. § 1035 Abs.2 ZPO enthält eine dem ModG unbekannte verfahrensstraffende Regelung, derzufolge eine Partei an die durch sie erfolgte Bestellung gebunden ist, sobald sie diese der anderen Partei mitgeteilt hat. Damit wird der Zeitpunkt der Schiedsrichterbestellung endgültig festgelegt.

---

323 Art. 10 Abs.2 *Scotland Act*; First Schedule, Abs.1 *ind. AA;* Art. 1426 *mex. CC*; s. 9 *Singapur IAA*; s. 15 Abs.3 *Arbitration Act 1996*; Florida, (s. 648.09), North Carolina (s. 1-567.40), Kalifornien (s. 1297.101. Satz 2) und Ohio (s. 2712.17); auch auf Bundesebene, s. 5 *FAA*; Art. 5 Abs.5.4 LCIA-SchO; Art. 8 Abs.1 ICC-SchO (sieht sowohl den Einzelschiedsrichter als auch das Dreier-Schiedsgericht als Regelfall vor); Art. 5 AAA-SchO.

324 Vgl. statt vieler Lionnet, S. 102.

325 Gegen diese Bestimmungen ist kein Rechtsmittel zulässig, vgl. Art. 11 Abs.5 S.1 ModG.

326 Vgl. nur § 1035 ZPO; Art. 12 Abs.1 *LICA*; Art. 17 *ägypt. SchG*; s. 14 *Ungarn AA*; s. 12 Abs. 2 *Kenia AA*; s. 16 *Arbitration Act 1996*; Art. 179 Abs.1 *schweiz. IPRG.*

327 Diese Beachtung des Gleichheitsgrundsatzes stellt das größte Problem bei der Mehrparteienschiedsgerichtsbarkeit dar, vgl. hierzu Cass. Civ. (1re ch.), Rev. arb. 1992, 470 (*Dutco*); und unten 2. Kap. J.1., 3. Kap. J.

(2) Überlegenheitsklausel im deutschen Recht

Eine wichtige Neuerung hat im deutschen Recht durch die Einführung der sog. Überlegenheitsklausel stattgefunden[328]. Dieser Regelung zufolge kann eine Partei, die bei der Bestellung der Schiedsrichter benachteiligt wurde, innerhalb von zwei Wochen nach Bekanntwerden der Zusammensetzung des Schiedsgerichts bei Gericht eine von der erfolgten Ernennung abweichende Bestellung beantragen. Damit wird, entsprechend dem Grundsatz *in favorem validitatis*, die weitestgehende Aufrechterhaltung der Schiedsklausel ermöglicht.

Nach altem Recht führte die durch die wirtschaftliche oder soziale Überlegenheit bedingte Benachteiligung einer Partei dagegen zur Unwirksamkeitserklärung der Schiedsvereinbarung[329]. Die gegen die Streichung des § 1025 Abs.2 a.F. geäußerten Bedenken, damit sei ein wichtiges Instrument zur Bekämpfung wirtschaftlicher Ungleichgewichtslagen abgeschafft worden[330], sind nicht einschlägig, da sowohl die §§ 134, 138 BGB als auch die für die Beurteilung der Nichtigkeit von Schiedsklauseln in Rechtsprechung und Schrifttum entwickelten Kriterien weiter fortgelten[331]. In der Gesetzesbegründung wird außerdem darauf hingewiesen, daß die alleinige Tatsache der wirtschaftlichen Überlegenheit einer Partei bei Vertragsschluß, ohne Hinzutreten weiterer qualifizierender Umstände, auch außerhalb des Schiedsverfahrensrechts nicht automatisch die Nichtigkeit eines Vertrages zur Folge hat[332].

Von größerer Relevanz ist dagegen die Kritik, daß es der benachteiligten Partei obliegen soll, die Beseitigung dieses, in der Schiedsvereinbarung objektiv vorhandenen, Ungleichgewichts zu beantragen. So hält es *Lachmann* für unrealistisch, daß der Partei, die dieser Benachteiligung in der Schiedsvereinbarung – im Zweifel unbewußt – zugestimmt hat, innerhalb der ihr dafür zustehenden Frist

328 Vgl. § 1034 Abs.2 ZPO; diese Regelung entspricht Art. 1028 *NZPO.*

329 BT-Drucks. 13/5274, S. 34; § 1025 Abs.2 ZPO a.F. erklärte den Schiedsvertrag für unwirksam, wenn eine Partei ihre wirtschaftliche oder soziale Überlegenheit dazu ausnutzte, die andere Partei zum Abschluß der Schiedsvereinbarung zu nötigen, und sich hierdurch eine bessere Verfahrensposition verschaffte; vgl. auch OLG Düsseldorf, Urt. v. 1.6.1995, BB 1996, Beil. 15, S. 21.

330 Von großer Relevanz sind wirtschaftliche Ungleichgewichtslagen vor allem in der Bauwirtschaft, Mandelkow, S.17; vgl. auch BGHZ 51, 255.

331 Vgl. BGHZ 106, 336, 338f.; 51, 255 (258 ff.); 54, 392, (396 ff.); LM ZPO § 1041 Abs.1 Ziff.1 a.F. Nr. 13); Stein/Jonas-Schlosser, § 1032 Anm. I 3d, § 1025 Anm. II 4 c; Kornblum, FS Nagel, S. 191 ff.; Geimer, in Zöller, ZPO, § 1025 Rn. 62; Jagenburg, NJW 1989, 2859 (2869); Schütze, in Wieczorek/Schütze, ZPO, § 1025 Rn. 43 ff.; Walter, JZ 1989, 590 (591); Schmidt, ZHR 162 (1998), 265 (282); so i. E. auch Lachmann, Rn. 221.

332 BT-Drucks. 13/5274. S. 34.

von zwei Wochen nach Bestellung des Schiedsgerichts plötzlich auffällt, daß sie einen Fehler gemacht hat. Zudem sei es auch rechtssystematisch bedenklich, das im allgemeinen Interesse liegende Gebot der Überparteilichkeit des Schiedsgerichts zur mehr oder weniger unbewußten Disposition einer Partei zu stellen[333]. Es bleibt abzuwarten, wie die Rechtsprechung die Überlegenheitsklausel in extremen Fällen anwenden wird.

c. Ablehnungsverfahren

Das Ablehnungsverfahren und der Rücktritt eines Schiedsrichters bis hin zur Bestellung eines Ersatzschiedsrichters, stellen eine beliebte Angriffsfläche für die Verzögerung des Verfahrens dar. Das ModG trifft deshalb sehr detaillierte Regelungen für den Fall, daß die Parteivereinbarung sich als lückenhaft herausstellt, vgl. Art. 12–15 ModG. Das deutsche Recht hat die Art. 12–15 ModG ohne wesentliche Änderungen übernommen (§§ 1036–1039 ZPO), so daß die folgenden Ausführungen entsprechend gelten.

(1) Ablehnungsgründe

Das ModG stellt als einzige Qualifikationsvoraussetzungen die Unparteilichkeit und Unabhängigkeit des Schiedsrichters, *arg. e. contr.* Art. 12 Abs.1 ModG[334], sowie dessen rechtliche und tatsächliche Fähigkeit zur Ausübung des Schiedsrichteramtes, Art. 14 Abs.1 ModG, auf. Das Fehlen dieser Voraussetzungen bzw. die Nichterfüllung der von den Parteien vereinbarten und verlangten Voraussetzungen können dementsprechend ein Ablehnungsrecht begründen[335]. Die Verfasser des ModG haben also sowohl auf eine konkrete Benennung als auch auf eine erschöpfende Aufzählung von Ablehnungsgründen verzichtet. Damit wird den Parteien eine flexible Handhabung des Einzelfalles ermöglicht[336]. Ein parteiernannter Schiedsrichter kann von der ernennenden Partei nur abgelehnt werden, wenn ihr die hierzu berechtigenden Gründe erst nach der Bestellung bekannt geworden sind, vgl. Art. 12 Abs.2 ModG[337].

Im deutschen Recht sind entsprechende Ablehnungsgründe in § 1036 ZPO enthalten. Die vor der Reform geltende Regelung, nach der auf die für den staatlichen Richter geltenden Ablehnungsgründe (§§ 41, 42 ZPO) verwiesen wur-

333 Lachmann, Rn. 303 f.

334 So auch Art. 9 UNCITRAL-SchO; Art. 7 ICC-SchO; Art. 16 ZHK-SchO.

335 Vgl. Art. 12 Abs.2 Satz 1 ModG.

336 Zur im ModG nicht geregelten Frage etwaiger aus dem Fehlverhalten des Schiedsrichters resultierender Haftungsansprüche, siehe unten, 2. Kap., X.3.

337 Dies ergibt sich auch schon aus dem Grundsatz des Verbots widersprüchlichen Verhaltens.

de[338], ist u.a. deshalb geändert worden, weil man einen Verweis auf das nationale Prozeßrecht vermeiden, und eine Vereinfachung der Vorschriften durch die Abschaffung einzelner und detaillierter Regelungen erreichen wollte. Inhaltlich führt dies zu keiner wesentlichen Änderung, da die Kriterien der Unabhängigkeit und Unparteilichkeit den gem. §§ 41, 42 ZPO geltenden Kriterien entsprechen, so daß auf die durch die Rechtsprechung entwickelten Grundsätze zurückgegriffen werden kann[339].

(2) Offenbarungspflicht des Schiedsrichters

Um das Risiko der Ablehnung eines Schiedsrichters von Anfang an auf ein Minimum zu reduzieren, statuiert das ModG in Art. 12 Abs.1 ModG eine vor und während des gesamten Verfahrens[340] bestehende Offenbarungspflicht des Schiedsrichters hinsichtlich aller ihm bekannten Umstände, die einen Ablehnungsgrund in seiner Person begründen könnten[341].

Bei der Offenbarungspflicht handelt es sich um einen international anerkannten Grundsatz[342], der nunmehr auch im deutschen Recht[343] und den Modellgesetzjurisdiktionen ausdrücklich geregelt ist[344]. Eine Offenbarungspflicht besteht für den Schiedsrichter auch im französischen Recht[345] für den Fall, daß er „in seiner Person einen Ablehnungsgrund vermutet[346]". Allerdings wird ein entsprechender Ablehnungsgrund weder im Rahmen des französischen Schiedsverfahrensrechts definiert, noch wird auf einen anderen Gesetzestext verwiesen. In der Schweiz und in England ist eine Offenbarungspflicht zwar nicht ausdrücklich normiert, es ist aber anerkannt, daß der Schiedsrichter zunächst eine vorvertragliche, und dann eine vertragliche Pflicht hat, die Parteien über Gründe, die seine Ablehnung rechtfertigen könnten, zu informieren[347].

338 Vgl. § 1032 Abs.1 ZPO a.F.; auf die für Richter geltenden Ablehnungsgründe verweisen aber weiterhin das spanische (Art. 17 Abs.1 *LA*), österreichische (§ 586 *ÖZPO*) und italienische (Art. 851 i.V.m. Art. 51 *ital. ZPO*) Recht.

339 BT-Drucks. 13/5274, S. 40.

340 Art. 12 Abs.1 Satz 2 ModG.

341 Vgl. auch Art. 9 UNCITRAL-SchO; Art. 1034 *NZPO*; Art. 1452 *NCPC*.

342 Fouchard, Rev. arb. 1996, 325 (347).

343 Vgl. § 1036 Abs.1 ZPO.

344 Vgl. nur s. 17 *ungarisches SchG*; Art. 13 *LICA*; Art. 13 Abs.1 *Kenia AA*; Art. 12 Abs.1 *ind. AA*; Art. 57 Abs.1 *tunes. SchG*; Art. 12 Abs.1 *Simb. AA*.

345 Diese soll auch während des Verfahrens fortgelten, vgl. *Gouvernement de l'Etat du Qatar* v. *Creighton Ltd.*, Rev. arb. 1996, 428 m. Anm. Fouchard.

346 Art. 1452 Abs.2 *NCPC*. Auch Art. 1463 Abs.1 *NCPC* spricht von einem Ablehnungsgrund.

347 Für die Schweiz: Bucher, Rn. 174; ausdrücklich auch *Société Z. contre L.*, 14.3.1985, BGE 111 Ia 72 unter 3. (75 c); für England: Veeder, ICCA-Handbook II, 27.

(3) Beteiligung des abzulehnenden Schiedsrichters

Haben die Parteien kein bestimmtes Verfahren vereinbart, so sieht Art. 13 Abs.2 ModG vor, daß die Ablehnungsgründe innerhalb von 15 Tagen zunächst gegenüber dem Schiedsgericht geltend zu machen sind. Tritt der Schiedsrichter daraufhin nicht von seinem Amt zurück oder lehnt die andere Partei den Antrag ab, so hat das gesamte Schiedsgericht, also auch der in Frage stehende Schiedsrichter, gem. Art. 13 Abs.2 Satz 2 ModG über die Ablehnung zu entscheiden[348]. Die Beteiligung des von dem Ablehnungsbegehren betroffenen Schiedsrichters führt bei einem Dreier-Schiedsgericht dazu, daß dessen eigene Stimme im Ablehnungsverfahren ausschlaggebend sein kann. Damit wird gegen den Grundsatz verstoßen, daß niemand Richter in eigener Sache sein kann. Dies wurde deshalb hingenommen, weil dieser Grundsatz zum einen nicht ohne weiteres auf das Schiedsverfahren übertragbar sei, und zum anderen verhindert werden müsse, daß bei Ausschluß des betroffenen Schiedsrichters die Gegenseite überrepräsentiert ist. Im Falle eines Zweier-Schiedsgerichts wollte man außerdem vermeiden, sofort das staatliche Gericht einschalten zu müssen, da eine Entscheidung durch das Schiedsgericht bei Ausschluß des betroffenen Schiedsrichters nicht ergehen könne[349].

Die Regelung, daß zunächst das Schiedsgericht über einen Ablehnungsantrag entscheidet, entspricht dem Ziel des ModG, die Eingriffsmöglichkeiten des staatlichen Gerichts zu reduzieren[350]. In der Regel werden die Entscheidung des Schiedsgerichts bzw. der Rücktritt des Schiedsrichters dazu führen, daß auf eine gerichtliche Entscheidung verzichtet werden kann. Der deutsche Gesetzgeber hat sich nach intensiven Diskussionen[351] dafür entschieden, die Regelung des Art. 13 Abs.2 Satz 2 ModG unverändert zu übernehmen[352].

---

348 Bei Stimmengleichheit der abstimmungsberechtigten Schiedsrichter gilt der Antrag als abgelehnt, vgl. Art. 29 Satz 1 ModG.

349 Geht es um die Ablehnung eines Einzelschiedsrichters, so kann die betroffene Partei sofort eine Entscheidung bei der zuständigen Stelle beantragen, vgl. Art. 13 Abs.3 ModG; § 1037 Abs.3 ZPO; Holtzmann/Neuhaus, S. 407 (Fn.3 a.E.); BT-Drucks. 13/5274, S. 41.

350 Diese Systematik der Erstentscheidung durch das Schiedsgericht findet sich auch bei der *Kompetenz-Kompetenz* Regel wieder.

351 Der Regierungsentwurf sah noch eine abweichende, den Schiedsrichter von der Entscheidung ausschließende Formulierung vor, vgl. § 1937 Abs.2 Satz 2 BT-Drucks. 13/5274, S. 41; vgl. aber BT-Drucks. 13/9124, S.11.

352 § 1037 Abs.2 Satz 2 ZPO; dagegen haben Tunesien, Art. 58 *tunes. SchG,* und Nigeria, s. 45 Abs.9 (a) *Nigeria AA*, das Schiedsgericht völlig von der Entscheidung über die Ablehnung eines Schiedsrichters ausgenommen. Diese ist vielmehr Sache der von den Parteien bestimmten *„appointing authority“*.

(4) Interventionsmöglichkeit der zuständigen Stelle

Hat eine Partei vergeblich die Ablehnung eines Schiedsrichters beantragt, so sieht Art. 13 Abs.3 ModG die Möglichkeit vor, eine endgültige Entscheidung durch ein staatliches Gericht zu beantragen. Diese Vorschrift, die von den Parteien nicht abbedungen werden kann, wird kritisiert, da sie eine der wenigen im ModG enthaltenen Eingriffsmöglichkeiten durch ein staatliches Gericht statuiere, und infolgedessen die Verzögerung des Verfahrens ermögliche[353]. Hinzu kommt, daß bei einer Verhandlung vor dem staatlichen Gericht einerseits die Vertraulichkeit des Verfahrens gefährdet ist, und es andererseits die Schiedsrichter nicht begrüßen werden, ihre Integrität bei jedem Verfahren der Gefahr einer öffentlichen gerichtlichen Diskussion ausgesetzt zu sehen. Eine mögliche Folge dieser Vorschrift kann es deshalb sein, daß ein Schiedsrichter das Ablehnungsbegehren akzeptiert, obwohl er es nicht für gerechtfertigt hält, nur um dadurch zu verhindern, daß das Ablehnungsverfahren öffentlich wird.

Um die Folgen dieser Interventionsmöglichkeit so weit wie möglich abzumildern hat man drei Beschränkungen vorgesehen. Eine Ausschlußfrist von 30 Tagen ab Kenntnis der gescheiterten Ablehnung, die die zügige Beantragung der gerichtlichen Ablehnung sicherstellen soll; die Unanfechtbarkeit der daraufhin ergehenden gerichtlichen Ablehnungsentscheidung[354]; und das Ermessen des Schiedsgerichts, das Schiedsverfahren bis zur gerichtlichen Entscheidung weiterzuführen und einen Schiedsspruch zu erlassen[355].

Im Gegensatz zum ModG gesteht das deutsche Recht den Parteien die Möglichkeit zu, diese 30-Tage- bzw. Monatsfrist[356] durch Vereinbarung abzuändern.

(5) Präklusionswirkung

Die Unanfechtbarkeit der gerichtlichen Entscheidung hat zur Folge, daß die erfolglose Geltendmachung der Ablehnungsgründe i.R.d. Art. 13 Abs.3 ModG

353 Vgl. Holtzmann/Neuhaus, S. 407. In Peru (Sanders, AI 11 (1995), 1 (13)) und Indien (Art. 13 *ind. AA*) ist die Intervention des staatlichen Gerichts dagegen ausgeschlossen, so daß eine Partei, deren Ablehnungsantrag während des Verfahrens zurückgewiesen wird, nur im nachhinein gegen den Schiedsspruch vorgehen kann.

354 Vgl. § 1065 Abs.1 i.V.m. § 1062 Abs.1 Nr. 1 ZPO.

355 Dies ist allerdings nur in Ausnahmefällen zu empfehlen, da die Bestätigung des Ablehnungsantrags zur Aufhebung des Schiedsspruch berechtigt, vgl. Art. 34 Abs.2 a) iv) ModG. In Bulgarien wird deshalb die Aussetzung des Verfahrens angeordnet, vgl. Art. 16 Abs.2 *LICA*.

356 Der Terminologie der ZPO entsprechend, sind im deutschen Gesetz keine Tages-, sondern Wochen- und Monatsfristen festgelegt worden.

deren erneutes Vorbringen bei einem eventuell stattfindenden Aufhebungsverfahren präkludiert[357].

Fraglich ist, ob diese Präklusionswirkung auch dadurch eintritt, daß die Partei von der Möglichkeit innerhalb der 30-Tage-Frist eine gerichtliche Entscheidung zu beantragen, keinen Gebrauch gemacht hat, obwohl ihr die Gründe, die eine Ablehnung rechtfertigen würden, schon während des laufenden Verfahrens bekannt waren. Dafür spricht der Wortlaut des Art. 13 Abs.3 ModG[358], der nicht den Zeitpunkt eines solchen Antrags, sondern nur das „ob" einer gerichtlichen Entscheidung zur Disposition stellt[359]. Auch die mit der Vorschrift bezweckte schnelle Klärung der schiedsrichterlichen Befangenheit, spricht für die Annahme der Präklusionswirkung.

Im Ergebnis wird jedoch eine solche Präklusion in der Literatur[360] und auch von der bisherigen deutschen Rechtsprechung[361] für zwingende Voraussetzungen unter Verweis auf Art. 4 ModG abgelehnt. Dieser sieht zwar den Verlust des Rügerechts vor, wenn die Partei das Verfahren trotz Kenntnis der Aufhebungsgründe fortsetzt. Dies gilt aber nur für dispositive Vorschriften. Eine Präklusionswirkung kann deshalb nicht eintreten, wenn es sich um zwingende Voraussetzungen des Schiedsverfahrens handelt, wie z.B. die Unabhängigkeit oder Unparteilichkeit von Schiedsrichtern. Es ist davon auszugehen, daß diese Rechtsprechung auch nach Inkrafttreten des neuen Gesetzes fortgelten wird, denn in der Gesetzesbegründung ist ausdrücklich erwähnt, daß die Präklusionswirkung für zwingende Voraussetzungen ausgeschlossen ist[362].

Diese Auffassung wird von der französischen Rechtsprechung nicht geteilt. Die Geltendmachung eines Ablehnungsgrundes sei grundsätzlich zeitlich begrenzt. Die Überschreitung der Frist sei daher mit dem Verlust des Rechts auf Geltendmachung des Ablehnungsgrundes verbunden. Es komme einem Verzicht

---

357 Calavros, S. 69; Holtzmann/Neuhaus, S. 408.

358 Vgl. Art. 13 Abs.3 1.HS ModG: „If a challenge [...] is not successful, the challenging partie may request, within fifteen days [...] the court or other authority specified in article 6 to decide on the challenge [...]". Ebenso formuliert § 1037 Abs.3 Satz 1 ZPO: „Bleibt die Ablehnung [...] erfolglos, so kann die ablehnende Partei innerhalb eines Monats [...] bei Gericht eine Entscheidung über die Ablehnung beantragen".

359 BT-Drucks. 13/5274, S. 42.

360 Holtzmann/Neuhaus, S. 409; Calavros, S. 71; vgl. im Zusammenhang mit der Mehrparteienschiedsgerichtsbarkeit auch Koussoulis, ZZP 107 (1994), 195 (205), der die Unabhängigkeit und Neutralität des Schiedsgerichts als verfassungsrechtliche Voraussetzung für die schiedsrichterliche Erledigung eines Rechtsstreits ansieht.

361 Vgl. BGHZ 65, 59 (60 f.); BGHZ 51, 255 (258 f., 261 f. 263); 54, 392 (399 f.).

362 BT-Drucks. 13/5274, S. 42.

auf dieses Recht gleich, wenn eine Partei am Schiedsverfahren teilnehme, ohne einen ihr bekannten Ablehnungsgrund vorzubringen[363].

Auch die schweizerische Rechtsprechung geht bei der verspäteten Geltendmachung von einer Verwirkung des Ablehnungsrechts aus[364], und zwar auch dann, wenn sich der Ablehnungsgrund auf einen „unheilbaren“ Mangel bezieht[365]. Eine dem Art. 4 ModG entsprechende Vorschrift existiert im schweizerischen internationalen Schiedsverfahrensrecht nicht.

2. Rücktritt oder Abberufung des Schiedsrichters

Neben der Ablehnung eines Schiedsrichters kann dessen Amt auch durch Rücktritt oder Abberufung enden, vgl. Art. 14 ModG. Diese Möglichkeit besteht laut Gesetz dann, wenn ein Schiedsrichter rechtlich oder tatsächlich außerstande ist, sein Mandat fortzuführen, oder wenn er seinen Aufgaben nicht in angemessener Zeit nachkommt, vgl. Art. 14 Abs.1 Satz 1 ModG. Bestehen zwischen den Parteien Meinungsverschiedenheiten über das Vorliegen einer dieser Gründe, so kann jede Partei eine Entscheidung bei der zuständigen Stelle beantragen.

Darüber hinaus sieht das ModG vor, daß der Schiedsrichter „aus einem anderen Grund“ zurücktreten kann[366] bzw., daß die Parteien die Beendigung des Mandats vereinbaren können[367]. Damit wird eine jederzeitige Beendigung der vertraglichen Beziehungen zwischen Parteien und Schiedsrichter möglich[368]. Da der Schiedsrichter den Parteien gegenüber durch den Schiedsrichtervertrag grundsätzlich verpflichtet ist, das Schiedsverfahren bis zum Abschluß durchzuführen, stellt die Regelung eines Rücktrittsrechts des Schiedsrichters einen Eingriff in die vertraglichen Beziehungen zwischen den Parteien und dem Schieds-

363 *Société Commerciale Agraria Hermanos Lucena c/ Société Transgrain France*, Cour d'Appel (1re Ch.), 12.12.1996, Rev. arb. 1998, 699 m. Anm. Bureau.

364 Art. 180 Abs.2 Satz 2 *schweiz. IPRG* schreibt die unverzügliche Geltendmachung eines Ablehnungsgrundes vor.

365 Bucher, Rn. 173.

366 Vgl. Art. 15, 2. Alt ModG; unklar ist, welche Fälle daneben von der 4. Alternative des Art. 15 ModG, „einem anderen Fall der Beendigung des Mandats“, erfaßt werden sollen. Diese Alternative wurde deshalb vom deutschen Recht nicht übernommen.

367 Vgl. Art. 15, 3. Alt ModG.

368 Die Frage eventuell aus einer Verletzung des Schiedsrichtervertrages entstehender Haftungsansprüche, ist hiervon getrennt zu beurteilen. Nach italienischem Recht steht den Parteien ein Schadensersatzanspruch gegen den Schiedsrichter zu, wenn dieser nach Annahme des Amtes ohne rechtfertigenden Grund zurücktritt, Art. 813 Abs.2 Satz 2 *ital. ZPO*.

richter dar[369]. Die Vorschrift ist aber wohl vor dem Hintergrund der Freiwilligkeit des Schiedsverfahrens zu verstehen, der die erzwungene Teilnahme am Verfahren widersprechen würde.

Im englischen Recht ergibt sich ein weiterer Rücktrittsgrund aus s. 33 *Arbitration Act 1996*. Danach ist der Schiedsrichter verpflichtet, das Verfahren so zu führen, daß unnötige Verzögerungen und Kosten vermieden werden. Sieht sich der Schiedsrichter hierzu aufgrund einer prozeßtaktisch und verfahrensverzögernd handelnden Partei nicht in der Lage, kann er also zurücktreten[370].

3. Bestellung eines Ersatzschiedsrichters

Unabhängig von der Begründung für die Beendigung des Schiedsrichtermandats sieht das ModG – dem Grundsatz *in favorem validitatis* entsprechend – vor, daß die Schiedsvereinbarung nicht automatisch erlischt, sondern das Verfahren mit einem Ersatzschiedsrichter fortgeführt wird[371]. Für die Wahl des Ersatzschiedsrichters soll dabei auf diejenigen Regeln zurückgegriffen werden, die auch für die Erstbestellung des zu ersetzenden Schiedsrichters gelten. Wollen die Parteien das Verfahren aber ausschließlich mit bestimmten, schon in der Schiedsvereinbarung namentlich benannten Schiedsrichtern führen, so können sie auch vereinbaren, daß die Schiedsvereinbarung mit dem Wegfall eines dieser Schiedsrichter erlöschen soll[372]. Die Möglichkeit einer solchen Vereinbarung ergibt sich für das deutsche Recht ausdrücklich aus § 1039 Abs.2 ZPO[373].

Das französische Recht bestimmt dagegen in Art. 1464 Nr.2 *NCPC*[374], daß das Schiedsverfahren mit der Ablehnung eines Schiedsrichters endet. Aus dem Wortlaut dieser Vorschrift geht aber nicht eindeutig hervor, ob die „Beendigung"

369 In der deutschen Literatur wird deshalb vorgeschlagen, ein Rücktrittsrecht des Schiedsrichters nur dann anzuerkennen, wenn nach dem jeweiligen nationalen Recht zugleich die Voraussetzungen für eine Kündigung aus wichtigem Grund vorliegen, Berger, Wirtschaftsschiedsgerichtsbarkeit, S. 204.

370 LCIA-Report, S. 6.

371 Art. 15 ModG; vgl. auch § 1039 Abs.1 ZPO; s. 22 *ungarisches SchG*; Art. 15 Abs.2 *ind. AA*; Art. 16 Abs.1 *Kenia AA*; Art. 811 *ital. ZPO*; § 1030 Abs.2 *NZPO*.

372 Auch bei den Beratungen zum ModG war eine solche Regelung diskutiert worden, wurde aber wieder verworfen, da der Fall der namentlichen Schiedsrichterbestimmung zu selten sei, vgl. 2nd WG Rep. A/CN.9/WG.II/WP.40 (14.12.1982); 3rd WG Rep. A/CN.9/233 (28.3.1983) unter 119.

373 Vgl. auch Art. 15 Abs.4 *ind. AA*; Art. 16 Abs.3 *Kenia AA*.

374 Art. 1464 Nr. 2 NCPC lautet: „Das anhängige Schiedsverfahren endet, vorbehaltlich besonderer Vereinbarungen der Parteien: 2. durch die Enthaltung oder die Ablehnung eines Schiedsrichters [...]".

auch Auswirkungen auf die Schiedsvereinbarung und das bisherige Verfahren hat. Zwar handelt es sich um eine dispositive Regelung. Es zeigt sich hier aber einmal mehr, daß das französische Schiedsverfahrensrecht in seinem Streben nach besonders liberalen Regelungen den Beteiligten in Situationen, die einer Regelung bedürfen, kaum Hilfestellung leistet. Im Wege schiedsfreundlicher Auslegung ist indessen davon auszugehen, daß die Schiedsvereinbarung gültig und auch das Schiedsgericht – bis auf den abgelehnten Schiedsrichter – zuständig bleibt, so daß das Verfahren mit einem anderen Schiedsrichter fortgeführt werden kann[375].

In deutlicher, wenn auch schiedsfeindlicher Form, bestimmt Art. 19 Abs.4 Satz 2 *ägypt. SchG*[376], daß im Falle der erfolgreichen Ablehnung eines Schiedsrichters das gesamte, bis zu diesem Zeitpunkt bereits geführte, Verfahren sowie ein eventuell erlassener Schiedsspruch nichtig sind.

4. Stellungnahme

Das Ablehnungsverfahren ist in fast allen Gesetzgebungen Gegenstand der parteiautonomen Ausgestaltung[377]. Um das Verfahren effektiv zu gestalten, besteht im Rahmen der gesetzlichen Ausgestaltung grundsätzlich die Tendenz, die Intervention des staatlichen Gerichts zu reduzieren und durch verstärkte Beteiligungsmöglichkeiten des Schiedsrichters zu ersetzen. Das staatliche Gericht soll möglichst nur noch auf Antrag entscheiden[378]. Kommt es zu einer gerichtlichen Entscheidung, so ist diese unanfechtbar.

Hinsichtlich der Ablehnungsgründe ist es für Deutschland zu begrüßen, daß nicht auf die für den staatlichen Richter geltenden Gründe verwiesen wurde. Die Situationen, in denen die Ablehnung eines Schiedsrichters in Frage kommen

375 Derains/Goodman-Everard, ICCA-Handbook II, 25 mit Verweis auf Paris, 7.7.1992, *Laiguède ès-qual.* v. *Ahsen Inc.*, Rev. arb. 1994, 728, m. Anm. Bernard.

376 Dieser lautet: [...] if the challenge of the arbitrator is successful, [...] the arbitral proceedings already conducted, including the arbitral award, shall be null and void.

377 Nicht jedoch in den Niederlanden, vgl. Art. 1035 *NZPO*, wo das Ablehnungsverfahren detailliert geregelt ist und sich im Gegensatz zum Bestellungsverfahren kein Hinweis auf eine Ausgestaltung durch die Parteien findet. Und auch nicht in Italien, wo Art. 851 *ital. ZPO* auf das für die Ablehnung des staatlichen Richters geltende Verfahren verweist.

378 Erwähnenswert ist, daß Florida überhaupt kein Ablehnungsverfahren vorsieht. In s. 648.25 (e) *Fla. AA* ist nur vorgesehen, daß ein Schiedsspruch aufgehoben werden kann, wenn der neutrale Schiedsrichter sich in einem Interessenkonflikt befand, es sei denn, die Partei hätte von diesem Interessenkonflikt gewußt und trotzdem das Verfahren fortgeführt.

kann, sind aufgrund der besonderen Parteienbeziehung wesentlich vielfältiger als bei einem staatlichen Richter. Die Rechtsordnungen, die trotzdem auf die für den staatlichen Richter geltenden Ablehnungsgründe verweisen[379], rechtfertigen dies damit, daß ohne eine konkrete Festlegung der möglichen Ablehnungsgründe eine uneinheitliche Auslegung und damit eine gewisse Unvorhersehbarkeit der Entscheidung gefördert würde. Dem muß zunächst entgegengehalten werden, daß eine flexible Handhabung der Ablehnungsgründe gerade für ein faires Schiedsverfahren unabdingbar ist. Nur so können unbillige Ergebnisse vermieden werden, die bei der Anwendung einer starren Positivliste von Ablehnungsgründen zwangsläufig in Kauf zu nehmen sind. Außerdem ist es bei einer abschließenden Liste von Ablehnungsgründen unabdingbar, diese durch Auslegung den vielfältigen Situationen der Schiedsgerichtsbarkeit anzupassen. Das kann aber zu einer noch größeren Unvorhersehbarkeit und Rechtsunsicherheit führen.

Dagegen wäre im ModG eine Regel wünschenswert gewesen, die als Qualifikationsvoraussetzung für internationale Verfahren die Beherrschung der Verfahrenssprache vorschreibt[380]. Damit könnten sich zusätzliche Kosten und Verfahrensverzögerungen vermeiden lassen. Eine solche Voraussetzung findet sich allerdings auch in den institutionellen Schiedsgerichtsordnungen nicht. Folgerichtig lehnte der ICC-Schiedsgerichtshof einen mit dem Fehlen solcher Kenntnisse begründeten Ablehnungsantrag ab[381].

V. Zuständigkeit des Schiedsgerichts

1. *Kompetenz-Kompetenz* Regelung

Die sog. *Kompetenz-Kompetenz*[382] Regelung betrifft die Zuständigkeitsverteilung zwischen staatlichen Gerichten und Schiedsgerichten. Wird die Zuständigkeit des Schiedsgerichts nach seiner Konstituierung von einer Partei gerügt, dann ist das Schiedsgericht berechtigt, zunächst selbst über das Bestehen und den Umfang seiner Zuständigkeit zu entscheiden. Die endgültige Entscheidung über die Zuständigkeit des Schiedsgerichts verbleibt aber beim staatlichen Gericht[383].

379 Z.B. ÖSTERREICH (§ 586 *ÖZPO*), ITALIEN (Art. 851 i.V.m. Art. 51 *ital. ZPO*), SPANIEN (Art. 17 Abs.1 *span. SchG*).

380 Kronke, RIW 1998, 257 (258).

381 Kuckenburg, BB 1996, Beil. 15, S. 2 (5 f.), unter Verweis auf einen unveröffentlichten ICC-Schiedsspruch.

382 Verwirrend Thomas/Putzo, der von der *Kompetenz-Kompetenz* des Staatsgerichts spricht, vgl. § 1032, Rn. 1.

383 Holtzmann/Neuhaus, S. 479; Böckstiegel, RIW 1984, 673; Redfern/Hunter, S. 217; van den Berg, NYC, S. 88; nach amerikanischem Bundesrecht ist dagegen allein das staatliche Gericht für diese Entscheidung zuständig, vgl. s. 3 *FAA*.

Diese Regelung wird aufgrund ihrer weltweiten Verbreitung[384] von der UN-Kommission als „essential and widely accepted feature of modern international arbitration law“ bezeichnet[385].

Die Unzuständigkeit des Schiedsgerichts muß von der Partei spätestens bei der Einlassung zur Sache gerügt werden[386]. Die Beteiligung an der Bildung des Schiedsgerichts wird dabei nicht als Einlassung zur Sache angesehen[387]. Dagegen muß die Rüge, das Schiedsgericht überschreite die ihm verliehenen Befugnisse[388], vorgebracht werden, sobald die Überschreitungshandlung im Verfahren zur Diskussion steht[389]. Die Entscheidung des Schiedsgerichts über seine Zuständigkeit ergeht in Form eines Zwischenentscheids oder als Schiedsspruch zur Sache, Art. 16 Abs.3 ModG.

Im deutschen Recht wurde die *Kompetenz-Kompetenz*-Klausel lange Zeit so ausgelegt, daß die Parteien dem Schiedsgericht durch ausdrückliche Vereinbarung die bindende Entscheidung über seine Zuständigkeit für die konkrete Streitigkeit übertragen konnten[390]. Diese Rechtsprechung ist durch die Übernahme einer dem Art. 16 ModG entsprechenden Vorschrift obsolet geworden. Auch im deutschen Recht obliegt die Zuständigkeitsentscheidung jetzt in letzter Instanz dem staatlichen Gericht und kann von den Parteien nicht mehr durch eine zusätzliche Vereinbarung abbedungen werden[391]. Dabei ist der Zwischenentscheid ausdrücklich als Regelfall der schiedsgerichtlichen Entscheidung über die eigene Zuständigkeit statuiert worden[392], um durch die damit bewirkte frühzeitige Klärung der Zuständigkeitsfrage die vergebliche Durchführung eines Schiedsverfah-

384 Vgl. Art. 16 ModG; s. 16 Abs.1 *ind. AA*; s. 17 Abs.1 *Kenia AA*; Art. 16 *Neuseeland AA*; Art. 16 Abs.1 *russ. SchG*; Art. 19 *LICA*; Art. 1432 *mex. CC*; s. 24 *ungarisches SchG*; s. 1297.72 *kalif. AA*; Art. 249-9 *Texas AA*; Art. 1466 *NCPC*; Art. 1052 Abs.1 *NZPO*; Art. 186 Abs.1 *schweiz. IPRG*; s. 31 *Arbitration Act 1996*; Art. 1697 *CJ belge*; vgl. auch Art. 25 ZüSchO; Art. 21 Abs.1 UNCITRAL-SchO.

385 Commission. Rep. A/40/17 (21.8.1985) unter 150 ff.

386 Art. 16 Abs.3 Satz 1 ModG.

387 Rauh, S. 90; vgl. Art. 16 Abs.2 Satz 4 ModG; § 1040 Abs.2 Satz 2 ZPO. so auch § 1027 Abs.4 Satz 2 *NPZO* (Art. 1052 Abs.3 *NZPO* bezieht sich auf die aus einer fehlerhaften Konstituierung hergeleitete Unzuständigkeit).

388 Diese Regelung entspricht Art. V Abs.3 EuÜ, vgl. hierzu *Rio Algom Ltd.* v. *Sammi Steel Co.*, CLOUT Case 18.

389 Vgl. Art. 16 Abs.2 Satz 3 ModG.

390 Vgl. BGH in st. Rspr. BGHZ 68, 356 (358); WM 1988, 1430; BGH JZ 1989, 201 m. Anm. Bosch; BGH, NJW 1991, 2215; Raeschke-Kessler, NJW 1988, 3041 (3043); Glossner/Bredow/ Bülow, Rn. 68; Smid, DZWiR 1996, 52; auch der amerikanische *Supreme Court* vertrat diese Auffassung, vgl. *First Options* v. *Kaplan*, 514 U.S. 938 (1995). aus Park, Am. Rev. Int. Arb. 1997, 133 (141)

391 § 1040 ZPO; dies entspricht der Situation in allen Rechtsordnungen, vgl. Calavros, der von „einer einheitlichen Lösung der verschiedenen Rechte“ spricht, S. 79.

392 § 1040 Abs.3 Satz 1 ZPO; dies entspricht Art. 186 Abs.3 *schweiz. IPRG*; s. 31 Abs.4 *Arbitration Act 1996* gibt ein Wahlrecht.

rens zu vermeiden. Der Zwischenentscheid kann nur innerhalb eines Monats vor einem staatlichen Gericht angefochten werden, dessen Entscheidung dann endgültige Klarheit über die Zuständigkeit schafft. Während des gerichtlichen Verfahrens kann das Schiedsgericht sein Verfahren fortsetzen[393] und auch einen Schiedsspruch erlassen[394].

Gewinnt das Schiedsgericht dagegen die Überzeugung, daß die Rüge nur zu Verzögerungszwecken geltend gemacht wird, so kann es von diesem Regelfall abweichen, und die Frage der Zuständigkeit erst mit Erlaß des Schiedsspruchs klären. Gegen diese Entscheidung kann dann erst im Aufhebungsverfahren vorgegangen werden.

Nach französischem und niederländischem Recht kann die Unzuständigkeit des Schiedsgerichts dagegen immer erst mit Erlaß des Schiedsspruchs gerügt werden[395]. Damit werden zwar Verzögerungen während des Verfahrens vermieden. Gerade bei teuren und komplexen Verfahren stellt es aber einen großen Unsicherheitsfaktor dar, wenn die Frage der Zuständigkeit des Schiedsgerichts erst nach dem Verfahren geklärt werden kann[396]. Die Kompromißlösung des ModG – Zwischenentscheid oder Schiedsspruch zur Sache – ist deshalb zu Recht in die deutsche ZPO übernommen worden.

2. Anordnung vorläufiger oder sichernder Maßnahmen durch das Schiedsgericht

a. Das Modellgesetz

Die Verfasser des ModG hielten es neben der in Art. 9 ModG vorgesehenen Möglichkeit, einstweilige Maßnahmen beim ordentlichen Gericht zu beantragen, für wichtig, auch das Schiedsgericht zur Anordnung einstweiliger Rechtsschutzmaßnahmen zu ermächtigen[397]. Gem. Art. 17 ModG soll diese Ermächtigung direkt aus der Schiedsvereinbarung folgen[398]. Wollen die Parteien dem Schieds-

393 Art. 16 Abs.3 *tunes. SchG* sieht diese Möglichkeit zur Weiterverhandlung des Schiedsgerichts nicht vor, sondern bestimmt, daß das staatliche Gericht seine Entscheidung jedenfalls innerhalb von drei Monaten treffen muß.

394 Allerdings sind parallel geführte Verfahren grundsätzlich nur in Ausnahmefällen zu empfehlen, da die Aufhebung eines Schiedsspruchs für die Parteien i.d.R. teurer ist, als eine Verzögerung des Verfahrens.

395 Vgl. Art. 1458 Abs.1 *NCPC*; Art. 1052 Abs.4 *NZPO*.

396 Vgl. Art. 1052 Abs.4 *NZPO*.

397 Art. 17 ModG; dieser wurde nach dem Vorbild des Art. 26 Abs.1 und Abs.2 UNCITRAL-SchO gestaltet.

398 4th WG Rep., A/CN.9/245 (22. September 1983) unter 71.

gericht das Recht zum Erlaß einstweiliger Maßnahmen nicht zugestehen, so müssen sie es ausdrücklich ausschließen. Denn durch die Ermächtigung zur endgültigen Entscheidung des Rechtsstreits, haben die Parteien dem Schiedsgericht implizit auch die Befugnis zum Erlaß anderer, hierfür notwendiger Maßnahmen erteilt[399]. Der Erlaß vorläufiger oder sichernder Maßnahmen setzt den Antrag einer Partei und die Notwendigkeit der Maßnahme voraus. Die Beurteilung der Notwendigkeit liegt ebenso im Ermessen des Schiedsgerichts wie die Auswahl der vorläufigen Rechtsschutzmaßnahme, und die Entscheidung über eine angemessene Sicherheit[400]. Von einer Ermessensbindung durch eine abschließende Aufzählung der Maßnahmen im ModG hat man abgesehen[401].

Nicht geregelt wurde die Frage, wie die zwangsweise Durchsetzung dieser Maßnahmen durch das Schiedsgericht gesetzlich sichergestellt werden kann. Die Regelung dieser Frage blieb ausdrücklich den nationalen Rechtsordnungen überlassen, da man befürchtete, durch eine solche Regelung zu sehr in die nationalen Verfahrensrechte einzugreifen und damit eine Regelung für einige Länder inakzeptabel zu machen[402].

b. Das deutsche Recht

In Deutschland wurde die fehlende Befugnis des Schiedsgerichts zum Erlaß einstweiliger Anordnungen damit begründet, daß es dem Schiedsgericht an der erforderlichen Zwangsgewalt und an der Kompetenz zur Abnahme eidesstattlicher Versicherungen fehle. Zudem könnten schiedsgerichtliche einstweilige Maßnahmen auch nicht durchgesetzt werden, weil die Vollstreckbarerklärung eines Schiedsspruchs dessen Endgültigkeit voraussetze. Einstweiliger Rechtsschutz dürfe und könne deshalb effektiv nur durch ein staatliches Gericht erfolgen[403]. Diese Situation wurde aber zunehmend als unbefriedigend empfunden, da das Schiedsgericht durch seine Kenntnis von Sachverhalt und Streitstoff am besten in

---

399 Hußlein/Stich, S. 99, die für die implizite Ermächtigung zu einstweiligen Maßnahmen auf das *a maiore ad minus* Prinzip verweist; ebenso Berger, Wirtschaftsschiedsgerichtsbarkeit, S. 232.

400 Vgl. Art. 17 ModG.

401 Vgl. Holtzmann/Neuhaus, S. 530 f.; auch die Aufzählung in Art. 26 Abs.1 UNCITRAL-SchO ist nur beispielhaft.

402 4th WG Rep., A/CN.9/245, unter 72.; dies führt insbesondere dann zu Problemen, wenn solche Maßnahmen in einem anderem als dem Erlaßstaat durchgesetzt werden sollen, vgl. hierzu im 2. Kap., V.2.e.

403 RGZ 31, 370 (374); BGHZ 71, 427 ff.; LG Frankfurt, NJW 1983, 761; LG Duisburg, RIW 1989, 58 (59); Sandrock/Nöcker, JPS 1987, 74 (77); Kühn, JPS 1987, 47 (48); Schwab, S 44; Glossner/Bredow/Bühler, Rn. 71, 122; Schwab/Walter, S. 59, Rn. 7.

der Lage sei, über die Notwendigkeit solcher Maßnahmen zu entscheiden[404]. Bei der Reform wurde die Zulässigkeit der Anordnung einstweiligen Rechtsschutzes durch ein Schiedsgericht deshalb in § 1041 ZPO geregelt. Im Unterschied zu Art. 17 ModG, demzufolge die Beurteilung der Notwendigkeit der Maßnahme im Ermessen des Schiedsgerichts liegt, ist es nach deutschem Recht Sache der beantragenden Partei, den Anspruch sowie seine Gefährdung glaubhaft zu machen[405]. Zwar ist das Schiedsgericht nicht zur Abnahme eidesstattlicher Versicherungen befugt. Es ist aber auch nicht an die Vorschriften über die Beweiserhebung gebunden, so daß die Glaubhaftmachung auf anderem Wege erfolgen kann[406]. Bei unberechtigter Inanspruchnahme einstweiligen Rechtsschutzes sieht § 1041 Abs.2 ZPO in Abweichung vom ModG außerdem vor, daß die den einstweiligen Rechtsschutz beantragende Partei etwaige im Zusammenhang mit diesem Antrag entstandene Schäden der gegnerischen Partei ersetzen muß[407]. Auch der Schiedsrichter muß beachten, daß er für eine ungerechtfertigt angeordnete Maßnahme haften kann, da einstweilige Rechtsschutzmaßnahmen nicht unter die Spruchtätigkeit im klassischen Sinne fallen[408].

c. Umfang einstweiligen Rechtsschutzes

Die meisten Rechtsordnungen[409] und die führenden Schiedsordnungen[410] sehen mittlerweile die Möglichkeit einstweiligen Rechtsschutzes durch das Schiedsgericht vor[411]. Dies ist eine Tendenz, die durch das ModG sicherlich beeinflußt und beschleunigt wurde. Unterschiede ergeben sich insofern, als diese Befugnis dem

---

404 Schlosser, ZZP 99 (1986), 241 ff.; Aden, BB 1985, 2277; Kühn, JPS 1987, S. 47 ff.; Laschet, ZZP 99 (1986), 274; Hußlein-Stich, S. 98 f.; Lionnet, S. 240.

405 Zöller-Geimer, § 1041, Rn. 1; Habscheid, IPRax 1989, 134 (135), betont die Unverzichtbarkeit dieser Voraussetzung.

406 BT-Drucks. 13/5274, S. 45; Kühn, JPS 1987, 47 (49).

407 Dies entspricht der Regelung des Schadensersatzanspruches im ordentlichen Prozeß, vgl. § 945 ZPO.

408 Lachmann, Rn. 664, 682.

409 Vgl. nur § 1041 ZPO; Art. 17 *Kanada AA*; Art. 21 *LICA*; Art. 24 Abs.1 *ägypt. SchG*; s. 18 Abs.1 *Kenia AA*; s. 26 *ungarisches SchG*; Art. 81 *GAL Peru*; s. 39 *Arbitration Act 1996*; Art. 183 Abs.1 *schweiz. IPRG*; Art. 1051 *NZPO*.

410 Z. B. § 20.1 DIS-SchO; Art. 23 ICC-SchO; Art. 26 UNCITRAL-SchO; Art. 25 LCIA-SchO; Art. 28 ZHK-SchO; § 30 IHK Moskau-SchO; Art. 21 Abs.1, 2 AAA-SchO.

411 Eine ausdrückliche Ausnahme bilden Art. 940.4 *Québec AA*, Art. 818 *ital. ZPO*, Art. 589 Abs.1 *ÖZPO* und Art. 1086 Nr. 2 *brasil. ZPO*, wonach dem Schiedsgericht ausdrücklich die Befugnis zum Erlaß einstweiliger Rechtsschutzmaßnahmen verweigert wird; unklar ist die Situation im spanischen Recht, vgl. Cremades, ICCA-Handbook III, 13; Fröhlingsdorf, RIW 1989, 686 (689).

Schiedsgericht in den meisten Staaten per Gesetz übertragen wird[412], während einige Rechtsordnungen eine ausdrückliche Ermächtigung durch die Parteien verlangen[413].

Der Umfang des einstweiligen Rechtsschutzes steht im freien Ermessen des Schiedsgerichts und ist nur durch die *inter partes*-Wirkung der im Rahmen des Schiedsverfahrens angeordneten Maßnahmen beschränkt[414]. Da das Schiedsgericht nicht an das Prozeßrecht des jeweiligen Schiedsortes gebunden ist[415], kann es sich jeglicher Rechtsschutzformen bedienen, die ihm zur Sicherung des Anspruchs geeignet erscheinen. Eine bedeutende Rolle für das internationale Schiedsverfahren spielt deshalb die Anordnung der sog. *Mareva-injunction*[416], bei der es sich um ein gegen eine bestimmte Person gerichtetes Verfügungsverbot hinsichtlich eines bestimmten Vermögensgegenstandes handelt.

Die Möglichkeit zum Erlaß einer solchen Maßnahme ist vor allem für das deutsche Recht von Interesse. Nach dem deutschen System des vorläufigen Rechtsschutzes läßt sich die Sicherung von Zahlungsansprüchen, die regelmäßig Streitgegenstand des internationalen Schiedsverfahrens ist, nämlich nur im Wege eines dinglichen Arrests erreichen[417]. Dessen Anordnung kommt im Rahmen des Schiedsverfahrens aber wegen seiner weitreichenden Folgen grundsätzlich nicht in Betracht[418], da der dingliche Arrest stets die Beschlagnahme des gesamten Vermögens des Schuldners ermöglicht[419]. Eine Beschränkung der Vollziehung des Arrests auf bestimmte Vermögensgegenstände ist dagegen wirkungslos[420].

---

412 Gegebenenfalls müssen die Parteien diese Ermächtigung also ausdrücklich ausschließen.

413 Vgl. s. 26 *ungarisches SchG*, s. 39 Abs.4 *Arbitration Act 1996*, Art. 24 *ägypt. SchG* und Art. 1051 Abs.1 *NZPO*.

414 Einstweilige Maßnahmen, die die Rechte Dritter betreffen, sind unzulässig, vgl. Herrmann, AI 1985, 19.

415 Berger, Deutsches Schiedsrecht, S. 28.

416 Vgl. die englischen Leitentscheidungen *Nippon Yusen Kaisha* v. *Karageorgis et al.*, 2 [1975] Lloyd's L.Rep. 137; *Mareva Compania Naviera S.A.* v. *International Bulk Carriers Ltd.*, 2 [1975] Lloyd's L.Rep. 509; vgl. auch die Beiträge Shenton/Kühn, Interim Court Remedies in Support of Arbitration.

417 Das gleiche Problem besteht im schweizerischen Recht, vgl. Habscheid, IPRax 1989, 134 (135).

418 Kühn, JPS 1987, 47 (54); Habscheid, IPRax 1989, 134 (135); Berger, Wirtschaftsschiedsgerichtsbarkeit, S. 237; Gottwald, S. 62; Lionnet, S. 240; Schütze/Tscherning/Wais, Rn. 44; Lachmann, Rn. 657 unter Berufung auf BT-Drucks. 13/5274, S. 45, und mit ausdrücklicher Beschränkung auf „krasse Ausnahmefälle". Nach Art. 818 *ital. ZPO* und Art. 1696 Abs.1 *CJ belge* ist die Maßnahme des dinglichen Arrests dem staatlichen Gericht vorbehalten.

419 Karlsruhe, NJW-RR 1998, 524.

420 Zöller-Vollkommer, § 922, Rn. 2; § 919, Rn. 10; Kühn, JPS 1987, 47 (55), hält die Anordnung des Arrests durch ein Schiedsgericht deshalb für völlig ausgeschlossen.

Der Schuldner ist zwar durch das Verbot der Überpfändung geschützt[421]; auch übertriebene Pfändungen werden aber zunächst wirksam, so daß sich der Schuldner in der Praxis regelmäßig gezwungen sieht, den Arrest durch Zahlung aufzuheben, um die umfassende Pfändung aller bekannten Vermögenswerte zu verhindern[422]. Eine *Mareva-injunction* kann dagegen an die konkreten Umstände des Falles angepaßt und auf ein Mindestmaß beschränkt werden.

d. Durchsetzbarkeit der vorläufigen Rechtsschutzmaßnahmen im Inland

Die Durchsetzbarkeit vorläufiger Rechtsschutzmaßnahmen innerhalb des Landes, in dem sie angeordnet wurden, ist grundsätzlich unproblematisch. Die Parteien können deren Vollziehbarerklärung bei einem staatlichen Gericht[423] beantragen, das hierüber nach pflichtgemäßem Ermessen entscheidet[424]. Im deutschen Recht ist außerdem ausdrücklich vorgesehen, daß das staatliche Gericht die Vollziehbarerklärung einer schiedsrichterlichen einstweiligen Maßnahme ablehnen kann, wenn schon eine entsprechende Maßnahme bei einem staatlichen Gericht beantragt worden war[425]. Denn der schiedsrichterliche und staatliche einstweilige Rechtsschutz stehen nach dem Willen des Gesetzgebers gleichberechtigt nebeneinander, so daß die Parteien wählen können, wo sie diesen beantragen[426].

e. Durchsetzbarkeit der vorläufigen Rechtsschutzmaßnahmen im Ausland

Schwieriger stellt sich dagegen die Durchsetzbarkeit vorläufiger Rechtsschutzmaßnahmen dar, die in einem anderen als dem Erlaßstaat durchgesetzt werden sollen. Das hängt vor allem damit zusammen, daß diese Maßnahmen regelmäßig in Form prozessualer Anordnungen erlassen werden, und nicht als vollstreckungsfähiger Zwischenschiedsspruch ergehen[427]. Diese formlose Anordnung der Maßnahmen beinhaltet den Vorteil, daß die Maßnahmen auch formlos abgeändert werden können und das Schiedsgericht über eine größere Bandbreite mög-

421 Vgl. § 930 Abs.1 Satz 2 i.V.m. § 803 Abs.1 Satz 2 ZPO.

422 Kühn, JPS 1987, 47 (53).

423 In Deutschland ist hierfür das Oberlandesgericht i.S.d. § 1062 Abs.1 Nr. 3 ZPO zuständig.

424 Vgl. § 1041 Abs.2 und Abs.3 ZPO; Art. 62 Abs.2 *tunes. Schiedsgesetz*; s. 1297.92 *kalif. AA*; Art. 18 *Kenia AA*.

425 Vgl. § 1041 Abs.2 ZPO.

426 Art. 1051 *NZPO*; Art. 1679 Abs.2 *CJ belge*; Lachmann, Rn. 656; BT-Drucks. 13/5274, S. 38.

427 Berger, Wirtschaftsschiedsgerichtsbarkeit, S. 239; Briner, YB XIV (1989), 1 (23); a. A. Schlosser, Rn. 776 ff., demzufolge eine einstweilige Anordnung für die Dauer des Verfahrens einen endgültigen Schiedsspruch darstellt.

licher Maßnahmen verfügt, da es auch Verpflichtungen aussprechen kann, die sich nicht aus der Schiedsvereinbarung selber ergeben[428]. Nachteilig ist allerdings, daß einstweilige Maßnahmen als nur vorläufige Entscheidungen nicht ohne weiteres im Ausland vollstreckt werden können, da das UN-Übereinkommen nur auf endgültige Schiedssprüche Anwendung findet. Die Durchsetzbarkeit vorläufiger Rechtsschutzmaßnahmen, die in Form prozessualer Anordnungen erlassen werden, kann somit nur in dem jeweiligen Erlaßstaat garantiert werden. Um diese Unsicherheit auszuschließen, sehen einige Rechtsordnungen vor, daß vorläufige Rechtsschutzmaßnahmen in Form einer endgültigen Entscheidung, also eines Teil- oder Zwischenschiedsspruchs, zu erlassen sind[429]. Da auf diesem Wege das UN-Übereinkommen Anwendung findet, kann auch die Durchsetzbarkeit der vorläufigen Rechtsschutzmaßnahmen garantiert werden

Der französische Gesetzgeber ist sogar noch weiter gegangen, indem er die Vorschriften über die vorläufige Vollstreckbarkeit von Urteilen auch auf Schiedssprüche für anwendbar erklärt hat, vgl. Art. 1479 Abs.1 *NCPC*. Demzufolge können auch Schiedsrichter vorläufige Rechtsschutzmaßnahmen für vorläufig vollstreckbar erklären, da diese, im Gegensatz zu Schiedssprüchen, keiner Vollstreckbarkeitsanordnung i.S.d. Art. 1477 *NCPC* bedürfen.

Auch nach niederländischem Recht gilt die einstweilige schiedsrichterliche Anordnung gem. Art. 1051 Abs.3 *NZPO* als aufhebungsfähiger Schiedsspruch, der im ausländischen Exequaturverfahren gem. Art. 1062 f. *NZPO* für vollstreckbar erklärt werden kann.

3. Stellungnahme

Auch wenn die Schärfe der schiedsrichterlich angeordneten Maßnahmen durch die fehlende eigene Durchsetzungsgewalt des Schiedsgerichts und die *inter partes*-Wirkung der angeordneten Maßnahmen begrenzt ist, ist diese Befugnis für eine flexible und umfassende Entscheidung von Streitigkeiten unerläßlich. Zudem ist der Anteil freiwillig durchgesetzter Maßnahmen im internationalen Schiedsverfahren relativ hoch, da die Parteien fürchten, die Schiedsrichter könnten aus ihrer Weigerung Rückschlüsse für das folgende Verfahren ziehen[430]. Bei

428 BT-Drucks. 13/5274, S. 45.

429 Vgl. Art. 17 Abs.2 *Scotland Act*; s. 2 *B.C. AA* (sofern es um vermögenssichernde Maßnahmen handelt); Derains/Goodman-Everard, ICCA-Handbook II, 33.

430 Dies gilt insbesondere für einstweilige Anordnungen zur Beweissicherung, Böckstiegel, Recht und Praxis, S. 75 (83f.); Berger, Deutsches Schiedsrecht, S. 28, oder

der Suche nach Lösungsmöglichkeiten, wie die Durchsetzung einstweiliger Maßnahmen in einem anderen als dem Erlaßstaat garantiert werden kann, sollte aber von einer Änderung des UN-Übereinkommens Abstand genommen werden. Dagegen wäre die Ausarbeitung einer entsprechenden Konvention für die Vollstreckung von schiedsrichterlichen vorläufigen und sichernden Maßnahmen von Interesse. Bis für diese Frage eine Lösung gefunden wird, müssen sich die Parteien bei vorläufigen Rechtsmaßnahmen, die im Ausland durchgesetzt werden sollen, weiterhin auf deren freiwillige Befolgung verlassen.

VI. Das Schiedsverfahren

1. Verfahrensgrundsätze

In Art. 18 ModG sind mit dem Gleichbehandlungsgrundsatz und dem Grundsatz des rechtlichen Gehörs die fundamentalen Verfahrensgrundsätze niedergelegt. Durch diese sog. „*Magna Charta* des Schiedsverfahrens[431]“, die in allen modernen Schiedsgesetzen enthalten ist, wird das Schiedsverfahren dem staatlichen Gerichtsverfahren im Rechtsschutzwert gleichgestellt[432]. Dabei spielt die Beachtung des Gleichbehandlungsgrundsatzes vor allem bei der Schiedsrichterbestellung, und zwar insbesondere im Rahmen der Mehrparteienschiedsgerichtsbarkeit, eine große Rolle[433].

Für den Anspruch auf rechtliches Gehör gilt im allgemeinen, daß Schiedsgerichte diesen in wesentlich gleichem Umfang wie staatliche Gerichte gewähren müssen[434]. Seine Grenze findet die Gewährung rechtlichen Gehörs in der Verfahrensförderungspflicht der Parteien[435]. Zwischen diesen widerstreitenden Interessen muß ein Ausgleich gefunden werden.

Die Verfasser des ModG haben von Anfang an klargestellt, daß die in Art. 18 ModG aufgestellten Grundsätze nicht nur vom Schiedsgericht, sondern

für Unterlassungsverfügungen etwa bei Patentstreitigkeiten, Schlosser, ZZP 99 (1986), 241 (264); vgl. auch Shifman, Am. Rev. Int'l. Arb. 1990, 281 (289).

431 In Anspielung an verfassungsrechtliche Grundsätze so bezeichnet von Holtzmann/Neuhaus, S. 550.

432 Im deutschen Recht finden sich diese Grundsätze in § 1042 Abs.1 ZPO; das englische Recht hat in s. 1, 33 und 40 *Arbitration Act 1996* eine Normentrilogie mit den vom Schiedsgericht und von den Parteien zu beachtenden Grundsätzen des Schiedsverfahrens aufgestellt.

433 Vgl. auch § 1034 Abs.2 ZPO.

434 Vgl. § 1042 Abs.1 ZPO; Art. 1039 Abs.1 *NZPO*; Art. 182 Abs.3 *schweiz. IPRG*; Art. 15 Abs.1 UNCITRAL-SchO.

435 Berger, Wirtschaftsschiedsgerichtsbarkeit, S. 263.

auch von den Parteien zu beachten sind. Sie stellen somit eine Beschränkung der im folgenden erläuterten großen Autonomie bei der Gestaltung des Verfahrens dar.

2. Bestimmung der Verfahrensregeln

a. Parteiautonomie

Nach Art. 19 ModG können die Parteien – oder bei fehlender Parteivereinbarung das Schiedsgericht – den Verfahrensablauf und die Regeln, denen das Verfahren zu folgen hat, frei bestimmen. Ihre Grenze findet diese parteiautonome Regelungsbefugnis in den zwingenden prozeßrechtlichen Vorschriften des ModG bzw. des Schiedsortes, deren Einhaltung weder von den Parteien noch von dem Schiedsgericht abbedungen werden kann[436]. Die parteiautonome Gestaltung des Verfahrens ist ein grundlegendes Prinzip der Schiedsgerichtsbarkeit und in allen modernen Rechtsordnungen vorgesehen[437].

b. Beweisverfahren

Von besonderer Bedeutung ist diese parteiautonome Regelungsbefugnis im Bereich des Beweisverfahrens. Dessen Regelung wurde den Parteien insbesondere deshalb überlassen, weil sich die Verfasser des ModG nicht in der Lage sahen, den Konflikt zwischen dem Beweisverfahren des *common law* und des zivilrechtlichen Systems zu lösen[438]. In internationalen Schiedsverfahren verlieren die Unterschiede zwischen diesen Systemen jedoch zunehmend an Bedeutung[439]. Vielmehr nutzen die Parteien ihre Freiheit, um sich der beweisrechtlichen Instrumente beider Verfahren zu bedienen. Dabei ist es unerheblich, ob diese Beweismittel in Rahmen eines gerichtlichen Verfahrens des jeweiligen Rechtssystems zulässig wären. Gem. Art. 19 Abs.2 Satz 2 ModG liegt die Entscheidung über die Zulässigkeit, Eignung oder Gewichtung von Beweismitteln allein im Ermessen des Schiedsgerichts[440].

436 Sandrock, RIW 1992, 785 (786); zwingend sind die Regeln des ModG, die weder ausdrücklich noch ihrem Sinn nach unter dem Vorbehalt anderweitiger Parteivereinbarung stehen.

437 Vgl. nur § 1042 Abs.4 ZPO; Art. 24 *LICA*; Art. 19 Abs.1 *russ. SchG*; Art. 19 Abs.1 *Neuseeland AA*; Art. 108 *GAL Peru*; Art. 1696 Abs.2 *CJ belge*; Art. 1039 Abs.5 *NZPO*.

438 1st WG Rep. A/CN.9/216 (23 März 1982), unter 60.; Holtzmann/Neuhaus, S. 1117 f.

439 Vgl. hierzu auch Jarvin/Boissavy, RDAI/IBLJ 1999/3, 354.

440 Art. 19 Abs.2 ModG; das gilt auch für das englische Recht, vgl. Wagoner, Arbitration 1999 (65/1), 17 (21); auch im ordentlichen Verfahren hat der englische Gesetz-

Das auf diese Weise sehr flexibel ausgestaltete Beweisverfahren hat sich hervorragend bewährt und ist nach allgemeiner Ansicht dem festgelegten und rigiden nationalen System grundsätzlich weit überlegen[441]. Im Vordergrund steht dabei, daß das Verfahren genau auf die Wünsche der Parteien zugeschnitten werden kann. Die Beachtung des Parteiwillens muß stets das oberste Ziel der Schiedsrichter sein, auch wenn die Parteien sich nicht im vorhinein auf bestimmte Verfahrensregeln verständigt haben. Die Schiedsrichter sind in diesem Sinne verpflichtet, die Anwendung des Beweisrechts vorhersehbar zu gestalten und die Parteien nicht den eigenen Vorlieben auszusetzen[442].

c. Gerichtliche Unterstützung bei der Beweisaufnahme

Um den zügigen Ablauf des Verfahrens zu gewährleisten, sieht Art. 27 ModG vor, daß ein staatliches Gericht auf Antrag des Schiedsgerichts oder einer Partei mit Bewilligung des Schiedsgerichts um Unterstützung bei der Beweisaufnahme gebeten werden kann[443]. Hierbei handelt es sich insbesondere um die Anordnung von Zwangsmaßnahmen[444], für die das Schiedsgericht keine Befugnis besitzt. Das Erfordernis der ausdrücklichen Bewilligung des Parteiantrags durch das Schiedsgericht war ein Kompromiß zur alleinigen Antragsbefugnis der Parteien. Man befürchtete die Parteien könnten andernfalls versuchen, das Verfahren durch unsinnige Anträge zu verzögern, und wollte dem Schiedsgericht die Möglichkeit geben, solche Anträge schon im Vorfeld abzublocken[445]. Das ModG sieht nicht vor, daß Schiedsrichter Zeugen auch vereidigen können, was der Situation in den meisten Rechtsordnungen entspricht.[446]. Deutschland hat auf eine ausdrückliche

geber erhebliche Lockerungen des Beweisverfahrens veranlaßt, vgl. allgemein zur Woolf-Reform, Bowen, SLT 1999, 97.

441 Jarvin, Rev. arb. 1986, 509 (521).

442 Böckstiegel, Arbitration 1995 (61/3), 191 (193); Wagoner, Arbitration 1999 (65/1), 17 (21).

443 Die Unterstützung des staatlichen Gerichts bei der Beweisaufnahme auf Antrag des Schiedsgerichts ist in fast allen internationalen Schiedsgesetzen geregelt, vgl. nur Art. 37 *ägypt. SchG*; Art. 116 *GAL Peru*; s. 37 Abs.3 *ungarisches SchG*; Art. 27 Abs.1, 2 *Neuseeland AA*; Art. 28 *Kenia AA*; Art. 37 *LICA*; s. 27 *ind. AA*; Art. 1444 *mex. CC*.

444 Etwa die zwangsweise Vorführung eines Zeugen, die Anordnung der Vorlage von Urkundsbeweisen oder die Verschaffung von Zutritt zum Eigentum einer Partei.

445 Holtzmann/Neuhaus, S. 736.

446 Dies ist aber nach s. 12 Abs.1 (c) *Singapur IAA;* Art. 19 *Neuseeland AA* und nach Art. 1041 Abs.1 Satz 2 *NZPO;* s. 43 *Arbitration Act 1996* möglich.

Regelung dieses Verbots verzichtet, da es sich schon aus dem privaten Charakter der Schiedsgerichtsbarkeit ergebe[447].

In Abweichung von Art. 27 ModG dehnt das deutsche Recht in § 1050 Satz 1 ZPO die Befugnisse des staatlichen Gerichts, über die Unterstützung bei der Beweisaufnahme hinaus, auch auf „sonstige richterliche Handlungen“ aus. Dazu gehören der Begründung des Gesetzesentwurfs zufolge z.B. das an eine Behörde gerichtete Ersuchen um Vorlage einer sich in deren Besitz befindlichen Urkunde (§ 432 ZPO), das Ersuchen um Zustellung nach den §§ 199 bis 204 ZPO oder die Einholung einer Ausnahmegenehmigung zur Vernehmung von Beamten und Richtern (§ 376 ZPO)[448]. Der Grund für die Aufnahme dieser Erweiterung war die Befürchtung, die in § 1026 ZPO festgelegte Beschränkung der gerichtlichen Tätigkeit auf die gesetzlich vorgesehenen Fälle könnte zu einer ungewollten Behinderung des Verfahrens führen. Man wollte vermeiden, daß ein Gericht aufgrund dieser Beschränkung auch dann nicht eingreifen könnte, wenn es zur Förderung des Verfahrens sinnvoll wäre. Solange das staatliche Gericht nur auf Antrag tätig wird, und zwar nur zu dem Zweck, den reibungslosen Ablauf des Verfahrens zu ermöglichen, besteht hierdurch auch nicht die Gefahr einer zu weitgehenden Einflußnahme.

Außerdem sieht § 1050 Satz 2 ZPO vor, daß das Gericht den Antrag auf Unterstützung nur erledigt, wenn es ihn für zulässig hält. Damit soll die Einführung unbekannter Rechtsinstitute vermieden werden[449].

3. Ort des schiedsrichterlichen Verfahrens

a. Definition

Art. 20 Abs.1 ModG spricht von „*place of arbitration*“, um den Ort zu bezeichnen, den die Parteien als Schiedsort bestimmt haben und der die Verbindung zwischen dem Schiedsverfahren und dem am Sitz geltenden Prozeßrecht darstellt. Dagegen bezeichnet Art. 20 Abs.2 ModG mit „*place*“ den Ort, an dem das Schiedsverfahren stattfindet, also den Ort, an dem sich das Schiedsgericht zur Durchführung des Verfahrens tatsächlich befindet. Dasselbe Wort bezeichnet also zwei verschiedene Orte.

---

447 BT-Drucks. 13/5274, S. 51; ausdrücklich festgestellt wird das Verbot der Vereidigung dagegen in Art. 37 *LICA*; Art. 1461 Abs.2 *NCPC*; § 588 *ÖZPO.*

448 BT-Drucks. 13/5274, S. 51.

449 Z.B. gegen *discovery* Regeln (Offenbarungspflichten), Kronke, RIW 1998, 257 (261).

Auch die deutsche Übersetzung des in Art. 20 Abs.1 ModG verwendeten Begriffs „*place of arbitration*" durch „Ort des schiedsrichterlichen Verfahrens" ist irreführend, weil dadurch gleichzeitig auf den Schiedsrichter bzw. das Schiedsgericht als auch auf das Verfahren verwiesen wird. Der Schiedsort und der Sitz des Schiedsgerichts ziehen aber unterschiedliche Rechtswirkungen nach sich, so daß zwischen diesen Begriffen genau unterschieden werden muß. Im Rahmen dieser Arbeit wird deshalb „*place of arbitration*" i.S.d. Art. 20 Abs.1 ModG mit „Schiedsort" übersetzt. Dagegen wird „*place*" i.S.d. Art. 20 Abs.2 ModG, also der Ort, an dem das Schiedsgericht sich zur Durchführung des Verfahrens jeweils befindet, durch „Sitz des Schiedsgerichts" übersetzt[450].

b. Bedeutung des Schiedsortes

Die Parteien können den Schiedsort des Schiedsverfahrens völlig frei – ohne sinnvolle Anknüpfung an den Streitgegenstand – bestimmen[451]. Dies ist auch dann zulässig, wenn dadurch die Rechtsverfolgung für eine Partei erschwert wird[452]. Regelmäßig bestimmen die Parteien als Schiedsort einen neutralen Ort, der weder im Heimatstaat einer der Parteien liegt noch in dem Staat, wo eine der vertraglichen Hauptleistungen zu erbringen ist. Bestenfalls wird ein Ort gewählt, der mit dem Verfahren in überhaupt keiner Beziehung steht[453]. Mangels Parteivereinbarung liegt die Sitzbestimmung im Ermessen der Schiedsrichter, die bei ihrer Entscheidung die Umstände des Falles zu berücksichtigen haben[454]. Der Schiedsort ist in verschiedener Hinsicht von großer rechtlicher Relevanz.

Zunächst bestimmt sich nach dem Schiedsort das anwendbare nationale Schiedsprozeßrecht (Territorialitätsprinzip)[455], da einerseits bei Regelungslücken in der Parteivereinbarung auf das Recht am Schiedsort zurückgegriffen, und andererseits die Parteiautonomie durch die zwingend anwendbaren prozeßrechtlichen Vorschriften am Schiedsort begrenzt wird[456]. Auch wird durch den Schiedsort festgelegt, welche staatliche Gerichtsbarkeit für unterstützende Maßnahmen

---

450 Diese Terminologie schlägt Berger, RIW 1993, 8 (11), vor. Sie wird hier übernommen, da sie eine Angleichung an die Begrifflichkeit des ModG ermöglicht. Dagegen spricht sich Lionnet für die umgekehrte Terminologie aus, S. 95 ff.

451 Trotz der erheblichen Rechtswirkungen, die an den Schiedsort geknüpft sind, wird dessen Bestimmung oftmals nur geringe Bedeutung zugemessen.

452 Zöller-Geimer, § 1025, Rn. 2; Gottwald, S. 32.

453 Storme/De Ly, S. 15; hierfür spricht sich auch Lionnet aus, S. 98.

454 Art. 20 Abs.1 ModG.

455 Vgl. hierzu oben 1. Kap., I.1.b.

456 1st Secr. Note, A/CN.2/207 (14.5.1981) unter 72.; Kaufmann-Kohler, Rev. arb. 1998, 517 (519); Michaels, ZfRV 1999, 5 (7); Sandrock, RIW 1992, 785 (787); Lionnet. S. 96.

i.S.d. Art. 6, 27 ModG, bzw. für die eventuelle Aufhebung des Schiedsspruchs zuständig ist[457].

Weiterhin ist der Schiedsort ausschlaggebend für die Frage der Internationalität des Schiedsverfahrens[458]. Denn gem. Art. 1 Abs.3 (b) (i) ModG ist ein Schiedsverfahren international, wenn beide Parteien ihren Sitz an einem anderen als dem in der Schiedsvereinbarung festgelegten Schiedsort haben.

Auch die Vollstreckbarkeit des Schiedsspruchs hängt vom Schiedsort ab, da dieser als am Schiedsort erlassen gilt[459]. Dies ist für das Vollstreckungsverfahren des UN-Übereinkommens von Bedeutung, da bei Anwendung des Gegenseitigkeitsvorbehalts des Art. I Abs.3 UNÜ, nur Schiedssprüche durchgesetzt werden müssen, die in einem Vertragsstaat ergangen sind[460].

Es ist heute allgemein anerkannt, daß der Schiedsort von den Parteien als „formales Legaldomizil"[461] in der Schiedsvereinbarung festgelegt wird, und die Verbindung zwischen dem Schiedsverfahren und dem am Sitz geltenden Prozeßrecht darstellt. Die Bestimmung des Schiedsortes stellt also eine reine Fiktion dar[462], mit dem vorrangigen Ziel, das Prozeßrecht zu bestimmen, welchem das Schiedsverfahren und der Erlaß des Schiedsspruchs unterliegen sollen[463].

c. Bedeutung des Sitzes des Schiedsgerichts

Für den Sitz des Schiedsgerichts kommt es grundsätzlich darauf an, daß in sprachlicher, infrastruktureller oder politischer Hinsicht[464] die Anforderungen der Parteien und Schiedsrichter erfüllt werden. Der Sitz des Schiedsgerichts befindet sich deshalb häufig nicht am Schiedsort. Es kann also vorkommen, daß sich das gesamte Verfahren an einem anderen Ort als dem Schiedsort abspielt[465]. Daraus können Probleme entstehen, wenn das staatliche Gericht das anwendbare Recht nach dem Ort bestimmt, an dem der Großteil des Verfahrens tatsächlich stattgefunden hat[466]. Vor diesem Hintergrund, wurde in Art. 20 Abs.2 ModG eine Vor-

457 Holtzmann/Neuhaus, S. 593; Storme/De Ly, S. 14.

458 Vgl. in diesem Kapitel unter I.1.a.

459 Art. 31 Abs.3 2. HS ModG.

460 Vgl. hierzu van den Berg, NYC, Annex B.

461 Vgl. Lionnet, S. 95, Berger, 1993, 8 (10, Fn. 23).

462 Dagegen Kronke, der der Ansicht ist, daß das Verfahren nur in solchem Umfang an einem anderen Ort als dem Schiedsort stattfinden kann, wie dieser dadurch nicht zur bloßen Fiktion wird, RIW 1998, 257 (261).

463 Kaufmann-Kohler, Rev. arb. 1998, 517 (522); Leurent, Rev. arb. 1998, 402.

464 Vgl. Sandrock, RIW 1992, 785 (788).

465 Kronke, RIW 1998, 257 (261).

466 Vgl. hierzu *Hiscox* v. *Outhwaite*, 11.3.1991 (Court of Appeal), [1991] 3 All. E.R. 124, [1991] 3 W.L.R. 1321.

schrift aufgenommen[467], die im Interesse der Flexibilität und Effizienz des Schiedsverfahrens vorsieht, daß das Schiedsgericht, sofern die Parteien nichts anderes bestimmt haben, zur Durchführung des Verfahrens auch an einem anderen Ort als dem Schiedsort zusammentreten kann. Dem Sitz des Schiedsgerichts kommt also im Grunde überhaupt keine rechtliche Wirkung zu, da sich das anwendbare Prozeßrecht und der Erlaß des Schiedsspruchs allein nach dem Schiedsort richten, unabhängig davon, wo das Verfahren tatsächlich durchgeführt wurde. Man kann also von einer „Vergeistigung" des Sitzbegriffs sprechen[468].

Eine dem Art. 20 Abs.2 ModG entsprechende Regelung haben alle Modellgesetzjurisdiktionen eingeführt. Auch jene Staaten, die sich auf ihre lange Schiedstradition berufen und ihr Gesetz eigenständig reformiert haben, vertreten nunmehr diese Wertung[469].

d. Fehlende Bestimmung des Schiedsortes

Die fehlende Bestimmung des Schiedsortes ist weder im ModG noch in den übrigen Schiedsgesetzen geregelt. Hierfür besteht auch keine Notwendigkeit, da dem Schiedsort eine so große Bedeutung zukommt, daß seine Bestimmung zum notwendigen Inhalt einer internationalen Schiedsvereinbarung gehört[470]. Eine andere Bewertung würde schon die Anwendbarkeit des Territorialitätsprinzips zunichte machen.

Dagegen sehen sowohl das belgische als auch das niederländische Recht für diesen Fall vor[471], daß bei fehlender Bestimmung derjenige Ort als Schiedsort gelten soll, den der Schiedsspruch als Ort des Erlasses ausweist. Das hat zur Folge, daß ein Schiedsverfahren bis zum Erlaß des Schiedsspruchs ablaufen kann, ohne daß ein Schiedsort bestimmt wurde; erst mit Erlaß des Schiedsspruchs wird dann eine Verbindung zwischen dem Schiedsverfahren und einer bestimmten Rechtsordnung hergestellt[472]. Es bleibt aber unklar, auf welches Verfahrensrecht zurückzugreifen ist, wenn die Vereinbarung der Parteien Lücken enthält.

---

467 Art. 20 Abs.2 ModG, diese Vorschrift wurde Art. 16 Abs.2 und 3 UNCITRAL-SchO, abgedruckt bei Labes/Lörcher, S. 479 ff., nachempfunden, vgl. Holtzmann/Neuhaus, S. 593.

468 Lionnet, S. 98.

469 S. 3 *Arbitration Act 1996*; Art. 176 *schweiz. IPRG* und Entscheidung des schweizerischen Bundesgerichts vom 24.3.1997, ASA Bull. 1997, 316 ff.; *Société Procédés de préfabrication pour le béton c/ Libye*, 28.10.1997, Rev. arb. 1998, 399; *Société P. c/ société G.*, Cour d'Appel Paris, 1.7.1997, RDAI/IBLJ 1998 (4/5), 545; wohl auch Art. 1037 *NZPO*.

470 So auch Lionnet, S. 96.

471 Vgl. Art. 1693 Abs.1 Satz 3 *CJ belge* ; Art. 1037 Abs.2 *NZPO*.

472 Verbist, RDAI/IBLJ 1998/7, 842 (845).

Auch ist fraglich, welcher Ort als Schiedsort gelten soll, wenn kein Ort eindeutig als Ort des Erlasses bestimmt werden kann. Das kann etwa dann der Fall sein, wenn kein Ort genannt wird, oder wenn die Schiedsrichter den Schiedsspruch an verschiedenen Orten unterschreiben.

4. Säumnis einer Partei

Art. 25 ModG regelt die Folgen der verschuldeten Säumnis[473] durch die Parteien. Ein Unterschied zum deutschen Recht besteht hier hinsichtlich der Folgen der Säumnis des Klägers. Hat der Kläger es versäumt, die Klage einzureichen, so kann das Schiedsgericht gem. Art. 25 a) ModG i.V.m. Art. 32 Abs.1 ModG einen klageabweisenden Schiedsspruch erlassen.

Das deutsche Recht sieht in diesem Fall dagegen den Erlaß eines klageabweisenden Einstellungsbeschlusses durch das Schiedsgericht gem. § 1056 Abs.2 Nr. 1 a) ZPO vor. Da es sich nicht um einen Schiedsspruch handelt, ist hiergegen kein Rechtsmittel möglich[474].

VII. Schiedsspruch

1. Vereinbarung durch die Parteien

a. Bestimmung des anwendbaren materiellen Rechts

Die Parteien können bestimmen, auf der Grundlage welchen materiellen Rechts die Streitentscheidung erfolgen soll, vgl. Art. 28 Abs.1 ModG. Dabei macht die Formulierung des ModG deutlich, daß sie nicht gezwungen sind, eine gesamte Rechtsordnung zu wählen, sondern daß sie auch einzelne „Rechtsvorschriften" aus verschiedenen Rechtsordnungen für anwendbar erklären können (sog. *dépeçage*)[475].

b. Ermächtigung zur Entscheidung nach Billigkeit

Darüber hinaus können die Parteien die Schiedsrichter gem. Art. 28 Abs.3 ModG auch zu einer Entscheidung nach Billigkeit ermächtigen (*ex aequo et bono* oder

473 Vgl. die Formulierung in Art. 25 ModG: „ohne hinreichenden Grund".

474 Vgl. auch § 567 ZPO demzufolge auch im ordentlichen Verfahren nur die Beschlüsse angefochten werden können, die ausdrücklich aufgezählt sind.

475 Vgl. zur Zulässigkeit der sog. *dépeçage*, Commission Report, A/40/17 unter 232.; Holtzmann/Neuhaus, S. 765; vgl. auch Art. 3 Abs.1 Satz 3 EWG-Übereinkommen.

amiable composition). Das bedeutet, daß das Schiedsgericht ohne Rücksicht auf irgendwelche Rechtsnormen den Streit nach seiner Rechtsauffassung frei entscheiden kann, solange es dadurch nicht gegen die guten Sitten oder den *ordre public* verstößt. Die Möglichkeit einer Billigkeitsentscheidung verliert aber im Rahmen der modernen Schiedsgerichtsbarkeit immer mehr an Bedeutung. Dies ist vor allem auf die mangelnde Vorhersehbarkeit einer solchen Entscheidung zurückzuführen, die durch die fortschreitende Verrechtlichung der internationalen Handelsbeziehungen noch verstärkt wird[476]. Das Schiedsgericht kann deshalb nur aufgrund ausdrücklicher Ermächtigung der Parteien eine Billigkeitsentscheidung treffen. In England und in Frankreich führt die Ermächtigung der Schiedsrichter zur Entscheidung im Wege der *amiable composition*, dazu, daß die Parteien sich von vornherein des Rechts begeben, gegen diese Entscheidung in Berufung zu gehen[477].

Das ModG sieht außerdem vor, daß der Schiedsrichter – sowohl bei einer Rechtsentscheidung als auch bei einer solchen nach Billigkeit – in Übereinstimmung mit den Vertragsbestimmungen zu entscheiden hat, vgl. Art. 28 Abs.4 ModG. Der Schiedsrichter kann also nicht ohne weiteres eine Vertragsanpassung vornehmen[478].

c. Bindung des Schiedsgerichts an die Rechtswahl der Parteien

Trifft das Schiedsgericht eine Entscheidung, ohne das von den Parteien bestimmte Recht anzuwenden, so stellt dies als Verfahrensfehler grundsätzlich einen Aufhebungsgrund dar[479]. Hierbei ist zu unterschieden, ob das Schiedsgericht zwar eine Rechtsentscheidung trifft, hierfür aber ein anderes als das von den Parteien gewählte Recht anwendet. Oder ob es völlig von der Vereinbarung durch die Parteien abweicht und eine Entscheidung nach Billigkeit trifft. Während bei der ersten Alternative umstritten ist, ob diese Abweichung ausnahmslos einen Aufhebungsgrund darstellen soll, wird bei der zweiten

476 Lionnet, S. 165.

477 vgl. LCIA-Report, zu s. 46 *Arbitration Act 1996*, S. 7, www.arbitrators.org/ARBACT.HTM; Art. 1482 Satz 2 *NCPC*, es sei denn, die Parteien hätten sich diese Möglichkeit ausdrücklich vorbehalten.

478 Zur Frage der Vertragsanpassung vgl. unten 2. Kap., X.5. Im französischen und niederländischen Recht besteht eine solche Beschränkung nicht, vgl. Art. 1474 *NCPC*; Art. 1054 Abs.3 *NZPO*. Zwar dürfen die Schiedsrichter auch hier den Vertrag nicht völlig neu gestalten, sie können aber auf der Grundlage von allgemeinen Rechtsprinzipien entstandene Konflikte durch Anpassung des Vertrages lösen, Gaillard, FILJ 1987, 424 (434 f.).

479 Vgl. auch Art. V Abs.1d) UNÜ.

Alternative der Grundsatz der Bindung des Schiedsgerichts an das materielle Recht als Teil des *ordre public* angesehen[480]. Hier ist die Aufhebung des Schiedsspruchs also unumgänglich.

d. Vereinbarung der lex mercatoria

Durch die Formulierung des ModG, die es den Parteien ermöglicht, neben einer bestimmten Rechtsordnung auch die Anwendbarkeit von Rechtsvorschriften *(rules of law)* zu vereinbaren, wollte man dem Trend zur Denationalisierung der internationalen Schiedsgerichtsbarkeit gerecht werden[481]. Denn der Begriff „Rechtsvorschriften“ soll nach der international h.M.[482] nicht nur auf Rechtsvorschriften eines nationalen Recht verweisen, sondern auch transnationale Rechtsgrundsätze[483] umfassen. Auf der Grundlage einer solchen Ermächtigung soll ein Schiedsgericht auch die Grundsätze einer *lex mercatoria* [484] als transnationales Welthandelsrecht anwenden können[485]. Die Aufnahme dieser Formulierung war jedoch umstritten, da man befürchtete, daß einige traditionellere Staaten hierin einen zu großen Unsicherheitsfaktor bei der Rechtsanwendung sehen könnten, der der angestrebten breiten Akzeptanz des ModG zuwiderlaufen würde[486]. Dem wurde aber entgegengehalten, daß die Parteien das Schiedsgericht ja auch zu Billigkeitsentscheidungen ermächtigen könnten, so daß eine Entscheidung auf der

480 Vgl. Lionnet, S. 169; Triebel/Petzold, RIW 1988, 245.

481 Tunesien (Art. 73 Abs.1 *tunes. SchG*) und Bulgarien (Art. 38 Abs.1 *LICA*) haben die Formulierung „*rules of law*“ durch den Begriff „*law*“ ersetzt und limitieren damit die Wahlmöglichkeit der Parteien auf die Bestimmung einer konkreten Rechtsordnung.

482 Redfern/Hunter, S. 90; Schröder/Wenner, Rn. 110 f.; Calavros, S. 123; Granzow, S. 168; Fouchard, Clunet 114 (1987), 861 (878); ders. FILJ 1987, 424 (433 f.); Kronke, RIW 1998, 257 (262); Berger, Deutsches Schiedsrecht, S. 21; ders., Kodifizierung, S. 171; Lionnet, S. 171.

483 Z.B. die UNIDROIT-Vertragsgrundsätze, vgl. hierzu allgemein Drobnig, ULR/RDU 1998, 385; Boele-Woelki, IPRax 1997, 161; Bonell, RabelsZ 56 (1992), 276; Wichard, RabelsZ 60 (1996), 269; Werro/Belser, Rapports suisses, S. 511 ff.

484 Der Begriff *lex mercatoria* wurde in Frankreich geprägt, vgl. nur Fouchard, L'arbitrage commercial international, Paris 1965; Goldman, JDI 1979, 475; Lando, ICLQ 1985, 34 ff.; auf die Frage nach dem Bestehen oder dem Umfang einer solchen „dritten“ Rechtsordnung kann i.R.d. Arbeit nicht näher eingegangen werden, vgl. hierzu Berger, Wirtschaftsschiedsgerichtsbarkeit, S. 373 ff.

485 Die in Art. 28 Abs.4 ModG erwähnten „Handelsbräuche“ stehen dagegen in keinem Zusammenhang mit einer *lex mercatoria.* Wie sich schon aus der Formulierung ergibt, handelt es sich hierbei um die üblicherweise im Rahmen bestimmter Rechtsgeschäfte anwendbaren Handelsbräuche, und nicht um transnationale Prinzipien, vgl. hierzu Gaillard, FILJ 1987, 424 (434); Goldman, S. 153 (163).

486 Commission Report, A/40/17 unter 233. bei Holtzmann/Neuhaus, S. 805.

Grundlage vorgegebener, wenn auch nicht-staatlicher Entscheidungskriterien erst recht möglich sein müsse[487]. Dafür spricht ebenfalls, daß das Schiedsgericht gegenüber den Parteien zum Erlaß eines vollstreckungsfähigen Schiedsspruchs verpflichtet ist, unabhängig davon, ob die Parteien seine Bindung an staatliche Normen aufgehoben haben[488]. Das Schiedsgericht muß also zumindest jene zwingenden Normen beachten, die in den potentiellen Vollstreckungsstaaten Bestandteil des internationalen *ordre public* sind[489].

Grundsätzlich ist eine ausdrückliche Ermächtigung durch die Parteien absolute Voraussetzung für eine Entscheidung auf der Grundlage von Rechtsvorschriften. Die fehlende Vereinbarung einer bestimmten nationalen Rechtsordnung kann deshalb nicht als konkludente Vereinbarung zur Anwendung der *lex mercatoria* ausgelegt werden. Das französische und das niederländische Recht lassen die Anwendung der *lex mercatoria* durch das Schiedsgericht allerdings auch ohne ausdrückliche Ermächtigung der Parteien zu[490]. Für die Modellgesetzjurisdiktionen im Allgemeinen und für Deutschland im Besonderen, ist aber davon auszugehen, daß die Anwendung der *lex mercatoria* durch das Schiedsgericht ohne ausdrückliche Ermächtigung, zu einer Aufhebung des Schiedsspruchs wegen Überschreitung des Schiedsrichterauftrags führen würde. Problematisch ist aber, daß aus den wenigsten Schiedssprüchen klar hervorgeht, ob die *lex mercatoria* angewendet wurde, oder nur zusätzlich zu einer Vorschrift ein allgemeiner Rechtsgrundsatz zitiert wurde[491]. Um Unklarheiten in dieser Hinsicht auszuschließen, wird empfohlen, grundsätzlich eine deutliche Rechtswahl zu treffen, bzw. die Anwendung der *lex mercatoria* ausdrücklich auszuschließen[492].

2. Bestimmung des anwendbaren Rechts durch das Schiedsgericht

Haben die Parteien keine ausdrückliche Rechtswahl getroffen und läßt sich auch keine stillschweigende Rechtswahl[493] durch Auslegung ihres Willens ermitteln[494],

487 Wichard, RabelsZ 60 (1996), 269 (278).

488 Vgl. z.B. Art. 35 ICC-SchO.

489 Schlosser, Rn. 874.

490 Vgl. Art. 1496 *NCPC*; Art. 1054 Abs.2 *NZPO* ; van den Berg, YB XII (1987), 3 (25).

491 Berger, IPRax 1993, 281.

492 Lionnet, S. 175.

493 Vgl. zur Anknüpfung an den stillschweigenden Parteiwillen als „*general principle of law*“, Sandrock, JPS 1990, 131 (135).

494 Anhaltspunkt für die Auslegung kann etwa die Wahl des Schiedsortes sein, vgl. Schiedsgericht Hamburger Freundschaftliche Arbitrage, Schiedsspruch v. 29.12.1998, RIW 1999, 394 (395).

so muß das Schiedsgericht unter Beachtung aller Umstände des konkreten Falles das anwendbare Recht bestimmen. Das ModG hat bewußt den Begriff „Recht" gewählt, und damit klargestellt, daß diese Befugnis des Schiedsgerichts nicht die Möglichkeit umfaßt, „Rechtsvorschriften" zu bestimmen. Vor einer Entscheidung auf der Grundlage willkürlich bestimmter Rechtsgrundsätze wollte man die Parteien bewahren. Auch der deutsche Gesetzgeber hat diese Beschränkung übernommen[495].

Die Frage, wie die Ermittlung des anwendbaren Rechts durch das Schiedsgericht zu erfolgen hat, wird unterschiedlich beantwortet[496].

a. Autonomer kollisionsrechtlicher Ansatz

Art. 28 Abs.2 ModG sieht vor, daß das Schiedsgericht „das Recht anzuwenden [hat], welches das von ihm für anwendbar erachtete Kollisionsrecht bestimmt". Da das Schiedsgericht nicht über eine *lex fori* verfügt[497], nach der sich die anwendbaren Kollisionsnormen richten, steht deren Bestimmung und die daraus resultierende Anwendung des materiellen Rechts im Ermessen des Schiedsrichters[498].

b. Direkter (progressiver) Ansatz

Nach dem Vorbild des liberalen französischen Schiedsrechts[499] ermächtigen einige Länder das Schiedsgericht unter Ausschluß der Anwendung eines Kollisionsrechts dazu, direkt die materiellen Rechtsvorschriften zu bestimmen, die es nach den Umständen des Falles für anwendbar hält (*voie directe*)[500]. Das

---

495 Zum Bedauern von Berger, Deutsches Schiedsrecht, S. 21. Auch in Art. 187 Abs.1 2. Alt. *schweiz. IPRG* ist diese Beschränkung enthalten. Dort heißt es ausdrücklich: „Das Schiedsgericht entscheidet die Streitsache [...] bei Fehlen einer Rechtswahl, [durch die Parteien] nach dem Recht, mit dem die Streitsache am engsten zusammenhängt". Vgl. auch Bucher, Rn. 291;

496 Vgl. auch Herrmann, ULR/RDU 1998, 483 (493).

497 [...I]t is a generally accepted view that an arbitral tribunal [...] does not have a *lex fori* and is not required, in principle, to apply any given set of rules of conflicts of law [...]; Kirry, AI 1996, 373 (379); Berger, JIA 1992 (9/4), 5; Wichard, RabelsZ 60 (1996), 269 (276) m.w.N.

498 Diese Lösung wird auch im englischen Recht vertreten, vgl. s. 46 Abs.3 *Arbitration Act 1996.*

499 Art. 1496 Abs.1 *NCPC*: „L'arbitre tranche le litige conformément aux règles de droit que les parties ont choisies; à défaut d'un tel choix, conformément à celles qu'il estime appropriées. »

500 Vgl. Art. 28 Abs.1 (b) (iii) *ind. AA;* Art. 73 Abs. 2 *tunes. SchG*; Art. 1445 Abs.2 *mex. CC*; vgl. für Kanada statt aller Art. 28 Abs.3 *B.C. AA*; Art. 1054 Abs.2 Satz 2 *NZPO.*

Schiedsgericht ist somit weder an ein Kollisionsrecht, noch an die Anwendung einer bestimmten Rechtsordnung gebunden. Vielmehr kann es auch ein anationales Recht, also etwa die *lex mercatoria*, anwenden[501]. Durch diese Regelung wird die Vorhersehbarkeit der kollisionsrechtlichen Entscheidung enorm vermindert. Es fragt sich aber, ob dies – in Anbetracht der Tatsache, daß die Vorhersehbarkeit der schiedsgerichtlichen Entscheidung für die Parteien von großer Wichtigkeit ist und die Rechtsanwendung durch das Schiedsgericht zudem nur in geringem Maße durch eine höhere Instanz überprüft werden kann[502] – wirklich sinnvoll ist[503].

c. Objektive Anknüpfung

Neben diesen Anknüpfungsmethoden, gibt es noch die als extrem konservativ[504] bezeichnete objektive Anknüpfung, die vom deutschen und ägyptischen Recht[505] in Anlehnung an das schweizerische und italienische Recht[506] vertreten wird. Danach soll das Schiedsgericht das Recht anwenden, mit dem der Streitgegenstand die engste Verbindung aufweist[507]. Damit wird dem Schiedsgericht für die Ermittlung des anwendbaren Sachrechts also eine verbindliche Kollisionsnorm vorgegeben, die ihm allerdings immer noch genug Freiheit läßt, um auf die Besonderheiten des Einzelfalles Rücksicht zu nehmen und zu reagieren[508].

Der deutsche Gesetzgeber hat diese Abweichung vom ModG damit begründet, daß er sich für die Bestimmung des anwendbaren materiellen Rechts an Art. 3 ff. EWG-Übereinkommen gebunden sehe, wo ebenfalls auf das Kriterium der engsten Verbindung verwiesen werde. Kritiker bezeichnen den Rückgriff auf ein Anknüpfungskriterium des allgemeinen Vertragsrechts allerdings als sehr rückständig und registrieren ihn gerade im Hinblick auf die in Fragen des

501 Lionnet, S. 174.

502 Keine „*révision au fond*" des Schiedsspruchs, vgl. hierzu Sandrock, JPS 1990, 131 (144).

503 Vgl. aber Berger, Wirtschaftsschiedsgerichtsbarkeit, S. 354, der sich für diese Anknüpfung ausspricht.

504 So Gaillard, FILJ 1987, 424 (433).

505 § 1051 Abs.2 ZPO; Art. 39 Abs.2 *ägypt. SchG.*

506 Art. 187 Abs.1 *schweiz. IPRG* ; Art. 834 Satz 2 *ital. ZPO.* Allerdings gehen sowohl das schweizerische als auch das italienische Gesetz für die Bestimmung des anwendbaren Rechts von einem autonomen Ansatz aus, während nach deutschem Recht der Rückgriff auf die Kollisionsnormen des Sitzrechts kraft gesetzlicher Anordnung erfolgt, vgl. Berger, Deutsches Schiedsrecht, S. 23.

507 Bei der Auslegung dieses Grundsatzes ist im deutschen Recht auf Art. 28 Abs.2–4 EGBGB zurückzugreifen, vgl. z.B. Palandt-Heinrichs, Art. 28 EGBGB.

508 Berger, JIA 1992 (9/4), 5.

Schiedsverfahrensrechts sehr liberale Schweiz mit Unverständnis. Die Einschränkung der Rechtswahlfreiheit des Schiedsrichters im internationalen Schiedsverfahrensrecht sei verfehlt, da der Schiedsrichter darauf angewiesen sei, seine Rechtswahl auf der Grundlage rechtspraktischer Erwägungen zu treffen, d.h. sich mit dem wirtschaftlichen Ziel des Vertrages, den Erwartungen der Parteien sowie den eventuellen Konsequenzen der Rechtswahl für den Ausgang des Rechtsstreits auseinanderzusetzen[509].

d. Stellungnahme

Zwar sollte die Bestimmung des anwendbaren Rechts trotz der dogmatisch unterschiedlichen Herleitung im Ergebnis keine dramatischen Unterschiede aufweisen[510]. Denn auch ein weiter Ermessensspielraum ermächtigt den Schiedsrichter grundsätzlich nicht dazu, willkürlich zu entscheiden. Vielmehr muß jede Entscheidung sachlich begründet werden. Die Kontrolle einer sachlichen Begründung ist aber problematisch, wenn – wie dies bei der *voie directe* der Fall ist – überhaupt keine Ermessensbindung mehr besteht[511]. Hier zeigt sich die Überlegenheit der deutschen Lösung. Um dem Anspruch einer sachlich nachvollziehbaren Entscheidung gerecht zu werden, greifen die meisten Schiedsrichter auf bekannte kollisionsrechtliche Kriterien zurück, von denen „die engste Verbindung" eines der Hauptkriterien darstellt. Die Vorgabe einer Kollisionsnorm stellt also lediglich eine Konkretisierung des schiedsrichterlichen Ermessens bei der Bestimmung des Rechts dar, und hilft dabei, diese für die Parteien nachvollziehbar zu gestalten[512]. Damit stellt sie gegenüber den anderen Ansätzen die vorzugswürdige Lösung dar, weil die Entscheidung für die Parteien vorhersehbar und nachvollziehbar ist.

509 Vgl. hierzu Berger, Wirtschaftsschiedsgerichtsbarkeit, S. 354 f.

510 So auch Schlabrendorff, DIS-MAT IV (1998), S. 27 (49), der den Entscheidungsspielraum des Schiedsgerichts nach der Lösung des ModG aber trotzdem für weitergehend hält; Gaillard, FILJ 1987, 424 (432).

511 Vgl. dazu unten den Fall *Compania Valenciana c/ Primary Coal*, Cour d'Appel de Paris (1re Ch. suppl.), 13.7.1989, Rev. arb. 1990, 663; Cour de Cassation (1re Ch. civile), 22.10.1991, Rev. arb. 1992, 457; Schiedsspruch abgedruckt in Rev. arb. 1990, 663.

512 Vgl. aber auch Berger, der in diesem Zusammenhang von einem „rein pädagogischen Effekt des § 1051 Abs.2 ZPO spricht, Deutsches Schiedsrecht, S. 23.

3. Form und Inhalt

a. Schriftform

Als zwingende formelle Voraussetzungen bestimmt Art. 31 ModG die Schriftlichkeit und Unterzeichnung eines Schiedsspruchs. Bei fehlender Einstimmigkeit der Entscheidung reicht es aus, wenn mindestens die Mehrheit der Schiedsrichter den Schiedsspruch unterschreibt, und das Fehlen der übrigen Unterschriften begründet wird, vgl. Art. 29 ModG. Dadurch soll einerseits vermieden werden, daß ein Schiedsrichter, durch seine Weigerung am Erlaß des Schiedsspruchs mitzuwirken, das Verfahren blockieren kann. Andererseits wird einem Schiedsrichter so die Möglichkeit gegeben, eine abweichende Meinung zu vertreten. Entsprechende formelle Voraussetzungen finden sich in allen modernen Schiedsgesetzen[513].

b. Begründung

Gem. Art.31 Abs.2 ModG steht die Forderung einer Begründung des Schiedsspruchs zur Disposition der Parteien. Dies ist im internationalen Schiedsverfahrensrecht allgemein anerkannt. So ist die Begründungspflicht in Frankreich zwar Teil des internen, nicht aber des internationalen *ordre public*[514]. Die französische Rechtsprechung hat sich hier von der angelsächsischen Schiedsgerichtspraxis leiten lassen, die eine Begründung von internationalen Schiedssprüchen im allgemeinen nicht verlangt[515]. Vor allem die amerikanischen Gerichte fürchten oft, die Begründung würde als Anlaß für ein Aufhebungsverfahren benutzt, mißachten dabei aber, daß eine plausible Begründung die Parteien auch von der Richtigkeit des Schiedsspruchs überzeugen kann. Die fehlende Begründung eines internationalen Schiedsspruchs stellt somit nur einen Nichtigkeitsgrund dar, wenn sie von den Parteien vereinbart wurde oder rechtlich unabdingbar ist[516]. Die Qualität der Begründung ist gesetzlich nicht festgelegt, sondern bleibt der Rechtsprechung überlassen.

---

513 Vgl. § 1052 ZPO; Art. 43 Abs.1 *ägypt. SchG*; s. 40 *ungarisches SchG*; s. 32 Abs.1 und Abs.2 *Kenia AA*; s. 8 *UAA*; Art. 40 *LICA;* Art. 1473 Abs.2 *NCPC*; Art. 189 *schweiz. IPRG*; s. 52 Abs.3 *Arbitration Act 1996*; Art. 837 *ital. ZPO*; § 590 *ÖZPO.*

514 Vgl. Art. 1484 Ziff. 5 i.V.m. Art. 1480 Abs.2 *NCPC.*

515 S. 52 Abs.4 *Arbitration Act 1996*; Craig/Park/Paulsson, S. 494; Bühler/Waitz von Eschen, IPRax 1990, 62 (63); *Schreter* v. *Gasmac Inc.*, (1992) 7 O.R. (3d) 608 (Gen. Div); *Eljer Manufacturing Inc.* v. *Kowin Development Corp.*, 14 F.3d 1250 (7th Cir. 1994); *S.A. Tradax Export* v. *S.p.a. Carapelli*, YB III (1978), 279.

516 Dies ist gem. Art. 31 Abs.2 *russ. SchG* und Art. 1057 Abs.4 (e) i.V.m. Art. 1065 Abs.1 (d) 2.Alt *NZPO* der Fall.

*c. Minderheitsvoten (*dissenting opinions*)*

Die Frage der Zulässigkeit von Minderheits- oder Sondervoten (*dissenting opinions*) wurde im ModG nicht geregelt, da es sich um eine Verfahrensfrage i.S.d. Art. 19 ModG handelt, deren Regelung den einzelnen Staaten überlassen bleiben sollte[517].

In *common law* Ländern sind *dissenting opinions* allgemein üblich; teilweise betrachtet der Schiedsrichter es als seine moralische Pflicht, die Parteien über seine abweichende Auffassung zu informieren[518]. Dagegen kommt dem Beratungsgeheimnis in den zivilrechtlichen Rechtssystemen ein so hoher Stellenwert zu[519], daß Minderheitsvoten sogar unzulässig sind[520]. Im Interesse der Harmonisierung lassen aber auch zivilrechtlich geprägte Rechtsordnungen in internationalen Schiedsverfahren den Erlaß von Minderheitsvoten zu[521]. Allerdings wird diese Möglichkeit in der internationalen Schiedsgerichtsbarkeit überwiegend als unzweckmäßig angesehen[522]. Das liegt daran, daß der Zweck eines solchen Votums oft in einer „Loyalitätsbekundung" gegenüber der „eigenen" Partei besteht[523], oder daß ein Schiedsrichter versucht, „seiner" Partei durch den nachträglichen Hinweis auf Verfahrensfehler ein Aufhebungsverfahren zu ermöglichen[524]. Um diese Unannehmlichkeiten zu vermeiden, sollten Schiedsrichter deshalb dazu verpflichtet sein, ihre abweichende Meinung bereits in der Beratung vorzubringen, damit sich alle mit den abweichenden Argumenten auseinandersetzen

517 7th Secr. Note, A/CN.9/264 (25.März 1985) zu Art. 31 unter 2.

518 Redfern/Hunter, S. 399; eine ausdrückliche Vorschrift findet sich in den internationalen Schiedsgesetzen sehr selten, vgl. aber Art. 39 Abs. 1 *LICA*.

519 Allerdings scheint eine Verletzung des Beratungsgeheimnisses keinerlei Sanktionen – weder in bezug auf die Gültigkeit des Schiedsspruchs noch auf eventuelle Haftungsansprüche gegen den Schiedsrichter – nach sich zu ziehen, Redfern/Hunter, S. 399 mit Verweis auf den *Final Report of the Working Party on Dissenting Opinions* (1991) 1 ICC International Court of Arbitration Bulletin 32.

520 So etwa in Deutschland Böckstiegel, ICCA-Handbook II, 20; Schlosser, Rn. 691; beim BVerfG gibt es aber das Recht zum Dissent, vgl. § 30 Abs.2 BVerfGG; in Frankreich, Derains/Goodman-Everard, ICCA-Handbook II, 37; vgl. auch Art. 1469 *NCPC;* in Italien Bernini, ICCA-Handbook II, 37; in Belgien Matray, ICCA-Handbook I, 22.

521 Böckstiegel, ICCA-Handbook II, 20; Schlosser, Rn. 691; Blessing, Schweiz (II), S. 74; Melis, ICCA-Handbook I, 11; Redfern/Hunter, vgl. Fn. 519.

522 Vgl. nur Craig/Park/Paulsson, S. 335.

523 Blessing, Schweiz (II), S. 74.

524 Vgl. auch *Grainger Associates* v. *The Islamic Republic of Iran, The Radio and Television Organisation of Iran et al.*, (1987) 16 Iran-U.S. C.T.R. 317, wo eine *dissenting opinion* nach Bekanntgabe der Mehrheitsentscheidung mitgeteilt wurde.

können und müssen[525]. Auf diese Weise kann auch vermieden werden, daß sich ein Schiedsrichter am Ende der Beratung gezwungen sieht, der unterlegenen Partei Unregelmäßigkeiten im Verfahren zu offenbaren.

Ein Minderheitsvotum kann entweder an den Schiedsspruch angehängt, oder den Parteien separat zugesandt werden. In keinem Fall wird es Teil des Schiedsspruchs[526]. Es wird deshalb weitgehend als ausreichend angesehen, nur das Stimmenverhältnis anzugeben[527].

4. Schiedsvergleich

Art. 30 ModG sieht eine immer wichtiger werdende Form des Schiedsspruchs vor, den sog. Schiedsspruch mit vereinbartem Inhalt. Vergleichen sich die Parteien im Rahmen oder außerhalb des Schiedsverfahrens[528], so können sie beantragen, daß dieser Vergleich durch die Schiedsrichter in einem Schiedsspruch festgehalten wird. Ein solcher Schiedsspruch mit vereinbartem Inhalt soll dann dieselbe „Qualität und Wirkung“ wie ein „normaler“ Schiedsspruch entfalten, so daß die Parteien auf diese Weise von dessen leichter Durchsetzbarkeit profitieren können. Er ist aber insofern von einer durch die Schiedsrichter getroffenen Entscheidung abzugrenzen, als die Aufhebung eines solchen Schiedsspruchs nur wegen eines Verstoßes gegen die öffentliche Ordnung erfolgen kann.

Das deutsche Recht regelt den Schiedsspruch mit vereinbartem Inhalt in § 1053 ZPO unter dem Titel „Vergleich[529]“. Dabei wird ausdrücklich festgestellt, daß der Inhalt eines Schiedsvergleichs nicht gegen die öffentliche Ordnung verstoßen darf. Zusätzlich erleichtert das deutsche Recht den Parteien die Vollstreckbarkeit des Schiedsvergleichs, indem es vorsieht, daß dieser auch von einem Notar für vollstreckbar erklärt werden kann.

---

525 Die Arbeitsgruppe der ICC Commission on Arbitration hat hierfür Regeln ausgearbeitet, die vorsehen, daß der Vorsitzende des Schiedsgerichts Fristen für die Ausarbeitung des Entwurfs des Schiedsspruchs, bzw. die *dissenting opinion* vorgeben soll.

526 Redfern/Hunter, S. 398.

527 Lionnet, S. 187; die Fälle, in denen einer *dissenting opinion* Versöhnungscharakter bzw. eine Konsolidierungsfunktion zukommt, und somit ein Interesse der unterlegenen Partei an der Bekanntgabe der abweichenden Schiedsrichtermeinung besteht, sind dagegen sehr vereinzelt.

528 Ein solcher Vergleich kann auch im Rahmen eines Conciliation-Verfahrens stattfinden, vgl. Sanders, Liber amicorum, S. 251 (254 ff.).

529 Ebenso wie das ModG.

Obwohl der Schiedsvergleich immer mehr an Popularität gewinnt[530], ist er noch nicht in vielen Gesetzen[531], wohl aber in den meisten Schiedsordnungen[532] erwähnt. Da ein solcher Schiedsspruch aber keine eigentliche schiedsrichterliche Streitentscheidung darstellt, sondern nur eine von den Parteien getroffene Vereinbarung wiedergibt, ist unklar, inwieweit er auch in jenen Rechtsordnungen wie ein normaler Schiedsspruch anerkannt und durchgesetzt wird, die in dieser Hinsicht keine gesetzliche Regelung enthalten. Soweit ersichtlich ist dazu bis heute noch keine Entscheidung ergangen[533]. Grundsätzlich bedarf es für einen Schiedsvergleich des Antrags der Parteien. Probleme können deshalb auftreten, wenn das Schiedsgericht von sich aus einen Vergleich vorschlägt, da es sich dadurch dem Vorwurf der Parteilichkeit ausgesetzt sehen kann.

5. Korrektur des Schiedsspruchs

Gem. Art. 33 Abs.1 a), Abs.2 ModG kann das Schiedsgericht formelle Fehler aus eigener Initiative oder auf Antrag der Parteien berichtigen. Bestehen Unklarheiten hinsichtlich der Auslegung des Schiedsspruchs oder wurden bestimmte, im Verfahren behandelte Ansprüche im Schiedsspruch nicht erwähnt, so können die Parteien die Auslegung[534] bzw. Ergänzung des Schiedsspruchs beantragen[535]. Für die Anträge auf Berichtigung, Auslegung und Ergänzung sowie für die Entscheidung über die Berichtigung und Auslegung des Schiedsspruchs gilt eine 30-Tage-Frist, die jeweils mit Empfang des Schiedsspruchs bzw. des Parteiantrags beginnt. Für den Erlaß eines ergänzenden Schiedsspruchs ist eine 60-Tage-Frist vorgesehen. Letzterer stellt einen selbständigen Schiedsspruch dar und ist gesondert, nämlich als Teilschiedsspruch, zu vollstrecken.

§ 1058 ZPO entspricht inhaltlich dieser Regelung des ModG. Es wurden leichte Veränderungen an Aufbau und Formulierung vorgenommen. Die in den

530 So teilte etwa der Iran-US Claims Tribunal in Den Haag, der auf der Grundlage der UNCITRAL-SchO verhandelt hat, in der der Schiedsspruch mit vereinbartem Inhalt geregelt ist, mit, daß 251 von 579 Schiedssprüchen solche mit vereinbartem Inhalt waren, vgl. Sanders, Liber Amicorum, S. 251 (257, Fn. 6).

531 Während das Schweizer Konkordat von 1969 eine entsprechende Regelung in Art. 34 enthält, schweigt das *schweiz. IPRG*; eine ausführliche Regelung enthalten dagegen Art. 1069 *NZPO*, s. 51 *Arbitration Act 1996.*

532 Art. 17 ICC-SchO; Art. 34 UNCITRAL-SchO; Art. 26.8 LCIA-SchO; § 19 Abs.2 DIS-SchO; Art. 29 Abs.1 AAA-SchO.

533 Sanders, Nr. 27.

534 Art. 33 Abs.1 b) ModG; hierfür bedarf es einer ausdrücklichen vorherigen Vereinbarung der Parteien.

535 Art. 33 Abs.3 ModG.

Modellgesetzjurisdiktionen grundsätzlich anerkannte Möglichkeit der Berichtigung und Ergänzung von Schiedssprüchen[536] bestand auch im deutschen Recht schon vor der Reform, wurde aber nach den für Urteile geltenden Vorschriften durchgeführt[537]. Dagegen wurde die Möglichkeit, eine klärende Auslegung des Schiedsspruchs zu beantragen, neu eingeführt[538].

Während die deutsche Reformkommission sich von dieser formlosen Klärung die Vermeidung eventueller Aufhebungsverfahren verspricht, befürchtete der schottische Gesetzgeber, daß dadurch eher neue Streitigkeiten entstehen könnten und außerdem die Endgültigkeit des Schiedsspruchs in Frage gestellt würde[539]. Dazu muß aber angemerkt werden, daß es nach nationalem schottischen Schiedsverfahrensrecht allein Sache des ordentlichen Gerichts ist, Fehler oder Unklarheiten des Schiedsspruchs zu beseitigen, da der Schiedsrichter mit Erlaß des Schiedsspruchs seine Funktion verliert. Ein unvollständiger oder mißverständlicher Schiedsspruch beinhaltet deshalb immer die Gefahr der Notwendigkeit eines gerichtlichen Verfahrens, ohne daß kleinere Mängel auf unkomplizierte Weise durch das Schiedsgericht gelöst werden könnten[540]. Um diese Nachteile in internationalen Schiedsverfahren zu vermeiden, hat die schottische Reformkommission deshalb die Übernahme des Art. 33 ModG beschlossen.

VIII. Rechtsbehelf gegen den Schiedsspruch

1. Umfang der Kontrolle

Einer der unschätzbaren Vorteile des Schiedsverfahrens besteht darin, daß es grundsätzlich keinen Instanzenzug innerhalb der Schiedsgerichtsbarkeit gibt[541].

536 Vgl. nur Art. 43 *LICA*; s. 43 *ungarisches SchG*; s. 33 Abs.1, 4 *ind. AA*; Art. 1450 *mex. CC*; obligatorisch gem. Art. 49 *ägypt. SchG*; vgl. außerhalb der Modellgesetzjurisdiktionen Art. 826 *ital. ZPO*; s. 57 *Arbitration Act 1996*; Art. 1060 *NZPO*; Art. 29 ICC-SchO – die ICC-SchO sieht keine Ergänzungsmöglichkeit des Schiedsspruchs vor, vgl. aber Art. 27 Satz 3 ICC-SchO.

537 Vgl. §§ 319 Abs.1, 321 Abs.1 ZPO.

538 Vgl. auch Art. 43 *LICA*, wonach auch ohne ausdrückliche Vereinbarung der Parteien die Auslegung beantragt werden kann; s. 43 *ungarisches SchG*; s. 33 (b) *ind. AA*; Art. 34 Abs.1 (b) *Kenia AA*.

539 Vgl. BT-Drucks. 13/5274, S. 58; vgl. für Schottland Commission Rep. A/40/17 (21.8.1985) unter 266.

540 Dervaird, ICCA-Handbook III, 23.

541 Eine Ausnahme bildet das ICSID-Verfahren. Schiedssprüche, die im Rahmen eines ICSID-Verfahrens ergangen sind, stehen rechtskräftigen Urteilen gleich und können nicht durch die innerstaatliche Gerichtsbarkeit kontrolliert werden. Ihre Aufhebung kann aber beim ICSID-Generalsekretär beantragt werden (Art. 52 Abs.3 ICSID), was zu einer inhaltlichen Kontrolle führen kann. vgl. Schlechtriem, IPRax 1986, 69

Vielmehr verpflichten sich die Parteien, den Schiedsspruch als final anzuerkennen, wodurch eine Beschleunigung des Verfahrens erreicht wird. Das ist dadurch gerechtfertigt, daß die Parteien ihre Schiedsrichter selber bestimmen können, so daß von ihnen verlangt werden kann, deren Entscheidung zu akzeptieren. Eine gewisse Kontrolle ist aber auch im Rahmen der Schiedsgerichtsbarkeit notwendig und wünschenswert, um eventuelle schwerwiegende Verfahrensverstöße auszumerzen und einen Mißbrauch der Befugnisse durch das Schiedsgericht zu unterbinden. Diese post-arbitrale Kontrolle hat durch die Verbreitung des UN-Übereinkommens von 1958 eine enorme Vereinheitlichung erfahren. Die meisten Staaten erlauben eine gerichtliche Kontrolle des Schiedsspruchs nur in Fällen fehlender Schiedsfähigkeit, wenn der Schiedsspruch gegen die öffentliche Ordnung verstößt, oder wenn das Schiedsgericht seine Entscheidungsbefugnis überschritten hat. Auch ist in allen Gesetzgebungen grundsätzlich anerkannt, daß eine Kontrolle des Schiedsspruchs nur im Hinblick auf formelle Fehler erfolgen darf, während die Kontrolle der Anwendung und Auslegung materiellen Rechts durch das Schiedsgericht nicht zulässig ist[542].

a. Das Modellgesetz

Um sich den durch das UN-Übereinkommen im Rahmen der Anerkennung und Vollstreckung von Schiedssprüchen bereits erreichten Vereinheitlichungserfolg zunutze zu machen[543], wurden diese Gründe auch als Voraussetzung für die Aufhebung eines Schiedsspruchs in das ModG übernommen. Mit der Übernahme dieser international anerkannten Gründe wollte man gleichzeitig vermeiden, daß Schiedssprüche auf der Grundlage regionaler Besonderheiten aufgehoben werden würden. Die mehrmaligen Vorschläge zur Erweiterung der Aufhebungsgründe wurden deshalb abgelehnt[544]. Einen schnellen Verfahrensablauf soll sowohl die Festlegung der Eingangszuständigkeit bei dem in Art. 6 ModG bezeichneten

542 Verbot der sog. „*revision au fond*“

543 Vgl. Art. 34 Abs.2 ModG; abgesehen von der umstrittenen Vorschrift des Art. V Abs.1 e) UNÜ, die nicht übernommen wurde, wurden nur leichte Änderungen bei Formulierungen vorgenommen. Beachte aber Art. 34 Abs.2 a)i) und iv) ModG, die auch inhaltlich geringfügige Änderungen vorsehen, die vom deutschen Recht nicht übernommen wurden.

544 3rd WG Rep., A/CN.9/233 (28.3.1983) unter 187.: [...] That solution would facilitate international commercial arbitration by enhancing predictability and expeditiousness and would go a long way towards establishing a harmonized system of limited recourse against awards and their enforcement. It was stated in support that these reasons set forth in article V of the New York Convention provided sufficient safeguards, and that some of the grounds suggested as additions to the list were likely to fall under the public policy reason“. Vgl. auch Holtzmann/Neuhaus, S. 912.

Gericht als auch die Bestimmung einer Dreimonatsfrist für die Einlegung des Antrags auf Aufhebung des Schiedsspruchs garantieren[545]. Außerdem hat man sich auf einen einzigen Rechtsbehelf gegen den Schiedsspruch, nämlich die Aufhebungsklage gem. Art. 34 ModG, beschränkt[546]. Durch diese Beschränkung, die auch in der Überschrift des Art. 34 ModG nochmals hervorgehoben wurde, soll eine eindeutige und klare Regelung aufgestellt werden, die sich von der verwirrenden Vielfalt der nationalen Angriffsmöglichkeiten abhebt[547].

b. Das deutsche Recht

§ 1059 Abs.1, 2 ZPO entsprechen grundsätzlich den in Art. 34 Abs.1, 2 ModG getroffenen Regelungen. Auch das deutsche Recht sieht den Antrag auf Aufhebung des Schiedsspruchs als einzigen Rechtsbehelf vor und hat hierfür die in Art. V UNÜ aufgestellten Gründe als ausschließliche Aufhebungsgründe übernommen. Die nach dem bisher geltenden Schiedsverfahrensrecht vorgesehen Aufhebungsgründe wurden im Zuge der Rechtsvereinheitlichung gestrichen, da sie nach Ansicht der Reformkommission von der *ordre public*-Klausel des § 1059 Abs.2 Nr.2b) ZPO erfaßt werden[548]. Auch die Regelung, nach der die Aufhebungsklage unbefristet erhoben werden konnte, wurde durch die Übernahme der Dreimonatsfrist in das deutsche Recht obsolet[549]. Die Parteien können diese Frist zwar abändern, damit begeben sie sich aber des Vorteils einer schnellen endgültigen Klärung des Rechtsstreits. Weiterhin wurde zur Effektivität der Kontrolle dadurch beigetragen, daß die Eingangszuständigkeit für den Antrag auf Aufhebung beim OLG festgelegt wurde[550]. Gegen diese Entscheidung gibt es nur die Rechtsbeschwerde zum BGH, vgl. § 1065 ZPO.

545 Vgl. Art. 34 Abs.2 und Abs.3 ModG.

546 Nach französischem Recht ist die Aufhebung des Schiedsspruchs allein Sache des Forums, in dem der Schiedsspruch erlassen wurde. Deshalb kann gem. Art. 1502, 1504 Abs.1 *NCPC* nur die Entscheidung über die Anerkennung und Vollstreckung des internationalen Schiedsspruchs mit einem Rechtsmittel angegriffen werden.

547 7th Secr. Note, A/CN.9/264, unter 1.; allerdings kann dem Schiedsspruch auch i.R.d. Anerkennungs- und Vollstreckungsverfahrens (Art. 35, 36 ModG) die Wirkung versagt werden.

548 Hierbei handelt es sich insbesondere um die Erwähnung der Beachtung der Grundrechte sowie die Aufzählung der Restitutionsgründe, vgl. § 1041 Abs.1 Nr. 3, 4, 6 ZPO a.F.; vgl. auch BT-Drucks. 13/5274, S. 59.

549 § 1059 Abs.3 Satz 1 ZPO; eine Dreimonatsfrist gilt auch gem. Art. 1064 Abs.3 *NZPO;* Art. 1703 Abs.2 Satz 2 *CJ belge;* eine 30-Tage-Frist gilt dagegen gem. Art. 191 Abs.1 Satz 2 *schweiz. IPRG* i.V.m. Art. 89 Abs.1 des Bundesgesetzes über die Organisation der Bundesrechtspflege.

550 Vgl. § 1062 Abs.1 Nr. 4 ZPO.

c. Andere Gesetzgebungen

Zwar finden sich die in Art. V UNÜ aufgestellten Gründe für die gerichtliche Kontrolle von Schiedssprüchen ebenso wie das Verbot einer sog. „*révision au fond*" in den meisten Gesetzgebungen wieder, so daß ein grundsätzlicher Konsens hinsichtlich des Umfangs der Kontrolle besteht. Allerdings wurden die Aufhebungsgründe nur in den Modellgesetzjurisdiktionen als ausschließliche Aufhebungsgründe festgelegt[551]. Dagegen wollten sich einige Länder die Möglichkeit vorbehalten, über die post-arbitrale Kontrolle des Schiedsspruchs Einfluß auf das Verfahren zu nehmen, so daß der Umfang der Kontrolle häufig von dem jeweiligen Rechtssystem und dessen Einstellung zur Schiedsgerichtsbarkeit beeinflußt wird. Gerade die Unterschiede der verschiedenen Rechtssysteme des *common law* und des zivilrechtlichen Systems werden hier deutlich.

(1) Erweiterte Kontrolle

So war es in den Ländern des *common law* lange Zeit an der Tagesordnung, daß ein Schiedsspruch auch wegen falscher materieller Rechtsanwendung kontrolliert und aufgehoben werden konnte[552].

Zwar wurde in England die *case stated procedure* mittlerweile abgeschafft[553]. Auch unter dem *Arbitration Act 1996* existiert aber eine verwirrende Liste von Aufhebungsgründen[554], in der unter anderem auch die Möglichkeit zum „*appeal on a point of law* [555]„ vorgesehen ist. Danach kann die Klärung einer Rechtsfrage, die aus dem Schiedsspruch entsteht, beim Gericht beantragt werden. Allerdings ist gemäß der Definition in s. 82 *Arbitration Act 1996,* unter „Rechtsfrage" nur eine Frage des englischen bzw. nordirischen Rechts zu verstehen. Dagegen stellt ausländisches Recht eine Tatsachenfeststellung dar, und ist somit nicht kontrollierbar. Bei Anwendung ausländischen Rechts, findet also keine „*révision au fond*" des Schiedsspruchs statt[556]. Obwohl die umfassende Interventionsmöglichkeit englischer Gerichte einer der Hauptgründe für die Reform war,

---

551 Vgl. beispielhaft § 1059 ZPO; s. 54 *ungarisches SchG*; Art. 34 Abs. 1 *ind. AA*; Art. 47 *LICA*; Art. 34 *Ont. AA*.

552 Dieser Aufhebungsgrund gilt auch nach der Reform gem. Art. 53 Abs.1 d) *ägypt. SchG*: „An award may be annulled [...], if the arbitral award failed to apply the law agreed upon by the parties to govern the subject matter of the dispute".

553 Danach war es dem staatlichen Gericht erlaubt, einen Fall, den es für rechtlich bedeutsam hielt, zur Entscheidung an sich zu ziehen. Diese Möglichkeit wurde mit dem *English Arbitration Act* von 1979 abgeschafft.

554 Vgl. s. 67 ff. *Arbitration Act 1996.*

555 S. 69 *Arbitration Act 1996.*

556 Weigand, RIW 1997, 904 (910); Triebel/Plaßmeier, BB 1997, Beil. 13, S. 2 (13).

konnte sich der englische Gesetzgeber nicht dazu durchringen, eine Liste ausschließlicher Aufhebungsgründe aufzustellen. Der Einfluß des ModG hat sich hier also nicht durchgesetzt.

In den USA ist der Aufhebungsgrund des *manifest disregard of the law* intensiv und kontrovers diskutiert worden[557]. Hierbei handelt es sich um ein, selbst im Rahmen des amerikanischen Rechts, nicht klar definiertes Kriterium, demzufolge das staatliche Gericht einen Schiedsspruch aufheben kann, der auf einer offensichtlich falschen Rechtsanwendung des Schiedsrichters beruht[558]. Dafür ist allerdings erforderlich, daß der Schiedsrichter trotz Kenntnis der Rechtsvorschrift bzw. ihrer Auslegung, diese willentlich nicht oder falsch angewandt hat[559]. Dementsprechend selten wurde ein Schiedsspruch auf der Grundlage dieses Kriteriums aufgehoben[560].

Aktueller ist dagegen die Entwicklung, den Parteien das Recht zuzugestehen, den gesetzlich festgelegten Kontrollumfang durch eine entsprechende Parteivereinbarung zu erweitern. In einigen Fällen wurden Schiedsvereinbarungen für zulässig erachtet, in denen die Parteien in ihrer Schiedsvereinbarung festgelegt hatten, daß das Gericht den Schiedsspruch auch auf Rechtsanwendungs- oder -auslegungsfehler durch den Schiedsrichter überprüfen solle[561]. Dem staatlichen Gericht wurde also im Wege der parteiautonomen Regelung des Verfahrens eine Berufungsfunktion zugewiesen. Es fragt sich aber, ob die Parteien über die ge-

557 Dieses Kriterium wurde erstmalig in der Entscheidung *Wilko* v. *Swan*, 346 U.S. 427 (436 f.) (1953) verwendet; vgl. statt aller *Todd Shipyards Corp.* v. *Cunard Line*, Ltd., 943 F.2d 1056 (1060) (9th Cir. 1991): „A federal court may vacate or modify an arbitration award only if that award is „completely irrational", exhibits a „manifest disregard of the law", or otherwise falls within one of the grounds set forth in 9 U.S.C. §§ 10 or 11.; De la Houssaye, Colum. J. Transnat'l L. 1982-83 (28), 449.

558 Vgl. hierzu Smit, Am. Rev. Int. Arb. 1997, 147 (148), der die ausdrückliche Zurückweisung dieses – jeder gesetzlichen Grundlage entbehrenden – Kriteriums durch die amerikanische Rechtsprechung als absolut überfällig bezeichnet.

559 Vgl. nur *Merrill Lynch, Pierce, Fenner & Smith, Inc.*, 808 F.2d 930, 933 (2d Cir. 1986); *DiRussa* v. *Dean Witter Reynolds Inc.*, 121 F.3d 818, 821 (2d Cir. 1997), cert. denied, 139 L .Ed. 2d 639 (1998); vgl. auch Smit, Am. Rev. Int. Arb. 1997, 147, der darauf hinweist, daß es zur Erfüllung dieses Kriteriums eines „ungewöhnlich unfähigen" Schiedsrichters bedürfe.

560 Nach Kenntnis der Verfasserin wurde dieses Kriterium nur in einem arbeitsrechtlichen Schiedsverfahren angewandt, *Mangan* v. *Owens Truckman*, 715 F.Supp. 436; vgl. aber Smit, Am. Rev. Int. Arb. 1997, 147, der außerdem *Montes* v. *Shearson Lehman Brothers*, 128 F.3d 1456 (11th Cir. 1992) zitiert.

561 *LaPine Technology Corp.* v. *Kyocera Corp.*, 130 F.3d. 884 (9th Cir. 1997) [im folgenden *LaPine*]; *Gateway Technologies, Inc.* v. *MCI Telecommunications Corp.*, 64 F.3d 993 (5th Cir. 1995) [im folgenden *Gateway*]; *Fils et Cables d'Acier de Lens* v. *Midland Metals Corp.* 584 F. Supp. 240 (S.D.N.Y. 1984) [im folgenden *FICAL*].

setzlich festgelegte Rolle der Gerichte überhaupt disponieren können. Dies wird kontrovers beurteilt.

Einer Ansicht zufolge, kann eine derartige Erweiterung der post-arbitralen Kontrolle keineswegs mit der Beachtung der Parteiautonomie begründet werden[562]. Bei der Gerichtsbarkeit handele es sich um öffentliche Ressourcen, und es sei Sache des Staates, über Zweck und Ausmaß des Einsatzes der Gerichtsbarkeit zu entscheiden. Die Parteien könnten hierauf keinen Einfluß nehmen. Auch in einem Zivilverfahren habe noch nie ein Gericht entschieden, daß die Parteien den Umfang der Kontrolle im Rahmen des Berufungsverfahrens hätten modifizieren können[563]. Vielmehr rechtfertige es der Einfluß der Parteien auf das Verfahren, daß diese sich mit dessen Ergebnis abfinden müßten, solange der Schiedsspruch keinen schwerwiegenden Verstoß gegen die öffentliche Ordnung oder verfahrensrechtliche Garantien darstelle. Einer zweiten Ansicht zufolge ist die Erweiterung der gerichtlichen Kontrolle durch die Parteien dagegen ohne weiteres zulässig[564]. Dies wird ausschließlich mit dem vertraglichen Charakter der Schiedsvereinbarung und mit dem schiedsfreundlichen Hintergrund des *FAA* begründet. Die dem Willen der Parteien entsprechende Durchsetzung der Schiedsvereinbarung sei als oberstes Ziel anzusehen. Hätten die Parteien ausdrücklich weitere Kontrollgründe vereinbart, so müßten diese respektiert werden. Dem stehe die gesetzliche Regelung nicht im Wege.

Wenn die Glaubwürdigkeit und Effektivität des Schiedsverfahrens erhalten bleiben sollen, so muß die gerichtliche Kontrolle von Schiedssprüchen aber weiterhin auf formelle Fehler begrenzt bleiben. Würde man zulassen, daß Gerichte Schiedssprüche einer „*revision au fond*“ unterziehen können, so würde man das Schiedsverfahren letztendlich zu einer Vorinstanz des gerichtlichen Verfahrens degradieren, da die Entscheidung des Schiedsgerichts durch die des staatlichen Richters ersetzt würde. Die Parteien wählen die einzelnen Schiedsrichter aber gerade für ihre Kompetenz auf einem bestimmten Gebiet aus, damit sie auf der Grundlage ihres Sonderwissens Lösungen aufstellen. Daß diese nicht immer der Rechtsauffassung der staatlichen Gerichte entsprechen werden, kann im Einzelfall durchaus sinnvoll sein. Angestrebt ist in erster Linie eine endgültige schiedsrichterliche Entscheidung[565]. Eine Mißachtung des Verbots der „*revision au*

562 Smit, Am. Rev. Int. Arb. 1997, 147 (149 f.); Posner, J., in *Chicago Typographical Union No. 16* v. *Chicago Sun-Times*, 935 F.2d 1501 (7th Cir. 1991), S. 1505 [im folgenden *Chicago Typographical*].

563 Smit, Am. Rev. Int. Arb. 1997, 146 (150); so auch der District Court in *LaPine*, 909 F. Supp. 697 (N.D. Cal. 1995), S. 702, unter Berufung auf *Chicago Typographical*, a.a.O., S. 1505.

564 *FICAL*, S. 243 f.; *Gateway*, S. 996; Cullinan, Vand. L. Rev. 51 (1998), 395 (423).

565 Dies wurde auch bei den Reformen erkannt und durch die Verringerung der Interventionsmöglichkeiten der staatlichen Gerichte umgesetzt.

fond" würde das Vertrauen der Parteien in die Endgültigkeit und Durchsetzbarkeit des Schiedsspruchs erschüttern und außerdem etliche Vorteile des Schiedsverfahrens – wie die Schnelligkeit und die Flexibilität der Rechtsanwendung durch das Schiedsgericht – aushebeln und so der Akzeptanz des Verfahrens schaden[566]. Die letztgenannte Auffassung ist deshalb abzulehnen.

(2) Ausschluß der Kontrolle

Gleichermaßen problematisch ist auch die den Parteien von einigen Ländern zugestandene Möglichkeit, die gerichtliche Kontrolle des Schiedsspruchs im Rahmen der Schiedsvereinbarung völlig auszuschließen. Abgesehen davon, daß sich der Ausschluß der Kontrolle kaum rechtfertigen läßt, wenn die Garantie einer zügig stattfindenden Kontrolle, auf der Grundlage eng umrissener Aufhebungsgründe, besteht[567], ist auch die Anerkennung und Vollstreckbarkeit solcher Schiedssprüche im Ausland keineswegs immer gesichert[568].

Einen viel kritisierten Schritt hat in diesem Zusammenhang der belgische Gesetzgeber getan, indem er die Aufhebung eines internationalen Schiedsspruchs, also eines solchen, an dem keine Partei belgischer Nationalität oder mit Sitz in Belgien beteiligt ist, gesetzlich ausgeschlossen hat[569]. Mit dieser automatischen Unzulässigkeit der Anfechtbarkeit hatte der belgische Gesetzgeber „alle Register gezogen, um Verzögerungstaktiken durch Verliererparteien" entgegenzuwirken[570]. Die absehbare Beschleunigung des Verfahrens sollte dazu beitragen, Belgien zu einer größeren Beliebtheit und Attraktivität auf dem internationalen Schiedsverfahrensmarkt zu verhelfen[571]. Außerdem sei der Ausschluß der Aufhebungsmöglichkeit bei internationalen Verfahren vonnöten, um die belgische staatliche Gerichtsbarkeit zu entlasten[572].

566 Vgl. auch *Remmey* v. *Painewebber, Inc.*, 32 F.3d 143 (146) (4th Cir. 1994); *Richmond Fredericksburg & Potomac R.R. Co.* v. *Transportation Communications Int'l Union*, 973 F.2d 276 (282 f.) (4th Cir. 1992).

567 Bühler, IPRax 1987, 253 (256).

568 Berger, Deutsches Schiedsrecht, S. 31.

569 Vgl. Art. 1717 Abs.4 *CJ belge* a.F.: « Les tribunaux belges ne peuvent connaître d'une demande en annulation que lorsqu'au moins une partie au différend tranché par la sentence arbitrale est soit une personne physique ayant la nationalité belge ou une résidence en Belgique, soit une personne morale constituée en Belgique ou y ayant une succursale ou un siège quelconque d'opération. ». Diese Regelung bestand vorher auch im Arbitration Act von 1979, wurde aber mit Erlaß des neuen Gesetzes in eine fakultative Ausschlußmöglichkeit geändert.

570 Van Houtte, Rev. arb. 1986, 29 (31).

571 Bühler, IPRax 1987, 253; Verbist, RDAI/IBLJ 1998/7, 842 (843).

572 Jarvin, I.B.L. 1988, 417 (419); Bühler, IPRax 1987, 253; gegen dieses Argument wendet sich kritisch van Houtte, Rev. arb. 1986, 29 (32), der nicht glaubt, daß die

Mittlerweile hat sich gezeigt, daß die Reform nicht zu dem erwünschten Erfolg geführt hat. Die durch den Internationalen Gerichtshof der Internationalen Handelskammer veröffentlichten Statistiken machen deutlich, daß auch seit der Reform nur sehr wenige internationale Verfahren in Belgien stattgefunden haben[573]. Sowohl diese Erkenntnisse, als auch die internationale Kritik an der Vorschrift des Art. 1717 Abs.4 CJ belge a.F.[574], haben dazu geführt, daß am 19. Mai 1998 ein neues belgisches Schiedsgesetz verabschiedet wurde[575], in dessen Rahmen Art. 1717 Abs.4 *CJ belge* fakultativ ausgestaltet wurde[576]. In einem Verfahren ohne belgische Beteiligung können die Parteien also jetzt durch Abrede die Anfechtungsmöglichkeit ausschließen. Der Ausschluß tritt nicht mehr automatisch ein. Dies entspricht der Lösung des schweizerischen, englischen, tunesischen und neuerdings auch des schwedischen Rechts[577].

Die Möglichkeit des parteiautonomen Ausschlusses der Kontrolle von Schiedssprüchen wird aber gleichermaßen kritisiert[578]. Jeglicher Ausschluß der Kontrolle könne der Glaubwürdigkeit der Schiedsgerichtsbarkeit schaden. Die schiedsrichterliche Integrität werde vielmehr durch mögliche Rechtsmittel am Schiedsort garantiert. Schiedsrichter und Parteien, die ein faires Verfahren führen würden, seien außerdem von einer solchen Kontrolle nicht betroffen. Auch böten die stark eingeschränkten Aufhebungsgründe für Verzögerungsmanöver bösgläubiger Parteien kaum noch Ansatzpunkte. Der Ausschluß der Kontrolle erwecke deshalb immer den Eindruck, daß sich zumindest eine Partei nicht fair verhalten wolle[579].

2. Ordre public

Eine Sonderstellung im Rahmen der Aufhebungsgründe nimmt der von Amts wegen zu kontrollierende Verstoß gegen die öffentliche Ordnung ein. Die Spezifität des internationalen Schiedsverfahrens hat zur Herausbildung eines

seit Jahren überlastete belgische Jurisdiktion durch diese eine Maßnahme ausreichend entlastet wird.

573 Vgl. Verbist, RDAI/IBLJ 1998/7, 842 (843).

574 Paulsson, AI 1986 (2/1), 68; Schlosser, S. 552.

575 Dieses wurde vom *Centre Belge de l'Arbitrage et de la Médiation* (CEPANI) erarbeitet und lehnt sich, ohne es jedoch zu übernehmen, stark an das ModG an.

576 Verbist, RDAI/IBLJ 1998/7, 842 (852).

577 Vgl. Art. 192 Abs.1 *schweiz. IPRG*; s. 69 Abs.1 *Arbitration Act 1996*; Art. 78 Abs.6 *tunes SchG;* § 51 *LSF* (sog. Ausnahmevereinbarung); vgl. auch Strempel/Hober, Fn. 14.

578 Berger, Wirtschaftsschiedsgerichtsbarkeit, S. 512 ff.

579 Storme/De Ly halten einen solchen Ausschluß zur Beschleunigung des Verfahrens dagegen für sinnvoll, S. 27.

ordre public international[580] geführt, dessen Grenzen der Andersartigkeit des internationalen Verfahrens angepaßt sind. Der *ordre public international* ist nach allgemeiner Ansicht nur verletzt, wenn der internationale Schiedsspruch bzw. dessen Anerkennung mit den wesentlichen Grundsätzen des staatlichen und wirtschaftlichen Lebens unvereinbar ist[581]. Obwohl man sagen kann, daß diese Definition weltweit anerkannt ist, handelt es sich dennoch um einen „dynamischen" Begriff, dessen Inhalt dem ständigen Wandel der Auffassungen in einer Gesellschaft unterliegt. Von seiten der Parteien wird deshalb oft versucht, im Rahmen des *ordre public international* zusätzliche Aufhebungsgründe geltend zu machen; die staatlichen Gerichte wiederum berufen sich auf eine Verletzung des *ordre public international,* um die Einführung bestimmter Institute oder Besonderheiten anderer Rechtsordnungen in die eigene zu verhindern.

Für das deutsche Recht bedeutet dies, daß Probleme entstehen können, wenn es darum geht, eine hinzunehmende Andersartigkeit ausländischer Rechtsordnungen[582] von einem *ordre public*-Verstoß[583] abzugrenzen. Dies gilt z.B. für die Anordnung von *punitive damages* oder Mehrfachschadensersatz im amerikanischen Recht, die über den reinen Kompensationszweck hinaus einer Bestrafung des Verurteilten dienen soll, eine Rechtsfolge also, die zivilrechtlichen Rechtsordnungen völlig fremd ist[584]. Auf diese Probleme wird im Rahmen der Rechtsprechungsanalyse näher eingegangen werden.

IX. Anerkennung und Vollstreckung des Schiedsspruchs

Die in Art. 36 ModG aufgeführten Gründe für die Versagung der Anerkennung und Vollstreckung des Schiedsspruchs, entsprechen den Aufhebungsgründen des Art. 34 ModG[585]. Die Modellgesetzjurisdiktionen haben von der Übernahme der Art. 35, 36 ModG jedoch größtenteils abgesehen, da die meisten von ihnen das UN-Übereinkommen ratifiziert haben und es deshalb für überflüssig hielten, diese Fragen erneut zu regeln. Man befürchtete, eine solche Umsetzung könnte

---

580 Barber, S. 113.

581 BGHZ 98, 70 (74); BGH, NJW 1988, 3090 (3092); NJW 1990, 3210; NJW 1992, 3069; BGE 102 I 526; *Parsons & Whittemore Overseas Co.* v. *RAKTA*, 508 F.2d 974 (2nd. Cir.); *National Oil* v. *Lybian Sun Oil Co.*, ILM 1990, 718 (738); *Société Bruynzeel Deurenfabriek N.V. v. Ministre D'Etat aux Affaires Etrangères de la République Malgache*, Rev. arb. 1977, 137; Lachmann, Rn. 576; van den Berg, NYC, S. 382.

582 Vgl. § 723 Abs.1 ZPO.

583 Vgl. § 328 Abs.1 Nr. 4 ZPO.

584 Vgl. hierzu unten BGH, Urt. v. 4.6. 1992 – IX ZR 149/91, NJW 1992, 3096.

585 Lediglich Art. 36 Abs.1 a) v) ModG ist in Art. 34 ModG nicht enthalten.

Probleme bei der Anerkennung und Vollstreckung von internationalen Schiedssprüchen in solchen Ländern hervorrufen, die das ModG nicht umgesetzt haben, sondern die Vollstreckung weiter auf der Grundlage des UN-Übereinkommens betreiben und den Gegenseitigkeitsvorbehalt eingeführt haben[586]. Die Umsetzung der Art. 35, 36 ModG würde das UN-Übereinkommen aushebeln, und damit die Voraussetzungen für den Gegenseitigkeitsvorbehalt beseitigen[587]. Der deutsche Gesetzgeber verweist deshalb in § 1061 ZPO für die Anerkennung und Vollstreckung ausländischer Schiedssprüche auf das UN-Übereinkommen. Das Anerkennungs- und Vollstreckungsverfahren inländischer Schiedssprüche folgt dagegen gem. § 1060 ZPO eigenen Regeln.

X. Nicht geregelte Problembereiche

1. Mehrparteienschiedsgerichtsbarkeit

a. Problemdarstellung

Die während der letzten fünfzehn Jahre zu beobachtende starke Verbreitung von Schiedsverfahren, denen eine Mehrparteienkonstellation zugrunde liegt, stellt sich als unmittelbare Folge der immer komplexer werdenden materiellrechtlichen Verträge im Rahmen des internationalen Wirtschaftsverkehrs dar[588].

Unabhängig davon, ob es sich um ein Mehrparteienverfahren im klassischen Sinne handelt, bei dem also von vornherein mehrere Personen auf der Kläger- und/oder Beklagtenseite auftreten, oder um ein solches, daß durch die Verbindung mehrerer (bereits anhängiger) Zweiparteienverfahren[589] oder durch die Intervention eines Dritten in ein Zweiparteienverfahren entstanden ist, besteht das Hauptproblem bei allen Konstellationen immer darin, wie sichergestellt werden kann, daß jeder Partei die gleiche Einflußnahme bei der Konstituierung des Schiedsgerichts zukommt (Gleichbehandlungsgrundsatz)[590]. Denn nur in den

586 *Fung Sang Trading Ltd.* v. *Kai Sun Sea Products & Food Co. Ltd*, [1992] 1 HKLR 40, CLOUT Case 20; Herrmann, ULR/RDU 1998, 483 (494).

587 So z.B. Kaplan, Asia Law 1995 (1), 23 (24), für die Beziehung zwischen Hong Kong und England.

588 Koussoulis, ZZP 107 (1994), 195 (196); Berger, Wirtschaftsschiedsgerichtsbarkeit, S. 207.

589 Besonders häufig findet sich diese Situation im Anlagenbau, bei Streitigkeiten zwischen Auftraggeber und Generalunternehmer oder im Rahmen von Konsortialverträgen, vgl. Berger, RIW 1993, 702 (704).

590 Schon auf dem Symposium des International Council for Commercial Arbitration (ICCA) vom 29. Juni – 2. Juli 1980 in Warschau, wurde dies als Grundvorausset-

seltensten Fällen ist die Schiedsvereinbarung auf eine solche Situation zugeschnitten. Vielmehr werden auch in Mehrparteienschiedsverfahren regelmäßig Standardschiedsklauseln vereinbart[591]. Bei dem Versuch einer Lösung dieser Problematik muß beachtet werden, daß das Recht auf die Berufung eines selbstgewählten Schiedsrichters als ein „Grundrecht der Partei" in der Schiedsgerichtsbarkeit angesehen wird[592], das nur in absoluten Ausnahmefällen beschränkt werden darf[593].

b. Gesetzliche Regelung

Für die Problematik der Mehrparteienschiedsgerichtsbarkeit finden sich keine gesetzlichen Regelungen[594]. Nur einige Schiedsordnungen haben einen Vorstoß auf diesem Gebiet gewagt[595]. Letztere sehen vor, daß eine neutrale Stelle[596] das gesamte Schiedsgericht an Stelle der Parteien ernennen kann, wenn beim Auftreten mehrerer Parteien diese sich nicht geschlossen als Schiedsklägerseite und Schiedsbeklagtenseite auf einen Schiedsrichter einigen (können)[597]. Um dem Gleichbehandlungsgrundsatz gerecht zu werden, muß das Schiedsgericht auch dann insgesamt von einer neutralen Stelle bestimmt werden, wenn nur auf einer Seite mehrere Parteien stehen[598]. Andernfalls hätte die einzelne Partei einen ungleich höheren Einfluß auf die Bestellung des Schiedsgerichts[599].

Im Hinblick auf das neue deutsche Recht wird von einigen Autoren die Ansicht vertreten[600], daß § 1034 Abs.2 ZPO, dessen *ratio* es ist, erfolgte Ungleichbehandlungen bei der Bestellung der Schiedsrichter im Zweiparteienverfahren zu korrigieren, auch für die Problematik i.R.d. Mehrparteienschiedsverfahrens herangezogen werden könne. Besteht also ein Ungleichgewicht, weil auf einer

---

zung der Mehrparteienschiedsgerichtsbarkeit angesehen, vgl. Bellet, Rev. arb. 1981, 50 ff.

591 Vgl. Berger, Wirtschaftsschiedsgerichtsbarkeit, S. 208 f.

592 BGH, ZIP 1996, 830 (834); Schwab, BB 1992, Beil. 15, S. 17 (18); Schwab/Walter, S. 90; Lachmann, Rn. 655.

593 Schwab, FS Habscheid, S. 291; Schwab/Walter, S. 80; Koussoulis, ZZP 107 (1994), 195 (206).

594 Derains/Schwartz, S. 62; darauf weist auch Schlabrendorff hin, DIS-MAT IV (1998), S. 27 (39).

595 Art. 10 ICC-SchO; Art. 8 LCIA-SchO; Art. 6 Abs.5 AAA-SchO.

596 I.d.R. ist dies der Schiedsgerichtshof oder ein sog. *administrator*.

597 Art. 10 ICC-SchO findet allerdings nur bei einem Dreier-Schiedsgericht Anwendung, vgl. Derains/Schwartz, S. 170.

598 Diese Regelungen werden den in der *Dutco*-Entscheidung vom französischen Kassationshof festgelegten Anforderungen gerecht, vgl. hierzu unten 3. Kap., X.1.

599 Schwab/Walter, s. 92; Berger, RIW 1993, 702 (706 f.); Schlosser, Rn. 563 ff.

600 Siehe Berger, DZWir 1998, 50, Fn. 43 m. w. N.; Schlosser, RIW 1994, 723 (726).

Seite des Verfahrens mehrere Parteien stehen, so soll das staatliche Gericht auf dieser Grundlage insgesamt ein neues Schiedsgericht bestimmen[601]. Problematisch ist aber, daß bei einem Rückgriff auf § 1034 ZPO nicht der Wille der Parteien, sondern das Gesetz die Grundlage für das Bestellungsverfahren darstellen würde. Im Rahmen der Schiedsordnungen beruht die Bestellung der Schiedsrichter durch das Gericht dagegen auf einer vertraglichen Vereinbarung, nämlich der Inbezugnahme der Schiedsordnung durch die Parteien[602]. Dies könnte zur Folge haben, daß ein nach deutschem Recht bestelltes Schiedsgericht als Abweichung von der Parteivereinbarung angesehen würde, und so einen Anerkennungsversagungsgrund i.S.d. Art. V UNÜ darstellen könnte. Da eine solche Schiedsrichterbestellung aber im Sinne des *in favorem validitatis*-Grundsatzes erfolgen würde, bleibt die Interpretation der Gerichte abzuwarten.

2. Verbindung von Verfahren (Consolidation)

Da es durch die Verbindung mehrerer Verfahren grundsätzlich zu einer Mehrparteienkonstellation kommt, treten im Rahmen der Verfahrensverbindung ähnliche Probleme auf wie bei der Mehrparteienschiedsgerichtsbarkeit. Um die Rechte der Parteien zu wahren, ist eine Verfahrensverbindung deshalb nach h.M. nur zulässig, wenn die Parteien ihr ausdrücklich zugestimmt haben[603].

Gesetzlich geregelt wurde die Verfahrensverbindung zuerst in den Niederlanden. Gem. Art. 1046 *NZPO* ist eine Verfahrensverbindung durch das Gericht auf Antrag einer Partei möglich, wenn ein rechtlicher Zusammenhang zwischen den Streitgegenständen besteht und die Verfahren bereits anhängig sind. Die Verfahrensverbindung wird als unzulässig angesehen, wenn sie von zwei der beteiligten Parteien ausgeschlossen wurde. Allerdings wird das Schweigen der Parteien als Zustimmung gewertet[604]. Bei kritischer Betrachtung ist diese Regelung nicht unproblematisch, da den Parteien regelmäßig weder die Konsolidierungsregelung, noch die Ausschlußmöglichkeit bekannt sein wird[605]. Die Anordnung zur Verbindung zweier Verfahren kann auf diese Weise sehr schnell zu einer anderen Zusammensetzung des Schiedsgerichts führen, als in der Schiedsvereinbarung

601 Berger, Deutsches Schiedsrecht, S. 27.

602 Vgl. Fn. 595.

603 Dies ist h.M., BGH MDR 1965, 124; *Dutco*, Rev. arb. 1989, 723 (724); *Abu Dhabi Gas Liquefaction Co.* v. *Eatern Bechtel Co. et al*, Court of Appeal, 23.6.1982; ILM 1982, 1057; Derains/Schartz, S. 65; Tschanz, RDAI/IBLJ 1988/4, 443; M. Oppetit, Rev. arb. 1988, 514; Schlosser, Rn. 561.

604 Berger, Wirtschaftsschiedsgerichtsbarkeit, S. 20 f.

605 Dies gibt Berger zu bedenken, Wirtschaftsschiedsgerichtsbarkeit, S. 211.

vorgesehen und damit die Unwirksamkeit des Verfahrens nach sich ziehen. Allerdings ist die Gefahr des Mißbrauchs dieser Vorschrift relativ gering, da eine solche Verfahrensverbindung nur durch den Präsidenten des Landgerichts von Amsterdam vorgenommen werden kann.

In Deutschland wurde die Möglichkeit einer Verfahrensverbindung im neuen Recht nicht geregelt. Bisher wurde eine Verfahrensverbindung nur aufgrund ausdrücklicher Ermächtigung zugelassen[606]. Wenn in nur einem Vertrag der zu verbindenden Verfahren keine Schiedsvereinbarung vorlag, dann zog das staatliche Gericht alle Verfahren an sich und setzte damit die Schiedsvereinbarungen außer Kraft[607]. In England und den meisten kanadischen Provinzen ist eine Verfahrensverbindung nur möglich, wenn die Parteien die Schiedsrichter hierzu ermächtigt haben[608]. Hong Kong hat bei der Übernahme des ModG die für nationale Schiedsverfahren geltende Vorschrift der s. 6B *HK Arbitration Ordinance*[609] nicht in das internationale Verfahrensrecht übernommen, sondern auf eine Regelung der Verfahrensverbindung für internationale Schiedsverfahren verzichtet.

3. Rules of ethics

Zwar existieren in den meisten Rechtsordnungen Regeln dafür, wann ein Schiedsrichter als befangen, parteilich oder abhängig zu beurteilen ist. Oftmals wird hierfür aber auf die für den Richter geltenden Beurteilungsmaßstäbe zurückgegriffen. Es ist jedoch bei dieser Parallele Vorsicht geboten. Denn im Gegensatz zum staatlichen Richter werden die Schiedsrichter von den Parteien ernannt, so daß sich eine gewisse Parteilichkeit schon von vornherein nicht vermeiden läßt[610]. *Schlosser* spricht in diesem Zusammenhang sogar von der „Lebenslüge der Schiedsgerichtsbarkeit", mit der ein Ende gemacht werden müsse[611].

Hinsichtlich der Schwierigkeit, im Einzelfall die Grenze zwischen der „akzeptablen" Parteilichkeit der Schiedsrichter einerseits und dem Mißbrauch des Schiedsrichteramtes andererseits zu bestimmen, wurde im Rahmen der Re-

606 Laschet, IPRax 1985, 49 (50).

607 Vgl. nur BGH MDR 1965, 124.

608 Vgl. s. 35 *Arbitration Act 1996;* s. 8 *Alberta AA*; s. 8 *Manitoba AA*; s. 8 *N.B. AA*; s. 9 *N.S. AA*; s. 7 *Ont. AA*; s. 8 *P.E.I. AA*; s.7 *S.S. AA*; s. 6 *Yukon AA*; s. 8 *N.W.T. AA*; s. 27 Abs.2, 3 *B.C. AA*; Québec sieht keine Regelung vor.

609 Danach ist die Verbindung von Verfahren aus prozeßökonomischen Gründen oder aufgrund einer zwischen den Verfahren bestehenden Verbindung auch gegen den Willen der Parteien möglich, vgl. auch Kaplan, Am. Rev. Int. Arb. 1990, 25 (27).

610 Redfern/Hunter, S. 177.

611 Schlosser, ZIP 1987, 492 (493) mit kritischem Anmerkung zur schweizerischen Rechtsprechung, die diese Lebenslüge besonders standhaft aufrecht erhalte, BGE 92 I 271: 105 Ia 247.

formüberlegungen zum Schiedsgesetz in Deutschland vorgeschlagen, die Schiedsrichter sollten anhand eines eigenen *„code of ethics“* Mindeststandards festlegen, anhand derer Ablehnungsanträge beurteilt werden könnten[612]. Solche berufsethischen Grundsätze bestehen im Rahmen der internationalen Schiedsgerichtsbarkeit etwa durch die 1987 von der *International Bar Association* (IBA) entworfenen *„Rules of ethics for International Arbitrators*[613]“, in denen international akzeptierte Grundsätze aufgestellt werden, die von praktizierenden Rechtsanwälten erarbeitet wurden. Diese Grundsätze haben zwar nur unmittelbare Geltung, wenn die Parteien in ihrer Schiedsvereinbarung darauf verweisen und sie so zum Bestandteil des Vertrages machen[614]. Sie können aber jederzeit zur Auslegung des Vertrages herangezogen werden, da es sich um allgemeine, international anerkannte Grundsätze der einem Schiedsrichter obliegenden prozessualen Rechte und Pflichten handelt[615]. Die IBA betont ausdrücklich, daß diese Regeln nicht dazu dienen sollen, Aufhebungsgründe für unzufriedene Parteien zu schaffen, sondern daß internationalen Schiedsrichtern, außer bei extremer Mißachtung ihrer Verpflichtungen, grundsätzlich Immunität zu gewähren sei[616].

Die *American Arbitration Association* (AAA) hat in Zusammenarbeit mit der *American Bar Association* bereits 1977 einen *„Code of Ethics“* vorgelegt[617]. Wie ausdrücklich betont wird, gilt dieser nicht nur für Schiedsverfahren, die unter der Aufsicht der AAA stattfinden, sondern ist zur Verwendung durch alle interessierten Anwender bestimmt. Die aktuellsten Regelungen finden sich in den *„Guidelines of Good Practice“* des *London Chartered Institute of Arbitrators* von 1990 sowie in der *„Notice to Arbitrators of the CIETAC“* von 1993[618].

4. Haftungsgrundsätze

Die Frage der Haftung bzw. Immunität des Schiedsrichters wurde im ModG bewußt nicht geregelt, da diese Problematik in den verschiedenen Rechtsordnungen

612 Vgl. Weber beim Symposium des DIS 1986 in Bonn zitiert durch Nolting, IPRax 1987, 387 (388).

613 Abgedruckt in Schwab/Walter, Anhang D., S. 673.

614 Die IBA schlägt folgende Formulierung vor: „The parties agree that the Rules of Ethics for International Arbitrators established by the International Bar Association, in force at the date of the commencement of any arbitration under this clause, shall be applicable to the arbitrators appointed in respect of such arbitration.“

615 Gottwald, S. 52; Berger, Kodifizierung, S. 69 spricht von einer „ Quelle positiver Inspirationen“.

616 Siehe bei Schwab/Walter, Anhang D, S. 673.

617 Abgedruckt in YB X (1985), S. 131 ff., mit Einführung Holtzmann.

618 Abgedruckt als Annex bei Yanming, JIA 1995 (12/2), 6 (15 f.).

sehr umstritten sei und eine Regelung der Frage nur selten bestehe. Man befürchtete deshalb Akzeptanzprobleme hinsichtlich einer solchen Regelung[619]. Obwohl die Frage der Haftung von großem Interesse für alle an einem Schiedsverfahren Beteiligten ist, stellen sowohl auf nationaler als auch auf internationaler Ebene die wenigsten Schiedsgesetze[620] oder Schiedsordnungen[621] klare Regeln für die Haftung des Schiedsrichters und daraus gegebenenfalls erwachsende Schadensersatzansprüche auf[622]. Lediglich im Rahmen des Verfahrens selbst kann Abhilfe geschaffen werden, also etwa durch Ablehnung des Schiedsrichters oder Aufhebung des Schiedsspruchs.

Pflichten des Schiedsrichters, deren Verletzung einen Haftungsgrund darstellen können, ergeben sich direkt aus dem Schiedsrichtervertrag oder werden von den Schiedsgesetzen und Schiedsordnungen aufgestellt[623]. Hierzu gehört jedenfalls die Pflicht zur zügigen Durchführung des Verfahrens[624], ebenso die Verpflichtung, ein faires Verfahren zu führen und einen Schiedsspruch zu erlassen[625]. Erläßt ein Schiedsrichter den Schiedsspruch nicht in der vertraglich vorgesehenen Frist, so kann er den Anspruch auf Bezahlung verlieren[626], oder kann sich einem Ersatzanspruch der Parteien für die aus der Verzögerung entstandenen Schäden ausgesetzt sehen[627]. Auch eine Kündigung der Tätigkeit des Schiedsrichters zur Unzeit oder die Weigerung, einen Schiedsspruch zu erlassen, können eine Haftung nach sich ziehen[628]. Weiterhin kann der Schiedsrichter haften, wenn er Tatsachen verschwiegen hat, die seine Ablehnung rechtfertigen und mit dieser Begründung der Schiedsspruch aufgehoben wird, so daß das gesamte

619 1st Secr. Note, A/CN.9/207 (14. Mai 1981) unter 70; vgl. auch Holtzmann/Neuhaus, S. 1117 ff. (1119).

620 Vgl. aber § 584 Abs.2 *ÖZPO*; Art. 16 *LA*; s. 66 i.V.m. s. 20 Abs.5 *Malta AA*; s. 30 *israelisches SchG*; Art. 813 *ital. ZPO.*

621 Vgl. aber Art. 34 ICC-SchO, wo ein Haftungsausschluß „für jedwede Handlung oder Unterlassung im Zusammenhang mit dem Schiedsverfahren" bestimmt ist; nach Art. 35 AAA-SchO ist der Ausschluß jeglicher Haftung abgesehen von vorsätzlichem und bewußtem Fehlverhalten vorgesehen.

622 Hausmaninger, JIA 1990 (7/4), 7 (8).

623 Vgl. sec. 24 und 33 *Arbitration Act 1996*; Art. 14 LCIA-SchO; Art. 7 Abs.5 ICC-SchO.

624 Vgl. sec. 24 Abs.1 (d) *Arbitration Act 1996*; s. 10 (d) *FAA*; § 584 Abs.2 *ÖZPO;* § 8.1 DIS-SchO; Art. 14.1 (ii) LCIA-SchO; Art. 12 Abs.2 ICC-SchO; Art. 17 ZüSchO.

625 Hausmaninger, JIA 1990 (7/4), 7 (30).

626 *Baar* v. *Tigerman*, 140 Cal. App. 3d 979, 189 Cal. Rptr, 834, 41 A.L.R. 4th 1004 (1983); Art. 1142 CC; *Final Report*, Fn. 633, S. 41.

627 Z.B. Art. 16 *LA*; § 584 Abs.2 *ÖZPO.*

628 *Final Report,* Fn. 633, S. 41; vgl. auch §§ 675, 627 Abs.2 Satz 2 BGB.

Verfahren wiederholt werden muß[629]. Im Rahmen seiner Tätigkeit muß der Schiedsrichter sich stets bewußt sein, daß er zwar von „seiner" Partei gewählt worden ist, daß der Schiedsrichtervertrag ihn aber gegenüber beiden Parteien zur pflichtgemäßen Ausübung des von ihm übernommenen Amtes verpflichtet[630]. Mißachtet er diesen Grundsatz, so kann die geschädigte Partei die Zahlung des Honorars verweigern; darüberhinaus können gegebenenfalls auch Schadensersatzansprüche für die im Rahmen des vergeblich geführten Verfahrens angefallenen Kosten geltend gemacht werden[631]. Notwendige Voraussetzung für eine Haftung des Schiedsrichters ist jedenfalls die Aufhebung des Schiedsspruchs durch ein staatliches Gericht[632]. Die ordentlichen Gerichte ziehen eine Klage auf Haftung des Schiedsrichters grundsätzlich erst in Betracht, wenn sämtliche Möglichkeiten, gegen den Schiedsspruch vorzugehen, erschöpft sind[633]. Dabei kann die Aufhebung des Schiedsspruchs aber niemals der alleinige Grund für die Haftung des Schiedsrichters sein[634]. Grundsätzlich muß unterschieden werden zwischen der Haftung des Schiedsrichters für Verschulden beim Erlaß des Schiedsspruchs, also im Rahmen der Spruchtätigkeit, und der Haftung für Handlungen im Schiedsverfahren im Allgemeinen.

a. Haftung des Schiedsrichters im Rahmen der Spruchtätigkeit

Hinsichtlich der Haftung für ein Verschulden bei der Spruchtätigkeit ist die Haftungsimmunität der Schiedsrichter allgemein anerkannt[635]. Die zivilrechtlich geprägten Rechtsordnungen begründen diese Haftungsimmunität mit der dem Schiedsrichter durch den Schiedsrichtervertrag zugestandenen Stellung, die der richterlichen Tätigkeit vergleichbar sei, und die ihm eine freie und unabhängige

---

629 Glossner/Bredow/Bühler, Rn. 267; Hausmaninger, JIA 1990 (7/4), 7 (29); Fouchard, Rev. arb. 1996, 325 (362).

630 Domke, FS Luther, S. 39.

631 Vgl. hierzu *Société Annahold BV et D. Frydman c/ société L'Oréal et B.*, Trib. Gr. inst. Paris, 2.7.1990 und Cour d'Appel Paris (1re Ch.C), 9.4.1992, Rev. arb. 1996, 483; *Société Raoul Duval c/ société Merkuria Sucden*, Cour d'Appel, Paris (1re Ch.C.), 2.7.1992 und Trib. Gr. inst. Paris, (1re Ch., 1re s.), Rev. arb. 1996, 411.

632 Vgl. Rechtbank Breda vom 11.9.1990, TvA 1991, 29, wo eine Haftung des Schiedsrichters abgelehnt wurde, da vorher kein Aufhebungsantrag gegen den Schiedsspruch gestellt wurde; siehe auch Cremades, IFLR 1991, 32 (33).

633 Vgl. *Final Report on the Status of the Arbitrator*, ICC-Bulletin 1996 (7/1), 27 (40).

634 Berger, Wirtschaftsschiedsgerichtsbarkeit, S. 163.

635 Vgl. nur Hausmaninger, JIA 1990 (7/4), 7 (20f); Fouchard, Rev. arb. 1996, 325 (358 ff.); Domke, FS Luther, S. 39 (40 f.); Schütze/Tscherning/Wais, Rn. 230; Schwab/Walter, S. 106; Glossner/Bredow/Bühler, Rn. 265; *Zittrer v. Sport Maska Inc.*, [1985] C.A. 386.

Rechtsfindung ermöglichen solle[636]. Der Schiedsrichter haftet deshalb nur – entsprechend den allgemeinen Haftungsgrundsätzen – bei grober Fahrlässigkeit oder einer vorsätzlichen Pflichtverletzung[637]. Die Beschränkung der Haftung auf grobe Fahrlässigkeit und Vorsatz gilt auch für das schweizerische und spanische Recht[638].

Nach deutscher Rechtsprechung tritt eine Haftung sogar erst bei vorsätzlicher Pflichtverletzung ein, also erst dann, wenn die Pflichtverletzung strafrechtlich erheblich ist[639] (z.B. bei vorsätzlicher Rechtsbeugung, Vorteilsannahme oder Bestechlichkeit gem. §§ 331 ff. StGB). Gleiches gilt nach italienischem und englischem Recht, und dem zivilrechtlich geprägten Recht der kanadischen Provinz Québec[640]. Im Rahmen der zivilrechtlich geprägten Rechtsordnungen wird dem Schiedsrichter eine dem Richterprivileg entsprechende Haftungsimmunität also kraft seiner vertraglichen Stellung eingeräumt[641].

Demgegenüber wird nach anglo-amerikanischem Recht nicht der Schiedsrichtervertrag, sondern bereits die mit der Funktion des Richters vergleichbare Stellung des Schiedsrichters als Grundlage für die Haftung angesehen[642]. Der Schiedsrichter wird also kraft Ausübung der richterähnlichen Funktion dem staatlichen Richter in der Haftung ausdrücklich gleichgestellt. Damit profitiert er automatisch von der besonders richterfreundlichen „Haftungspolitik" des anglo-

---

636 Vgl. statt aller Schütze/Tscherning/Wais, Rn. 230.

637 Van den Berg, NYC, S. 64, Fn.16.

638 Vgl. Arrêt de la IIe Cour Civile, 22 décembre 1953, *Speziali* contre *État de Genève*, BGE 79 II 424 (438); Art. 16 Abs.1 *LA*. Gem. Art 14 LA soll außerdem die Möglichkeit bestehen, einem Schiedsrichter, der vor einem ordentlichen Gericht des fahrlässigen oder vorsätzlichen Verhaltens für schuldig befunden wird, die Befähigung zum Schiedsrichteramt zu entziehen. Diese Regelung enthält interessante verfassungsrechtliche Aspekte, da so die Grundrechte von Bürgern durch Richter beschnitten werden könnten und außerdem eine solches Verbot länger andauern würde als ein strafrechtliches Urteil, Cremades, ICCA-Handbook III, 10.

639 Domke, FS Luther, S. 39 (43); so schon das Reichsgericht, RGZ 41, 251; 59, 247; 65, 75; in Weiterführung dieser Rechtsprechung der Bundesgerichtshof, BGHZ 15, 12.

640 Bernini, ICCA-Handbook II, 25; *Sutcliffe* v. *Thackrah*, A.C. 727 (1974); *Arenson* v *Arenson & Casson, Beckman, Rutley & Co.*, (1977) A.C. 405; *Zittrer* v. *Sport Maska*, Québec, [1985] C.A. 386.

641 BGHZ 15, 12, der BGH betont ausdrücklich, daß die dem Richterprivileg entsprechende Haftungsimmunität des Schiedsrichters nicht aus einer analogen Anwendung des § 839 Abs.2 BGB, sondern aus der dem Schiedsrichter vertraglich eingeräumten Stellung abzuleiten sei; so auch BGHZ 42, 313 (316); auch OLG Hamburg MDR 1950, 480.

642 Vgl. *Corey* v. *New York Stock Exchange*, wo ausdrücklich festgestellt wird: „[...] immunity does not depend upon the source of the decision-making power but rather upon the nature of that power", 691 F. 2d unter 1211.

amerikanischen Rechts, die den staatlichen Richter für Pflichtverletzungen im Rahmen der Spruchtätigkeit sogar dann von jeglicher Haftung befreit, wenn er korrupt oder bösgläubig gehandelt hat[643]. Für den Schiedsrichter bedeutet das, daß auch er für seine Spruchtätigkeit absolute Haftungsimmunität genießt[644]. Die haftungsrechtliche Gleichbehandlung des Schiedsrichters mit dem staatlichen Richter[645] hängt damit zusammen, daß die Schiedsgerichtsbarkeit in Amerika schon seit langem eine überaus starke Stellung hat, und ihr die gleiche Bedeutung eingeräumt wird wie der ordentlichen Gerichtsbarkeit. Dies rührt nicht zuletzt daher, daß durch die Schiedsverfahren die völlig überlaufenen amerikanischen Gerichte entlastet werden. Die weitgehende Haftungsimmunität stellt somit zugleich einen Anreiz und eine Absicherung für Schiedsrichter zur Annahme von Verfahren dar, da sie sicher sein können, nicht im Zusammenhang mit ihrer schiedsrichterlichen Tätigkeit oder aufgrund einer Entscheidung haftbar gemacht zu werden[646].

b. Haftung des Schiedsrichters außerhalb der Spruchtätigkeit

Außerhalb der Spruchtätigkeit haben sich die Haftungsmaßstäbe der beiden Rechtssysteme dagegen weiter angepaßt. Die früher vom anglo-amerikanischen Rechtskreis vertretene Auffassung der absoluten Haftungsimmunität, die den Richter von jeglicher Haftung im Rahmen seiner richterlichen Tätigkeit, also sowohl innerhalb als auch außerhalb seiner Spruchtätigkeit, freigestellt hat, wurde mittlerweile aufgegeben. Infolgedessen muß der Richter nun zumindest für schuldhaft begangene Fehler bei Handlungen außerhalb seiner Spruchtätigkeit haften[647].

---

643 Hausmaninger, JIA 1990 (7/4), 7 (14).

644 So ausdrücklich *Forrester* v. *White*, 484 US 219 (277), wo es heißt: „[...] immunity is justified and defined by the functions that it protects and serves, and not by the person to whom it applies.“; *Babylon Milk and Cream Co.* v. *Horvitz*, 151 N.Y.S. 2d 221 (1956).

645 Vgl. RE Friedmann, 215 A.D. 130, 213 N.Y.S. 369 (1925): „Arbitrators are viewed as contractually chosen substitutes for state or federal judges“.

646 *Austern* v. *Chicago Bd. Options Exchange, Inc.*, 716 F.Supp. 121 (124) (S.D.N.Y. 1989); bestätigt in 898 F.2d 882 (2nd Cir. 1990), 58 LW 2541; *Corbin* v. *Washington Fire and Marine Insurance Co.*, 278 F.Supp. 393 (396) (D.S.C. 1968), bestätigt in 398 F.2d 543 (4th Cir. 1968). aus Hausmaninger, JIA 1990 (7/4), 7 (16 ff.).

647 Vgl. *Bradley* v. *Fische*, 80 U.S. 335 (346), 20 L. Ed. 646 (649) (1872), wo der U.S. *Supreme Court* die Grundlagen für eine absolute richterliche Haftungsimmunität formuliert hat: „[...] a judge cannot be held liable in a civil action for any „judicial act“ unless it is performed in the clear absence of jurisdiction over the subject matter of the dispute. The rule of judicial immunity prevails even when malice or corrup-

Es kann also festgestellt werden, daß eine Haftungsimmunität in beiden Rechtssystemen nur für Fehler im Rahmen der Spruchtätigkeit besteht[648]. Für Pflichtverletzungen außerhalb der Spruchtätigkeit muß der Schiedsrichter dagegen immer nach den allgemeinen Haftungsgrundsätzen einstehen.

c. Vergleich der verschiedenen Ansätze

Das zivilrechtliche und das anglo-amerikanische Rechtssystem vertreten also unterschiedliche Ansätze hinsichtlich der Grundlage der Schiedsrichterhaftung im Rahmen der Spruchtätigkeit. Während dem Schiedsrichter im Rahmen des angloamerikanischen grundsätzlich die „richterliche Immunität" gewährt wird, da er eine dem Richter vergleichbare Funktion ausübt, wird er im zivilrechtlichen System eher als ein professioneller Dienstleister in Form eines Experten angesehen, der auf der Grundlage seiner vertraglichen Pflichten auch zivilrechtlich haftbar gemacht werden kann. Für die schiedsrichterliche Tätigkeit können sich daraus wesentliche Unterschiede ergeben.

So obliegt es im Rahmen des anglo-amerikanischen Rechtssystems immer den Parteien, sich gegen den aus einem eventuellen Fehlverhalten des Schiedsrichters entstehenden Schaden zu versichern, während sich die Situation im zivilrechtlichen System umgekehrt darstellt, und der Schiedsrichter sich um seine Absicherung kümmern muß. Der auf einer vertraglichen Haftung beruhende Ansatz des zivilrechtlichen Systems erscheint also auf den ersten Blick parteifreundlicher. Bei einem näheren Vergleich stellt sich aber heraus, daß die Parteien letztendlich in beiden Systemen für die Kosten aufkommen müssen, da ein risikobewußter Schiedsrichter seine Haftung auch unter dem zivilrechtlichen System ausschliessen wird[649]. Entweder, indem seine zivilrechtliche Haftung direkt im Vertrag beschränkt wird, so daß sich die Parteien absichern müssen, oder durch eine Versicherung, deren Kosten auf die Parteien abgewälzt werden[650]. Im Ergebnis wird dann die Anzahl der Haftungsprozesse gegen den Schiedsrichter nach dem

---

tion is alleged because the inquiry into the motives of judicial acts is seen as a threat to judicial independence."

648 Vgl. nur Glossner/Bredow/Bühler, Rn. 266; *Final Report,* Fn. 633, S. 40.

649 In Frankreich und Österreich ist das Fehlverhalten von Rechtsanwälten, die als Schiedsrichter arbeiten, in einem gewissen Rahmen durch ihre Berufsversicherung abgedeckt, vgl. Hausmaninger, JIA 1990 (7/4), 21, Fn. 117.

650 Dabei kann die Haftung für vorsätzliche Handlungen in den meisten zivilrechtlich geprägten Gesetzgebungen nicht ausgeschlossen werden, vgl. für Deutschland § 276 Abs.2 BGB. Das amerikanische Recht scheint dagegen selbst Exkulpationsklauseln für vorsätzlich begangene Straftaten zuzulassen, vgl. Hausmaninger, JIA 1990 (7/4), 7 (20).

zivilrechtlichen Ansatz viel höher sein als nach den Grundsätzen des anglo-amerikanischen Rechts, was wiederum zu einer Mehrbelastung der staatlichen Gerichtsbarkeit führt[651].

d. Stellungnahme

Es ist weder damit zu rechnen, daß die starke Stellung des Schiedsrichters nach anglo-amerikanischem Recht durch gesetzliche Regelungen abgeändert wird, noch ist davon auszugehen, daß die Schiedsrichter selber, angesichts der dann drohenden Gefahr unangenehmer zivilrechtlicher Prozesse, im Wege einer haftungsrechtlichen Vereinbarung mit den Parteien auf ihre gesetzlich garantierte Immunität verzichten werden. Vor allem von der amerikanischen Rechtsprechung zur Schiedsrichterhaftung ist kein Beitrag zur Harmonisierung der unterschiedlichen Ansätze der anglo-amerikanischen und zivilrechtlichen Rechtsordnungen zu erwarten.

Was den möglichen vertraglichen Ausschluß der Schiedsrichterhaftung in zivilrechtlich geprägten Rechtsordnungen angeht, so wird es Aufgabe der Gerichte sein, den wahren Willen der Beteiligten zu hinterfragen. Dabei ist grundsätzlich nicht davon auszugehen, daß auch die Haftung des Schiedsrichters für vorsätzliches Fehlverhalten ausgeschlossen werden sollte. Als Anhaltspunkt für die Beurteilung des Haftungsmaßstabs könnte etwa die Bezahlung des Schiedsrichters dienen, oder die „Ernsthaftigkeit“, mit der die alternative Streitschlichtung durch die Parteien betrieben wird. So wäre es etwa denkbar, daß ein Schiedsrichter, der seine Tätigkeit lediglich ehrenamtlich in einem Verfahren ausübt, das von den Parteien selber eher als „ernsthafter Schlichtungsversuch vor einem ordentlichen Verfahren“ angesehen wird, nur für vorsätzliches Fehlverhalten haftet. Dagegen erschiene eine uneingeschränkte Haftung – also für Fahrlässigkeit und Vorsatz – in den Verfahren gerechtfertigt, die als echte Alternative zur ordentlichen Gerichtsbarkeit durchgeführt werden, und in denen die Schiedsrichter eine streitwertabhängige Bezahlung nach der Vergütungsregelung der Schiedsgerichtsinstitutionen oder der Bundesrechtsanwaltsgebührenordnung erhalten[652].

5. Vertragsergänzung und -anpassung durch den Schiedsrichter

Die Frage der Vertragsergänzung unvollständiger Verträge bzw. der Anpassung von Verträgen an veränderte äußere Umstände durch den Schiedsrichter ist ins-

651 Hausmaninger, JIA 1990 (7/4), 7 (22).

652 Vgl. ausführlich zur Vergütung von Schiedsrichtern, Lachmann, Kapitel 17, Rn. 812 ff.

besondere im Rahmen des internationalen Wirtschaftsverkehrs von großer Bedeutung. Bei vertraglichen Vereinbarungen mit internationalem Bezug handelt es sich heutzutage regelmäßig um komplexe Vertragsgebilde, die nach langwierigen Verhandlungen zustandekommen und mit dem einfachen Austauschvertrag nur noch die klassische Grundstruktur teilen. Aufgrund dieser Komplexität können sich bei der Vertragsdurchführung Probleme ergeben, die man bei Vertragsschluß nicht voraussehen konnte oder deren Regelung man absichtlich offen gelassen hat, um zu einem geeigneten Zeitpunkt hierfür eine Lösung zu finden. Auch äußere Umstände, wie Währungsschwankungen und Veränderungen der Weltmarktpreise für Rohstoffe, können internationale Vertragsbeziehungen gefährden. Hier wirken sich die klassischen Vorteile der Schiedsgerichtsbarkeit im Sinne flexibler Lösungen und branchenkundiger Schiedsrichter aus. Denn die Parteien haben zwar regelmäßig großes Interesse an einer Weiterführung der Vertragsbeziehung, können jedoch ohne die Vermittlung eines neutralen Dritten keine Einigung erzielen. Zur Überwindung der entstandenen Probleme und im Interesse der Fortsetzung der vertraglichen Beziehungen, nimmt das Schiedsgericht in solchen Situationen häufig Vertragsergänzungen oder -anpassungen vor. Es ist jedoch relativ unklar, wann diese Maßnahmen zulässig sind.

Trotz einer ausführlichen Diskussion dieses Problemfeldes, wurde im ModG nicht geregelt, wann eine Vertragslücke vorliegt und unter welchen Umständen der Schiedsrichter sie ausfüllen darf. Begründet wurde dies mit der schweren Trennbarkeit von prozessualen und materiellrechtlichen Problemen, dem Vorhandensein bestimmter vertragsrechtlicher Mechanismen in einigen Ländern sowie der unklaren und unterschiedlichen Rechtslage in den einzelnen nationalen Gesetzgebungen[653]. Aus den Länderberichten der ICCA geht hervor, daß in den verschiedenen Rechtsordnungen erhebliche Unterschiede bei der Regelung dieses Bereiches bestehen, wobei die Mehrzahl eine schiedsrichterliche Ergänzung oder Anpassung für möglich halten oder sogar ausdrücklich regeln[654]; in relativ vielen Ländern besteht diese Möglichkeit jedoch auch heute noch nicht[655].

Nach deutschem Recht ist der Schiedsrichter wie ein staatlicher Richter befugt, echte Vertragslücken entweder im Wege der vertragsergänzenden Auslegung oder über das Institut vom Wegfall der Geschäftsgrundlage zu schließen[656]. Diesbezügliche gesetzliche Regelung fehlen allerdings. Demgegenüber ermächtigen das niederländische und das neue schwedische Recht den Schiedsrichter aus-

---

653 4th WG Rep. A/CN.9/245 (22. Sept. 1983) unter 20 ff.; Holtzmann/Neuhaus, S. 1117, 1123ff.;

654 Vgl. die Übersicht bei Kröll, S. 7 f.; Peter, JIA 1986 (3/2), 29 (40, Fn. 34).

655 Für das schottische Recht wird ausdrücklich von einer solchen Regelung abgeraten, Davidson, S. 243 ff.

656 Palandt/Heinrichs, § 157, Rn. 4, 5.

drücklich zur vertragsergänzenden Auslegung, und auch zur Schließung von Vertragslücken[657]. Voraussetzung hierfür ist allerdings die eindeutige und bewußte Entscheidung der Parteien.

6. Kostenentscheidung

Auch die Kostenfrage ist im ModG nicht geregelt worden[658]. Begründet wurde dies damit, daß die Parteien hierüber zumeist selber eine Regelung in der Schiedsvereinbarung treffen würden. Im Rahmen der Beratungen zum ModG wurde außerdem betont, daß man die anerkannte Schiedspraxis nicht abändern wolle, wonach die Schiedsrichter den Schiedsspruch so lange zurückhalten können, bis die Kosten und Gebühren des Verfahrens von den Parteien gezahlt worden sind[659].

Im deutschen Recht ist eine Kostenregelung in § 1057 ZPO enthalten. Danach hat das Schiedsgericht einen Schiedsspruch über die Verteilung der Kosten zu erlassen, wenn die Parteien keine anderweitige Vereinbarung getroffen haben. Dies gilt sowohl für die Kosten des schiedsrichterlichen Verfahrens als auch für die „zur zweckentsprechenden Rechtsverfolgung notwendigen Kosten“, also die außergerichtlichen Kosten[660].

Eine detaillierte gesetzliche Regelung über die erstattungsfähigen Kosten findet sich auch in s. 59-65 *Arbitration Act 1996*. Auffällig ist dabei die Regelung in s. 65 *Arbitration Act 1996*, wonach das Schiedsgericht die erstattungsfähigen Kosten auf eine Höchstsumme begrenzen kann. Dadurch soll verhindert werden, daß finanzschwächere Parteien einen Schiedsspruch nur deshalb unterzeichnen, weil sie bei Fortführung des Verfahrens und entsprechender Erhöhung der Verfahrenskosten den Ruin riskieren würden. Diese Regelung hängt auch damit zusammen, daß die Anwalts- und Verfahrenskosten in England aufgrund des kontradiktorischen Verfahrens wesentlich höher sind, als in zivilrechtlich geprägten Ländern[661].

---

657 Art. 1020 Abs.4 c) *NZPO*; s. 1 Abs.2 *Draft New Swedish Arbitration Act*; Nicklisch will eine entsprechende rechtsgestaltende Befugnis des Schiedsgerichts im deutschen Recht über die Anwendung des § 317 BGB erreichen, vgl. RIW 1989, 15 (17).

658 Holtzmann/Neuhaus, S. 1117 (1118 f.).

659 2nd WG Rep., A/CN.9/232, unter 185.

660 Schiedsgericht Hamburger Freundschaftliche Arbitrage, Schiedsspruch v. 29.12.1998, RIW 1999, 394 (396).

661 Marriott, Vortrag auf der DIS-Veranstaltung in Hamburg, 21.04.1999.

7. Verhältnis von Schlichtungs- und Schiedsverfahren

Das Schlichtungsverfahren – aus dem anglophonen Rechtsbereich bekannt unter dem Schlagwort *Alternative Dispute Resolution* (ADR)[662] bzw. den synonymen[663] Begriffen *mediation* oder *conciliation* – erfreut sich seit einigen Jahren auch in Europa wachsender Beliebtheit[664]. Der Grund hierfür liegt in einer wachsenden Unzufriedenheit der Parteien mit dem Ablauf des Schiedsverfahrens, der vor allem im *common law* Bereich zunehmend verrechtlicht wurde und dadurch erheblich an Flexibilität einbüßte[665]. Die Begeisterung für ADR-Verfahren ist allerdings nicht vorbehaltlos[666]. Probleme werden vor allem bei einem Wechsel zwischen dem ADR-Verfahren und dem Schiedsverfahren im Rahmen derselben Streitigkeit gesehen. Während in Ostasien eine Kombination dieser Verfahrensarten ohne weiteres möglich ist und auch zu funktionieren scheint[667], der vermittelnde Dritte also zwischen der Rolle des Schlichters und der des Schiedsrichters hin- und herwechseln kann, wird in anderen Ländern durchaus die Gefahr gesehen, daß ein solcher Rollentausch das Schlichtungsverfahren ineffektiv machen kann. Denn der Schlichter ist prädestiniert, von den Parteien Hintergrundinformationen zu erlangen, weil er gerade nicht über eine verbindliche Entscheidungsmacht verfügt, und deshalb die gewonnenen Informationen nicht gegen die Parteien einsetzen kann. Dieser Vorteil geht aber verloren, wenn vereinbart wird, daß der Schlichter bei Scheitern der Schlichtungsverhandlungen als Schiedsrichter eingesetzt werden soll. Denn die Parteien werden, im Hinblick auf diesen möglichen Rollenwechsel, dem Dritten während des Schlichtungsverfahrens keine wertvollen Informationen mitteilen, die dieser dann im Schiedsverfahren gegebenenfalls gegen sie verwenden kann[668]. Damit ist dem Schlichtungsverfahren ein Großteil seiner Effektivität genommen. Geben die Parteien entgegen aller

662 Nach der Definition von Brown & Merriott, S. 9, ist ADR zu verstehen als „[...] a range of procedures which serve as alternatives to the adjudicatory procedures of litigation and arbitration for the resolution of disputes, generally but not necessarily involving the intercession and assistance of a neutral third party who helps to facilitate such resolution.“

663 So Sanders, Nr. 24 unter Hinweis darauf, daß in manchen Ländern eine Unterscheidung zwischen diesen Verfahren je nach Interventionsintensität des Dritten vorgenommen wird.

664 Vgl. hierzu Meier/Duve, SJZ 95 (1999), 157, m. w. N.

665 Brown & Marriott, Einleitung; der englische Gesetzgeber versucht diesen Trend nun wieder rückgängig zu machen, vgl. auch Fn. 440.

666 Gelegentlich wird die Abkürzung ADR auch für „*Alarming Drop-in Revenue*“ verwandt.

667 Sanders, Nr. 87.

668 Meier/Duve, SJZ 95 (1999), 157 (160).

Erwartungen doch Informationen preis, so muß der Dritte diese im Rahmen eines Schiedsverfahrens gegebenenfalls außer acht lassen[669]. Das kann sich als überaus schwierig darstellen.

Das ModG hat das Verhältnis zwischen Schieds- und Schlichtungsverfahren nicht geregelt, auch in den meisten Gesetzen findet sich hierzu noch keine Regelung[670]. Allerdings haben viele Schiedsinstitutionen im Hinblick auf diese Entwicklung *Conciliation Rules* entworfen[671]. Eine ausführliche Darstellung dieser Problematik würde den Rahmen dieser Arbeit sprengen, zumal es sich um eine unverbindliche Streitbeilegungsmethode handelt. Trotz der vielen skeptischen Stimmen, die im Moment noch zu hören sind, ist die Entwicklung der ADR Verfahren aber nicht zu unterschätzen[672]. Auch das Schiedsverfahren war in seinen Anfängen verpönt und hat dennoch einen enormen Aufschwung erlebt. Der Ruf nach informelleren Verfahren und der wirtschaftliche Druck einer zügigen und effektiven Streitbeilegung, könnten somit auch bei ADR-Verfahren denselben Effekt bewirken[673].

669 Gem. Art. 19 UNCITRAL-Conciliation Rules ist es z.B. einem Schlichter untersagt, in demselben Verfahren als Schiedsrichter aufzutreten. Ebenso in Nigeria und Bermudas, die diese Rules in einem Annex an ihr Gesetz angefügt haben. Daraus könnte man den Schluß ziehen, daß auch ein Schiedsrichter nicht während des Schiedsverfahrens zwischenzeitlich als Schlichter auftreten darf. In Kanada und Hong Kong kann der Schiedsrichter mit Zustimmung der Parteien als Schlichter auftreten, ebenso in den US-Staaten Oregon, Texas, Ohio, Kalifornien.

670 In Deutschland ist die Mediation z.B. im Bereich des Familien- und Umweltrechts verbreitet.

671 ICC, UNCITRAL, AAA, LCIA.

672 So weisen Meier/Duve, SJZ 95 (1999), 157 (159) darauf hin, daß die Mediation, überall dort, wo sie eingeführt wird, Erfolge verzeichnen kann.

673 Diese Prognose hat auch Sir Michael Kerr im Rahmen einer DIS-Veranstaltung in Hamburg unter Hinweis auf die Woolf-Reform aufgestellt. Danach ist der staatliche Richter in Zukunft dazu verpflichtet die Parteien, soweit dies vorteilhaft ist, dazu anzuhalten, zunächst ein ADR-Verfahren durchzuführen. vgl. Editors' Endnote, AI 1996 (12/1), 24 ff.

Zwischenergebnis

Bei dem Vergleich der verschiedenen Gesetze konnte festgestellt werden, daß eine völlige Harmonisierung der nationalen Schiedsgesetze, wie sie von den Vereinten Nationen angestrebt worden war, bis jetzt nicht erreicht werden konnte. In dem Bestreben eine möglichst weitgehende Akzeptanz zu erreichen, sind die Verfasser des ModG viele Kompromisse eingegangen. Schnell wurde deshalb kritisiert, daß das ModG den kleinsten gemeinsamen Nenner aller Bräuche und Rechtsgrundsätze im Bereich des internationalen Schiedsverfahrensrechts darstellt[674]. Infolgedessen spiegelt es nicht immer den neuesten Entwicklungsstand wider und besetzt deshalb auch nicht immer die liberalste Position[675]. Zudem kommt es aufgrund der angestrebten internationalen Akzeptanz zu Textschwächen, da man Formulierungen gesucht hat, die sich möglichst adäquat zumindest in die wichtigsten Sprachen übersetzen lassen. Dadurch hervorgerufene Ungenauigkeiten bedingen wiederum Unsicherheiten bei der Anwendung des ModG. Obwohl also viele einzelne Vorschriften von den jeweiligen Modellgesetzjurisdiktionen umformuliert oder auch weggelassen bzw. ergänzt wurden, fällt auf, daß keine Vorschrift von allen Gesetzgebungen einheitlich abgelehnt wurde. Daraus läßt sich schließen, daß die vorgenommenen Änderungen eher auf Besonderheiten des jeweiligen nationalen Rechts zurückzuführen sind, als auf eine allgemeine Kritik an einer konkreten Regelung des ModG. Eine besonders starke Ablehnung erfuhren allerdings der spezielle Ansatz[676] und das Unterschriftserfordernis des Art. 7 ModG[677].

Für das deutsche Recht kann festgestellt werden, daß es eine stark verbesserte Version des ModG darstellt. Trotzdem hat es sich aber sehr stark an das ModG gehalten, so daß der Wiedererkennungswert garantiert ist. Viele Punkte, die vor der Reform nur durch die Rechtsprechung festgelegt waren, haben nun eine konkrete gesetzliche Fixierung erfahren. Durch den Blick auf die Vor- und Nachteile anderer nationaler Schiedsgesetze[678], ist es gelungen, ein homogenes Regelwerk

674 Mustill, AI 1990 (6/1), 3 (7); Berger, Wirtschaftsschiedsgerichtsbarkeit, S. 36; dagegen Herrmann, AI 1985, 11.

675 Jarvin, Rev. arb. 1986, 509 (511).

676 Vgl. hierzu oben 2. Kap., I.1.a.

677 Vgl. hierzu oben 2. Kap., II.3.a.

678 Vgl. z.B. die Entscheidung des Schiedsgerichts über seine Zuständigkeit im Wege des sofort angreifbaren Zwischenbescheids. In Frankreich und den Niederlanden kann diese Entscheidung immer erst mit dem Schiedsspruch angefochten werden.

zu schaffen, das einen zügigen Ablauf des Schiedsverfahrens gewährleistet und die Parteien vor unliebsamen Überraschungen bewahrt.

Anhand des durchgeführten Vergleichs wird außerdem deutlich, daß in den Staaten, die das ModG ausdrücklich nicht übernommen haben, immer noch große Unterschiede in den einzelnen Gesetzen bestehen, auch wenn diese Staaten bei der Reform ihrer Schiedsgesetze stark von diesem beeinflußt worden sind[679]. Der hohe Stellenwert der Parteiautonomie und die Verringerung der Interventionsmöglichkeiten durch die Gerichte, haben sich in den Gesetzen aller Staaten, sozusagen als „Leitmotive der Reform“ niedergeschlagen[680]. Dies leitet über zur Rechtsprechungsanalyse, in deren Rahmen nun festgestellt werden muß, ob eine Einheitlichkeit auf anderem Wege erreicht wurde.

679 Vgl. hierzu Gaillard, IFLJ 1987, 424 (425): „[...] states which modernize their law on arbitration can hardly refrain from referring to the Model Law, either by following it or by disregarding it“.

680 Vgl. nur die englische Reform, Triebel/Plaßmeier, BB 1997, Beil. 13, S. 2 (3); Weigand, RIW 1997, 904 (905); die schweizerische Reform, Reymond, Rev. arb. 1989, 385 (386);

3. Kapitel: Rechtsprechungsanalyse

Für die von UNCITRAL angestrebte weltweite Harmonisierung bei der Auslegung des Schiedsverfahrensrechts ist es unerläßlich, daß die Gerichte bei der Kontrolle internationaler Schiedssprüche einem rechtsvergleichenden, international-einheitlichen Auslegungsansatz folgen. Dies schon allein deshalb, weil für das internationale Schiedsverfahrensrecht keine zentrale Auslegungsinstanz – etwa nach Vorbild des EuGH – existiert, die als übergeordnete Kontrollinstanz eine einheitliche Auslegung garantiert[681]. Voraussetzung einer möglichst weitgehenden Rechtsvereinheitlichung ist deshalb, daß die Modellgesetzjurisdiktionen sich immer wieder den internationalen Ursprung ihres Schiedsrechts bei dessen Auslegung in Erinnerung rufen[682]. Dies gilt insbesondere für jene Staaten, die – wie Deutschland – das Schiedsverfahrensrecht in die nationale Prozeßordnung inkorporiert haben. Diese Inkorporierung birgt grundsätzlich die Gefahr in sich, daß der internationale Ursprung der Vorschriften in Vergessenheit gerät und die Auslegung eine zu starke nationale Prägung erfährt. Verstärkt wird diese Gefahr durch den monistischen Ansatz[683], wenn also das nationale und das internationale Schiedsverfahren den gleichen gesetzlichen Regelungen unterliegen. In Rechtsordnungen, die dem monistischen Ansatz folgen, ist deshalb bei der Auslegung einer Vorschrift strikt danach zu unterscheiden, ob es sich um ein nationales oder internationales Verfahren handelt. Der Rückgriff auf nationale Rechtsinstitute ist in internationalen Schiedsverfahren nur in Ausnahmefällen zuzulassen. Vielmehr müssen die Gerichte einen Blick über die Grenzen hinweg[684] auf die Auslegung anderer Rechtsordnungen werfen und eine rechtsvergleichende Auslegung fördern.

Grundlage einer einheitlichen Auslegung der durch die nationalen Schiedsgesetze umgesetzten Normen des ModG sollten immer die *travaux préparatoires* zum ModG sein[685]. In diesem Sinne ist die Beachtung und Einbeziehung der *travaux préparatoires* z.B. in Kanada, Québec, Britisch Kolumbien und Ontario, in

681 Vgl. hierzu Glossner, RIW 1986, 214; Schumann, RIW 1987, 415; ders. RIW 1993, 701.

682 Zerbe, S. 71; Berger, Deutsches Schiedsrecht, S. 37; vgl. auch *Fung Sang Trading Ltd.* v. *Kai Sun Sea Products and Food Company Ltd.*, Fn. 586, CLOUT Case 20.

683 Vgl. hierzu oben Fn. 118.

684 Berger, Deutsches Schiedsrecht, S. 37.

685 So die Empfehlung der UN-Vollversammlung, vgl. Sanders, AI 11 (1995), 11.

Schottland, Australien, den Bermudas, Malta, Hong Kong und Singapur ausdrücklich im Gesetz festgeschrieben worden[686].

Im Zusammenhang mit dem Bestreben, eine einheitliche Auslegung zu erreichen, steht die Frage, inwieweit bzw. ob Schiedssprüche überhaupt Präzedenzwirkung entfalten können. Dabei ist zu bedenken, daß einer der größten Vorteile der internationalen Schiedsgerichtsbarkeit in der Flexibilität des Schiedsgerichts bei der Auslegung und Anwendung der Vorschriften in einem konkreten Fall liegt.

Vergleicht man die Bindungswirkung von Schiedssprüchen mit der Bindungswirkung staatlicher Urteile, so kann man in den zivilrechtlichen Rechtsordnungen feststellen, daß auch Urteile staatlicher Gerichte grundsätzlich keine Präzedenzwirkung entfalten, ihnen also nicht der Status einer Rechtsquelle zukommt, und sie demnach für nachfolgende Gerichte *de jure* nicht bindend sind[687]. *De facto* üben aber allerdings die Entscheidungen der Obergerichte einen sehr großen Einfluß auf Entscheidungen unterinstanzlicher Gerichte aus[688]. Es läßt sich folglich auch in zivilrechtlich geprägten Rechtsordnungen von einer gewissen Bindungswirkung letztinstanzlicher Entscheidungen sprechen.

Auch Schiedssprüchen kann eine solche faktische Bindungswirkung nicht generell abgesprochen werden. So ist zu beobachten, daß internationale Schiedsrichter damit beginnen, bei ihren Entscheidungen die von anderen Schiedsgerichten entwickelten Ideen und Prinzipien mit einzubeziehen. Die internationale Schiedsgerichtsbarkeit ist damit auf dem besten Weg, sich zu einem eigenständigen Rechtssystem zu entwickeln. Auch *ad-hoc*-Schiedsgerichte, die mit Erlaß des Schiedsspruchs *functus officio* werden, tendieren dazu, ihren Entscheidungen Präzedenzwirkung zuzumessen. Besonders deutlich ist diese Entwicklung an der Entscheidung *Dow Chemical* [689] zu sehen, in der das Schiedsgericht ausdrücklich festgestellt hat:

„The decisions of these tribunals [auf die es sich für seine Entscheidung berufen hat] progressively create case-law which should be taken into account, because it draws conclu-

686 Vgl. Art. 6 *S.B.C.* 1986, c.14; Art. 940.6 Abs.3 *Québec AA;* s. 6 *B.C. AA*; s. 13 *Ont. AA*; s. 66 (3) *Scotland Act*; s. 17 Abs.1 (b) *Australien AA*; s. 56 Abs.1 (b) *Malta AA*; s. 2 (3) *HK Arbitration Ordinance*; s. 4 *Singapur IAA*.

687 Diese Lehre kann zurückgeführt werden auf den *Codex Justinianus* 7, 45, 13, demzufolge der Richter allein auf der Grundlage des Rechts, ohne Rücksicht auf die Entscheidungen höherer Gerichte, entscheiden sollte, vgl. Weller, S. 112, zitiert bei Berger, JIA 1992 (9/4), 5 (8).

688 Vgl. Schütze, FS Glossner, S. 333; ders. ZVglRWiss 92 (1993), 29 ff.; Larenz, S. 430; Berger, JIA 1992 (9/4), 5 (9, Fn. 24. m. w. N.).

689 ICC Award No. 4131 (Interim award), YB IX (1984), S. 131 (136); französische Originalfassung abgedruckt in JDI 1983 (110), 899 (904) = Rev. arb. 1984, 137.

sions from economic reality and conforms to the needs of international commerce, to which rules specific to international arbitration, themselves successively elaborated should respond."

Diese Entwicklung wird aber nicht nur mit Wohlwollen betrachtet. Es wird darauf hingewiesen, daß es sich oftmals schwer feststellen läßt, ob es sich bei den Schiedssprüchen wirklich um eine „gefestigte Rechtsprechung" handelte. In der Regel werden die Schiedssprüche auch nicht veröffentlicht, so daß die Parteien und ihre Rechtsbeistände mit Rechtsauffassungen konfrontiert werden können, die nur dem Schiedsgericht bekannt sind. Ein anderer Aspekt ist darin zu sehen, daß die Wichtigkeit oder Bedeutung einer Entscheidung, anders als im Rahmen der staatlichen Gerichtsbarkeit, sehr stark von dem Ruf des Schiedsgerichts in einer bestimmten Zusammensetzung abhängen kann[690].

Beim Umfang dieser Bindungswirkung muß deshalb zwischen der institutionellen Schiedsgerichtsbarkeit und der *ad-hoc*-Schiedsgerichtsbarkeit unterschieden werden. Vor allem im Rahmen der *ad-hoc*-Schiedsgerichtsbarkeit werden Schiedssprüche nur in sehr geringem Maße publiziert, um die Vertraulichkeit des Verfahrens nicht zu verletzen. Diese Nicht-Veröffentlichung wirkt der Präjudizialität der Schiedssprüche jedoch entgegen. Weiterhin hindert das Fehlen einer gerichtstypischen Organisation des Schiedsgerichtswesens[691] die Präzedenzwirkung, da es sich bei *ad-hoc*-Schiedsgerichten um einmalige Spruchkörper handelt, die sich in derselben Zusammensetzung grundsätzlich nur einmal konstituieren.

Die institutionelle Schiedsgerichtsbarkeit zeichnet sich dagegen durch eine feste Struktur und eine eigene Verfahrensordnung aus, die im Rahmen jeden Verfahrens Anwendung findet und somit eine gewisse Gleichmäßigkeit der angewandten Verfahrensregeln garantiert. Weiterhin beschränkt sich die Auswahl eines Schiedsrichters auf die in der Liste der jeweiligen Schiedsinstitution geführten Personen. Auf diese Weise wird eine gewisse personelle Kontinuität gewährleistet, die auf eine gefestigte Spruchpraxis hoffen läßt[692]. Hinzu kommt, daß die Schiedsgerichtsinstitutionen selber großes Interesse an einer einheitlichen Entscheidungspraxis haben, so daß sie sich verstärkt um die Veröffentlichung der nach ihren Regeln ergangenen Schiedssprüche bemühen[693]. Im Gegensatz zur *ad-hoc*-Schiedsgerichtsbarkeit kommt Schiedssprüchen der institutionellen Schieds-

690 Vgl. Berger, JIA 1992 (9/4), 5 (20).

691 Dies wird von einigen Autoren als großer Mangel empfunden, vgl. nur David, in UNIDROIT (Hrsg.), New Directions on International Trade Law, S. 5 (16).

692 Schütze, FS Glossner, S. 333 (337).

693 Eine Sammlung veröffentlichter ICC-Schiedssprüche findet sich z.B. im *Yearbook Commercial Arbitration* (YB).

gerichtsbarkeit somit eine gewisse faktische Bindungswirkung und damit eine gewisse Vorhersehbarkeit zu. Allerdings geht die gesteigerte Kontinuität zu Lasten der Flexibilität. Das Für und Wider der beiden Arten der Schiedsgerichtsbarkeit muß von den Parteien im konkreten Fall abgewogen werden.

Die nachfolgende Darstellung der Rechtsprechung geht auf institutionelle Schiedssprüche nur insoweit ein, als sie eine Auslegungstendenz bestätigen. Grundsätzlich handelt es sich aber bei den analysierten Schiedssprüchen um solche der *ad-hoc*-Schiedsgerichtsbarkeit.

I. Allgemeine Vorschriften

1. Internationalität

In dem ersten, nach Umsetzung des ModG in Hong Kong entschiedenen Fall, wurde deutlich, daß mit der weiten in Art. 1 ModG enthaltenen Definition der Internationalität nun auch Fälle als international gelten, die bis dahin als nationale Fälle eingeordnet worden wären.

In der Entscheidung *Fung Sang* v. *Kai Sun*[694] entstanden Streitigkeiten zwischen dem klagenden Verkäufer und dem beklagten Käufer aus einem Kaufvertrag über 5000 t Soyabohnen-Extrakt, lieferbar f.o.b. Dalian, China. Die Bezahlung war zu 100 % durch unwiderrufliche Akkreditive, ausgestellt auf die Kläger, zu leisten. Avisierende Bank war die Hong Kong & Shanghai Bank in Hong Kong. Der Vertrag enthielt eine Schiedsklausel, die Hong Kong als Schiedsort vorsah.

Da die Beklagten weder ein Frachtschiff bereitstellten, um die Güter in Empfang zu nehmen, noch die Bezahlung leisteten, verlangten die Kläger Schadensersatz i. H. v. $US 124.000 und leiteten ein Schiedsverfahren ein. In der Schiedsvereinbarung waren die Anzahl der Schiedsrichter und das Bestellverfahren nicht geregelt worden. Die Kläger wandten deshalb die für internationale Verfahren geltenden Vorschriften Hong Kongs[695] an und gingen gem. Art. 10 Abs.2 ModG von einem Dreier-Schiedsgericht aus. Sie ernannten ihren Schiedsrichter und forderten auch die Beklagte hierzu auf. Da diese keinerlei Reaktion zeigte, wurde der Schiedsrichter auf Antrag der Kläger gem. Art. 11 Abs.3 ModG vom *Hong Kong High Court* ernannt. Die Anwälte der Beklagten behaupteten daraufhin,

694 [1992] 1 HKLR 40, vgl. Fn. 586, CLOUT Case 20.

695 S. 34C *HK Arbitration Ordinance* übernimmt das ModG mit der entsprechenden Numerierung. Der Einfachheit halber wird deshalb hier und in den folgenden Entscheidungen, in denen das Recht Hong Kongs Anwendung findet, auf die Vorschriften des ModG verwiesen.

daß die für internationale Verfahren geltenden Vorschriften keine Anwendung finden könnten, da es sich um ein nationales Schiedsverfahren handele. Als Begründung führten die Vertreter der Beklagten an, daß beide Parteien ihren Sitz in Hong Kong hätten und Hong Kong auch Ort der Hauptleistungspflicht, nämlich der Bezahlung, sei. Die von den Klägern behauptete Verletzung einer Hauptleistungspflicht sei deshalb auch in Hong Kong, dem Sitz der avisierenden Bank, erfolgt.

Dieser Begründung folgte *Kaplan J.* in der zitierten Entscheidung jedoch nicht. Die Beurteilung der Frage, ob es sich um ein nationales oder internationales Schiedsverfahren handele, hänge nicht lediglich vom Sitz der Parteien ab. Vielmehr sehe Art. 1 Abs.3 b)ii) ModG vor, daß ein Verfahren dann international sei, wenn der „Ort, an dem ein wesentlicher Teil der Pflichten aus der Handelsbeziehung zu erfüllen ist, oder der Ort, mit dem der Streitgegenstand die engste Verbindung aufweist", außerhalb des Staates liegt, in dem die Parteien ihre Niederlassung hätten. Zwar handele es sich bei der Bereitstellung des Frachters und der Bezahlung der Güter um wichtige Vertragspflichten. Den wesentlichen Teil der Vertragspflichten stelle aber die Entgegennahme der Güter in Dalian dar. Dalian als Auslieferungshafen begründe auch die engste Verbindung mit China. Folglich handele es sich um einen internationalen Vertrag i.S.d. ModG[696]. Hong Kong, als der Ort an dem die Hauptleistungspflicht der Bezahlung verletzt wurde, könne schon deshalb nicht maßgebend sein, weil das Ziel des ModG darin bestünde, bereits im Zeitpunkt des Abschlusses der Schiedsvereinbarung mit Sicherheit festzulegen, ob ein mögliches zukünftiges Verfahren als international gelte oder nicht[697].

Ebenso entschied der *High Court* in Singapur in dem Fall *Vanol* v. *Hin Leong*[698]. Zwischen zwei singapurianischen Unternehmen war ein Kaufvertrag über 50.000 t Heizöl, lieferbar f.o.b. Yosu, Korea, geschlossen worden. Der Vertrag enthielt eine Klausel, die vorsah, daß die Beklagten bei Übertretung der vereinbarten Lieferzeit zur Erstattung der Überliegegebühren (*demurrage*) verpflichtet seien. Aufgrund äußerer Umstände verzögerte sich die Lieferung und *Vanol* strengte ein Schiedsverfahren zur Erstattung der Überliegegebühren an.

---

696 Die gleiche Argumentation hat *Kaplan J.* auch in *Ananda Non-Ferrous Metals Ltd.* v. *China Resources Metal and Minerals Co. Ltd.*, [1993] 2 HKLR 348, verwandt, der sich nur dadurch von dem vorliegenden Fall unterschied, daß es sich nicht um eine f.o.b-Klausel, sondern um eine c.i.f.-Klausel handelte. Ebenso in *Katran Shipping Co. Ltd.* v. *Kenven Transportation Ltd.*, 1992 HKLD, G9, CLOUT Case 39; vgl. auch *D. Heung & Associates, Architects & Engineers* v. *Pacific Enterprises (Holdings) Co. Ltd.*, unveröffentlicht, CLOUT Case 108.

697 Holtzmann/Neuhaus, S. 29 ff.

698 *Vanol Far East Marketing Pte.* v. *Hin Leong Trading Pte.*, [1997] 3 Singapore Law Reports 484, CLOUT Case 209.

Der Schiedsrichter entsprach diesem Begehren jedoch nicht, so daß *Vanol* auf der Grundlage des für nationale Verfahren geltenden Rechts (Art. 28 Singapore Arbitration Act) die Aufhebung des Schiedsspruchs beantragte. Dagegen brachte die Beklagte vor, daß der Schiedsspruch nur auf der Grundlage des *Singapur IAA* kontrolliert werden könne, da es sich um ein internationales Schiedsverfahren handele. Dies wurde vom *High Court* bestätigt. Zwar sei der Vertrag zwischen zwei Parteien mit Sitz in Singapur geschlossen und auch dem Recht Singapurs unterworfen worden; ebenso sei die Bezahlung der Ware in Singapur erfolgt. Gem. s. 5 Abs.2 (b) (ii) *Singapur IAA*[699] sei ein Schiedsverfahren aber auch dann als international einzustufen, wenn der Ort, an dem der wesentliche Teil der Vertragsleistungen zu erfüllen sei oder mit dem der Streitgegenstand die engste Verbindung aufweise, außerhalb des Staates liege, in dem die Parteien ihre Niederlassung hätten. Auslieferungsort der Güter, d.h. Erfüllungsort und damit maßgeblich für die Bestimmung, ob es sich um ein internationales oder nationales Verfahren handelt, sei Korea gewesen. Zu Korea weise der Streitgegenstand auch die engste Verbindung auf, da die Überliegegebühren in Korea zu zahlen gewesen seien. Das Schiedsverfahren sei somit als international anzusehen, da der wesentliche Teil der Vertragsleistungen in Korea und nicht in Singapur erbracht worden sei.

Diese Fälle verdeutlichen, welche Unsicherheiten durch den speziellen Ansatz hervorgerufen werden können. Durch die weite Definition des ModG können nun Fälle als international gelten, obwohl beide Parteien ihren Sitz in demselben Land haben und auch den Schiedsort in dieses Land gelegt haben. Die Internationalität des Verfahren ist also nicht mehr von den einfach zu bestimmenden Kriterien des Sitzes der Parteien oder des Schiedsortes abhängig. Vielmehr richtet sich die Bestimmung nun danach, wo der wesentliche Teil der Vertragspflichten zu erfüllen ist oder zu welchem Staat die engste Verbindung besteht[700]. Es ist zu hoffen, daß sich hinsichtlich der Auslegung dieser Kriterien eine einheitliche Rechtsprechung entwickeln wird[701].

2. Verlust des Rügerechts

Der in Art. 4 ModG normierte Verlust des Rügerechts rechtfertigt sich durch die erhöhte Selbstverantwortung der Parteien für die Gestaltung des Schiedsverfah-

699 Dieser entspricht Art. 1 Abs.3 b) ii) ModG.

700 Kaplan, Asia Law 1995 (1), 23.

701 Eine Entscheidung zur *opting-in* Klausel ist soweit ersichtlich noch nicht veröffentlicht worden.

rens[702]. Einen klassischen Anwendungsbereich dieser Vorschrift stellen die Art. 8 und 16 ModG im Zusammenhang mit der Rüge der Unzuständigkeit des Schiedsgerichts dar. Die Auslegung des Art. 4 ModG bzw. der entsprechenden nationalen Vorschriften wird deshalb in diesem Bereich mit abgehandelt.

3. Umfang gerichtlicher Tätigkeit

In *ICAO* v. *Tripal Systems*[703] hat sich *ICAO* fast ein Jahr nach Beginn des Schiedsverfahrens, auf ihre Immunität als eine den Vereinten Nationen angehörige Organisation berufen, und aus diesem Grund die Zuständigkeit des Schiedsgerichts[704] bestritten. Das Schiedsgericht wies diese Einrede der Unzuständigkeit als verfrüht zurück. Es erklärte, daß zunächst über die strittigen Rechts- und Tatfragen entschieden werden müsse. Über die Frage der Zuständigkeit könne daher erst nach Abschluß der Beweisaufnahme und Kenntnis aller Umstände entschieden werden. *ICAO* klagte daraufhin auf Feststellung der Unzuständigkeit des Schiedsgerichts.

Der *Cour supérieure du Québec* wies diese Klage ab und stellte fest, daß das staatliche Gericht gem. Art. Art. 940.3 *Québec AA* (Art. 5 ModG), nur in den drei gesetzlich vorgesehenen Fällen in ein Schiedsverfahren eingreifen dürfe. Hierbei handele es sich um die Überprüfung der Zuständigkeitserklärung innerhalb von dreißig Tagen, nachdem das Schiedsgericht positiv über seine Zuständigkeit im Wege einer Vorfrage entschieden habe[705]. Weiterhin um die Überprüfung des Antrags auf Anerkennung und Vollstreckung des Schiedsspruchs[706] sowie des Antrags auf Aufhebung des Schiedsspruchs[707]. Vorliegend käme allenfalls die erste Alternative in Betracht. Auch diese sei allerdings nicht einschlägig, da das Schiedsgericht gerade nicht über seine Zuständigkeit entschieden, sondern die Beantwortung dieser Frage als verfrüht abgelehnt habe. Folglich wies das Gericht die Feststellungsklage der ICAO ab.

In *Vibroflotation A.G.* v. *Express Builders Co.*[708] ging es um die Zulässigkeit eines Antrags auf gerichtliche Unterstützung bei der Beweisaufnahme. S. 34C

702 Vgl. zur bisherigen deutschen Rechtsprechung: BGHZ 50, 191; BGH, WuB VII B.3 § 1041 ZPO a.F. 1.87, 1084 m. krit. Anm. Frisinger.

703 *International Civil Aviation Organization (ICAO)* v. *Tripal Systems Pty. Ltd.*, [1994] R.J.Q. 2560.

704 Sowie die Zuständigkeit eines jeden anderen Gerichts „[...] plaintiffs enjoy an absolute immunity from judicial process of every kind.“

705 Art. 943 *Québec AA*, entspricht Art. 16 Abs.3 ModG.

706 Art. 946 *Québec AA* entspricht Art. 35, 36 ModG.

707 Art. 947 *Québec AA* entspricht Art. 34 ModG.

708 15.8.1994, unveröffentlicht, CLOUT Case 77.

HK Arbitration Ordinance verweist auf das ModG. Jedoch wird in s. 34E *HK Arbitration Ordinance* die Vorschrift der s. 14 Abs.4-6 *HK Arbitration Ordinance*, die dem staatlichen Gericht weitergehende Interventionsbefugnisse als das ModG zugesteht[709], auch auf das internationale Verfahren für anwendbar erklärt wird. Allerdings steht diese Erweiterung der gerichtlichen Befugnisse unter dem Vorbehalt des Art. 5 ModG. Das Gericht muß also vor der Anwendung der s. 14 *HK Arbitration Ordinance* immer prüfen, ob die jeweilige Maßnahme als eine im Rahmen des ModG zulässige Intervention anzusehen ist. Auf diese Weise fügt sich der als Erweiterung der Interventionsmöglichkeiten des Gerichts erscheinende Verweis auf s. 14 *HK Arbitration Ordinance* also in das Schema des ModG ein. Im vorliegenden Fall konnte die beantragte Ladung des Hauptunternehmers als Unterstützung bei der Beweisaufnahme unter Art. 27 ModG subsumiert werden, wonach ein staatliches Gericht um Unterstützung bei der Beweisaufnahme ersucht werden kann. Der *Hong Kong High Court* war somit zur Intervention befugt[710].

II. Schiedsvereinbarung

1. Anerkennung der Clause compromissoire

Obwohl Kanada als eines der ersten Länder das ModG umgesetzt hatte, ist die Wirksamkeit einer *clause compromissoire* erst seit der im Jahre 1983 ergangenen Entscheidung *Zodiak International v. Polish People's Republic*[711] anerkannt[712]. Dabei wurde ausdrücklich klargestellt, daß nur „*la clause compromissoire parfaite* [713]“, anerkannt ist, also eine solche Schiedsvereinbarung, in der die Parteien sich unter Ausschluß des ordentlichen Rechtsweges dem Schiedsverfahren unterwerfen.

Es ist deshalb fraglich, ob eine *Scott v. Avery*-Klausel[714] in Kanada anerkannt werden würde. Hierbei handelt es sich nicht um eine reine Schiedsvereinbarung,

709 Hierbei handelt es sich hauptsächlich um prozessuale Maßnahmen, wie die Vereidigung, die Abnahme eidesstattlicher Versicherungen oder die Anordnung zur Zahlung von Sicherheitsleistungen.

710 Vgl. unten 3. Kap., VI. 1.

711 [1983] 1 RCS 529.

712 In Québec ist die *clause compromissoire* mittlerweile auch gesetzlich anerkannt, vgl. Art. 1926.5 *Québec AA*.

713 Ibid, S. 542.

714 Diese Klausel wurde das erste Mal in dem Fall *Scott* v. *Avery*, (1856) 5 H.L.C. 811; 10 E.R. 1121 (H.L.), verwendet. Sie lautet: „[...] the obtaining of decision of such arbitrators on the matters and claims in dispute is hereby declared to be a condition

die den Zugang zu den staatlichen Gerichten völlig ausschließt. Vielmehr verpflichten sich die Parteien lediglich dazu, die staatlichen Gerichte erst anzurufen, nachdem ein Schiedsspruch hinsichtlich des Streitgegenstandes erlassen wurde. Der Schiedsspruch wird also bei Verwendung einer *Scott v. Avery*-Klausel nicht als final angesehen. Dafür, daß eine solche Klausel auch in Kanada anerkannt ist, spricht allerdings, daß die Regelung des Art. 7 ModG bei der Reform ohne Änderungen übernommen wurde. Nach allgemeiner Ansicht ist eine *Scott v. Avery* Klausel vom Wortlaut des Art. 7 ModG erfaßt. Es ist deshalb anzunehmen, daß eine derartige Klausel auch in Kanada als wirksame Schiedsvereinbarung gelten wird. Auf Provinzebene stellt das interne Schiedsverfahrensrecht von Alberta sogar ausdrücklich fest, daß eine *Scott v. Avery* Klausel wie eine Schiedsvereinbarung zu behandeln ist[715].

Dagegen definiert Art. 1926.1 *Québec AA* die Schiedsvereinbarung ausdrücklich als eine die gerichtliche Zuständigkeit ausschließende Klausel. In Québec wäre eine *Scott v. Avery*-Klausel also nicht zulässig.

Trotz ihrer großen Bedeutung und der Verbreitung der *clause compromissoire,* tun sich vor allem die lateinamerikanischen Länder schwer, eine Schiedsvereinbarung über zukünftige Streitigkeiten als wirksam anzusehen. Insbesondere Brasilien, wo das ModG bislang nicht umgesetzt wurde, gilt insoweit als unmodern und schiedsfeindlich. Allerdings könnte die Entscheidung des Obersten Gerichtshofes von Brasilien von 1990[716] eine Änderung der Rechtsprechung herbeigeführt haben. In dieser Entscheidung wurde eine *clause compromissoire* durch den Obersten Gerichtshof erstmals zumindest in internationalen Schiedsverfahren für zulässig gehalten. Bis zu diesem Zeitpunkt wurde die *clause compromissoire* lediglich als unklagbares Versprechen zum Abschluß einer Schiedsvereinbarung angesehen, dessen Nichteinhaltung im besten Fall mit der Verpflichtung zur Zahlung einer Schadensersatzsumme sanktioniert war[717]. Als Begründung hierfür wurde angeführt, daß im brasilianischen Recht[718] lediglich der *compromis* geregelt ist, die *clause compromissoire* aber nicht erwähnt wird[719]. Dieser Ansicht wird entgegengehalten, daß die simple Nichterwähnung der *clause com-*

---

precedent to the right of any member to maintain such action (at law) or suit (at equity).“

715 Vgl. auch *Borowski* v. *Fiedler Perforiertechnik GmbH*, (1994) 158 A.R. 213 (218), CLOUT Case 111.

716 Auszugsweise abgedruckt in Rev. arb. 1995, 137 m. Anm. Lee.

717 Vgl. Lee, Rev. arb. 1995, 140 (141f.), der den Verfasser des brasilianischen Zivilgesetzbuches, Bevilaqua, zitiert: « En droit brésilien, la clause compromissoire ne crée qu'une obligation de faire. C'est un pacte préliminaire, dont le but est la réalisation d'un compromis ».

718 Art. 1037 – 1048 brasilianisches BGB und Art. 1072 – 1074 Brasilianische ZPO.

719 Carmona, Nationalbericht Brasilien, Nr. 1.

promissoire nicht zwangsläufig ihre Unzulässigkeit bedeuten müsse. Vielmehr müsse Brasilien im Rahmen internationaler Schiedsverfahren auch eine Schiedsvereinbarung über zukünftige Streitigkeiten anerkennen, da internationale Schiedsverfahren dem Genfer Protokoll von 1923[720] unterstünden, dem auch Brasilien beigetreten sei. Gem. Art.1 des Genfer Protokolls verpflichte sich jeder Staat, die Wirksamkeit einer Schiedsvereinbarung anzuerkennen, unabhängig davon, ob sie sich auf schon entstandene oder auf zukünftige Streitigkeiten beziehe. Eine entsprechende Schiedsvereinbarung sei deshalb zumindest für internationale Schiedsverfahren als wirksam anzusehen[721]. Aber auch im internen Recht müsse die *clause compromissoire* auf der Grundlage des *venire contra factum proprium* - Grundsatzes anerkannt werden. Hätten die Parteien einmal vereinbart, auch zukünftige Streitigkeiten dem Schiedsverfahren zu unterwerfen, so würde es dem Grundsatz des guten Glaubens widersprechen, wenn sie nach Erlaß eines für sie ungünstigen Schiedsspruchs deren Wirksamkeit bestreiten würden[722].

2. Schriftform

a. Unterschriftserfordernis

Die folgende, in Hong Kong entschiedenen Fälle, verdeutlichen die bereits im zweiten Kapitel angedeuteten Probleme im Zusammenhang mit der vom ModG geforderten Schriftform in internationalen Verfahren. Zwar hat Hong Kong mittlerweile sein Gesetz geändert und die Schriftform, im Sinne einer vom ModG geforderten Unterschrift der Parteien, abgeschafft[723]. Anhand der dargestellten Entscheidungen läßt sich aber die seit längerer Zeit zu verzeichnende schiedsfreundliche Rechtsprechung erkennen. Auch der Rückgriff auf allgemeine Rechtsprinzipien zur Auslegung und Ergänzung schiedsvertraglicher Vereinbarungen wird sehr gut deutlich.

(1) Pacific International v. Tsinlien[724]

In dieser Entscheidung stand die Wirksamkeit einer Schiedsvereinbarung in einer Charterpartie in Frage, in der das Bestellungsverfahren der Schiedsrichter gere-

720 Vgl. Jayme/Hausmann, Nr. 122.
721 Lee, Rev. arb. 1995, 140 (145).
722 Vgl. Magalhaes, S. 167.
723 Vgl. s. 2AC Abs.5 *HK Arbitration Ordinance*.
724 *Pacific International Lines (PTE) & Another* v. *Tsinlien Metals and Minerals Co.*, 1992 HKLD G5 = Arb. & Dispute Resolution L.J. 1992 (4), 240, CLOUT Case 40.

gelt war. Danach sollte jede Partei im Falle einer Streitigkeit einen Schiedsrichter ernennen und sich dann auf einen dritten einigen. Die Klägerin ernannte ihren Schiedsrichter, die Beklagte unterließ die Ernennung. Daraufhin beantragte die Klägerin gem. Art. 11 Abs.4 ModG[725] beim Gericht die Ernennung eines Schiedsrichters für die Beklagte. Letztere widersprach jedoch dieser Ernennung unter Hinweis auf die Unwirksamkeit der Charterpartie. Diese sei zwischen den Parteien nicht unterschrieben worden. Die Formvorschrift des Art. 7 Abs.2 ModG sei deshalb nicht erfüllt und die Schiedsvereinbarung unwirksam. Das Gericht entschied jedoch gegen *Tsinlien*[726].

Zwar läßt sich *Tsinlien* dahingehend ein, das Schiff gechartert zu haben, jedoch bestreitet er diese Charterpartie mit *PIL* als den Managern bzw. Eignern[727] des Schiffes abgeschlossen zu haben. Vielmehr sei der Vertrag von World Ace Agency, einer Vermittlungsagentur, die mit den Agenten von *PIL* in Kontakt standen, unterschrieben worden. Dabei hatte sich World Ace Agency fälschlicherweise als Eignerin des Schiffes ausgegeben. *PIL* bestritt zwar, World Ace Agency jemals zum Abschluß einer Charterpartie mit *Tsinlien* ermächtigt zu haben. Allerdings entspricht die von *Tsinlien* unterschriebene Charterpartie dem Standardvertrag der Klägerin, den deren Agenten an World Ace Agency gefaxt hatten. Mit ihrer Unterschrift hat *Tsinlien* also eine Charterpartie unterzeichnet, deren Bedingungen der Standardcharterpartie von *PIL* vollständig entsprachen.

Obwohl also das Bestehen einer wirksamen Schiedsvereinbarung zwischen den Parteien nicht mit eindeutiger Sicherheit festgestellt werden konnte, sah sich das Gericht im Interesse eines zügigen Verfahrens zur Ernennung des Schiedsrichters berechtigt und verpflichtet[728]. Es begründete seine Entscheidung damit, daß der Maßstab der Glaubhaftmachung unterhalb der Grenze der mit an Sicherheit grenzenden Wahrscheinlichkeit liege, und hier erfüllt sei[729]. Das Schiedsgericht habe im Rahmen des Art. 16 ModG über seine Zuständigkeit zu entscheiden, und müsse dann auch prüfen, ob eine wirksame Schiedsvereinbarung geschlossen worden sei. Hierfür könne es auch noch tiefer in die Beweislage eindringen. Es reiche jedoch aus, wenn das Gericht davon ausgehen könne, daß

---

725 Vgl. Fn. 695.

726 Dies hing u.a. auch mit der verwirrenden Sachverhaltslage zusammen.

727 Eigner des Schiffes ist Chinacord, die vom Gericht als „second plaintiffs" zugelassen wurden.

728 Ebenso hat *Kaplan J.* in *Oonc Lines Ltd.* v. *Sino- American Trade Advancement Co. Ltd.*, Miscellanous proceedings No. 50 of 1994, unveröffentlicht, CLOUT Case 62, entschieden.

729 „[...] I do not really have to be a 100 % satisfied that there was an arbitration agreement which satisfies Art. 7 of the Model Law. [...] The plaintiffs have to meet a threshold which may be less than conclusive proof."; CLOUT Case 40, S 11.

eine solche Schiedsvereinbarung mit aller Wahrscheinlichkeit vorliege. Außerdem stünden der (beschwerten) Partei Rechtsmittel gegen die Entscheidung des Schiedsgerichts zu.

Dagegen wurden die hier aufgestellten Minimalanforderungen an die Schriftlichkeit von demselben Richter in einer anderen Entscheidung nicht als erfüllt angesehen[730]. Dort wollte der Kläger den Nachweis der Unterschrift durch die Aussage eines ehemaligen Angestellten führen. Dies sei ein Beweis vom Hörensagen und als solcher nicht zulässig.

(2) William & Co. v. Chu Kong Agency Co. [731]

In dem dieser Entscheidung zugrunde liegenden Sachverhalt, ging es um Schadensersatzansprüche auf der Grundlage eines Konnossements, das der Kläger nicht unterschrieben hatte. Dieses Konnossement enthielt eine Klausel, die vorsah, daß der Kläger für alle aus diesem Konnossement entstehenden Streitigkeiten zwischen einem staatlichen Gerichtsverfahren oder einem Schiedsverfahren in China wählen könne. Die Wahl sollte bindende Wirkung haben. Anwendbares Recht sollte in beiden Fällen chinesisches Recht sein[732]. Da die Kläger eine unzulässige Wahl getroffen hatten, indem sie die staatliche Gerichtsbarkeit Hong Kongs, und nicht, wie vorgesehen, Chinas wählten, ging das Wahlrecht auf die Beklagten über. Diese entschieden sich für ein Schiedsverfahren in China. Die Kläger wendeten sich gegen diese Wahl, mit dem Argument, daß das Konnossement nicht von ihnen unterschrieben worden sei, und die darin enthaltene Schiedsvereinbarung deshalb die Voraussetzungen des Art. 7 ModG[733] nicht erfülle. Folglich seien sie an diese nicht gebunden. Weiterhin brachten die Kläger vor, daß das Konnossement gem. Art. III Abs.8 Hague-Visby-Rules nichtig sei, da es zu weitreichende Haftungsfreizeichnungsklauseln enthalte. Entscheidungserheblich war, daß die Kläger nicht die Existenz der in dem Konnossement enthaltenen Klausel bestritten, sondern ausdrücklich auf deren Nichtigkeit verwiesen.

Im Rahmen seiner Entscheidung, hat das Gericht insbesondere auf den hinter Art. 7 ModG stehenden Sinn und Zweck verwiesen. Danach dient das in Art. 7 ModG enthaltene Erfordernis der Schriftform nicht nur dem Schutz der Parteien, sondern auch dem Nachweis des Abschlusses einer Schiedsvereinbarung. Art. 7 ModG stelle deshalb dem Unterschriftserfordernis, den Austausch von Klage und

---

730 *H. Smal Ltd.* v. *Goldroyce Garment Ltd.*, 13.5.1994, High Court 1994 No. MP 908.

731 [1993] HKLD B7 = CLOUT Case 44.

732 Zur Gültigkeit einer solchen Klausel vgl. Kaplan, Asia Law 1995 (1), 23 (25 ff.); *China State Construction* v. *Madiford*, [1992] HKLD C4.

733 Vgl. Fn. 695.

Klagebeantwortung gleich. Bei der Wahl des Verfahrens, hatte zwischen den Parteien ein Schriftwechsel stattgefunden, in dem sich beide auf dieselbe in dem Konnossement enthaltene Schiedsvereinbarung beriefen. Das Bestehen dieser Schiedsvereinbarung wurde also von keiner Partei bestritten. Zwar handelte es sich um einen Schriftwechsel, der nach Abschluß des Vertrages stattgefunden habe. Auch ein derartiger Schriftwechsel müsse aber für den Nachweis der Vereinbarung genügen. Bei einer weiten Auslegung der Begriffe könne dieser Schriftwechsel mit einem Austausch von Klage und Klagebeantwortung, der gem. Art. 7 Abs.2 ModG für die Schriftlichkeit ausreicht und auch erst nach Vertragsschluß stattfindet, gleichgesetzt werden[734].

Das Gericht setzte sich damit erfreulicherweise über die Entscheidung in *Hissan Trading Co.* v. *Orkin Shipping Corporation*[735] hinweg, in der ein nach Abschluß der Charterpartie erfolgter Schriftwechsel nicht als ausreichend für die Erfüllung der Schriftform gem. Art. 7 ModG angesehen worden war.

(3) CNT v. MSC[736]

Eine für die internationale Schiedsgerichtsbarkeit sehr interessante Entscheidung traf auch das Schweizer Bundesgericht in der Entscheidung *CNT v. MSC*. Zwar wurde dieser Fall auf der Grundlage des UN-Übereinkommens entschieden. Das Bundesgericht stellte aber ausdrücklich fest, daß das Schriftformerfordernis des Art. II Abs.2 UNÜ im Lichte des ModG auszulegen sei, um eine weite Auslegung des UN-Übereinkommens zu ermöglichen. Denn die Verfasser des ModG hätten mit dem Erlaß dieses Gesetzes u.a. bezweckt, die Bestimmungen des UN-Übereinkommens an die aktuellen Bedürfnisse der internationalen Schiedsgerichtsbarkeit anzupassen, ohne das UN-Übereinkommen selbst ändern zu müssen[737]. Ebenso müsse die Wertung des Art. 178 schweiz. IPRG in die Auslegung mit einbezogen werden, da diese Vorschrift vom ModG inspiriert, und mit Blick auf die Entwicklung der modernen Kommunikationsmethoden entstanden sei.

In dem zitierten Fall hatte die Versicherungsgesellschaft *CNT* gegen *MSC* als Verfrachter auf Rückzahlung der Versicherungsentschädigung geklagt, die *CNT* an Somatrans, den Vertragspartner von *MSC*, für die Entschädigung von Gütern beim Entladen durch *MSC*, hatte zahlen müssen. Gegen diese Klage hatte *MSC*

734 Ibid., Fn. 731, S. 15; Vgl. auch *Gay Constructions PTY. Ltd. and Spaceframe Buildings (North Asia) Ltd.* v. *Caledonian Techmore (Building) Ltd. and Hanison Construction Co. Ltd. Mines*, 17.11.1994, unveröffentlicht, CLOUT Case 87.

735 1992 HKLD H8, CLOUT Case 43.

736 *Compagnie de Navigation et Transport SA (CNT) v. MSC Mediterranean Shipping Company SA (MSC)*, BGE 121 III 38 (N° 12).

737 BGE 121 III 38 (43) (N° 12).

die Schiedseinrede erhoben, und sich auf eine Schiedsvereinbarung berufen, die in dem von *MSC* ausgestellten Konnossement enthalten sei. *CNT* hielt diese Schiedsvereinbarung für ungültig, da das die Schiedsvereinbarung enthaltende Konnossement von Somatrans nur ausgefüllt, aber nicht unterschrieben worden war. Wie bei der Indossierung von Konnossementen üblich, wurde von Somatrans als Empfänger der Güter und Indossant des Konnossements nur eine nicht unterschriebene Kopie des Originalkonnossements indossiert. Bei wörtlicher Auslegung und strikter Beachtung der von Art. II Abs.2 UNÜ aufgestellten Formvoraussetzungen läge somit keine gültige Schiedsvereinbarung vor[738].

Das Bundesgericht hat die Schiedseinrede trotzdem für zulässig erklärt. Bei der Beurteilung des Falles dürfe man nicht außer Betracht lassen, daß mit der Entwicklung moderner Kommunikationsmethoden die Bedeutung maschinell gefertigter Schriftstücke im internationalen Handelsverkehr immer größer werde bzw. eine Unterschrift im herkömmlichen Sinne bei elektronischer Datenübermittlung gar nicht mehr möglich sei. Dadurch relativiere sich das Erfordernis einer Unterschrift und werde die Ungleichbehandlung unterschriebener und nicht unterschriebener Schriftstücke sehr stark in Frage gestellt. Um dennoch zu vertretbaren Ergebnissen zu gelangen, könne in gewissen Fällen die Anwendung des Grundsatzes von Treu und Glauben die Einhaltung einer Formvorschrift ersetzen. So hätten vorliegend die Parteien bereits über einen langen Zeitraum in Geschäftskontakt gestanden und währenddessen immer dieselben Geschäftsbedingungen verwandt. Ziff. 2 dieser Geschäftsbedingungen habe eine Schiedsvereinbarung enthalten. Außerdem wäre das die Geschäftsbedingungen enthaltende Konnossement im konkreten Fall von Somatrans als Ablader ausgefüllt und von *MSC* unterzeichnet worden. Es sei deshalb nach Treu und Glauben davon auszugehen, daß Somatrans, als langjähriger Geschäftspartner von *MSC*, die Geschäftsbedingungen akzeptiert habe[739]. Die Schiedsvereinbarung sei deshalb wirksam vereinbart worden, die Schiedseinrede somit zulässig.

Diese Auslegung entspricht jener nach dem bisher geltenden deutschen Recht. Schließen dieselben Parteien so häufig hintereinander Verträge ab, daß von einer Kette von Verträgen gesprochen werden kann, und ist in den Vertragsvereinbarungen jeweils eine identische Schiedsvereinbarung, so schadet auch das einmalige Fehlen einer Schiedsvereinbarung nicht. Von dem Willen der Parteien, eventuelle Streitigkeiten im Schiedsverfahren beizulegen, ist dann auszugehen[740].

---

738 Dieser Auslegung hat das Bundesgericht ausdrücklich als richtig anerkannt, Ibid. S. 45.

739 BGE 121 III 38 (45 f.) (N° 12).

740 OLG Hamburg, AWD 1967, 271; Böckstiegel, FS Bülow, S. 1 (10); Raeschke-Kessler/Berger/Lehne, Rn. 112; so auch das französische Recht *Société Sorvia v. Weinstein International Disc. Corp.*, Rev. arb. 1984, 363 (365).

(4) Stellungnahme

Anhand der zitierten Entscheidungen zeigt sich, daß die Formvoraussetzung des Art. 7 ModG den „auf Schnelligkeit des Vertragsabschlusses gerichteten Anforderungen der modernen Wirtschaftspraxis[741]", in der die Unterzeichnung oder ein Austausch von Schriftstücken manchmal einfach nicht möglich bzw. nicht üblich ist, nicht gerecht wird. Die Bedenken, daß ohne den durch eine Unterschrift geführten Nachweis des Bestehens einer Schiedsvereinbarung die Einbringung nationaler Praktiken und damit eine uneinheitliche Auslegung gefördert werden könnte, scheinen nicht gerechtfertigt. Bei der Frage, ob eine Schiedsvereinbarung vorliegt, ist vielmehr das Verhalten der Parteien von vorrangiger Bedeutung. Diese Auslegung des Verhaltens ist auf der Grundlage international anerkannter Prinzipien und Verhaltensgrundsätze, aber auch in anderen Vorschriften des ModG, etwa im Rahmen des Art. 4 ModG, gefordert. Die Auslegung des Schriftformerfordernisses von den Gerichten in Hong Kong und dem schweizerischen Bundesgericht beweist, daß durch die Anwendung allgemein anerkannter Verhaltensgrundsätze sehr gut vertretbare Ergebnisse erreicht werden[742].

Es ist deshalb zu kritisieren, daß die Kommission bei der Regelung der Schriftform nicht den Mut aufgebracht hat, sich von den Vorgaben des UN-Übereinkommens zu lösen, da man Schwierigkeiten bei der Vollstreckung befürchtete[743]. Dabei hat man vielleicht der Tatsache zu wenig Beachtung geschenkt, daß die Vorschriften der Konvention immerhin vor über 40 Jahren entworfen wurden und nur noch durch Auslegung den modernen Kommunikationsformen angepaßt werden können. Während es durchaus sinnvoll erscheint, mündliche Schiedsvereinbarungen aus dem Anwendungsbereich auszuschließen, um Beweisproblemen vorzubeugen, scheint es ausreichend, die Schriftlichkeit einer Schiedsvereinbarung als alleinige Voraussetzung zu verlangen. Zudem entspricht es auch der Bedeutung der Parteiautonomie in diesem Bereich, daß die Parteien die Konsequenzen einer fehlenden Unterschrift voll zu tragen haben.

Viele Gesetzgebungen haben deshalb im Rahmen ihrer Reformen von dieser Voraussetzung des ModG Abstand genommen, so daß davon auszugehen ist, daß die Gerichte die Vorschrift des Art. 7 ModG in Zukunft einheitlich weit auslegen werden[744]. Diese Annahme wird auch durch die im folgenden dargestellte Rechtsprechung bestätigt.

---

741 Berger, Wirtschaftsschiedsgerichtsbarkeit, S. 105.

742 Vgl. hierzu auch Schiedsvereinbarung durch Handelsbräuche.

743 A/CN.9/SR. 311 unter 20., 22., 23.

744 § 1031 Abs.4 ZPO; s. 5 Abs.1 *Alberta AA*; s. 1 (b) *B.C. AA*; s. 2 Abs.1 *Singapur IAA*; Art. 1443 Abs.1 *NCPC*; s. 2AC Abs.5 *HK Arbitration Ordinance*; Art. 1021 *NZPO*; Art. 1677 *CJ belge*; Art. 178 Abs.1 *schweiz. IPRG;* s. 5 Abs.2 *Arbitration*

(b) Schiedsvereinbarung durch Verweis

(1) Allgemeiner Verweis

In dem in Bermuda verhandelten Verfahren *Skandia* v. *Al Amana*[745] ging es um die Frage, inwieweit eine Schiedsvereinbarung durch bloßen Verweis auf ein anderes Dokument, in dem eine Schiedsvereinbarung enthalten ist, wirksam abgeschlossen werden kann. *Skandia* und sechs weitere Versicherungsgesellschaften hatten Rückversicherungsverträge mit *Al Amana* geschlossen, einem Tochter-Unternehmen der Alghanim-Versicherung. Infolge der Invasion des Iraks in Kuwait erlitt Alghanim große Schäden, die sie durch ihr Tochter-Unternehmen *Al Amana* bei den verschiedenen Rückversicherungsgesellschaften geltend machte. Diese beriefen sich auf eine im Vertrag enthaltene Ausschlußklausel für Kriegsrisiken. Deren Anwendbarkeit wurde aber von Alghanim bestritten, weil die Schäden nicht auf den Krieg direkt zurückzuführen seien, sondern hauptsächlich durch Plünderung entstanden seien. Da die Rückversicherungsgesellschaften sich nicht zur Regulierung des Schadens bereit erklärten, erhob *Al Amana* in Kuwait Klage. Der Versicherer *Skandia* und die anderen Versicherer brachten dagegen die Schiedseinrede vor. Die Abreden zwischen den Versicherungen waren auf der Grundlage zweier verschiedener Verträge geschlossen worden, einem globalen Rückversicherungsvertrag und einem Rückversicherungsoptions-Vertrag, wobei letzterer einen Verweis auf eine Schiedsvereinbarung in einem dritten Dokument mit dem allgemeinen Verweis „*as per wording attached*[746]" enthielt. Die Wirksamkeit dieses Verweises wurde von *Al Amana* bestritten, die geltend machte, daß die Bezugnahme „*as per wording attached*" nicht das Schriftformerfordernis des Art. 7 ModG (s. 2 *Bermudas AA*[747]) erfülle.

Dieses Argument wurde vom *Supreme Court* der Bermudas nicht anerkannt. Abgesehen davon, daß grundsätzlich eine *prima facie* Vermutung für die Wirksamkeit einer Schiedsvereinbarung bestehe, sei es gem. Art. 7 ModG nicht erforderlich, daß in einem Vertrag ausdrücklich auf die in einem anderen Dokument enthaltene Schiedsklausel verwiesen werde. Diese könnten vielmehr durch einen

Act 1996; vgl. auch BGH, Urteil v. 5.11.1998, NJW 1999, 278 = NJW-RR 1999, 644.

745 *Skandia International Insurance Co. and Mercantile & General Reinsurance Co. and various others* v. *Al Amana Insurance and Reinsurance Co., Supreme Court* of Bermuda, Civil Jurisdiction 1993, No. 381, unveröffentlicht, CLOUT Case 127.

746 „Im Wortlaut beigefügt" oder „Wortlaut im Anhang". (Übersetzung der Verfasserin)

747 Da in der Entscheidung immer auf die Vorschriften des ModG verwiesen wird, wird diese Zitierweise hier übernommen.

allgemeinen Verweis in den Vertrag mit einbezogen werden[748]. Jedenfalls sei die Schiedsvereinbarung nicht als von vornherein nichtig anzusehen, so daß es gem. Art. 16 Abs.3 ModG zunächst Sache des Schiedsgerichts sei, über die Wirksamkeit und den Umfang der Schiedsvereinbarung zu entscheiden. Das Gericht gab der Schiedseinrede daher statt.

Ebenso entschied auch der *Supreme Court* von Hong Kong[749]. Im Rahmen des Flughafenneubaus in Chep Lap Kok entstand Streit zwischen dem Sub-Subunternehmer und dem Subunternehmer über ihre jeweiligen Verpflichtungen aus dem Vertrag. Der Sub-Subunternehmer verklagte schließlich den Subunternehmer, woraufhin dieser Schiedseinrede erhob. Die Parteien hatten vereinbart, daß der Sub-Subunternehmervertrag den Bedingungen des Subunternehmervertrags unterworfen sein sollte und, dessen Stand der Erfüllung entsprechend, zu erfüllen sei[750]. Durch diesen Verweis auf den Subunternehmervertrag, sei auch die dort enthaltene Schiedsvereinbarung Bestand des Sub-Subunternehmervertrags geworden. Dieser Argumentation stimmte das Gericht zu. Das die Schiedsvereinbarung enthaltende Dokument müsse nicht zwischen denselben Parteien geschlos-sen werden, wie der Vertrag, in den die Schiedsvereinbarung durch Verweis auf-genommen werde. Der Wille der Parteien, sich der Schiedsgerichtsbarkeit zu unterwerfen, gehe durch die Bezugnahme auf den Subunternehmervertrag hinreichend klar hervor.

Nach deutschem Recht läßt sich ein solcher Fall nun unter § 1031 Abs.3 ZPO subsumieren. Nach der bisherigen Rechtsprechung wurde die in einem Rahmenvertrag enthaltene Schiedsvereinbarung auch Bestandteil für die unter diesem Rahmenvertrag abgeschlossenen Einzelverträge, sofern die Einzelverträge einen Hinweis auf die Schiedsvereinbarung enthielten[751]. Von der Fortführung dieser Rechtsprechung ist auch unter § 1031 Abs. 3 ZPO auszugehen.

---

748 So auch Holtzmann/Neuhaus, S. 263 f.; Berger, Wirtschaftsschiedsgerichtsbarkeit, S. 152 f.; vgl. für das englische Recht noch unter dem Arbitration Act 1979, *Zambia Steel & Building Supplies Ltd.* v. *James Clark & Eaton Ltd.*, [1986] 2 Lloyd's L.Rep. 225 (231).

749 *Astel-Peiniger Joint Venture* v. *Argos Engineering & Heavy Industries Co. Ltd.*, 18.12.1994, *Supreme Court* Hong Kong, unveröffentlicht, CLOUT Case 78.

750 Ein zwischen den Parteien ausgetauschtes Memorandum lautete: „The Sub-Contract terms shall be principally on back-to-back basis upon the terms of conditions as stipulated in the Contract between the Main Contractor and the Contractor but proportional to the portion and value of Sub-Contract".

751 Glossner/Bredow/Bühler, Rn. 79; Raeschke-Kessler/Berger/Lehne, Rn. 111.

(2) Sonderfall: Konnossement

Ein allgemeiner Verweis auf die in einer Charterpartie enthaltene Schiedsvereinbarung reicht dagegen nicht aus, um ein Konnossement dem Schiedsverfahren zu unterstellen. In *Nanisivik Mines and Zinc* v. *Canarctic Shipping*[752] war zwischen *Nanisivik* und *Canarctic* eine Charterpartie geschlossen worden, *Zinc* war nicht Partei der Charterpartie. Als *Zinc* vor dem ordentlichen Gericht Ansprüche aus dem Konnossement gegen *Canarctic* geltend machte, erhob *Canarctic* die Schiedseinrede. Allerdings enthielt nur die Charterpartie nicht aber das Konnossement eine ausdrückliche Schiedsklausel. Das Vorbringen *Canarctics*, die in der Charterpartie enthaltene Schiedsvereinbarung sei durch einen generellen Verweis in das Konnossement inkorporiert worden und gelte somit auch gegenüber *Zinc*, akzeptierte das Gericht aufgrund der rechtlichen Besonderheiten des Konnossements nicht.

Die Besonderheit des Konnossements liege darin, daß es ein sog. „kausales", also ein handelbares Wertpapier darstelle[753]. Die Umlauffähigkeit und Verkehrssicherheit des Konnossements erfordere es, daß die Einrede des Schiedsverfahrens, die eine Einwendung aus dem Inhalt der Urkunde darstelle, nur erhoben werden dürfe, wenn diese aus der Konnossementsurkunde ersichtlich sei. Weitergehende Verpflichtungen als solche, die man bei Abschluß eines Konnossements regelmäßig erwarte bzw. Beschränkungen der Rechtsmittel, könnten deshalb nur gültig sein, wenn darauf ausdrücklich aufmerksam gemacht werde. Bei dem Konnossement handele sich um einen von der Charterpartie zu unterscheidenden Vertrag zwischen verschiedenen Parteien, auch wenn es sich teilweise auf denselben Streitgegenstand wie die Charterpartie bezöge. Die in einer Charterpartie enthaltene Schiedsvereinbarung könne folglich nur unter bestimmten Voraussetzungen auch gegenüber einem (dritten) Konnossementsinhaber verbindlich sein. Zum einen dann, wenn die in der Charterpartie enthaltene Schiedsvereinbarung ausdrücklich vorsehe, daß sie auch auf Streitigkeiten Anwendung finde, die im Zusammenhang mit dem Konnossement stehen. Oder wenn in dem Konnossement eine Inkorporationsklausel enthalten sei, die ausdrücklich auf die Charterpartie und ausdrücklich auf die Schiedsvereinbarung in dieser verweise[754]. Da in diesem Fall das Konnossement nur einen generellen Verweis auf die Charterpartie enthielt, wies das Gericht die Schiedseinrede in Bezug auf *Zinc* ab.

---

752 *Nanisivik Mines Ltd. and Zinc Corporation of America* v. *Canarctic Shipping Co. Ltd.*, 10.2.1994 (F.C.A.), unveröffentlicht, CLOUT Case 70.

753 Vgl. Bills of Lading Act, R.S.C. 1985, c. B-5, s.2.

754 Vgl. *Hamilton* v. *Mackie Sons Ltd.*, (1988) 5 TLR 677; *T.W. Thomas & Co.* v. *Portsea Steamship Co. Ltd.*, [1912] AC 1; *The Njegos*, [1935] All E.R. 863; *The Phonizien*, [1966] 1 Lloyd's L.Rep. 150; *The Annfield*, [1971] 1 All E.R. 394.

Angesichts der Unsicherheiten, die im Hinblick auf eine Inkorporierung der Schiedsvereinbarung in das Konnossement bestehen, ist den Parteien anzuraten, einen Verweis ausdrücklich zu formulieren. Dies würde auch den Anforderungen des § 1031 Abs.4 ZPO genügen.

Eine ähnliche Problematik besteht im Hinblick auf den Wechsel. Allerdings erweist sich eine ausdrückliche Einbeziehung des Wechsels hier als noch wichtiger, da der Wechsel im Unterschied zum Konnossement ein vom Hauptvertrag völlig abstraktes Wertpapier darstellt. Zwar ist auch das Konnossement ein abstraktes Wertpapier. Seine Umlauffähigkeit ist aber durch die Verbindung mit der Charterpartie und deren spezifische Haftungsausschlußgründe eingeschränkt. In *York Airconditioning* v. *Lam Kwai Hung Trading*[755] wurde deshalb die Ausdehnung der in dem Hauptvertrag enthaltenen Schiedsvereinbarung auf den Wechsel abgelehnt. Der Wechsel sei ein separater Vertrag, der nicht von der im Hauptvertrag enthaltenen Schiedsvereinbarung erfaßt werde. Dies gelte sowohl nach chinesischem Recht als auch nach dem Recht Hong Kongs.

Noch ausdrücklicher hat der BGH in einem Urteil festgestellt, daß die Frage, „ob und gegebenenfalls wann eine Schiedsklausel auch Ansprüche aus einem Wechsel erfaßt, [...sich] nach den dazu von den Parteien getroffenen Vereinbarungen [richte][756]“. In diesem Fall handelte es sich um eine weite Schiedsklausel, deren Formulierung keinen Zweifel daran ließ, daß auch Ansprüche aus Wechseln in den Zuständigkeitsbereich des Schiedsgerichts fallen sollten.

(3) Nachträglicher Beweis des Bestehens der Schiedsvereinbarung

In der Entscheidung *Gay Constructions* v. *Caledonian Techmore*[757] ging es um Streitigkeiten aus einem Vertrag zwischen dem Sub-Subunternehmer und einem Subunternehmer. Der Vertrag war unstreitig vom Subunternehmer nie unterschrieben worden. Im Laufe der Vertragserfüllung fand allerdings ein ausführlicher Schriftwechsel zwischen den Parteien statt, in dem auf mehrere Klauseln des Vertrages Bezug genommen wurde, wenn auch nicht ausdrücklich auf die Schiedsvereinbarung. Unter Verweis auf die *travaux préparatoires* und den

---

755 *York Airconditioning & Refrigeration Inc.* v. *Lam Kwai Hung Trading as North Sea A/C Elect. Eng. Co.*, 16.12.1994, *Supreme Court* Hong Kong, unveröffentlicht, CLOUT Case 89.

756 BGH, Urteil v. 28.10.1993, NJW 1994, 136; vgl. hierzu auch unten, 3. Kap., III.4.

757 *Gay Constructions PTY. Ltd. and Spaceframe Buildings (North Asia) Ltd.* v. *Caledonian Techmore (Building) Ltd. and Hanison Construction Co. Ltd. Mines, Entscheidung vom* 17.11.1994, *Supreme Court* Hong Kong, unveröffentlicht, CLOUT Case 87.

Kommissionsbericht hat das Gericht festgestellt, daß die in Art. 7 Abs.2 ModG[758] aufgeführten Möglichkeiten zur Erfüllung der Schriftform nicht abschließend aufgeführt seien. Vergleiche man den dort erwähnten Fall des „Austausches von Klagschriften“ mit dem Austausch anderer Schriftstücke, so sei kein Grund ersichtlich, warum jene anders zu behandeln sein sollen. Auch der Austausch von Klageschriften fände erst nach dem Abschluß der Schiedsvereinbarung statt, so daß es ebenfalls möglich sein müsse, die Existenz einer Schiedsvereinbarung durch nachträglich stattfindenden Schriftwechsel zwischen den Parteien zu beweisen.

Es ist davon auszugehen, daß auch die deutsche Rechtsprechung die Schiedsvereinbarung in einem solchen Fall als wirksam anerkennen würde. Wie bereits ausgeführt[759], wird in § 1031 Abs.2 ZPO generell der Austausch bzw. die Übermittlung von Schriftstücken bei fehlendem Widerspruch der anderen Partei als Möglichkeit zum Abschluß einer Schiedsvereinbarung normiert, ohne Klageschrift und Klageerwiderung beispielhaft zu erwähnen.

c. Schiedsvereinbarung kraft Handelsbrauchs

In einem vom BGH[760] noch unter Anwendung der ZPO a.F. entschiedenen Fall ging es bei einer Drei-Personenkonstellation um die Frage, ob für einen Kaufvertrag über 3000 Dutzend Wetblue-Schaffelle eine wirksame Schiedsvereinbarung getroffen worden war. Dies bestritt die auf Wandlung klagende Käuferin unter Hinweis darauf, daß sie das die Schiedsvereinbarung enthaltende Vertragsformular nie erhalten habe. Vielmehr habe sie mit der Vertreterin der Beklagten den Vertrag auf der Grundlage eines anderen Formulars abgeschlossen. Dagegen wandte die Beklagte ein, daß im internationalen Fell-Handel die Schiedsklausel des „*Internationalen Hide & Skin Contract No.2*““ nach Handelsbrauch als vereinbart gelte und somit eine Schiedsvereinbarung zwischen den Parteien bestehe. Das Gericht gab dem Antrag auf Abweisung der Klage statt. Eine Partei müsse eine auf einem Handelsbrauch beruhende Schiedsvereinbarung auch dann gegen sich gelten lassen, wenn ihr dieser Handelsbrauch unbekannt war[761]. Wer am kaufmännischen Geschäftsverkehr teilnehme, trage eine erhöhte Selbstverantwortung, die es rechtfertige, ihm aufzuerlegen, daß er sich an bestimmten Bräu-

---

758 [...] Die Schriftform ist erfüllt, wenn [...] oder wenn anläßlich des Austausches von Klage und Klagebeantwortung das Bestehen einer Schiedsvereinbarung in der Klage behauptet und in der Klagebeantwortung nicht bestritten wird. [...]

759 Vgl. oben 2. Kapitel, II.3.a.(2).

760 Urteil v. 3.12.1992, DZWiR 1993, 465.

761 RG, Urteil v. 6.1.1922 – 906/21 VII (Frankfurt a.M.), JW 1922, 706 (707); BGH, WM 1993, 1307 = NJW 1993, 1798 = LM H.7/1993, § 1027 ZPO, Nr. 18 m. Anm. Kappus; Berger, DZWiR 1993, 466 (467).

chen des in Frage stehenden Marktes festhalten lassen muß. Komme der Rechtsteilnehmer dieser Pflicht nicht nach, so handele er fahrlässig und müsse sich dies zurechnen lassen[762]. Insoweit gelte also auch der Rechtsgrundsatz, daß Unkenntnis einer Verkehrssitte schade[763].

Es scheint gerechtfertigt, an Kaufleute erhöhte Anforderungen hinsichtlich der rechtlichen Konsequenzen ihres Handelns zu stellen. Kaufleute können deshalb grundsätzlich auch ohne die Einhaltung gewisser Formvorschriften an Verträge gebunden sein[764]. Allerdings hat der deutsche Gesetzgeber die Möglichkeit des formfreien sowie des mündlichen[765] Abschlusses von Schiedsvereinbarungen im Rahmen eines Handelsgeschäfts mit der Aufhebung des § 1027 Abs.2 ZPO a.F.[766] beseitigt. Demzufolge müssen auch Kaufleute zum Abschluß einer wirksamen Schiedsvereinbarung in Zukunft die Schriftform einhalten, um der Beweisfunktion des § 1031 ZPO Genüge zu tun. Im Hinblick auf den Abschluß einer Schiedsvereinbarung kraft Handelsbrauchs macht das deutsche Recht aber eine Ausnahme vom Unterschriftserfordernis. Hierfür genügt es, daß in einer Urkunde auf den Handelsbrauch Bezug genommen wird, ohne daß er ausdrücklich in dem Vertrag niedergelegt sein müßte. Vielmehr muß eine Partei die Anwendung des Handelsbrauchs bei Vertragsschluß ausdrücklich ausschließen, wenn sie dessen Verwendung nicht wünscht[767]. Wichtig ist diese gesetzgeberische Entscheidung vor allem im Hinblick darauf, daß der Vertragsabschluß per elektronischer Datenübermittlung immer weitere Verbreitung findet. Der Vertragstext wird dabei regelmäßig auf ein Minimum reduziert oder beschränkt sich darauf, auf andere Dokumente, wie Musterverträge oder Branchenstatute, zu verweisen[768]. Sowohl die Anerkennung von Schiedsvereinbarungen kraft Handelsbrauchs als auch die Frage nach der Anerkennung einer eigenen Rechtsordnung des internationalen Handels, der sog. *lex mercatoria*, gewinnen in diesem Rahmen immer mehr an Bedeutung.

---

762 Lachmann, Rn. 125.

763 Vgl. Kappus, LM H.7/1993, § 1027 ZPO, Nr. 18.

764 z.B. §§ 350, 344 Abs.1, 343 Abs.1 HGB (Bürgschaft).

765 Vgl. BT-Drucks. 13/5274, S. 36, wonach „ein echtes Bedürfnis für die Gültigkeit mündlicher Schiedsvereinbarungen nicht besteht".

766 § 1027 ZPO a.F. lautete: (1) Der Schiedsvertrag muß ausdrücklich geschlossen werden und bedarf der Schriftform; andere Vereinbarungen als solche, die sich auf das schiedsgerichtliche Verfahren beziehen, darf die Urkunde nicht enthalten. Der Mangel der Form wird durch die Einlassung auf die schiedsgerichtliche Verhandlung zur Hauptsache geheilt.
(2) Die Vorschrift des Abs.1 ist nicht anzuwenden, wenn der Schiedsvertrag für beide Teile ein Handelsgeschäft ist und keine der Parteien zu den in § 4 des Handelsgesetzbuches bezeichneten Gewerbetreibenden gehört.

767 Lachmann, Rn. 124; Kappus, LM H.7/1993, § 1027 ZPO, Nr. 18.

768 Berger, DZWiR 1993, 466; vgl. zur Problematik auch Böckstiegel, FS Bülow, S. 1 ff.

3. Wirkung der Schiedsvereinbarung

Durch die Vereinbarung der Parteien, ein Schiedsverfahren zu führen, wird dem staatlichen Gericht die Zuständigkeit über den bestimmten Streitgegenstand entzogen. Diese Wirkung der Schiedsvereinbarung wird insbesondere an zwei Vorschriften des ModG deutlich. Gem. Art. 8 ModG muß das Gericht die Parteien auf das schiedsrichterliche Verfahren verweisen, wenn Klage in einer Angelegenheit erhoben wird, die Gegenstand einer Schiedsvereinbarung ist. Das gleiche gilt gem. Art. 16 ModG, wenn das Schiedsverfahren bereits eingeleitet wurde und eine Partei dann Klage erhebt. Es ist zunächst Sache des Schiedsgerichts über seine Zuständigkeit zu entscheiden, auch wenn die endgültige Entscheidung über die Wirksamkeit der Schiedsvereinbarung immer beim staatlichen Gericht verbleibt. Da mit der Anrufung des staatlichen Gerichts nach Eröffnung eines Schiedsverfahrens sehr häufig dilatorische Zwecke verfolgt werden, kann das Schiedsgericht sein Verfahren – auch bei Anhängigkeit des staatlichen Verfahrens – fortsetzen. Eine Fortsetzung ist dann sinnvoll, wenn sich das Schiedsgericht seiner Zuständigkeit sicher ist. Andererseits steht es in seinem Ermessen, das Schiedsverfahren auszusetzen, wenn wirkliche Zweifel in dieser Hinsicht bestehen.

Die Verweisung auf das Schiedsverfahren im Falle einer gültigen Schiedsvereinbarung sowie die dadurch bedingte Aussetzung des gerichtlichen Verfahrens wurde von den kanadischen Gerichten auf Bundesebene und in den *common law* Provinzen lange Zeit nicht als obligatorisch anerkannt[769]. Vielmehr behielten sich die ordentlichen Gerichte ein Ermessen vor, den Fall gegebenenfalls selbst zu entscheiden, wenn dies ihrer Ansicht nach im Interesse der Rechtspflege angebracht schien[770]. Seit der Umsetzung des ModG wird Art. 8 ModG jedoch grundsätzlich von allen kanadischen Gerichten als ermessensausschließend ausgelegt[771]. Die Verweisung auf das Schiedsverfahren ist somit in Kanada obligatorisch.

---

769 Vgl. den Rückblick in *Gulf Canada Resources Ltd.* v. *Arochem International Ltd. (C.A.)*, 66 B.C.L.R. (2d), 113 (114), CLOUT Case 31, unter Hinweis auf die frühere Gesetzgebung Arbitration Act, R.S.B.C. 1979, c. 18, s. 6.

770 Vgl. zur Entwicklung der kanadischen Rechtsprechung in dieser Frage hierzu Prujiner, Rev. arb. 1994, 569 ff.

771 Vgl. nur *B.C. Navigation S.A.* v. *Canpotex Shipping Services Ltd.(F.C. T.D.)*, 16 F.T.R. 79, CLOUT Case 9; *Seapearl* v. *Seven seas Corp*, [1983] 2 F.C. 161 (176); *Onex Corp.* v. *Ball Corp (O.C.)*, 1994, CLOUT Case 69; *Automatic Systems Inc.* v. *Bracknell Corp. (Ont. C. A.)*, [1994] 18 O.R. (3d) 257, CLOUT Case 73; *Navionics Inc.* v. *Flota Maritima Mexicana S.A. et al.*, (1989) 26 F.T.R. 148 (151, 153).

Dabei wird allerdings selten zwischen der Verweisung der Parteien auf das Schiedsverfahren und der Aussetzung des gerichtlichen Verfahrens unterschieden. So hat das Bundesgericht diese Vorschrift in *BC Navigation* v. *Canpotex Shipping*[772] als eine „zwingende Pflicht, die Parteien auf das Schiedsverfahren *zu verweisen*", interpretiert, sofern die Schiedsvereinbarung nicht nichtig oder undurchführbar sei[773]. In *Automatic Systems Inc.* v. *Bracknell Corp.*[774] wurde dagegen formuliert, daß das Gericht *die Aussetzung des Verfahrens* nur verweigern dürfe, wenn die Schiedsvereinbarung nichtig, unwirksam oder undurchführbar sei[775]. In anderen Entscheidungen hieß es, daß die Verweisung auf das Schiedsverfahren *prima facie* die Aussetzung des gerichtlichen Verfahrens bedinge[776]. Eine Abweichung von dieser Regel sei aber möglich, wenn hierfür ausreichend starke Gründe vorlägen[777], namentlich, wenn die Schiedsvereinbarung nichtig wäre, oder immer dann, wenn es im konkreten Fall unvernünftig oder unfair wäre, den Kläger an seinem vertraglichen Versprechen festzuhalten[778].

Wie konsequent die kanadischen Gerichte nunmehr die Beachtung der *Kompetenz-Kompetenz* des Schiedsgerichts handhaben, zeigen auch folgende Entscheidungen. In *Rio Algom.* v. *Sammi Steel Co.*[779] wurde im Hinblick auf die Wirkung des Art. 8 ModG eine klare Unterscheidung zwischen nationalen und

---

772 *BC Navigation S.A. (Bankrupt)* v. *Canpotex Shipping Services Ltd.*, CLOUT Case 9, siehe Fn. 771.

773 Auf diesen Fall fand gem. S. 5 (2) *Commercial Arbitration Code* Bundesrecht Anwendung, weil es sich um eine „admiralty matter" handelte, für die nach kanadischem Recht der Bund die ausschließliche Zuständigkeit besitzt.

774 CLOUT Case 73, siehe Fn. 771; ebenso *Navionics Inc.* v. *Flota Maritima Mexicana S.A. et al.*, (1989) 26 F.T.R. 148 (151, 153).

775 Hervorhebungen durch die Verfasserin.

776 *Seapearl* v. *Seven Seas Corp.*, [1983] 2 F.C. 161 (176).

777 Vgl. insbesondere *Nanisivik Mines Ltd. and Zinc Corporation of America* v. *Canarctic Shipping Co. Ltd. (F.C. T.D.)*, unveröffentlicht, 19.1.1993, CLOUT Case 36, aufgehoben in der Berufung, 10.2.1994 (F.C.A.), unveröffentlicht, CLOUT Case 70.

778 *Miramichi Pulp and Paper Inc.* v. *Canadian Pacific Bulk Ship Services Ltd. (F.C. T.D.)*, unveröffentlicht, CLOUT Case 34; *A. Bianchi S.R.L.* v. *Bilumen Lighting Ltd.*, 18.5.1990 (C.S.), [1990] R.J.Q. 1681 (1684); *B.C. Navigation S.A.* v. *Canpotex Shipping Services Ltd.*, supra Fn. 772; so ausdrücklich *Gulf Canada Resources Ltd.* v. *Arochem International Ltd. (C.A.)*, 66 B.C.L.R. (2d), 113 (119), CLOUT Case 31; *Continental Resources Inc.* v. *East Asia Co. (F.C. T.D.)*, 22.3.1994, unveröffentlicht, CLOUT Case 72; *Mind Star Toys Inc.* v. *Samsung Co. (O.C.)*, 9 O.R. (3d) 374, CLOUT Case 32; *Rio Algom Ltd.* v. *Sammi Steel Co (O.C.)*., [1991] O.J. No. 268, CLOUT Case 18; *Continental Resources Inc.* v. *The East Asiatic Company (Canada) Inc. (F.C. T.D.)*, T-2128-91, unveröffentlicht, CLOUT Case 184; *Ruhrkohle Handel Inter GmbH et al.* v. *Fednav Ltd. et al. (F.C.A.)*., 3 F.C.R. 1992, 98, CLOUT Case 33.

779 [1991] O.J. No. 268, CLOUT Case 18.

internationalen Schiedsvereinbarungen gemacht. Trotz Vorliegens einer Schiedsvereinbarung hatte *Rio* Klage gegen *Sammi* erhoben. Dieser erhob darauf hin Schiedseinrede, wurde aber erstinstanzlich abgewiesen, da Streitgegenstand die Auslegung des Umfangs der Schiedsvereinbarung sei. Den Umfang der Schiedsvereinbarung könne aber nur ein staatliches Gericht bestimmen[780]. Dem widersprach das Berufungsgericht. Da es sich um einen internationalen Fall handele und Ontario das ModG umgesetzt habe, sei Art. 16 ModG einschlägig. Folglich könne das Schiedsgericht zunächst selbst über seine Kompetenz entscheiden. Die einzige Befugnis, die dem staatlichen Gericht im Falle einer Schiedseinrede zustehe, sei die in Art. 8 ModG vorgesehene zwingende Verweisung der Parteien auf das Schiedsverfahren, solange die Schiedsvereinbarung nicht nichtig, unwirksam oder undurchführbar sei[781].

In *Prince George (City)* v. *A.L. Sims & Sons.*[782] stellte das Gericht ausdrücklich festgestellt, daß das Ermessen des staatlichen Richters durch s.15 *B.C. AA*[783] beschränkt ist. Sei unklar, ob die Ansprüche von der Schiedsvereinbarung erfaßt seien, so solle die Aussetzung des Verfahrens gewährt werden, damit die Frage vom Schiedsgericht geklärt werden könne[784].

Die Verweisung auf das Schiedsverfahren erfährt auch im englischen Recht strenge Beachtung[785]. In *Wealands* v. *CLC Contractors*[786] hat das Gericht die Parteien auf das Schiedsverfahren verwiesen, obwohl ihnen dadurch prozessuale Nachteile drohten, da nicht feststand, ob der Schiedsrichter gem. s. 48 *Arbitration Act 1996* zur Anordnung von Ausgleichszahlungen zwischen den Gesamtschuldnern befugt war. Die Parteien werden somit auch dann an ihrer Verfahrenswahl festgehalten, wenn ihnen dadurch Nachteile drohen können.

Ebenso gehen die schweizerischen Gerichte vom Vorrang der Zuständigkeit des Schiedsgerichts bei der Entscheidung über die Wirksamkeit der Schiedsvereinbarung aus[787]. Die *Kompetenz-Kompetenz* des Schiedsgerichts gehe der Befugnis des Richters, über seine Zuständigkeit zu urteilen, voraus. Daher sei der staatliche Richter verpflichtet, die Parteien bei Geltendmachung der Schiedsein-

780 Vgl. s. 7 (domestic) Arbitration Act, R.S.O. 1980, c. 25.

781 Ebenso: J. Strayer in *Continental Resources Inc.* v. *The East Asiatic Company (Canada) Inc. (F.C. T.D.)*, T-2128-91, unveröffentlicht, CLOUT Case 184.

782 [1995] 9 W. W. R. 503, (B.C. C.A.), CLOUT Case 179.

783 Diese Vorschrift entspricht Art. 16 ModG.

784 Unter Verweis auf *Gulf Canada Resources Ltd.* v. *Arochem International Ltd.*, (1992) 66 B.C.L.R. (2d) 113, CLOUT Case 31.

785 In s. 9 Abs.1 *Arbitration Act 1996* ist eine dem Art. 8 Abs.1 ModG entsprechende Vorschrift enthalten.

786 [1998] New Law Digest Commercial Communication 60, Q.B.D. (Commercial Court).

787 BGE. Semaine Judiciaire 1987. 230: ASA Bull. 1987. 130.

rede auf das Schiedsverfahren zu verweisen, wenn das Schiedsverfahren bereits anhängig ist oder einer Einleitung nichts im Wege steht[788].

Ein Ermessen steht den Gerichten somit nur noch hinsichtlich der Frage zu, ob die Schiedsvereinbarung nichtig, unwirksam oder undurchführbar ist[789]. Von größter praktischer Relevanz für die Einheitlichkeit der Auslegung ist hierbei die Frage der Undurchführbarkeit der Schiedsvereinbarung. Unter Berücksichtigung des Grundsatzes von Treu und Glauben, wird die Undurchführbarkeit von der Rechtsprechung einheitlich dann bejaht, wenn deutlich wird, daß die Berufung auf die Schiedsvereinbarung nur dazu dient, die Durchsetzung des gegnerischen Anspruchs zu erschweren oder zu vereiteln[790].

4. Durchsetzbarkeit der Schiedsvereinbarung

a. Undurchführbarkeit der Schiedsvereinbarung

Das Kriterium der Undurchführbarkeit bzw. Durchführbarkeit der Schiedsvereinbarung war in der deutschen Rechtsprechung schon vor der Reform maßgebend für die Beurteilung der Zulässigkeit einer Schiedseinrede. So hat der BGH trotz des Bestehens einer Schiedsvereinbarung eine gerichtliche Klage für zulässig erklärt, weil von der die Schiedseinrede vorbringenden Partei gleichzeitig Prozeßkostenhilfe beantragt worden war[791]. Das Gericht hielt die Schiedsvereinbarung aufgrund dieses Antrags für undurchführbar. Der Antrag auf Prozeßkostenhilfe setze den Nachweis der Bedürftigkeit voraus und beweise somit, daß die Partei nicht in der Lage sei, die Schiedskosten zu tragen. Die Schiedsvereinbarung verpflichte aber beide Parteien, bei der Durchführung des Schiedsverfahrens mitzuwirken. Insbesondere sei jede Partei verpflichtet, sich an der Bildung des Schiedsgerichts zu beteiligen, und die üblicherweise von einem Schiedsgericht geforderten Kostenvorschüsse anteilig zu leisten. Sei sie dazu nicht in der Lage, könne die Gegenpartei sich zwar bereit erklären, die Kosten in vollem Umfang zu übernehmen, um die Durchführung des Schiedsverfahrens trotzdem zu ermögli chen. Dazu bestehe aber keine Verpflichtung. Die Schiedsvereinbarung sei somit undurchführbar geworden, weil für den Kläger keine zumutbare Möglichkeit be-

788 Bucher, Rn. 139.

789 Vgl. auch *D. Heung & Associates, Architects & Engineers* v. *Pacific Enterprises (Holdings) Co. Ltd., Supreme Court* Hong Kong, unveröffentlicht, CLOUT Case 108.

790 Vgl. Fn. 778.

791 BGHZ 102, 199 = NJW 1988, 1215; EwiR § 1027a ZPO 1/88, 519 m. Anm. Schlosser.

stand, im Schiedsverfahren einen Vollstreckungstitel zu erlangen. Der Kläger konnte der Schiedseinrede deshalb die Arglisteinrede entgegenhalten[792].

Ohne direkt auf die Undurchführbarkeit abzustellen, erklärte der BGH in einem ähnlichen Fall eine Klage trotz vorhandener Schiedsvereinbarung für zulässig, in deren Rahmen der Beklagte die Schiedseinrede erhoben hatte, obwohl er vor der Klageerhebung die Schiedsvereinbarung für ungültig erklärt hatte. Zur Begründung wurde ausgeführt, dieses Verhalten sei bösgläubig und widerspreche dem Grundsatz von Treu und Glauben[793].

Für die Einheitlichkeit der Auslegung ist es interessant, die unterschiedlichen Rechtsfolgen von § 1032 Abs.1 ZPO und Art. 8 Abs.1 ModG zu vergleichen. Während Art. 8 Abs.1 ModG bei Vorliegen einer gültigen Schiedsvereinbarung die Verweisung auf das Schiedsverfahren vorsieht, bestimmt § 1032 Abs.1 ZPO, daß die Klage bei Vorliegen einer – nach Auffassung des Gerichts – gültigen Schiedsvereinbarung, als endgültig unzulässig abzuweisen ist. Sollte sich das Schiedsgericht in der Folge trotzdem für unzuständig halten, wäre den Parteien durch die endgültige Abweisung der Rechtsschutz verwehrt[794]. Aufgrund dieser weiterreichenden Rechtsfolge, ist davon auszugehen, daß im deutschen Recht eine intensivere oder genauere Zuständigkeitsprüfung vorgenommen werden wird, als im Rahmen des ModG. Im Grunde hat der deutsche Gesetzgeber mit dieser Regelung die von Art. 16 ModG vorgesehene *Kompetenz-Kompetenz* des Schiedsgerichts ausgehebelt, da das staatliche Gericht, zumindest bei Erhebung einer Schiedseinrede vor Einleitung des Schiedsverfahrens gezwungen ist, die Frage der Zuständigkeit konkret zu klären. In einer Fallgestaltung, bei der es Unsicherheiten hinsichtlich des Bestehens der Schiedsvereinbarung gibt, müßte das Gericht dann wohl zu einer zweifelsfreien Überzeugung gelangen und könnte die Parteien nicht unter Hinweis auf Art. 16 ModG auf das Schiedsverfahren verweisen[795].

b. Widersprüchliche oder unpräzise Schiedsvereinbarungen

Auch in dem sehr schiedsfreundlichen Hong Kong wird auf das Kriterium der Undurchführbarkeit abgestellt. So ist in *Lucky Goldstar* v. *Ng Mook Kee Engi-*

---

792 BGH, a.a.O.; vgl. hierzu auch BGH, Urt. v. 18.11.1998, EWiR § 253 ZPO 2/99, 285, wo diese Grundsätze auf ein Schlichtungsverfahren übertragen werden.

793 BGH, WM 1987, 1084.

794 Dies entspricht der bisherigen Rechtslage, vgl. § 1027 ZPO a.F.

795 Anders wurde dies in *Pacific International Lines (PTE) Ltd. & Another v. Tsinlien Metals and Minerals Co. Ltd., 1992 HKLD G5* entschieden, vgl. hierzu oben, 3. Kap., II.2.a.(1).

neering[796] eine Schiedsvereinbarung mit dem Wortlaut „[...]*in a 3rd country under the rule of the 3rd country and in accordance with the rules of procedure of the International Commercial Association*[..]" als wirksam anerkannt worden. Die Tatsache, daß kein konkreter Schiedsort bestimmt worden sei, stünde der Intention der Parteien, eventuelle Streitigkeiten im Wege eines Schiedsverfahrens lösen zu wollen, genausowenig entgegen, wie die Tatsache, daß die benannte Schiedsinstitution gar nicht existiere. Vielmehr könnten die Parteien die Schiedsvereinbarung durch Benennung eines konkreten Schiedsortes in Kraft setzen. Im Sinne des ModG sei der Begriff der Undurchführbarkeit eng auszulegen. Eine Schiedsvereinbarung könne erst dann als undurchführbar angesehen werden, wenn auf ihrer Grundlage kein Schiedsverfahren in Gang gesetzt werden könne, z.B. wenn die Parteien die Schiedsvereinbarung widerrufen hätten[797].

Ebenso wurde in *Guangdong v. Conagra*[798] eine Schiedsvereinbarung als wirksam anerkannt, die ein Schiedsverfahren „mit Schiedsort in Hong Kong und im Einklang mit den Regeln von Hong Kong" vorsah. Die Klägerin hielt diese Klausel für unwirksam. Zur Begründung führte sie an, die Klausel sei zu vage, da aus ihr nicht klar hervorgehe, auf welche Verfahrensregeln sie sich beziehe. Außerdem handele es sich nicht um eine bindende Schiedsvereinbarung, da ein Schiedsverfahren nur für den Fall vorgesehen sei, daß der Schlichtungsversuch scheitere. Dem hielt das Gericht entgegen, daß die Intention der Parteien, ein Schiedsverfahren zu führen, schon aus der Überschrift „Arbitration" der Klausel klar hervorgehe. Diese sei auch bindend, da die Klausel einen Schlichtungsversuch und, bei dessen Scheitern, ein Schiedsverfahren zwingend vorsehe. Diese Formulierung mache die Intention der Parteien deutlich, eine gerichtliche Streitbeilegung zu vermeiden.

Schiedsfreundlich wurden auch die widersprüchlichen Vereinbarungen der Parteien in der kanadischen Entscheidung *Mind Star Toys Inc. v. Samsung Co. Ltd.*[799] bewertet. *Mind Star* war Lizenznehmer eines Produkts, über das er mit *Samsung* einen Unterlizenzvertrag vereinbart hatte. Art. 14.4 dieses Vertrages enthielt eine Schiedsvereinbarung und Art. 7.7 eine Klausel, die *Mind Star* berechtigte, *Samsung* zu verklagen, sollte dieser seine vertraglichen Pflichten nicht erfüllen. Unter Art. 14.4 (f) war vorgesehen, daß jeder Streit, der Art. 7.7 des

796 *Lucky Goldstar International (HK) Ltd.* v. *Ng Mook Kee Engineering Ltd.*, [1993] 2 HKLR 73.

797 Unter Berufung auf van den Berg, NYC, S. 158.

798 *Guangdong Agriculture Company Ltd.* v. *Conagra International (Far East) Ltd.*, *Supreme Court* Hong Kong, [1993] 1 HKLR 113, CLOUT Case 41 (im folgenden *Guangdong*).

799 9 O.R. (3d) 374, CLOUT Case 32.

Vertrages betreffe, sofort an den ICC-Schiedsgerichtshof zu verweisen sei[800]. *Samsung* hielt den für das Produkt vereinbarten Qualitätsstandard nicht ein. Dies wertete *Mind Star* als fundamentale Mißachtung der vertraglichen Pflichten (*fundamental breach*), die ihn dazu berechtige, den Vertrag als unwirksam anzusehen. *Mind Star* verklagte *Samsung* deshalb auf Schadensersatz, woraufhin *Samsung* Schiedseinrede erhob. Zwar anerkannte auch *Mind Star* die in Art. 14.4 enthaltene Schiedsvereinbarung. Er betrachtete diese aber als durch das vertraglich vorgesehene Klagerecht eingeschränkt. Diese Ansicht hat das Gericht nicht geteilt. Die zwischen den Parteien bestehende Vereinbarung könne nicht anders interpretiert werden, als daß auch das Klagerecht zunächst der Schiedsgerichtsbarkeit unterworfen sei. Eine andere Auslegung wäre mit Art. 16 ModG und der *Kompetenz-Kompetenz* des Schiedsgerichts nicht zu vereinbaren. Da die Schiedsvereinbarung wirksam sei, stünde es zunächst dem Schiedsgericht zu, über deren Umfang zu entscheiden. Das Gericht verwies die Parteien deshalb auf das Schiedsverfahren.

Diese dargestellten Entscheidungen machen deutlich, daß die Gerichte darauf bedacht sind, die Parteien an ihren Vereinbarungen festzuhalten, und nur in Ausnahmefällen eine Schiedsvereinbarung für unwirksam, nichtig oder undurchführbar zu erklären.

c. Umfang der Schiedsvereinbarung

In einigen Entscheidungen befaßten sich die Gerichte in Hong Kong[801] mit der Auslegung des in der englischen Version von Art. 8 Abs.1 ModG enthaltenen Wortes „*dispute*“[802]. Auslegungsschwierigkeiten entstanden daraus, daß in der mittlerweile aufgehobenen s. 6A *HK Arbitration Ordinance* das Gericht, trotz Vorliegens einer Schiedsvereinbarung, auch dann die Verweisung an ein Schiedsgericht verweigern konnte, wenn „*there is not in fact any dispute between the parties with regard to the matter agreed to be referred*[803]“.

800 Art. 14.4 (f) des Vertrages lautet: „Any disputes respecting Article 7.7 of this Agreement shall be immediately referred to the ICC Court of Arbitration.“

801 *Tai Hing Cotton Mill Ltd.* v. *Glencore Grain Rotterdam BV & Anor*, Court of Appeal, [1996] 1 HKC 363, CLOUT Case 128; *Guangdong v. Conagra,* vgl. Fn. 798; *Zhan Jiang E & T Dev Area Service Head Co.* v. *An Hau Co. Ltd.*, *Supreme Court* Hong Kong, [1994] 1 HKC 539, CLOUT Case 61; *Nassetti Ettore SPA* v. *Lawton Development Ltd.*, 19.4.1996, High Court 1995 No. A13475, *Supreme Court* Hong Kong, unveröffentlicht, CLOUT Case 129.

802 Vgl. hierzu auch *Skandia*, Fn. 745; *Ellis Mechanical Services Ltd.* v. *Wates Construction Ltd.*, [1978] 1 Lloyd’s L.Rep. 33 (37); *Ellerine Brothers (Pty.) Ltd.* v. *Klinger*, [1982] 1 W.L.R. 1375.

803 Diese Vorschrift entsprach s. 1 English Arbitration Act 1975.

In *Tai Hing v. Glencore*[804] hatten die Parteien einen Kaufvertrag über 1000 t rohe Baumwolle C&F Hong Kong geschlossen. Der Kaufvertrag enthielt eine Schiedsvereinbarung und eine sog. *Scott v. Avery-Klausel,* derzufolge der Erlaß eines Schiedsspruchs Bedingung für die Anrufung des staatlichen Gerichts durch eine Partei ist[805]. Die Baumwolle sollte in zwei Lieferungen von jeweils 300 t und 700 t verschifft werden. Über die Abnahme der zweiten Lieferung entstand Streit und *Tai Hing* verklagte *Glencore* auf Erfüllung, hilfsweise auf Schadensersatz. Die von *Glencore* erhobene Schiedseinrede wurde in erster Instanz zurückgewiesen, im Berufungsverfahren jedoch anerkannt. Der Berufungsrichter stellte fest, daß die Zuständigkeit des Gerichts durch die *Scott v. Avery Klausel* zwar nicht endgültig ausgeschlossen werde. Das Gericht könne aber deshalb nicht von der Parteivereinbarung, zunächst ein Schiedsverfahren durchführen zu wollen, abweichen. Im Rahmen der Verweisungsverpflichtung des Art. 8 ModG sei es nicht Aufgabe des Gerichts, festzustellen, ob die von dem Beklagten vorgebrachten Argumente für ein Obsiegen im Prozeß ausreichten. Vielmehr müsse der Begriff „*dispute*" im Sinne des Art. 8 ModG weit ausgelegt werden. Ein solcher bestehe schon, wenn die von einer Partei geltend gemachte Forderung von der anderen Partei bestritten werde. Es sei dagegen nicht (mehr) erforderlich, daß das Gericht überprüfe, ob ein solcher Anspruch tatsächlich vorliege. An einem „*dispute*" i.S.d. Art.8 ModG fehle es vielmehr erst dann, wenn die beklagte Partei unzweideutig ihre Haftung und deren Höhe anerkenne[806]. Ausreichend sei hierfür aber nicht die Anerkennung einer Mitschuld, wenn die Höhe der geltend gemachten Forderungen weiter strittig sei[807].

Nach wohl überwiegender Auffassung in der internationalen Schiedsgerichtsbarkeit sind auch deliktische Ansprüche von einer Schiedsvereinbarung erfaßt, soweit diese mit dem Abschluß, der Durchführung oder der Beendigung des Vertrages, auf den sich die Schiedsvereinbarung bezieht, zusammenhängen[808]. In der kanadischen Entscheidung *ODC* v. *Lee*[809] wurde die Schiedsvereinbarung für

804 [1996] 1 HKC 363, CLOUT Case 128.

805 (1856) 5 H.C.L. 811; 10 E.R. 1121 (H.L.), vgl. den Wortlaut der Klausel, zitiert in Fn. 714.

806 So entschieden in *Joong and Shipping Co. Ltd.* v. *Chang Ho Co.*, 31.3.1994, No. A1356, CLOUT Case 63.

807 So auch schon *Guangdong*, CLOUT Case 41 und *Zhan Jiang*, CLOUT Case 61, siehe Fn. 801, als die in s. 6A *HK Arbitration Ordinance* enthaltenen Regelung noch nicht aufgehoben war.

808 Kühn, FS Glossner, S. 193 (198); BGH, NJW 1988, 1215; Hans. OLG, RIW 1989, 578; Goldman, Rev. arb. 1989, 642 (651); Gravel/Peterson, McGill L.J. 37, 510 (532 ff.).

809 *ODC Exhibit Systems Ltd.* v. *Lee, Expand International et al.*, (1988), 41 B.L.R. 286, (B.C. S.C.), CLOUT Case 65.

die Geltendmachung deliktischer Ansprüche aber trotzdem nicht für durchsetzbar gehalten Die Parteien hatten 1985 einen Exklusivvertrag über den Vertrieb des Produkts „*Expand*" durch die Beklagte geschlossen. 1987 veranlaßten die Beklagten die Klägerin durch Täuschung, der Beendigung des Vertrages zuzustimmen. Da die Klägerin keinen neuen Vertriebsvertrag akquirieren konnte, entstand ihr hierdurch ein Schaden. Der Auflösungsvertrag enthielt eine Schiedsvereinbarung, derzufolge *„any dispute arising out of this agreement"* im Wege des Schiedsverfahrens beigelegt werden sollte. Nachdem die Klägerin die Hintergründe der Beendigung des Vertrages herausgefunden hatte, klagte sie auf Schadensersatz. Gegen diese Klage erhoben die Beklagten die Schiedseinrede. Das Gericht gab dieser jedoch nicht statt, da es sich bei den angeblich begangenen Delikten der Beklagten nicht um „aus dem Auflösungsvertrag entstandene Streitigkeiten" i.S.d. Schiedsvereinbarung handele. Denn die fraglichen deliktischen Handlungen seien vor Abschluß der Schiedsvereinbarung begangen worden und deshalb nicht von der Schiedsvereinbarung umfaßt. Die Verpflichtung, auf das Schiedsverfahren zu verweisen, bestehe für das Gericht gem. Art. 8 ModG aber nur im Hinblick auf Streitigkeiten, über die eine Schiedsvereinbarung geschlossen worden sei[810], also solche Streitigkeiten, die im unmittelbaren Zusammenhang mit dem Abschluß, der Durchführung oder der Beendigung des Vertragsverhältnisses stünden.

d. Zeitlich verspätete Schiedseinrede

Die Schiedseinrede muß grundsätzlich vor der ersten Einlassung zur Sache vorgebracht werden, um nicht als verspätet zu gelten[811]. Ausnahmen bestehen aber, wenn die die Schiedseinrede vorbringende Partei Verteidigungshandlungen vornimmt, die einzig darauf gerichtet sind, ihre Rechte gegen die klagende Partei zu sichern. Auch die Mitwirkung an der Bestellung des Schiedsgerichts gilt deshalb nicht als Einlassung zur Sache[812].

In *Globe Union Industrial Corp.* v. *G.A.P. Marketing Corp.*[813] hatte die Klägerin beantragt, das gerichtliche Verfahren nicht auszusetzen, da die Schiedsvereinbarung ungültig geworden sei. Die Beklagte hatte deshalb eine schriftliche

810 Weitere Beispiele, die die Anwendung des Art. 8 ModG ausschließen, werden in *Gulf Canada*, vgl. Fn. 769, angeführt: „[...] where it is clear that the dispute is outside the terms of the arbitration agreement or that a party is not a party to the arbitration agreement or that the application is out of time [...]".

811 *ABN Amro Bank Canada* v. *Krupp Mak Maschinenbau GmbH (O.C.)*, (1994) 21 O.R. (3d), 511, CLOUT Case 119; *Queensland Sugar Corp.* v. *„Hanjin Jedda" (The) (B.C. S.C.)*, 6 B.C. L.R. (3rd) 289, CLOUT Case 181; *Gulf Canada*, Fn. 784.

812 Vgl. Fn. 387.

813 [1995] 2 W.W.R. 696 (702), (B.C. S.C.), CLOUT Case 114.

Auflistung von Beweisen eingereicht, um das Bestehen der Schiedsvereinbarung nachzuweisen. Daraufhin brachte die Klägerin vor, daß die Beklagte ihr Recht auf Aussetzung des Verfahrens verwirkt habe, da sie sich nun auf das gerichtliche Verfahren eingelassen habe. Dies ist vom Gericht nicht anerkannt worden. Eine dem Nachweis der Schiedsvereinbarung dienende Auflistung sei nicht als (aktive) Einlassung auf das Verfahren anzusehen, sondern stelle eine prozessuale Verteidigungshandlung dar, mit dem Ziel, die Durchführung des Schiedsverfahrens zu sichern. Die Beklagte habe somit ihr Recht auf Aussetzung des Verfahrens nicht verwirkt[814].

Diese Wertung wurde auch in *Navionics* v. *Flota Maritima*[815] vertreten. Die Beklagte hatte nur deshalb eine Klageerwiderung eingereicht, weil sonst auf Betreiben der Klägerin gegen sie ein Versäumnisurteil ergangen wäre. Zuvor hatte sie jedoch bereits unter Beilegung einer Kopie der Charterpartie und einer eidesstattlichen Erklärung ihres Rechtsbeistandes Schiedseinrede erhoben. Dennoch hielt das Gericht den Nachweis einer Schiedsvereinbarung für nicht ausreichend und gab der Schiedseinrede nicht statt. Vielmehr wurde eine weitere eidesstattliche Erklärung zum Nachweis der Schiedsvereinbarung gefordert. Unterdessen hatte die Klägerin beantragt, Versäumnisurteil gegen die Beklagte zu erlassen, so daß die Beklagte sich zur Klageerwiderung gezwungen sah, um das Versäumnisurteil abzuwenden. Zwei Tage später konnte sie die gewünschte eidesstattliche Erklärung nachreichen und erhob (erneut) Schiedseinrede. Die Klägerin beantragte die Abweisung dieser Schiedseinrede, da sie verspätet vorgebracht worden sei und sich die Beklagte schon zur Sache eingelassen habe.

Zwar sprach sich das Gericht grundsätzlich für eine enge Auslegung des Art. 8 ModG aus und verwies auf die in den UN-Materialien ausdrücklich gewünschte strikte Einhaltung des dort vorgesehen Zeitpunkts der ersten Einlassung zur Sache[816]. Dennoch ordnete es die Aussetzung des ordentlichen Verfahrens an. Der Zeitpunkt der Einlassung zur Sache sei deshalb als zeitliche Grenze für das Vorbringen der Schiedseinrede gewählt worden, weil die Partei durch die Einlassung zum Ausdruck bringe, sich nicht mehr an die Schiedsvereinbarung halten zu wollen. Diese Begründung sei im vorliegenden Fall aber nicht einschlägig. Da die Beklagte nie Zweifel daran habe aufkommen lassen, ein Schiedsverfahren durchführen zu wollen, und eine Schiedsvereinbarung vorliege, müsse die Schiedseinrede auch noch zu diesem späteren Zeitpunkt vorgebracht werden können.

---

814 Vgl. auch *No. 363 Dynamic Endeavours Inc.* v. *34718 B.C. Ltd.*, (1993) 81 B.C.L.R. (2d) 359.

815 *Navionics Inc.* v. *Flota Maritima Mexicana S.A.*, 17.1.1989, (F.C. T.D.), CLOUT Case 15.

816 A.a.O., unter [14].

Diese Entscheidung ist zu begrüßen, da sie dem Willen der Parteien, sofern er deutlich erkennbar ist, höhere Bedeutung beimißt, als der allzu formalistisch anmutenden Beachtung bestimmter prozessualer Fristen, die zudem im internationalen Vergleich divergieren können. Sofern also der Wille der Parteien rechtzeitig und eindeutig ermittelt werden kann, ist einer derart flexiblen Anwendung der Vorschriften der Vorzug zu geben.

Nicht eindeutig ermitteln ließ sich aber der Parteiwille in *Stancroft Trust* v. *Can-Asia, Mandarin and Asiamerica*[817]. Das Gericht wies deshalb die Anträge dreier Parteien auf Aussetzung des ordentlichen Verfahrens in zwei Fällen zurück. Zwischen den beteiligten Parteien waren mehrere Verträge geschlossen worden, von denen einer eine Schiedsklausel enthielt. Während der Vertragsabwicklung entstanden Probleme und *Stancroft* verklagte die drei anderen Parteien auf Schadensersatz. Diese erhoben die Schiedseinrede und beantragten die Aussetzung des Verfahrens. Allerdings reichten *Mandarin* und *Asiamerica* außerdem eine Klageerwiderung ein. Das Gericht wies daraufhin die Anträge dieser beiden Parteien ab und setzte das Verfahren nur im Hinblick auf *Can-Asia* aus. Indem *Mandarin* und *Asiamerica* eine Klageerwiderung eingereicht hätten, sei ihre Absicht, ein Schiedsverfahren durchführen zu wollen, nicht mehr eindeutig gewesen. Vielmehr hätten sie ihren Willen zum Ausdruck gebracht, am ordentlichen Verfahren teilnehmen zu wollen. Etwas anderes ergebe sich auch nicht daraus, daß das Verfahren im Hinblick auf *Can-Asia* ausgesetzt werde. Denn das für eine Partei geltende Recht auf Aussetzung des Verfahrens sei nicht auf andere Beklagte übertragbar.

Auch in *Ruhrkohle Handel* v. *Fednav*[818] wurde der Antrag auf Aussetzung des Verfahrens als verspätet abgelehnt. Die zwischen den Parteien bestehende Charterpartie enthielt eine Schiedsvereinbarung. Nachdem es im Laufe der Vertragsabwicklung zu Vertragsverletzungen kam, baten die Kläger die Beklagten um eine Fristverlängerung für die Erhebung einer Klage oder für die Einleitung eines Schiedsverfahrens. Die Beklagten gewährten eine Fristverlängerung für die Einleitung eines Schiedsverfahrens. Die Kläger machten ihren Anspruch auf Schadensersatz aber schließlich durch gerichtliche Klage vor dem *Federal Court of Canada* geltend. Ein Schiedsverfahren wurde zu diesem Zeitpunkt nicht mehr erwähnt. Die Beklagten reichten eine Klageerwiderung ein und erhoben ihrerseits Widerklage. Erst jetzt beantragten die Kläger die Aussetzung des Verfahrens und die Verweisung auf das Schiedsverfahren.

---

817 *Stancroft Trust., Berry and Klausner* v. *Can-Asia Capital Co., Mandarin Capital Co. and Asiamerica Capital.*, 26.2.1990, 3 W.W.R. 1990, 665.

818 *Ruhrkohle Handel Inter GmbH et al.* v. *Fednav Ltd. et al.*, 3 F.C.R. 1992, 98, (F.C.A.), CLOUT Case 33.

Das Gericht wies diesen Antrag als verspätet zurück. Mit der Klageerhebung hätten sich die Kläger zur Sache eingelassen, und damit ihren Willen zur Durchführung eines gerichtlichen Verfahrens bekundet. Etwas anderes ergebe sich auch nicht daraus, daß die Beklagten sich vorher zu einer Fristverlängerung für die Einleitung des Schiedsverfahrens bereit erklärt hätten. Ausschlaggebend sei vielmehr die durch Art. 8 ModG festgelegte zeitliche Grenze, die als standardisierten, letztmöglichen Zeitpunkt für den Antrag auf Aussetzung des gerichtlichen Verfahrens, die Einlassung zur Sache festlege. Mit Ablauf dieses Zeitpunkts sei dem Gericht jegliches Ermessen genommen, anders zu entscheiden. Das Gericht stellte also wie die Gerichte in den übrigen, hier dargestellten Entscheidungen, auf den Willen der Parteien ab, indem es dem Verhalten der Kläger besondere Bedeutung zumaß. Die Einleitung des gerichtlichen Verfahrens bzw. die Unentschiedenheit im Hinblick auf die gewünschte Verfahrensart, wertete das Gericht als hinreichende Indizien für den Willen zur Durchführung eines gerichtlichen Verfahrens. Hierbei wird deutlich, daß die begrüßenswerte Flexibilität der Rechtsprechung zu Rechtsunsicherheiten führen kann, da die Ermittlung des Parteiwillens durchaus sehr unterschiedliche Ergebnisse hervorbringen kann.

Das zeigt auch die Entscheidung *Bab Systems* v. *McLurg*[819], in der der *Ontario Court of Justice* ausdrücklich von der *Ruhrkohle*-Entscheidung abgewichen ist, und die Aussetzung des Verfahrens in einem ähnlich gelagerten Fall zugelassen hat. Zwischen den Parteien bestand ein Franchisevertrag und eine Schiedsvereinbarung. Am 03.11.1994 reichte der Kläger eine umfangreiche Klageschrift ein, in der er hauptsächlich die Feststellung beantragte, daß er den Franchisevertrag ordnungsgemäß beendet hatte. Außerdem wurden einige Unterlassungshandlungen beantragt. Ein erster Termin fand am 07.11.1994 statt, in dem der Richter einige einstweilige Anordnungen erließ und einen Zeitplan für den weiteren Verlauf des Verfahrens aufstellte. Am selben Tag hinterließ der Anwalt des Klägers eine Nachricht auf dem Anrufbeantworter des Anwalts der gegnerischen Partei, daß der Kläger Schiedseinrede erheben würde. Dies bestätigte er durch ein Fax am nächsten Tag. Zur selben Zeit lieferten die Antragsgegner ihre Einlassungserklärung bei Gericht ab. Trotzdem beantragte der Kläger am 11.11.1994 die Eröffnung eines Schiedsverfahrens bei der *American Arbitration Association* und die Aussetzung des gerichtlichen Verfahrens, unter Verweis auf die Schiedsvereinbarung. Die Beklagten widersprachen der Aussetzung des Verfahrens mit der Begründung, daß der Kläger sein Recht auf Aussetzung verwirkt habe, als er eine Klageschrift eingereicht und sich damit zur Sache eingelassen habe. Erstaunlicherweise sah das Gericht hierin aber keine Verwirkung.

819 *Bab Systems, Inc.* v. *McLurg*, 21.12.1994, Ontario, unveröffentlicht, CLOUT Case 118.

Das Ingangsetzen eines gerichtlichen Verfahrens habe nicht automatisch den Ausschluß des Schiedsverfahrens zur Folge. Auch bezweifelte das Gericht, daß die Schiedsvereinbarung von einer Partei einseitig aufgehoben werden könne. Vielmehr müßten der Aufhebung einer solch fundamentalen Klausel alle Parteien zustimmen. Jedenfalls sei im konkreten Fall die Einlassung zur Sache aber deswegen unbeachtlich, weil der Kläger sie ja noch am Tag des ersten Termins zurückgezogen, und damit seinen Willen klar und eindeutig zum Ausdruck gebracht habe. Die Aussetzung des gerichtlichen Verfahrens sei deshalb zu gewähren.

Es ist nicht davon auszugehen, daß sich diese Ansicht durchsetzen wird, weil hier in eklatanter Weise und mit einer abwegigen Begründung gegen den Wortlaut des Art. 8 ModG verstoßen wird. Unabhängig von der Frage, ob eine Schiedsvereinbarung durch eine einseitige Erklärung, oder durch konkludentes Verhalten aufgehoben werden kann, steht einer Partei, die sich für den Klageweg entschieden hat, nur dann noch der Weg zurück zum Schiedsverfahren offen, wenn die gegnerische Partei Schiedseinrede erhebt, weil sie mit einer Klage nicht einverstanden ist. Läßt die gegnerische Partei sich aber bewußt auf die Klage ein, so ist die Schiedseinrede verwirkt, da die Parteien offenbar in ihrem Willen zur Durchführung eines ordentlichen Verfahrens übereinstimmen. Die Einlassung zur Sache kann auch nicht durch einen „besonders schnellen Widerruf" rückgängig gemacht werden. Vielmehr muß die Partei sich an ihrem einmal zum Ausdruck gebrachten Willen festhalten lassen.

Eine Besonderheit besteht nach dem Recht von Québec. Art. 940.1 *Québec AA* bestimmt nämlich in Abweichung vom ModG und den meisten internationalen Schiedsgesetzen, daß die Schiedseinrede bis zur „*inscription de la cause*", d.h. bis zum Ende des schriftlichen Verfahrens, möglich ist[820]. Hierbei handelt es sich um einen Zeitpunkt, der regelmäßig nach der Einlassung zur Sache liegt. Das hat in dem Fall *Yorbeau Resources Inc. v. 114660 Canada Inc.*[821] die Frage aufgeworfen, nach welchem Recht der staatliche Richter die Zulässigkeit der Schiedseinrede beurteilen muß. Wegen einer Streitigkeit aus dem Hauptvertrag, den die Parteien ausdrücklich dem materiellen und prozessualen Recht der Provinz Québec unterstellt hatten, war Klage in Montréal (Québec) erhoben worden. Die Beklagte beantragte daraufhin unter Berufung auf die im Hauptvertrag enthaltene Schiedsvereinbarung, die Verweisung auf das Schiedsverfahren. Die Schiedsklausel sah als anwendbares Recht für das Schiedsverfahren den *Ontario Act* vor. Dieser bestimmt, wie das ModG, als letzten möglichen Zeitpunkt für das Vorbringen der Schiedseinrede die Einlassung zur Sache. In dem konkreten Fall

820 Prujiner, Rev. arb. 1994, 569 (578).
821 CS Montréal 500-05-008033-878, Urteil v. 21.11.1988, Dugas,J., JE 89-180, unveröffentlicht, zitiert von Prujiner, Rev. arb. 1994, 569.

hatte zwar eine Einlassung zur Sache schon stattgefunden, nicht aber die *„inscription de la cause"*. Der Cour Supreme von Montréal wies die Schiedseinrede auf der Grundlage des *Ontario Act* als verspätet zurück und begründete so seine Zuständigkeit.

Der Begründung des Gerichts kann hier aber nicht gefolgt werden. Bei der Frage der Zulässigkeit der Schiedseinrede handelt es sich nämlich nicht um ein nach dem auf das Schiedsverfahren anwendbare Prozeßrecht zu beurteilendes Problem, sondern um eine nach der *lex fori* des angerufenen Gerichts zu beurteilende Zuständigkeitsfrage[822]. Denn erst die Entscheidung, daß die Schiedseinrede zulässig ist, hat die Verweisung an die Schiedsgerichtsbarkeit und damit die Eröffnung des Schiedsverfahrens und die Anwendung des Schiedsverfahrensrechts zur Folge. Das Gericht hätte der Schiedseinrede deshalb gem. Art. 940.1 *Québec AA* stattgeben müssen.

Der Zeitpunkt des möglichen Vorbringens einer Schiedseinrede spielte auch in *Bianchi v. Bilumen*[823] eine Rolle. Die Beklagte hatte die Schiedseinrede erst vorgebracht, nachdem sie bei Gericht schon eine Sicherheitsleistung für ihre Kosten beantragt sowie einen Antrag auf Auskunft gestellt hatte. Die Klägerin wandte deshalb gegen die Schiedseinrede ein, daß die Beklagte auf ihr Recht zur Erhebung der Schiedseinrede verzichtet habe, indem sie sich durch ihre Anträge auf das Gerichtsverfahren einließ. Der *Cour supérieure* wies jedoch die Einwände der Klägerin zurück, da die *„inscription de la cause"* noch nicht erfolgt sei, so daß der Beklagten weiterhin ein Recht auf Erhebung der Schiedseinrede zustehe. Die Verfahrenshandlungen der Beklagten könnten deshalb nicht als Verzicht auf das Schiedsverfahren angesehen werden[824]. Vielmehr ließen die zwingende Natur dieser Vorschrift, und die vom Gesetzgeber bewußt beschränkte Eingriffsmöglichkeit der Gerichte auf die gesetzlich ausdrücklich vorgesehenen Maßnahmen, keine andere Entscheidung zu, als die Parteien auf das Schiedsverfahren zu verweisen.

Es ist nicht davon auszugehen, daß der in Art. 940.1 *Québec AA* vorgesehene Zeitpunkt, der die Frist für das Vorbringen der Schiedseinrede gegenüber der Frist des ModG verlängert, bei der Durchsetzung von Schiedssprüchen Probleme bereiten wird, etwa weil ein Schiedsspruch im Rahmen eines Verfahrens erlassen wurde, das – nach dem für die Vollstreckung ausschlaggebenden Recht – auf der Grundlage einer verspäteten Schiedseinrede stattgefunden hat. Der staatliche Richter kann die Anerkennung und Vollstreckung eines internationalen Schiedsspruchs nämlich nur verweigern, wenn dieser gegen fundamentale Grundsätze

822 A.a.O., S. 580.
823 *A. Bianchi S.R.L. v. Bilumen Lighting Ltd.*, 18.5.1990 (C.S.), [1990] R.J.Q. 1681.
824 A.a.O., S. 1686.

des Verfahrensrechts bzw. gegen den internationalen *ordre public* verstößt. Ein solcher Verstoß kann aber in der Verlängerung der Frist für das Vorbringen der Schiedseinrede schon deshalb nicht gesehen werden, weil dieser Zeitpunkt durch Parteivereinbarung abbedungen oder geändert werden kann. Bei dieser Vorschrift handelt es sich nur um eine aus Gründen der Verfahrensbeschleunigung eingeführte Regelung, nicht jedoch um einen fundamentalen Verfahrensgrundsatz.

5. Vorläufige gerichtliche Maßnahmen während des Schiedsverfahrens

Im Rahmen des Schiedsverfahrens besteht für die Parteien die Möglichkeit, ihre Rechte durch vorläufigen gerichtlichen Rechtsschutz zu sichern. Diese Maßnahmen stellen eine Ausnahmeregelung dar und sind nur zur Ergänzung des Schiedsverfahrens gedacht. Vor allem will man verhindern, daß sie dazu mißbraucht werden, das Schiedsverfahren zu umgehen. In *Relais Nordik* v. *Secunda*[825] hat das staatliche Gericht deshalb den auf Art. 9 ModG[826] gestützten Antrag auf vorläufigen Rechtsschutz zurückgewiesen, da der Antragsteller noch nicht einmal ein Schiedsverfahren eingeleitet hatte. Auch habe der Antragsteller nicht eindeutig nachgewiesen, daß ihm ohne eine solche vorläufige Maßnahme ein irreparabler Schaden entstehen würde. Vielmehr habe der zwischen den Parteien bestehende Vertrag noch eine Laufzeit von vier Jahren. Es sei daher nicht ersichtlich, wie dem Antragsteller ein Schaden entstehen könne, der nicht durch Geldzahlungen auszugleichen sei. Eine vorläufige Rechtsschutzmaßnahme könne aber nur erlassen werden, um den *status quo* einer Partei zu sichern, nicht um seine Rechtsposition zu verbessern. Der Antrag des Klägers vermittle dagegen den Eindruck, daß er den Streit unter Umgehung der Schiedsvereinbarung von einem ordentlichen Gericht endgültig klären lassen wolle. Dies widerspreche dem Zweck der in Art. 9 ModG enthaltenen Regelung.

Auch in der Entscheidung *Delphi* v. *Derin*[827] wurde der Antrag auf einstweiligen gerichtlichen Rechtsschutz abgelehnt. In der zwischen den Parteien vereinbarten Charterpartie verpflichtete sich *Derin*, Öl von Hamburg nach Nigeria zu transportieren. Es entstand Streit über die Höhe der Frachtkosten und der aufgrund einer Zeitverzögerung aufgelaufenen Überliegegebühren. Der aufgrund der Schiedsvereinbarung bestellte Einzelschiedsrichter erließ einen Schiedsspruch, der *Delphi* zur Zahlung der Überliegegebühren verpflichtete. Er begründete dies

---

825 *Relais Nordik Inc.* v. *Secunda Marine Services Ltd.*, 24 F.T.R. 256.

826 Dieser wurde durch den *Commercial Arbitration Act*, R.S.C. 1985, c.-34.6 umgesetzt.

827 *Delphi Petroleum Inc.* v. *Derin Shipping and Trading Ltd.*, 3.12.1993 (F.C. T.D.), unveröffentlicht. CLOUT Case 68.

damit, daß er nicht feststellen könne, wer für die Verzögerung verantwortlich sei. Die insoweit beweispflichtige Klägerin habe den Nachweis fehlenden Verschuldens aber nicht führen können und müsse deshalb für die Kosten aufkommen. Der Antrag *Delphis*, weitere Beweise vorzubringen, wurde vom Schiedsrichter abgelehnt. Daraufhin beantragte *Delphi* vor einem ordentlichen Gericht die Sicherung eines Zeugenbeweises im Wege des einstweiligen Rechtsschutzes, um durch die Zeugenaussage den Nachweis über die Verspätung zu führen. Dieser Antrag wurde vom Gericht unter Hinweis auf die *travaux préparatoires* zum ModG abgelehnt. Danach sei das Gericht zwar zum Erlaß einstweiliger Maßnahmen auch während des Schiedsverfahrens befugt. Diese müßten aber darauf abzielen, das Schiedsverfahren zu fördern und dürften keinesfalls Verzögerungstaktiken der Parteien begünstigen. Abgesehen davon, daß dem Gericht der Beweisantrag nicht zur Förderung des Verfahrens geeignet erscheine, habe *Delphi* während des Verfahrens ausreichend Gelegenheit gehabt, diesen Zeugenbeweis zu führen. Die Konsequenzen dieses Versäumnisses müsse sie sich zurechnen lassen. Das Gericht lehnte den Antrag ab.

Das Verhältnis zwischen Art. 9 ModG und Art. 17 ModG stand in *Trade Fortune* v. *Amagalmated Mill Supplies*[828] in Frage. Die zwischen den Parteien geschlossene Charterpartie enthielt eine Schiedsvereinbarung, aufgrund derer *Trade Fortune* ein Schiedsverfahren wegen Unstimmigkeiten im Zusammenhang mit der Zahlung des Liegegeldes anstrengte. Einige Monate später erhob *Trade Fortune* Klage auf Zahlung des Liegegeldes gegen die Beklagte. Das Gericht erließ daraufhin im Wege des einstweiligen Rechtsschutzes einen Pfändungsbeschluß gegen die Beklagte. Dagegen wandte sich die Beklagte und beantragte Aufhebung und Rückgängigmachung dieses Beschlusses, da einstweilige Rechtsschutzmaßnahmen während eines Schiedsverfahrens nur vom Schiedsgericht selbst erlassen werden dürften, nicht jedoch durch ein ordentliches Gericht. Dem widersprach das Gericht und verwies auf Art. 9 ModG sowie auf die *travaux préparatoires*. Daraus gehe eindeutig hervor, daß die Beantragung einstweiliger Rechtsschutzmaßnahmen beim Gericht mit dem Schiedsverfahren vereinbar sind[829]. Das Risiko, am Ende des Schiedsverfahrens mit einem unrealisierbaren Schiedsspruch dazustehen, könne der Klägerin nicht zugemutet werden[830]. Daher sei das Gericht auch nicht auf bestimmte Maßnahmen beschränkt, sondern könne alle Maßnahmen erlassen, die zum Schutz des Anspruchs und seiner späteren Vollstreckbarkeit geeignet wären. Der Antrag auf Aufhebung der Maßnahme wurde folglich abgelehnt.

828 *Trade Fortune Inc.* v. *Amagalmated Mill Supplies Ltd.*, 25.2.1994 (B.C. S.C.), unveröffentlicht, CLOUT Case 71.

829 Holtzmann/Neuhaus, S. 332.

830 *Canastrand Industries Ltd.* v. *Ship Lara S et al.*, (1992) 54 F.T.R. 145 (148).

Die angeführten und zitierten Fälle verdeutlichen, daß sich die kanadischen Gerichte streng an die Vorgaben und Ziele des ModG halten, sowohl hinsichtlich der Beschränkung der Interventionsmöglichkeiten der Gerichte, als auch hinsichtlich der Förderung des Verfahrens. Da zwischen diesen beiden Aspekten ein Ausgleich gefunden werden muß, sind gerichtliche Maßnahmen, soweit sie der Prozeßökonomie dienen, zuzulassen.

Um die Frage, ob auch eine *Mareva-injunction*[831] eine einstweilige Rechtsschutzmaßnahme im Sinne des Art. 9 ModG darstellt, ging es in dem Fall *Katran Shipping* v. *Kenven Transportation*[832]. Das Gericht hat unter Hinweis auf den internationalen Ursprung des ModG, auf das Bedürfnis nach einheitlicher Auslegung der Vorschriften sowie auf die *travaux préparatoires* festgestellt, daß Art. 9 ModG sehr weit auszulegen sei. Laut Kommissionsbericht sei Art. 9 ModG ausdrücklich nicht auf bestimmte Maßnahmen beschränkt. Neben Maßnahmen zur bloßen Sicherung des Streitgegenstandes, seien auch damit zusammenhängende Maßnahmen zulässig, etwa zur Sicherung von Geschäftsgeheimnissen, oder der Erlaß vorläufiger Schiedssprüche, um einen eventuellen finalen Schiedsspruch zu sichern[833]. Zweck der *Mareva-injunction* sei es, durch ein gegen den Schuldner gerichtetes Verfügungsverbot zu verhindern, daß zur Befriedigung des Anspruchs geeignetes Vermögen verschwinde oder aus der Reichweite des Klägers geschafft werde. Die Vorschrift des Art. 9 ModG erfasse daher zweifellos auch die *Mareva-injunction.*

Dagegen ging es in *Interbulk* v. *Safe Rich Industries*[834] ganz allgemein um die Frage der Zuständigkeit für den Erlaß einstweiliger Rechtsschutzmaßnahmen. Die Beklagte beantragte die Aufhebung einer vom Gericht in Hong Kong zugunsten der Klägerin erlassenen *Mareva-injunction*, mit der Begründung, daß das Gericht für den Erlaß dieser Anordnung nicht zuständig gewesen sei. Die Parteien hatten eine Schiedsvereinbarung getroffen, in der sie die Durchführung eines Schiedsverfahrens in England unter Anwendung englischen Schiedsverfahrensrechts vereinbart hatten. Die Gerichte Hong Kongs seien aber zum Erlaß einstweiliger Maßnahmen nur zuständig, wenn der Schiedsort in Hong Kong belegen sei. Der *Hong Kong High Court* gab dem Antrag der Beklagten statt und hob die *Mareva-injunction*, unter Berufung auf die Argumentation in *Channel*

831 Vgl. Fn. 416 und den dazugehörigen Text.

832 *Katran Shipping Co. Ltd.* v. *Kenven Transportation Ltd.*, 1992 HKLD, G 9.

833 Holtzmann/Neuhaus, S. 332 f.

834 *Interbulk (Hong Kong) Ltd.* v. *Safe Rich Industries Ltd.*, (1992) 2 HKLR 185, CLOUT Case 42.

Tunnel Group v. *Balfour Construction*[835], auf. Darin war entschieden worden, daß englische Gerichte vorläufigen Rechtsschutz nur erlassen können, wenn sich der Schiedsort in England befindet. Da die Zuständigkeit englischer Gerichte territorial begrenzt sei, gelte dies auch für den Fall, daß die Parteien an einem außerhalb Englands belegenen Schiedsort, englisches Recht vereinbart hätten. Zwar könne das Gericht gewisse prozessuale Entscheidungen, wie die Aussetzung des Verfahrens oder die Durchsetzung des Schiedsspruchs, vornehmen; es sei aber nicht für die Streitentscheidung zuständig. Auf der Grundlage dieser Argumentation, erklärte sich der *Hong Kong High Court* für den Erlaß der *Mareva-injunction* unzuständig.

Allerdings wurde darauf hingewiesen, daß dieser Fall vor der Gesetzesreform von 1996 und unter ausdrücklicher Nichtanwendung des ModG entschieden wurde. Da die Anordnung einstweiliger gerichtlicher Maßnahmen im Rahmen des ModG aber ausdrücklich vom Territorialitätsprinzip ausgenommen werde[836], hielt das Gericht es für vorstellbar, daß in jenen Rechtsordnungen, die das ModG übernommen haben, eher eine Bereitschaft bestehe, den Parteien unterstützend zur Seite zu stehen. Einstweilige Rechtsschutzmaßnahmen könnten dann auch zulässig sein, wenn der Schiedsort in einem anderen Staat liege. Ein derartiger gesetzgeberischer Wille sei Art. 9 ModG eindeutig zu entnehmen[837].

Allerdings bleibt bei dieser Argumentation der eigentliche Sinn und Zweck der Vorschrift des Art. 1 Abs.2 ModG außer acht. Diese Vorschrift wurde nämlich in das ModG aufgenommen, um die Unzulänglichkeiten des Territorialitätsprinzips auszuschalten, die entstehen, wenn die Parteien auf gerichtliche Hilfe angewiesen sind, ohne daß der Schiedsort bereits festgelegt wurde. Würde das Territorialitätsprinzip in diesem Fall fortgelten, so wäre kein Gericht für den Erlaß einstweiliger Maßnahmen zuständig. Es ist aber zweifelhaft, ob die Ausnahme vom Territorialitätsprinzip auch gelten soll, wenn der Schiedsort bereits gewählt wurde, und die gerichtliche Zuständigkeit somit feststeht. Es läßt sich argumentieren, daß eine derartige Auslegung der im *two-level-system* des ModG manifestierten Parteiautonomie widerspräche. Denn dieses beruht ja darauf, nur einzugreifen, wenn die Parteien keine Vereinbarung getroffen haben. Ist der Schiedsort einmal festgelegt, dann müssen auch die Gerichte am Schiedsort für die Entscheidung über den Streitgegenstand zuständig sein. Hierfür spricht auch, daß die Gerichte für die Entscheidung über einen Antrag auf einstweiligen Rechtsschutz ihre *lex fori* anwenden. Bei wechselnder Zuständigkeit könnte es deshalb dazu kommen, daß eine Rechtsschutzmaßnahme erlassen wird, die nach

835 *Channel Tunnel Group Ltd. and Another* v. *Balfour Beatty Construction Ltd. and Others,* [1992] 2 W.L.R. 741 (CoA), bestätigt durch [1993] 2 W.L.R. 262 (H.L.).

836 Vgl. Art. 1 Abs.2 ModG.

837 (1992) 2 HKLR 185 (190), CLOUT Case 42.

dem Recht des Schiedsortes mangels rechtlicher Grundlage gar nicht hätte erlassen werden können und dürfen[838]. Nach Ansicht der Verfasserin ist eine Ausnahme vom Territorialitätsprinzip deshalb nur unter der Bedingung zuzulassen, daß die Zuständigkeit der Gerichte noch nicht durch die Wahl des Schiedsortes festgelegt wurde.

III. Schiedsfähigkeit

1. Subjektive Schiedsfähigkeit

In dem bereits erwähnten Fall *ICAO* v. *Tripal Systems*[839] hat sich *ICAO* eine den Vereinten Nationen angehörige Organisation, fast ein Jahr nach Beginn des Schiedsverfahrens auf ihre Immunität als Teil einer internationalen Organisation berufen und die Zuständigkeit des Schiedsgerichts bestritten. Nach Zurückweisung der Einrede der Unzuständigkeit durch das Schiedsgericht, klagte *ICAO* vor einem ordentlichen Gericht auf Feststellung der Unzuständigkeit. Zur Begründung verwies sie unter anderem auf die *International Civil Aviation Organization Privileges and Immunities Order* [840] sowie auf das *1951 Headquarters Agreement*. Darüberhinaus führte sie den zwischen den Parteien geschlossenen Vertrag an. Dieser enthielt zwar eine Schiedsvereinbarung (Klausel 15.5.1), sah aber gleichzeitig in Klausel 14.11.1[841] vor, daß die Klägerin mit Abschluß des Vertrages auf keinerlei diplomatische Privilegien oder andere Immunitätsrechte verzichte. Der Vertragsinhalt war somit widersprüchlich.

Der *Cour supérieure* nahm diesen Fall zum Anlaß, sich grundsätzlich zur Frage der Immunität internationaler Organisationen zu äußern. Das Gericht stellte dabei klar, daß die Theorie der absoluten Staatsimmunität, so wie sie früher bestanden hätte, heutzutage überholt sei und in dieser absoluten Form keine Geltung mehr beanspruchen könne. In einer Zeit, in der Staaten, staatseigene Unternehmen und internationale Organisationen in immer größerem Ausmaß am Wirtschaftsverkehr teilnähmen, könne ein solches Privileg, insbesondere im Hinblick auf die Teilnahme dieser Organisationen am allgemeinen Wirtschaftsverkehr, nicht weiter Bestand haben. Vielmehr müsse die Frage der Immunität unter

838 A.a.O., S. 188.

839 Fn. 703, vgl. auch oben 3. Kap., I.5.

840 L.R.C. 1985, c. P-23, Annexe I.

841 „Nothing in this Contract shall be deemed to be a waiver, expressed or implied, of any immunity from suit or legal process or any privilege, exemption or other immunity enjoyed or which may be enjoyed by ICAO either pursuant to the Convention on the Privileges and Immunities of the Specialized Agencies or other conventions, agreements, laws or decrees of an international character.“

Berücksichtigung der konkreten Umstände für jeden Einzelfall entschieden werden[842]. Vorliegend könne die Immunitätsklausel in dem Vertrag schon deshalb keine Geltung beanspruchen, da *ICAO* sich durch Unterzeichnung der Schiedsklausel freiwillig der Zuständigkeit eines Schiedsgerichts unterworfen habe. Aus dem Verhalten von *ICAO* gehe überdies eindeutig hervor, daß die Berufung auf die Immunität nur zu dem Zweck erfolge, eine Entscheidung des Streits durch das Schiedsgericht zu umgehen. Dies sei ein treuwidriges und deshalb unzulässiges Verhalten.

Diese Entscheidung steht im Einklang mit der in einer zunehmenden Anzahl von Staaten vertretenen Lehre einer nur noch eingeschränkten Immunität staatlicher Organisationen[843]. Auch in einer Entscheidung unter Anwendung der ICC-SchO[844] wurde die Berufung eines staatlichen iranischen Unternehmens auf seine Schiedsunfähigkeit nicht anerkannt. Es verstoße in höchster Weise gegen den internationalen *ordre public* wenn eine staatliche Organisation zunächst eine Schiedsvereinbarung abschließe und die Vertragspartner darauf vertrauen lasse, nur um sich nachher auf ihre fehlende Schiedsfähigkeit als staatliche Organisation zu berufen. Verschärft wurde der Verstoß gegen die öffentliche Ordnung in diesem Fall noch dadurch, daß staatliche Unternehmen nach iranischem Recht grundsätzlich schiedsfähig sind, allerdings unter der Voraussetzung, daß sie das Schiedsverfahren genehmigen lassen. Dies hatte das iranische Unternehmen absichtlich unterlassen. Das Schiedsgericht hielt es trotzdem an der Schiedsvereinbarung fest.

Die subjektive Schiedsfähigkeit einer juristischen Person wurde in einer jüngst in Deutschland unter Anwendung des Schiedsverfahrensrechts a.F. ergangenen Entscheidung verneint[845]. In dem der Entscheidung zugrunde liegenden Sachverhalt ging es um den Abschluß einer Schiedsvereinbarung zwischen einem deutschen und einem jugoslawischen Unternehmen. Letzteres besaß keine Außenhandelsfähigkeit und somit auch nicht die Fähigkeit, Schiedsvereinbarungen abzuschließen. Dies war dem deutschen Unternehmen bekannt, weshalb bei vorhergehenden Verträgen immer ein anderes jugoslawisches Unternehmen zwi-

842 *ICAO v. Tripal*, [1994] R.J.Q. 2560 (2567), unter Verweis auf *Gouvernement de la République démocratique du Congo v. Vienne*, [1969] B.R. 818; vgl. auch *Trans Chemical Ltd. v. China Nat. Machinery Import and Export Corp.*, 161 F.3d 314 (5th Cir. 1998).

843 *Office National Interprofessionnel des Céréales* c/ *Capitaine du SS. San Carlo*, (Ch. civ. 1re), 14.4.1964, Rev. arb. 1964, 82; *Galakis*, Cour de Cassation, 2.5.1966, Rev. arb. 1966, 99.

844 Affaire No. 4381, zitiert bei Keutgen, R.C.J.B. 1998, 391 (400).

845 BGHZ III ZR 194/96, NJW 1998, 2452 = MDR 1998, 976.

schengeschaltet worden war. Die plötzliche Behauptung des jugoslawischen Vertragspartners, er sei außenhandelsfähig, hätte das deutsche Unternehmen deshalb überprüfen müssen. Die Gutgläubigkeit des deutschen Unternehmens hinsichtlich der subjektiven Schiedsfähigkeit des jugoslawischen Unternehmens wurde deshalb verneint. Folglich wurde der Schiedsspruchs gem. § 1044 Abs.2 Nr.1 ZPO a.F. (entspricht § 1059 Abs.2 Nr. 1a) ZPO n.F.) aufgehoben.

2. Objektive Schiedsfähigkeit

Wie im 2. Kapitel erläutert[846], stellen das schweizerische und das deutsche Recht nicht mehr auf das Kriterium der Vergleichsfähigkeit, sondern auf jenes der Vermögensrechtlichkeit ab, um zu einer kollisionsrechtlich unabhängigen und damit liberalen Beurteilung der Schiedsfähigkeit zu kommen.

Ein ähnliche, vom anwendbaren Recht unabhängige Beurteilung der Schiedsfähigkeit, wurde 1994 auch in der französischen Rechtsprechung vorgenommen. Obwohl die Schiedsfähigkeit nach französischem Recht grundsätzlich die Verfügungsbefugnis der Parteien voraussetzt[847], wurde in *Dalico*[848] auf die Anknüpfung an dieses Kriterium verzichtet. Vielmehr beurteilte die *Cour de Cassation* die Existenz und Wirksamkeit der Schiedsvereinbarung und die damit zusammenhängende Frage der objektiven Schiedsfähigkeit, ohne Rückgriff auf ein staatliches Recht, einzig auf der Grundlage des internationalen *ordre public* und des Parteiwillens. Auch in Frankreich besteht also die Tendenz, die objektive Schiedsfähigkeit im Wege einer kollisionsrechtlich unabhängigen Methode zu bestimmen[849].

Das kanadische Recht enthält mit der Ausnahme von statusrechtlichen Angelegenheiten keine Beschränkung der objektiven Schiedsfähigkeit. So wurde die Geltendmachung deliktischer Ansprüche in *Canada Packers* v. *Terra Nova Tankers*[850] als schiedsfähig angesehen. Die Klägerin hatte sowohl vertragliche als auch deliktische Ansprüche geltend gemacht. Dagegen hatte die Beklagte vorgebracht, daß der *Ont. AA*[851] auf deliktische Ansprüche nicht anwendbar sei. Dem widersprach das Gericht. Die schlichte Tatsache, daß die geltend gemachten An-

846 Vgl. 2. Kap., III.2.

847 Vgl. Art. 2059, 2060 *CC*.

848 *Municipalité de Khoms El Mergeb c/ société Dalico*, Cour de Cassation, 20.12.1993, Rev. arb 1994, 116 m. Anm. Gaudemet-Tallon.

849 Gaudemet-Tallon, Anmerkung zu *Dalico*, Rev. arb 1994, 116 (118); Kirry, AI 1996 (12/4), 373 (385).

850 11 O.R. (3d) 382 (O.C.), 11.10.1992, CLOUT Case 35.

851 Siehe Fn. 48.

sprüche auf deliktischen Handlungen beruhten, stehe einem Schiedsverfahren nicht entgegen[852]. Vielmehr erkläre sich das Gesetz in s. 2 *Ont. AA* auf „Streitigkeiten vertraglicher und nicht-vertraglicher Art“ für anwendbar. Voraussetzung sei lediglich, daß die Ansprüche ihre Grundlage in einer „internationalen Handelsstreitigkeit“ hätten. Auch das kanadische Recht legt die Schiedsfähigkeit somit weit aus.

3. Bereiche staatlicher Eingriffsnormen

a. Kartellrecht (antitrust)

Die Zweifel im Zusammenhang mit der Erweiterung der Schiedsfähigkeit beruhten hauptsächlich auf der lange Zeit bestehenden „Eifersucht“ der ordentlichen Gerichtsbarkeit gegenüber der Schiedsgerichtsbarkeit. Man war der Ansicht, daß vor allem ausländische Schiedsgerichte nicht in der Lage seien, innerstaatliches Recht richtig auszulegen und anzuwenden. Diese Einstellung wurde in der inneramerikanischen Entscheidung *American Safety Equipment* v. *J.P. Maguire*[853] deutlich, in der der *Federal Court* die Verweisung einer kartellrechtlichen Streitigkeit an ein Schiedsgericht mit dem Hinweis verweigerte, daß die rechtliche und ökonomische Komplexität eines kartellrechtlichen Verfahrens ein Schiedsgericht überfordere. Darüberhinaus seien diese Verfahren zu bedeutsam, um sie gegebenenfalls noch ausländischen Schiedsrichtern ohne juristische Ausbildung zu überlassen[854]. Nicht so sehr fürchtete das Gericht eine falsche Auslegung oder Anwendung der Rechtsvorschriften. Denn bei den Schiedsrichtern handelt es sich häufig um anerkannte Juristen oder Kenner der Materie[855]. Vielmehr wollten die Gerichte einfach vermeiden, daß die Vorschriften und vor allem das Instrument der „*treble damages*“ anders auslegt werden könnten, als sie es bisher getan hatten[856].

Die Problematik der Schiedsfähigkeit kartellrechtlicher Streitigkeiten stellte sich auf internationaler Ebene erstmals in *Mitsubishi Motors Corp. v. Soler*

---

852 So auch schon *Kaverit Steel & Crane Ltd.* v. *Kone Corp.* (1992), 87 D.L.R. (4th) 129, 85 Alta. L.R. (2d) 287 (C.A.).

853 391 F.2d 821 (826 f.) (2d Cir. 1968).

854 „Just as issues of war and peace are too important to be vested in the generals, [...] decisions as to antitrust regulation of business are too important to be lodged in arbitrators chosen from the business community – particularly those from a foreign community that has had no experience with or exposure to our law and values.“, 391 F.2d 821 (826 f.), die sog. *American Safety Doctrine*.

855 Hierbei ging es vor allem um den *Sherman Act*.

856 Lange/Wiessner, RIW 1985, 757 (763, Fn. 89).

Chrysler-Plymouth[857]. Der *Supreme Court* entschied, daß kartellrechtliche Streitigkeiten im Rahmen internationaler Handelsstreitigkeiten schiedsfähig seien[858]. Die internationale Komität[859], die Anerkennung und der Respekt gegenüber ausländischen Gerichten sowie die Notwendigkeit der Vorhersehbarkeit von Streitentscheidungen im internationalen Handelsverkehr, erforderten die Durchsetzbarkeit internationaler Schiedsvereinbarungen auch im Bereich des Kartellrechts. Die Argumente, die auf nationaler Ebene gegen die Schiedsfähigkeit von kartellrechtlichen Streitigkeiten vorgebracht würden, seien auf internationaler Ebene nicht einschlägig. Denn auf internationaler Ebene gehe es weniger um die korrekte Anwendung nationaler Rechtsinstitute, als vielmehr darum, Vertrauen in die Durchsetzbarkeit von Schiedssprüchen zu schaffen.

Im deutschen Recht ist eine Schiedsvereinbarung über kartellrechtliche Streitigkeiten grundsätzlich schiedsfähig[860]. Bis zum Erlaß des neuen Schiedsgesetzes stand die Wirksamkeit einer Schiedsvereinbarung über künftige wettbewerbsrechtliche Streitigkeiten unter dem Vorbehalt des § 91 Abs.1 Satz 1 GWB a.F., wonach jedem Beteiligten das Recht eingeräumt wurde, im Einzelfall statt der Entscheidung durch das Schiedsgericht, eine Entscheidung durch ein ordentliches Gericht verlangen zu können[861]. Mit der Abschaffung des § 91 GWB a.F. entfällt diese Einschränkung.

Auch in Frankreich wurde bereits 1989 entschieden, daß französisches Wettbewerbsrecht der Streitentscheidung durch ein Schiedsverfahren nicht von vornherein entgegenstehe[862]. Dies wurde später auch für das EG-Kartellrecht festgestellt (Art. 85, 86 EWG-Vertrag)[863]. Begründet wurde die Änderung der Rechtsprechung damit, daß ein Schiedsverfahren in gleichem Maße wie ein ordentliches Verfahren geeignet sei, den Schutzzweck des Kartellrechts zu erreichen, sofern die Grundsätze eines fairen Verfahrens eingehalten würden und eine *ordre public*-Kontrolle der Schiedssprüche durch staatliche Gerichte vorgesehen sei[864] .

857 Vgl. Fn. 309.
858 Hinsichtlich innerstaatlicher Fälle ließ er die Entscheidung der Frage dahinstehen.
859 *Scherk* v. *Alberto Culver Co.*, Fn. 309.
860 BGHZ 37, 194 (198), BGH, GRUR 1963, 331 (333); BGH, GRUR 1964, 405 (409).
861 Barber, S. 147.
862 *Société Phocéenne de Dépôt* c/ *société Dépôts pétroliers de Fos*, Cour d'Appel de Paris (1re Ch. suppl.), 20.1.1989, Rev. arb. 1989, 280 m. Anm. Idot.
863 Vgl. *Labinal SA* c/ *Mors et Westland Aerospace Ltd.*, Cour d'Appel de Paris (1re Ch. Sect. A), 19.5.1993 m. Anm. Zimmer, ZEuP 1994, 163.
864 Vgl. Zimmer, ZEuP 1994, 163 (172).

b. Verbraucherrecht

Der deutsche Gesetzgeber legte bei der Reform der ZPO besonderen Wert darauf, die Schiedsfreundlichkeit des neuen Schiedsverfahrensrechts zu betonen. Wie schon festgestellt, hat auch die Rechtsprechung in den letzten Jahren ein entsprechendes Umfeld für die Schiedsgerichtsbarkeit geschaffen, indem sie ihr anfängliches Mißtrauen weitgehend überwand. In bestimmten Bereichen tut sich die Rechtsprechung mit der Anerkennung der Schiedsgerichtsbarkeit aber immer noch schwer. Hierzu zählt insbesondere das Verbraucherrecht. Aus Entscheidungen des Verbraucherrechts mit internationalem Bezug, die in den letzten Jahren ergangen sind, geht hervor, daß die Schiedsgerichtsbarkeit von der Rechtsprechung im Rahmen der ordentlichen Gerichtsbarkeit zwar akzeptiert wird, solange es sich um juristisch einfach gelagerte Fälle handelt. Ihr wird aber jegliche Existenzberechtigung abgesprochen, wenn es um sensible Themen geht, die zudem in „jahrelanger Kleinarbeit" durch die höchstrichterliche Rechtsprechung geprägt wurden[865]. Gerade im Verbraucherrecht, das in hohem Maße „Richterrecht" ist, entstehen also Akzeptanzprobleme. Dabei wird die fehlende Anerkennung der Schiedsgerichtsbarkeit mit verbraucherfreundlichen Argumenten „getarnt". Eine Steigerung erfährt die Skepsis gegenüber der Schiedsgerichtsbarkeit noch, wenn ausländische Schiedsgerichte deutsches Verbraucherrecht anwenden sollen. Ein „Mangel an kollisionsrechtlichem Verständnis" und „eine Tendenz, ausländisches Recht herabzusetzen", die den deutschen Gerichten dann gelegentlich attestiert werden[866], kann dabei nicht geleugnet werden. Eine solche Einstellung ist nicht zu akzeptieren. Allerdings ist bei dieser Bewertung zu beachten, daß es sich gerade beim Verbraucherrecht um ein Rechtsgebiet handelt, auf dem sich eine gewisse Zurückhaltung hinsichtlich der Zulassung von Schiedsverfahren rechtfertigen läßt und auch angebracht ist.

In Frankreich, wo die Rechtsprechung Schiedsklauseln in Verbraucherverträgen generell für unwirksam hält, scheint sich allerdings eine Trendwende anzukündigen[867]. So hat der *Cour d'Appel* im Rahmen eines internationalen Schiedsverfahrens den Grundsatz der Unabhängigkeit der Schiedsklausel über den des Verbraucherschutzes gestellt[868]. In dem der Entscheidung *Soc. V 2000 c/ Renault*

865 Vgl. BGH, NJW 1984, 2037 = WM 1987, 1153 f. (zu BörsG a.F.); BGH, RIW 1991, 673; BGH, WM 1995, 100 f.; OLG Düsseldorf, WM 1995, 1349 f.; OLG Düsseldorf, Urteil v. 8.3.1996, RIW 1996, 681 ff.; OLG Köln, Urteil v. 15.12 1997 – 16 U 34/97 (unveröffentlicht); Übersicht bei Mankowski, RIW 1994, 421 Fn. 1.

866 Aden, RIW 1997, 723 (727).

867 Kirry, AI 1996 (12/4), 373 (389).

868 Soc. V2000, *Soc. Project XJ 220 LTD* c/ *Renault Jean francois*, Paris, 7.12.1994, unveröffentlicht, Besprechung von Dubarry/Loquin abgedruckt in RTD com. 1995 (48), 401 ff.

Jean François zugrundeliegenden Sachverhalt hatte ein Verbraucher ein Auto von einem englischen Hersteller gekauft. Als „Vermittler" fungierte zwar ein französischer Vertragshändler, der Vertrag wurde aber direkt mit dem englischen Fabrikanten geschlossen. Nachdem es zu Unstimmigkeiten bei der Abwicklung des Vertrages gekommen war, verklagte der Verbraucher den englischen Fabrikanten vor einem Gericht in Paris. Unter Berufung auf eine in seinen AGB enthaltene Schiedsklausel hielt der Fabrikant dieser Klage die Schiedseinrede entgegen. Der Verbraucher wiederum berief sich auf die Nichtigkeit dieser Schiedsklausel gem. Art. 2061 Code Civil[869], da der Vertrag ein einseitiges Handelsgeschäft (*acte mixte*) darstelle. Voraussetzung für die Wirksamkeit einer Schiedsklausel im Rahmen eines einseitigen Handelsgeschäfts sei aber, daß zwischen den Parteien ein internationaler Vertrag i.S.d. Art. 1492 NCPC[870] geschlossen worden sei. Das sei hier aber nicht der Fall. Das erstinstanzliche Gericht schloß sich der Ansicht des Verbrauchers an. Der *Cour d'Appel* in Paris hob das Urteil aber auf. Nach Ansicht des *Cour d'Appel* bestand kein Zweifel an dem internationalen Bezug des Vertrages, da ein grenzüberschreitender Warenverkehr stattgefunden habe. Es sei ständige Rechtsprechung, daß eine Schiedsklausel in internationalen Verträgen, unabhängig von der Art des zugrundeliegenden Rechtsgeschäftes und unabhängig von den beteiligten Parteien, gültig sei (Grundsatz der Unabhängigkeit)[871]. Der Verbraucher habe zudem durch seine Unterschrift der in den AGB enthaltenen Schiedsklausel zugestimmt. Die Wirksamkeit der Schiedsklausel ergebe sich aber auch bereits daraus, daß eine Schiedsklausel durch Verweis in einen Vertrag aufgenommen werden könne[872]. Demnach sei die Klausel wirksam, so daß der Verbraucher auf das Schiedsverfahren verwiesen wurde.

Es fragt sich, ob es in Zeiten des freien Warenverkehrs innerhalb Europas noch gerechtfertigt sein kann, zwischen nationalen und internationalen Verbrauchergeschäften zu unterscheiden. Während im nationalen französischen Schiedsverfahrensrecht eine *clause compromissoire* bei Rechtsgeschäften mit Verbrauchern unzulässig ist, würde die *clause compromissoire* im internationalen Schiedsverfahrensrecht als wirksam anerkannt werden. Der besondere Stellenwert des Verbraucherschutzes, den auch Art. 2 der Wiener Konvention und Art. 27 ff. EGBGB unterstreichen, mindert sich aber nicht durch die Internationalität

869 Art. 2061 *CC* lautet: Die Schiedsklausel ist nichtig, es sei denn, etwas anderes wird durch Gesetz bestimmt.

870 Art. 1492 *NCPC* lautet: International ist das Schiedsverfahren, das die Interessen des internationalen Handels betrifft. Vgl. hierzu auch oben unter V.A.I.

871 Cour d'Appel unter Verweis auf Civ. 1re, 4.7.1972, Rev. arb. 1974, 1989; Paris, 13.12 1975, JDI 1976, 106 m. Anm. Loquin; Paris, 9.12.1984, JDI 1986, 1039 m. Anm. Loquin; Paris, 8.11.1990, Rev. arb. 1990, 675 m. Anm. Mayer.

872 Dubarry/Loquin abgedruckt in RTD com. 1995 (48), 401 (404).

des Vertrages. Fraglich ist daher, ob ein internationales Schiedsverfahren das geeignete Verfahren für den Verbraucher darstellt, um seine Rechte ordnungsgemäß geltend zu machen[873]. Dafür müßte zumindest sichergestellt werden, daß ein ausländisches Schiedsgericht Kenntnis von den zwingenden nationalen Vorschriften zum Schutz des Verbrauchers hat. Außerdem müßte vermieden werden, daß es durch die aufoktroyierte Verlegung des Schiedsortes ins Ausland oder die Vereinbarung ausländischen materiellen Rechts, zu einer Vereitelung der Geltendmachung legitimer Ansprüche des Verbrauchers kommt. Die Schiedsfähigkeit von Verbraucherstreitigkeiten kann deshalb nur wünschenswert sein, wenn ein spezielles Verfahren entwickelt wird, das den Schutz des Verbrauchers garantiert.

c. Börsentermingeschäfte

Auch die Schiedsfähigkeit von Börsentermingeschäften wurde zuerst in den USA anerkannt[874]. Demgegenüber erkannte der BGH Börsentermingeschäfte erst 1991[875] als zumindest eingeschränkt schiedsfähig an, und zwar unter der Voraussetzung, daß die Parteien die Anwendung deutschen Rechts vereinbaren und sich auf ein deutsches Schiedsgericht einigen. In einem solchen Falle sei nicht von vornherein davon auszugehen, daß das Schiedsgericht zwingende Bestimmungen des deutschen Rechts – dabei ging es hauptsächlich um den Differenz- bzw. Termineinwand[876] – nicht beachten würde[877]. In seiner Entscheidung von 1991 bewertete der BGH den Differenzeinwand bei ausländischen Börsentermingeschäften als nicht mehr dem deutschen *ordre public* zugehörig[878]. Auch § 61 BörsG[879] stehe der Wahl ausländischen Rechts nicht entgegen[880].

---

873 So sind die Kosten eines Schiedsverfahrens für den Verbraucher im Zweifel schon deshalb höher als beim staatlichen Verfahren, weil er keine Prozeßkostenhilfe beantragen kann.

874 *Scherk* v. *Alberto-Culver Co.*, Fn. 309.

875 BGH, WM 1991, 1248 – WuB VII B.3 § 1025 ZPO 1.91 m. Anm. Schütze.

876 Voraussetzung für den Differenz- bzw. Termineinwand ist die fehlende Termingeschäftsfähigkeit. Termingeschäftsfähigkeit besitzen gem. § 53 BörsG eingetragene oder diesen gleichgestellte Kaufleute sowie Börsenleute und „informierte Privatanleger".

877 So noch BGH, WM 1987, 1153; und die Vorinstanz zu Fn. 875, OLG Düsseldorf, WM 1990, 842.

878 BGH, WM 1991, 576 = WuB VII B.3 § 1044 ZPO 1.91 m. Anm. Schütze.

879 § 61 BörsG lautet: Aus einem Börsentermingeschäft können ohne Rücksicht auf das darauf anzuwendende Recht keine weitergehenden Ansprüche, als nach deutschem Recht begründet sind, gegen eine Person geltend gemacht werden,
1. für die das Geschäft nach § 53 nicht verbindlich ist,

Mit der Anknüpfung an das vermögensrechtliche Kriterium[881] bei der Bestimmung der objektiven Schiedsfähigkeit, sind börsenrechtliche Ansprüche nunmehr grundsätzlich schiedsfähig, unabhängig davon, ob deutsches oder ausländisches Recht zur Anwendung kommt. Dieses Ergebnis ist zu begrüßen, da der Schutz inländischer Börsenspekulanten ausreichend über den *ordre public* gewährleistet ist[882].

d. Gesetzliche Pfandrechte

Bei dem Streitgegenstand in *Automatic Systems* v. *Bracknell Corp.*[883] handelte es sich um ein auf den *Construction Liens Act (CLA)* gegründetes Pfandrecht[884]. Der *CLA* stellt zugunsten der Pfandgläubiger, insbesondere der Zulieferer oder Subunternehmer, ein bestimmtes Verfahren für den Schutz und die Festsetzung eines solchen Pfandrechts auf. Darüberhinaus ist der Bauherr dazu verpflichtet, ständig entsprechend einem bestimmten Prozentsatz der verrichteten Arbeit liquide Mittel verfügbar zu halten. Schließlich können die Vorschriften des *CLA* auch nicht vertraglich abbedungen werden (s. 4 *CLA)*, damit der vorgesehene Schutz garantiert ist. Allerdings sieht s. 62 (b) *CLA* hiervon eine Ausnahme für Schiedsverfahren vor.

Obwohl die zwischen *Automatic* und *Bracknell* geschlossene Schiedsvereinbarung vorsah, daß alle aus dem zwischen den Parteien bestehenden Subunternehmervertrag entstehenden Streitigkeiten im Wege eines Schiedsverfahrens zu lösen seien, erhob *Bracknell* unter dem *CLA* Klage gegen *Automatic.* Dieser wandte daraufhin die Schiedseinrede ein. In erster Instanz wurde die Schiedseinrede aber als „nicht durchsetzbar" zurückgewiesen, da die Ausnahme in s. 62 (b) *CLA* nur auf nationale Schiedsverfahren verweise. Die zwischen den Parteien im Rahmen eines internationalen Verfahrens geschlossene Schiedsvereinbarung sei

2. die ihren gewöhnlichen Aufenthalt zur Zeit des Geschäftsabschlusses im Inland hat und
3. die im Inland die für den Abschluß des Geschäfts erforderliche Willenserklärung abgegeben hat.

880 Durch die am Standard des deutschen Rechts ausgerichtete Begrenzung von Ansprüchen, dehnt § 61 BörsG die Anwendung des deutschen Rechts entgegen den allgemeinen Regeln des Kollisionsrechts, in erheblicher Weise aus, vgl. auch Schwark, § 61, Rz. 1; kritisch hierzu Kegel, S. 512, der § 61 BörsG als eine Exklusivnorm, die besser fehlen würde, bezeichnet.

881 Dasselbe gilt für die Schweiz, vgl. Bucher, Rn. 91.

882 Schlosser, DIS-MAT IV (1998), S. 51 (66).

883 [1994] 18 O.R. (3d) 257, (Ont. C.A.), CLOUT Case 73; vgl. auch *Automatic Systems Inc.* v. *E. S. Fox Ltd.*, 25.4.1994 (Ont. C.A.), unveröffentlicht, CLOUT Case 74.

884 Feldman J., General Division (1993), 100 D.L.R. (4th) 390.

deshalb unwirksam, weil die Vorschriften des *CLA* gem. s. 4 *CLA* nicht hätten abbedungen werden können. Das Berufungsgericht hob diese Entscheidung auf, und berief sich dafür auf die *ratio* des Art. 8 ModG. Danach sei das staatliche Gericht verpflichtet, die Parteien auf ein Schiedsverfahren zu verweisen, wenn nicht die Schiedsvereinbarung nichtig, unwirksam oder undurchführbar sei. Die von dem erstinstanzlichen Gericht angeführte „Undurchsetzbarkeit" sei dagegen in Art. 8 ModG nicht erwähnt. Auch wäre aus dem *CLA* nicht ersichtlich, daß zwischen nationalen und internationalen Schiedsverfahren zu unterscheiden sei[885]. Vielmehr sei für den Ausschluß des Schiedsverfahrens ein ausdrücklicher Hinweis erforderlich. Das Berufungsgericht verwies die Parteien deshalb auf das Schiedsverfahren.

In *BWV* v. *Saskfero, UHDE-GmbH*[886] ging es um die Errichtung einer Fabrik in Saskatchewan durch *UHDE* für Saskfero. *UHDE* vergab einen Teil des Auftrags an den Subunternehmer *BWV*. Dieser führte einen Teil der Arbeiten aus und machte dafür ein *Builder's Lien*, ein Pfandrecht i.S.d. *Builder's Lien Act (BLA)*[887] geltend. Über zwanzig andere Unternehmer taten es ihm gleich, wobei ein Großteil dieser Pfandrechte schon in dem von *BWV* geltend gemachten Pfandrecht enthalten war. Sowohl auf den Generalunternehmervertrag als auch auf den Subunternehmervertrag war der *BLA* anwendbar. In dem zwischen *UHDE* und *BWV* geschlossenen Subunternehmervertrag war zudem eine Schiedsvereinbarung enthalten.

Als *BWV* Klage auf Zahlung ausstehender Gelder unter Berufung auf den *BLA* erhob, wandte *UHDE* die Schiedseinrede ein. Dieser Einrede wurde erstinstanzlich nicht entsprochen[888]. Die Schiedsvereinbarung, so argumentierte das Gericht, sei nichtig, da sie die Anwendung des *BLA* verhindern würde. Funktion des *BLA* sei es, die Höhe der Rücklagen zu bestimmen, die von den verschiedenen Parteien zum Schutz ihrer Vertragspartner zur Verfügung gehalten werden müßten. Die Zulassung eines Schiedsverfahrens würde dazu führen, daß die Höhe dieser Rücklagen durch ein Schiedsgericht bestimmt würden. S. 99 *BLA* sehe aber vor, daß alle vertraglichen Absprachen, die die Anwendung des *BLA* ausschließen, nichtig seien.

Das Berufungsgericht hielt dieses Argument jedoch nicht für überzeugend. S. 99 *BLA* bestimme lediglich, daß vertragliche Abmachungen, in denen die Parteien auf ihre Rechte verzichten würden, nichtig seien. Es sei aber nicht vorgesehen, daß die Bestimmung der Höhe der Rücklagen ausschließlich nach den Vor-

---

885 [1994] 18 O.R. (3d) 257 (266).

886 *BWV Investments Ltd.* v. *Saskfero Products Inc., UHDE-GmbH, et al.*, [1993] 4 W.W.R. 553, CLOUT Case 28 (1. Instanz); [1995] 2 W.W.R. 1 (2) (CoA), CLOUT Case 116 (Berufung).

887 Statutes of Saskatchewan 1984-85-86, c. B-7.1.

888 [1993] 4 W.W.R. 553, CLOUT Case 28.

schriften des *BLA* erfolgen könne. Deren Festlegung können ohne weiteres auch durch ein Schiedsgericht erfolgen[889]. Das Berufungsgericht gab der Schiedseinrede hinsichtlich der zwischen *BWV* und *UHDE* bestehenden Streitgegenstände deshalb statt.

4. Ansprüche aus Wechseln

In einem Urteil vom 28.10.1993[890] stellte der BGH fest, daß grundsätzlich auch Ansprüche aus Wechseln von der Schiedsvereinbarung erfaßt werden können, sofern dies aus der Formulierung der Schiedsvereinbarung klar hervorgehe. Dagegen greife die Schiedseinrede in dem besonderen Verfahren des Wechselprozesses nicht durch. Der Grund hierfür läge im Zweck des Wechselprozesses. Dieser bestehe darin

> „dem Inhaber einer Wechselforderung einen vorläufigen gerichtlichen Beistand zur Durchsetzung seiner Ansprüche aufgrund einer summarischen, aber im allgemeinen zum Erreichen dieses Zwecks ausreichenden, Sachprüfung zu gewähren und ihm so schnell zu einer im Wege der Zwangsvollstreckung durchsetzbaren Entscheidung zu verhelfen[891]".

Da sich Kaufleute im internationalen Handelsverkehr ihr Recht auf eine Durchsetzung des Anspruchs im Wechselprozeß in der Regel sogar ausdrücklich vorbehielten, sei nicht davon auszugehen, daß der Wechselgläubiger freiwillig durch eine allgemeine Schiedsklausel auf diese Vorteile verzichten wolle[892]. Ein solcher Verzicht sei deshalb nur dann anzunehmen, wenn die Parteien in einer zusätzlichen Vereinbarung den Ausschluß der staatlichen Gerichtsbarkeit für die Ansprüche aus den Wechseln konkret vereinbarten[893].

Dieselbe Auffassung wird – unter Verweis auf das deutsche Recht – auch in Hong Kong vertreten. Auch hier wird betont, daß die Besonderheiten des Wechselverfahrens mit einer Schiedsabrede unvereinbar seien. Im Nachverfahren könne dagegen ohne weiteres Schiedseinrede erhoben werden, da hier der besondere Zweck des Wechselprozesses nicht mehr bestehe[894].

---

889 So auch *Kvaerner Enviropower Inc.* v. *Tanar Industries Ltd. (Alberta Q.B.)*, [1994] 9 W.W.R. 228 (229), CLOUT Case 112.

890 BGH NJW 1994, 136.

891 A.a.O., S. 136.

892 So auch die h.M.: Stein/Jonas-Schlosser, § 1025, Rn. 13a; Schütze/Tscherning/Wais, Rn. 135; Schwab/Walter, Rn. 10.

893 Vgl. auch Schmidt, RIW 1993, 639 ff.; dasselbe gilt für den Urkundenprozeß, vgl. OLG Düsseldorf, Urt. v. 4.5.1995, BB 1996, Beil. 15, S. 23.

894 *CA Pacific Forex Ltd.* v. *Lei Kuan Ieong*, [1999] 1 HKLD 367; *Nova (Jersey) Knit* v. *Kammgarn Spinnerei GmbH*, [1977] 1 WLR 713.

5. Gesellschaftsrechtliche Beschlußmängelstreitigkeiten

Im deutschen Recht stellt die Frage der Schiedsfähigkeit gesellschaftsrechtlicher Beschlußmängelstreitigkeiten von Kapitalgesellschaften[895] eine besondere Problematik dar, die im Rahmen der deutschen Reform nicht geregelt wurde. Der Gesetzgeber stellte zwar in der Gesetzesbegründung fest, daß der Schiedsfähigkeit von Gestaltungsklagen grundsätzlich nichts entgegenstehe, da es sich bei der Schiedsgerichtsbarkeit um ein der staatlichen Gerichtsbarkeit gleichwertiges Rechtsschutzverfahren handele. Angesichts der „Vielschichtigkeit in tatsächlicher und rechtlicher Hinsicht", wurde die Lösung der Frage aber ausdrücklich der Rechtsprechung überlassen[896].

Der BGH hat diesen „Auftrag" in der Grundsatzentscheidung vom 29.3.1996[897] zunächst angenommen und bei zahlreichen Punkten, die gegen die Schiedsfähigkeit von Beschlußmängelstreitigkeiten vorgebracht wurden, für Klarheit gesorgt[898]. So stellte das Gericht fest, daß weder die ausschließliche Landgerichtszuständigkeit analog § 246 Abs.3 Satz 1 AktG[899], noch die fehlende Vergleichsfähigkeit des Streitgegenstandes[900], der Schiedsfähigkeit gesellschaftsrechtlicher Beschlußmängelstreitigkeiten entgegenstehe. Auch die Schiedsfähigkeit von Gestaltungsklagen wurde bestätigt[901].

Allerdings hat der BGH im Ergebnis die Schiedsfähigkeit gesellschaftsrechtlicher Beschlußmängelstreitigkeiten von Kapitalgesellschaften wegen der fehlenden Bindungswirkung des Schiedsspruchs für Dritte verneint. Die in §§ 248 Abs.1 Satz 1 , 249 Abs.1 Satz 1 AktG angeordnete erweiterte Rechtskrafterstreckung sei wegen der grundlegenden Unterschiede zwischen staatlicher Gerichtsbarkeit und Schiedsgerichtsbarkeit[902] nicht analog auf letztere anwendbar. Vielmehr sei diese Rechtskrafterstreckung nur gerechtfertigt, weil „die Entscheidung durch von den Parteien unabhängige, unparteiliche staatliche Richter in einem streng förmlichen, öffentlichen Verfahren ausschließlich nach Gesichts-

895 Beschlußmängelstreitigkeiten von Personengesellschaften werden allgemein als schiedsfähig angesehen, vgl. BGH, NJW 1979, 2567; OLG Hamm, DB 1992, 2180; Schmidt AG 1995, 551 (552 f.); Ebbing, NZG 1998, 281 (284 m. w. Nachw.).

896 Vgl. BT-Drucks. 13/5274, S. 35.

897 BGHZ 132, 278; LM H 8/96 § 248 AktG.

898 Schlosser, JZ 1996, 1020; Schmidt, ZHR 162 (1998), 266 (268).

899 Für Klagen im GmbH-Recht gilt diese Vorschrift in analoger Anwendung; für Nichtigkeitsklagen jeweils i.V.m. § 249 Abs.1 Satz 1 AktG.

900 Vgl. § 1030 ZPO.

901 BGHZ 132, 278 (281f.) unter Hinweis auf §§ 127, 133,140, 142 HGB und § 767 ZPO; vgl. auch Schmidt, AG 1995, 551 f.

902 Die Aussage, es handele sich um grundlegend unterschiedliche Verfahren, ist in der Literatur stark kritisiert worden, vgl. nur Bork, ZHR 160 (1996), 374 (380).

punkten objektiver Rechtmäßigkeit des streitigen Beschlusses getroffen werde". In § 1040 ZPO a.F. (§ 1055 ZPO n.F.) sei dagegen ausdrücklich die *inter partes*-Wirkung eines Schiedsspruchs angeordnet. Neben der Gefahr konkurrierender Verfahren und somit auch konkurrierender Schiedssprüche[903], sei vor allem problematisch, wie die Beteiligung aller von der Entscheidung Betroffenen, unabhängig von ihrer Parteienstellung, an der Bestellung der Schiedsrichter gewährleistet werden könne. Selbst wenn man der Gefahr, daß mehrere Schiedsverfahren parallel eingeleitet würden[904], durch die Annahme der ausschließlichen Zuständigkeit des zuerst angerufenen Schiedsgerichts entgegentrete, stehe man vor dem Problem, daß auf diese Weise alle Betroffenen an die Schiedsrichterauswahl der „Erstkläger" gebunden wären. Dies könne zu einem unwürdigen Wettlauf der verschiedenen Kläger führen[905].

Wenn der BGH die Schiedsfähigkeit gesellschaftsrechtlicher Beschlußmängelstreitigkeiten in dieser Entscheidung auch nicht generell verneinte[906], so machte das Gericht doch deutlich, daß es die vom Gesetzgeber ausdrücklich betonte Gleichwertigkeit der Rechtsschutzverfahren, zumindest im Rahmen gesellschaftsrechtlicher Streitigkeiten, nicht anerkennt. Vielmehr behauptete der BGH grundlegende Mängel des Schiedsverfahrens, insbesondere eine fehlende Objektivität der Schiedsrichter und eine mangelnde Förmlichkeit des Verfahrens. Eine Regelung durch die Rechtsprechung würde deshalb nach Ansicht des BGH den Rahmen der zulässigen richterlichen Rechtsfortbildung sprengen, da die Fragen zu komplex und zu fundamental seien, um ohne klare rechtliche Regelung auszukommen[907].

Dagegen hält der BGH Schiedsverfahren, die im Einverständnis aller Betroffenen durchgeführt werden, für zulässig, da sich die Rechtskraft dann bereits nach § 1055 ZPO (§ 1040 ZPO a.F.) auf alle Beteiligten erstreckt[908]. Für diese Einstellung spricht auch, daß der BGH „denkbare Lösungswege" vom „Vorlie-

903 Diese Gefahr sieht Bork, ZHR 160 (1996), 374 (380) indes nicht, weil die späteren Verfahren wegen der Identität der Streitgegenstände gem. § 261 Abs.3 Satz 1 ZPO unzulässig seien.

904 Der BGH spricht auch von einer möglichen Konkurrenz zwischen Schiedsverfahren und Gerichtsverfahren, bei einer unterschiedlichen Handhabung der Schiedseinrede durch die Gesellschaft, vgl. BGHZ 132, 278 (287), geht hierauf aber nicht näher ein.

905 BGH, a.a.O., S. 285 ff.

906 Schmidt, ZHR 162 (1998), 266 (269); Bredow, DStR 1996, 1653.

907 BGH, a.a.O., S. 289 f.

908 Vgl. unter II.6.b. der Gründe: „Die Entscheidung darüber, ob er es für geboten erachtet, daß Beschlußmängelstreitigkeiten bei der GmbH auch dann schiedsfähig sein sollen, wenn nicht sämtliche Beteiligten einverständlich den Weg vor ein privates Schiedsgericht gesucht haben, muß [...] dem Gesetzgeber überlassen bleiben".

gen entsprechender Satzungsbestimmungen" abhängig machte[909]. Schiedsklagen gegen GmbH-Gesellschafterbeschlüsse sind also *de lege lata* möglich[910], wenn die Gesellschafter durch eine entsprechende Gestaltung der Schiedsklausel in der Gesellschaftssatzung oder durch eine gesonderte Schiedsvereinbarung die Bedenken des BGH ausräumen[911]. Voraussetzung für eine wirksame Schiedsvereinbarung wäre demnach sowohl die Garantie der *inter omnes*-Wirkung eines Schiedsspruchs, als auch die Gewährleistung der für alle Betroffenen gleichberechtigten Teilnahme an der Schiedsrichterauswahl.

Im Rahmen dieser Diskussion vertritt *Schlosser* die Ansicht, daß eine den Forderungen des BGH entsprechende Möglichkeit zur Konstituierung eines Schiedsgerichts in § 1034 Abs.2 ZPO n.F. bereits angelegt sei. Diese Vorschrift enthalte eine Regelung zur Beseitigung von Ungleichbehandlungen bei der Konstituierung des Schiedsgerichts im Zweiparteienverfahren, die sich bei geringfügiger Wortlautanpassung analog auf Beschlußmängelstreitigkeiten im Mehrparteienverfahren anwenden lasse[912]. Danach müsse unter „Parteien" i.S.d. § 1034 Abs.2 ZPO jede Person verstanden werden, die durch den Verfahrensausgang materiell betroffen sei, also jeder Gesellschafter. Auch am Verfahren unbeteiligte Gesellschafter könnten so zumindest nachträglich auf die Konstituierung des Schiedsgerichts Einfluß nehmen, und eine Aufhebung des Schiedsspruchs gem. § 1059 ZPO beantragen, da ein solcher Aufhebungsantrag keine Parteienstellung der klagenden Partei im vorhergehenden Schiedsverfahren voraussetze[913].

Diese Möglichkeit ist allerdings nicht als besonders erstrebenswert zu bezeichnen, da sie das gesamte Schiedsverfahren durch die Aufhebung des Schiedsspruchs hinfällig macht und enorme Zeitverluste und Kosten verursacht. Es ist den Parteien deshalb sehr anzuraten, eine eindeutige Regelung in ihrer Schiedsvereinbarung zu treffen. In der Literatur wurden bereits mehrere Klauselvorschläge erarbeitet[914]. Sehr überzeugend ist die jüngst von *Zilles*[915] vorgestellte Klausel, wonach der Geschäftsführer der Gesellschaft als deren Vertreter eingesetzt werden soll. Eine gegen die Gesellschaft gerichtete Klage ist demnach an diesen zu richten. Dem Geschäftsführer obliegt dann im weiteren Verlauf die un-

909 Vgl. BGHZ 132, 278 (288).
910 Jüngst Zilles, BB 1999, Beil. 4, S. 2; ebenso Ebbing, NZG 1998, 281; Schlosser, JZ 1996, 1020 (1021); Petermann, BB 1996, 277 (278); Bredow, DStR 1996, 1653; Weber, DIS-Schriftenreihe, S. 61 ff.
911 BT-Drucks. 13/9124, S. 52.
912 Schlosser, DIS-MAT IV (1998), S. 51 (63).
913 Schlosser, a.a.O., S. 63.
914 Zilles, BB 1999, Beil. 4, S. 1 ff.; Bredow, DStR 1996, 1653 (1655); Weber, DIS-Schriftenreihe, S. 61 ff.
915 Zilles. a.a.O.

verzügliche Information aller Gesellschafter, die mit Erhalt dieser Information kein eigenes Schiedsverfahren mehr einleiten können, wodurch die parallele Einleitung verschiedener Schiedsverfahren vermieden wird. Gleichzeitig erhalten die Gesellschafter aber ein Recht auf Beteiligung am Schiedsverfahren[916], sofern sie sich innerhalb eines Monats entsprechend äußern. Läßt ein Gesellschafter diese Frist verstreichen, kann er die Schiedsrichterauswahl nicht mehr beeinflussen. Er kann dem Verfahren dann – ebenso wie ein später beitretender Gesellschafter – nur noch als Nebenintervenient beiwohnen. Diejenigen Gesellschafter, die am Verfahren teilnehmen, können zunächst versuchen, sich auf einen Schiedsrichter zu einigen[917]. Sollte dieser Versuch fehlschlagen, ist das gesamte Schiedsgericht durch eine neutrale Stelle zu bestellen, um die gleichberechtigte Teilnahme jeder Partei an der Bestellung zu gewährleisten[918]. Die Rechtskrafterstreckung soll durch die ausdrückliche Unterwerfung aller Gesellschafter unter den Schiedsspruch erfolgen.

Eine gesetzliche Regelung über die Voraussetzungen der Schiedsfähigkeit gesellschaftsrechtlicher Beschlußmängelstreitigkeiten wäre zwar im Hinblick auf die dadurch gegebene Rechtssicherheit zu begrüßen, könnte aber wohl nicht die Flexibilität einer auf den Einzelfall zugeschnittenen Schiedsvereinbarung erreichen. Vor dem Hintergrund der angesprochenen gerichtlichen Entscheidung ist davon auszugehen, daß die Rechtsprechung eine Schiedsvereinbarung grundsätzlich anerkennen wird, die die Rechte aller Gesellschafter gleichermaßen berücksichtigt. Trotzdem bleiben ohne eine gesetzliche Regelung wesentliche Fragen ungelöst, die der Klärung in der Praxis bedürfen.

6. Strafschadensersatz (punitive damages)

Die Verurteilung zu Strafschadensersatz (*punitive damages* [919]) oder Mehrfachschadensersatz (*treble damages* [920]) durch Schiedsgerichte wird vom *Supreme Court* in rein amerikanischen Schiedsverfahren mittlerweile als zulässig angese-

916 So auch Ebbing, NZG 1998, 281 (286):

917 Dabei lehnt Zilles überzeugend sowohl den Einigungszwang als auch die Abstimmung ab, BB 1999, Beil. 4, S. 1 (5).

918 Diese Lösung wird allgemein bevorzugt, vgl. Zilles, a.a.O., S. 4, Fn. 29 m.w.N.

919 *Mastrobuono* v. *Shearson Lehman Hutton, Inc.*, 115 S.Ct. 1212; vgl. auch *Willoughby Roofing & Supply Co.* v. *Kajima Int'l, Inc.*, 598 F.Supp. 353 (N.D. Ala. 1984), aff'd, 776 F.2d 269 (11th Cir. 1985); *Willis* v. *Shearson/American Express, Inc.*, 569 F.Supp. 821 (M.D.N.C. 1983).

920 *Mitsubishi Motors Corp.* v. *Soler Chrysler-Plymouth, Inc.*, Fn.307; *Shearson/American Express* v. *McMahon*, Fn. 309 – in diesem Fall hat der *Supreme Court* die Schiedsfähigkeit von RICO-Ansprüchen anerkannt.

hen. Den Bundesgerichten zufolge kann einer Partei grundsätzlich Strafschadensersatz zugesprochen werden, wenn die Parteien sich darüber in der Schiedsvereinbarung verständigt haben. Allerdings weicht die Rechtsprechung in den jeweiligen Staaten von derjenigen auf Bundesebene ab. So stellt z.B. in New York die Verhängung von Strafschadensersatz im Rahmen eines Schiedsverfahrens einen Verstoß gegen die öffentliche Ordnung dar, so daß Schiedsgerichte grundsätzlich keine *punitive damages* zusprechen dürfen[921].

Der Entscheidung *Mastrobuono* v. *Shearson Lehman Hutton*[922] lag die Schiedsklage von Anlegern gegen einen Wertpapierbroker auf Zahlung von Schadensersatz wegen Schlechterfüllung des Vertrages zugrunde. Das Schiedsgericht sprach den Anlegern sowohl kompensatorischen Schadensersatz als auch Strafschadensersatz in Höhe von US$ 400.000 zu. Daraufhin beantragte der Beklagte die Aufhebung des Schiedsspruchs, da der Schiedsrichter nicht zur Zuerkennung von *punitive damages* berechtigt sei. Problematisch war, daß die im Kaufvertrag enthaltene Schiedsvereinbarung auf zwei sich widersprechende Regelwerke Bezug nahm. Sie verwies nämlich sowohl auf das Recht des Staates New York, demzufolge ein Schiedsgericht keinen Strafschadensersatz zusprechen darf, als auch auf die Regeln der *National Association of Security Dealers (NASD)*, denen zufolge ein Schiedsgericht ausdrücklich ermächtigt ist, Strafschadensersatz zuzusprechen. Sowohl der zuständige *District Court* in Illinois, als auch der *Court of Appeal* gaben dem Antrag auf Aufhebung des Schiedsspruchs aufgrund der Rechtswahlklausel statt[923], die das Recht von New York für anwendbar erklärte. Nach ständiger Rechtsprechung des *Court of Appeal* könnten in New York nur die staatlichen Gerichte *punitive damages* verhängen, die Schiedsgerichte seien hierzu nicht ermächtigt[924].

Der *Supreme Court* hob diese Urteile jedoch auf[925]. Bei der Auslegung von Vertragsklauseln sei eine schiedsfreundliche Einstellung zugrunde zu legen, bei der die Durchsetzbarkeit der Schiedsvereinbarung Priorität habe. Auch sei zu beachten, daß mehrdeutige Klauseln immer zu Lasten des Verwenders gingen. Der Verweis auf das Recht von New York müsse deshalb als Verweis auf die hierin

---

921 Vgl. *Fahnestock & Co.* v. *Waltman*, 935 F.2d 512 (2d Cir. 1991); etwas anderes soll gelten, wenn die Parteien den Schiedsrichter zur Zuerkennung von *punitive damages* ermächtigt haben. Ob für diese Ermächtigung der Verweis auf die AAA-SchO ausreicht, wurde offengelassen in *Barbier* v. *Shearson Lehmann Hutton*, 948 F.2d 117 (2d Cir. 1991).

922 812 F.Supp. 845 (ND Ill. 1993); 20 F.3d 713 (7th Cir. 1994); 115 S.Ct. 1212 (1995).

923 812 F.Supp. 845 (ND Ill. 1993); 20 F.3d 713 (7th Cir. 1994).

924 Unter Berufung auf *Garrity* v. *Lyle Stuart, Inc.*, 40 N.Y.2d 354, 386 N.Y.S. 2d 831, 353 N.E.2d 793 (1976).

925 115 S.Ct. 1212 (1995)

enthaltenen grundlegenden Prinzipien verstanden werden, ohne die Befugnisse des Schiedsgerichts einzuschränken. Zugunsten der Kläger sei deshalb davon auszugehen, daß das Schiedsgericht Strafschadensersatz zusprechen könne, wenn diese Möglichkeit in der Schiedsklausel nicht ausdrücklich ausgeschlossen werde, und zwar auch dann, wenn das anwendbare Recht dies eigentlich verbiete. Der Antrag auf Aufhebung des Schiedsspruchs wurde deshalb zurückgewiesen.

Im Rahmen der internationalen Schiedsgerichtsbarkeit sind bis jetzt noch keine Schiedssprüche bekannt geworden, in denen Schiedsgerichte Strafschadensersatz zugesprochen haben. International tätige Schiedsrichter berichten aber über eine Zunahme von Klagen, die auf Strafschadensersatz gerichtet sind[926]. In zivilrechtlich geprägten Ländern ist die Schiedsfähigkeit von *punitive damages* schon deshalb ausgeschlossen[927], weil ein sog. Strafschadensersatz nach allgemeiner Ansicht gegen den *ordre public* verstößt. Schadensersatz ist nach zivilrechtlicher Auffassung immer nur auf Kompensation gerichtet[928]. Im deutschen Recht gibt es von diesem Grundsatz zwar mittlerweile Ausnahmen. So wurde mit dem Gesetz zur Bekämpfung der organisierten Kriminalität (OrgKG)[929] eine Vermögensstrafe eingeführt, die den amerikanischen RICO-Ansprüchen ähnelt[930]. Im Gegensatz zum amerikanischen Recht kommt aber hier die zu zahlende Summe nicht dem Geschädigten, sondern dem Staat zugute. Anders ist dies nur bei dem Anspruch auf Schmerzensgeld des deutschen Rechts gem. § 847 BGB. Dieser übt auch eine Genugtuungsfunktion aus und ist somit im Ansatz mit dem Strafschadensersatz vergleichbar. Trotzdem bleibt es bei einer ansatzweisen Vergleichbarkeit, denn weder der Umfang des Schmerzensgeldanspruchs noch seine dogmatische Grundlage, sind mit der amerikanischen Regelung wirklich vergleichbar[931].

In England und anderen *common law* Staaten, wie z.B. Australien oder Neuseeland, ist die Verurteilung zu *punitive damages* bis jetzt ausschließlich den

926 Vgl. Stein, EuZW 1994, 18 (29, Fn. 7).

927 Redfern/Hunter, S. 361.

928 Im deutschen Recht bildet die einzige Ausnahme von diesem Grundsatz die Vermögensstrafe,

929 15.7.1992, BGBl. 1 S. 1302 ff.

930 Hierbei handelt es sich um den sog. *Racketeer Influenced and Corrupt Organizations Act* (RICO), 18 U.S.C. §§ 1961-1964, der eine Reihe von zivil- und strafrechtlichen Ansprüchen als Sanktion für betrügerische Aktivitäten i.R.d. Wirtschaftskriminalität vorsieht.

931 Kühn, FS Glossner, S. 193 (200).

staatlichen Gerichten vorbehalten[932], wenngleich *punitive damages* in diesen Staaten nicht gegen den *ordre public* verstoßen[933].

Es ist davon auszugehen, daß die amerikanische Rechtsprechung *punitive damages* auch in internationalen Verfahren für schiedsfähig erklären wird, da kein Grund ersichtlich ist, warum die enorme Erweiterung der Schiedsfähigkeit, die auf internationaler Ebene stattgefunden hat, vor *punitive damages* Halt machen sollte. Da dem Schiedsgericht nach amerikanischer Auffassung ein sehr weiter Ermessensspielraum bei der Gestaltung von Schiedssprüchen zusteht, werden Aufhebungsverfahren, die sich auf die Unzulässigkeit von Strafschadensersatz-Schiedssprüchen stützen, im amerikanischen Recht selten Erfolg haben, solange das Schiedsgericht eine faire und nachvollziehbare Lösung präsentiert[934].

7. Stellungnahme

Es läßt sich feststellen, daß der Bereich der objektiven Schiedsfähigkeit erheblich ausgedehnt wurde und die schiedsfreundliche Einstellung der einzelnen Gesetzgebungen und der staatlichen Rechtsprechung widerspiegelt. Dies gilt insbesondere für das deutsche Recht, wo mit der Übernahme des Kriteriums der Vermögensrechtlichkeit nach schweizerischem Vorbild, ein großer Fortschritt erreicht wurde. Aber auch in anderen Rechtsordnungen wird gerade in Bereichen, in denen sich der Staat lange Zeit ein Rechtsprechungsmonopol vorbehielt, nun immer stärker die Gleichwertigkeit von Schiedsverfahren und staatlichem Gerichtsverfahren anerkannt. Das Festhalten an dem Kriterium der Vergleichsfähigkeit in einigen Rechtsordnungen wird dadurch relativiert, daß die Rechtsprechung die Frage der Schiedsfähigkeit immer mehr anhand allgemeiner Wertungen entscheidet. Zwar tun sich hier einige Gesetzgebungen schwerer als andere; insgesamt wird aber darauf verwiesen, daß die materielle *ordre public*-Kontrolle des Schiedsspruchs am Ende eines Schiedsverfahrens ausreiche, um den Schutzzweck einzelner Normen zu erreichen.

---

932 Vgl. nur London Court of Appeal, *SA Consortium General Textiles* v. *Sun and Sand Agencies Ltd.* [1978] Q.B. 279 (300) Lord Denning.

933 Vgl. die Nachweise bei Stein, a.a.O., S. 21; vgl. auch unten, 3. Kap., IX.5.

934 Hausmaninger, JIA 1990 (7/4), 7 (15).

IV. Schiedsgericht

1. Anzahl der Schiedsrichter

In der indischen Entscheidung *MMTC* v. *Sterlite*[935] beantragte die Klägerin die Abweisung der von der Beklagten erhobenen Schiedseinrede. Die Schiedsvereinbarung sei unwirksam, weil darin vereinbart worden wäre, daß jede Partei einen Schiedsrichter ernenne solle. Die Schiedsvereinbarung sehe also eine gerade Anzahl von Schiedsrichtern vor, während s. 10 Abs.1 *ind. AA* zwingend eine ungerade Anzahl von Schiedsrichtern vorschreibe. Dabei hielt die Klägerin es für unerheblich, daß in der Schiedsvereinbarung auch festgelegt war, daß die von den Parteien ernannten Schiedsrichter sich auf einen dritten, neutralen Schiedsrichter einigen sollten. Der indische *Supreme Court* wies den Antrag der Klägerin mit der Begründung zurück, daß sich die Gültigkeit der Schiedsvereinbarung nach s. 7 *ind. AA* richte. Voraussetzung für die Gültigkeit sei danach allein die Schriftform. In s. 10 und s. 11 *ind. AA* werde dagegen die Anzahl der Schiedsrichter und das Verfahren für ihre Bestellung geregelt. Die Bestimmung einer geraden Anzahl von Schiedsrichtern könne deshalb die Schiedsvereinbarung, unabhängig von der Tatsache, ob die Behauptung der Klägerin richtig sei, schon deshalb nicht ungültig machen, da es sich bei s. 10 *ind. AA* nicht um eine zwingende Vorschrift, sondern um eine „technische" Vorschrift[936] handele, die den geregelten Ablauf des Verfahrens fördern solle[937]. Der *Supreme Court* ordnete deshalb die Ernennung eines Schiedsrichters für die Klägerin an.

Diese Auslegung ist insbesondere im Hinblick auf das ägyptische und das spanische Schiedsverfahrensrecht interessant, da beide Gesetze in einem solchen Falle die Nichtigkeit der Schiedsvereinbarung vorsehen[938]. Diese scharfe Rechtsfolge widerspricht aber dem Grundsatz der Durchsetzbarkeit der Schiedsvereinbarung und der Förderung des Schiedsverfahrens. Verstärkt wird dieser schiedsunfreundliche Eindruck noch dadurch, daß das Bestellverfahren grundsätzlich parteiautonom bestimmt werden kann, so daß die Parteien für den geregelten Ablauf eine erhöhte Verantwortlichkeit tragen. Das bedeutet aber auch, daß sie

935 *MMTC* v. *Sterlite Industries (India) Ltd.*, Judgements Today [1996] 10 S.C. 390, CLOUT Case 177.

936 „*machinery provision*", a.a.O., S. 394.

937 Vgl. in diesem Sinne auch die Entscheidung *Krutov* v. *Vancouver Hockey Club Ltd.*, 22.11.1991, [1991] B.C.J. No. 3464, CLOUT Case 19. Auch hier wurde der Parteiautonomie Rechnung getragen, und die Schiedsvereinbarung nicht wegen einfacher Unregelmäßigkeiten, wie z.B. zu langen Fristen, für unwirksam erklärt.

938 Vgl. Art. 15 Abs.2 *ägypt. SchG*; Cremades, Fn. 320; allerdings ist das ModG in Spanien nicht umgesetzt worden.

sich die Folgen einer unüberlegten Regelung zurechnen lassen müssen. Die Rechtsfolge der Nichtigkeit widerspricht also auch dem im „*two-level-system*“[939] des ModG niedergelegten Grundsatz der Parteiautonomie.

2. Qualifikation der Schiedsrichter

a. Unabhängigkeit und Unparteilichkeit

Voraussetzungen für das Amt des Schiedsrichters sind dessen Unabhängigkeit und Unparteilichkeit. Fehlt es daran, so kann dies zur Nichtigkeit der Schiedsvereinbarung führen. In *Jean Charbonneau v. Les Industries.*[940] hatten Kläger und (erster) Beklagter einen Vertrag über den Bau eines Fischerboots geschlossen, der von dem zweiten Beklagten, dem Landwirtschaftsminister der Provinz Québec als Vertreter seines Ministeriums subventioniert wurde. In dem Vertrag war eine Vertragsstrafe für den Fall der verspäteten Ablieferung des Bootes vorgesehen. Die Vertragsstrafe wurde auch verhängt, da das Boot sechs Monate zu spät ausgeliefert wurde. Trotzdem überwies das Landwirtschaftsministerium die Subventionssumme in voller Höhe an den ersten Beklagten. Daraufhin verklagte der Kläger beide Parteien vor einem ordentlichen Gericht auf Schadensersatz. Der erste Beklagte erhob dagegen die Schiedseinrede. Die in dem Vertrag vorgesehene Schiedsvereinbarung wurde jedoch durch den *Cour supérieure* von Québec für ungültig erklärt, da sie den Landwirtschaftsminister als Schiedsrichter für alle Streitigkeiten sowohl zwischen dem Kläger und ersten Beklagten, als auch zwischen dem Minister selbst und den anderen Vertragsparteien bestimmte[941]. Es widerspreche den grundlegendsten Rechtsprinzipien, wenn eine Person gleichzeitig Richter und Partei sei, da die Unparteilichkeit des Richters die Garantie für eine gerechte Entscheidung sei. Die zwischen den Parteien geschlossene Schiedsvereinbarung sei deshalb ungültig, wenn nicht sogar rechtswidrig.

Auch der BGH hat wiederholt zum Ausdruck gebracht, daß das Gebot unparteilicher Rechtspflege von grundlegender Bedeutung und deshalb grundsätz-

939 Vgl. hierzu in der Einleitung, S. 4.

940 *Jean Charbonneau v. Les Industries A.C. Davie Inc. et al.*, [1989] R.J.Q., 1255, CLOUT Case 66.

941 Clause 8.01. L'entrepreneur et le propriétaire s'engagent à accepter et acceptent que le prêteur agisse comme seul juge ou arbitre en matière de réalisation des présentes conditions ou prescriptions, en cas de dispute ou litige entre eux deux et ce dernier.

lich zu beachten sei[942]. Allerdings stellte er in einer Entscheidung von 1976[943] – in der es um die Frage ging, ob die Unparteilichkeit verletzt sei, wenn der alleinige Schiedsrichter Mitglied des Vertretungsorgans einer am Schiedsgerichtsverfahren beteiligten juristischen Person sei – fest, daß bei der Beurteilung der Unabhängigkeit und Unparteilichkeit eines Schiedsgerichts dessen unterschiedliche Art der Konstituierung im Vergleich mit einem staatlichen Gericht nicht außer Betracht gelassen werden dürfe. Da ein Schiedsgericht von den Parteien selbst ausgesucht werden könne, seien an die Voraussetzungen der Unparteilichkeit und Unabhängigkeit nicht die gleichen Maßstäbe anzulegen, wie bei einem staatlichen Gericht. Denn im Schiedsverfahren diene das Erfordernis der Unabhängigkeit nur dem Schutz der Parteien, nicht auch – wie in der staatlichen Gerichtsbarkeit – dem öffentlichen Interesse[944].

Es ist zu begrüßen, daß diese letzte Konsequenz mittlerweile vom BGH ausdrücklich revidiert wurde[945], und nunmehr auch der Aspekt des „öffentlichen Interesses" bejaht wird. Natürlich muß die Beurteilung der Unparteilichkeit von Schiedsrichtern im Zusammenhang mit der Art des Zustandekommens eines Schiedsgerichts gesehen werden. Es muß aber auch hier ein mit den Besonderheiten des Schiedsverfahrens in Einklang stehender Konsens gefunden werden. Einerseits dürfen die Schiedsrichter die Position „ihrer Partei" nicht in einem Maße vertreten, welches sie für schlüssige Argumente der Gegenseite unzugänglich macht. Andererseits darf der Begriff der Unparteilichkeit aber auch nicht zu eng gefaßt werden, da man bei sehr speziellen Sachfragen nur auf einen kleinen Kreis von Experten mit den erforderlichen Spezialkenntnissen zurückgreifen kann. Diese Experten sind den Parteien regelmäßig bekannt oder haben sogar schon für diese gearbeitet[946]. Würde man in solchen Fällen schon eine Parteilichkeit annehmen, wäre es für die Parteien sehr schwierig, kompetente Schiedsrichter zu bestellen.

Ein sehr eindeutiger Fall wurde jüngst von der *Cour de Cassation*[947] entschieden. Anläßlich einer Film-Koproduktion entstanden zwischen den beiden Gesellschaften Streitigkeiten. Diese sollten im Rahmen von zwei parallel in Frankreich und Italien stattfindenden Schiedsverfahren beigelegt werden. Während des Schiedsverfahrens in Italien lancierte der vom Kläger benannte Schieds-

942 BGHZ 51, 255 (258), BGHZ 54, 392 (394); BGH, JZ 1976, 245; vgl. auch BT-Drucks. 13/5274, S. 42.

943 BGHZ 65, 59.

944 BGH, JZ 1976, 245 (246).

945 BGHZ 98, 70 (72).

946 Kahn, Anmerkung zu *Société Excelsior Film TV, SRL c/ société UGC-PH*, 24.3.1998, J.D.I. 1999, 156 (158).

947 *Société Excelsior Film TV, SRL c/ société UGC-PH,* 24.3.1998, J.D.I. 1999, 155.

richter absichtlich falsche Informationen über die Zuständigkeit des Gerichts, die im Ergebnis dazu führten, daß ein Schiedsspruch zugunsten des Klägers erlassen wurde. Als die Beklagte dies nach Erlaß des Schiedsspruchs erkannte, wandte sie sich mit Erfolg gegen den Antrag auf Vollstreckung des Schiedsspruchs. Dieser wurde wegen Parteilichkeit des Schiedsrichters aufgehoben.

Zwar ist die Parteilichkeit eines Schiedsrichters als eher subjektiv empfundenes Moment für den Richter häufig sehr schwer zu beweisen. Oftmals wird daher zusätzlich auf die mit der gerügten Parteilichkeit einhergehenden eindeutigen *ordre public*-Verstöße zurückgegriffen, um den Verdacht der Parteilichkeit zu untermauern. Dies wird auch in der Entscheidung der *Cour de Cassation* deutlich. Obwohl die Grenze zu einer zulässigen Beziehung zwischen Schiedsrichter und Partei hier ohne Zweifel überschritten war[948], hat der Richter ausdrücklich darauf hingewiesen, daß der Schiedsrichter durch die Verletzung des Gleichheitsgrundsatzes bei Bildung des Schiedsgerichts und das betrügerische Verhalten durch die Täuschung des Gerichts, auch gegen den *ordre public* verstoßen habe. Die ausdrückliche Betonung dieser impliziten Verstöße sind insofern von Bedeutung, als der Schiedsrichter für dieses Verhalten auch zivilrechtlich haftbar gemacht werden kann, was in einem solchen Fall absolut angemessen erscheint[949].

b. Sonderfall: Vergleichsvorschlag

Der Verdacht der Parteilichkeit kann sich etwa auch ergeben, wenn ein Schiedsrichter einen Vergleichsvorschlag macht. Diese Gefahr besteht vor allem in *common law* Staaten, wo der Richter traditionell eine passive Rolle im Verfahren einnimmt, so daß ein Vergleichsvorschlag durch den Schiedsrichter schneller den Anschein der Parteilichkeit erwecken kann. In zivilrechtlich geprägten Ländern wird dies anders bewertet, hier ist der staatliche Richter sogar dazu verpflichtet, auf eine gütliche Beilegung des Rechtsstreits hinzuwirken[950]. Dieser Güteversuch wird in aller Regel auf einen Vergleich der Parteien hinauslaufen. Trotzdem sollte das Schiedsgericht darauf achten, daß Vergleichsvorschläge immer von dem vorsitzenden Schiedsrichter gemacht werden. Allerdings kann in beiden Rechtsordnungen ein Vergleich nur mit Zustimmung der Parteien beschlossen werden. Im asiatischen Raum ist es dagegen aufgrund der eigenen Rechtstradition, im chinesischen Einflußgebiet insbesondere aufgrund der konfuzianischen Tradition, sogar möglich, daß der Schiedsrichter bereits während des Verfahrens

948 Vgl. auch Kahn, Anmerkung zu *Société Excelsior Film TV, SRL c/ société UGC-PH*, 24.3.1998, J.D.I. 1999, 156 ff.

949 Vgl. zur Haftung des Schiedsrichters, 2. Kap., X.4.

950 Vgl. z.B. für Deutschland § 279 ZPO.

oder sogar noch vor Beginn, als Schlichter zwischen den Parteien vermittelt[951]. Die in einem solchen Schlichtungsverfahren gewonnenen Erkenntnisse darf er dann allerdings im Schiedsverfahren nicht verwenden. In diesem Bereich zeigen sich deutlich die kulturellen Unterschiede der verschiedenen Rechtsordnungen, deren Überwindung größere Probleme bereitet, als die Harmonisierung einzelner Rechtsinstitute.

c. Nationalität

Die Nationalität eines Schiedsrichters wird grundsätzlich nicht als Wirksamkeitsvoraussetzung angesehen[952]. Allerdings hat der *High Court* in Singapur in der Entscheidung *Builders Federal* v. *Turner*[953] entschieden, daß ausländische Parteien in Singapur nicht von ausländischen Rechtsbeiständen vertreten werden könnten, wenn diese nicht in Singapur als Rechtsanwälte zugelassen seien. Diese Entscheidung hatte unter internationalen Anwälten und Geschäftsleuten Bestürzung ausgelöst und war schließlich von der Rechtsprechung wieder aufgehoben worden[954].

3. Bestellung eines Ersatzschiedsrichters

Eine der ersten Entscheidungen unter Anwendung des neuen deutschen Schiedsverfahrensrechts betraf die Bestellung eines Ersatzschiedsrichters[955]. In dem der Entscheidung zugrunde liegenden Sachverhalt scheiterte die in der Schiedsvereinbarung vorgesehene Bestellung des Schiedsgerichts. Als Ersatzschiedsrichter war in der Schiedsvereinbarung der Präsident der zuständigen IHK vorgesehen. Dieser lehnte die Übernahme des Schiedsamtes ab, schlug jedoch seinerseits einen Schiedsrichter vor. Letzterer war zwar bereit und in der Lage, das Schiedsverfahren zu leiten, bestand aber darauf, seine Bestellung durch das Oberlandesgericht gem. § 1035 Abs.4 ZPO vornehmen zu lassen, da er den Ersatzschiedsrichter nicht für berechtigt hielt, seinerseits einen Schiedsrichter zu bestellen.

Nach Auffassung des Gerichts lagen die Voraussetzungen des § 1035 Abs.4 ZPO vor, da der Präsident der IHK die ihm als „Dritter i.S.d. § 1035 Abs.4 ZPO"

951 Vgl. Art. 2A, 2B *HK Arbitration Ordinance*.

952 Dies stellt Art. 11 Abs.1 ModG ausdrücklich klar, vgl. auch Art. III EuÜ.

953 30.3.1985, (1988) 2 MLJ 280, High Court Singapore.

954 Lowenfeld, JIA 1988 (5/3), 71 ff.

955 BayObLG, Beschluß v. 16.9.1998 – 4Z SchH 2/98 (rechtskräftig), abgedruckt in EWiR § 1035 ZPO 1/98, 1055; vgl. hierzu auch § 1062 Abs.1 ZPO, der die Eingangszuständigkeit für Streitigkeiten über Schiedsrichterbestellungen und andere Verfahrensfragen, bei den Oberlandesgerichten festlegt.

übertragene Aufgabe nicht erfüllt hatte. Somit waren die Gerichte berechtigt, in das Verfahren einzugreifen, weil das von den Parteien vereinbarte Bestellungsverfahren gescheitert war[956]. Die vom gesetzlichen Regelfall des Dreierschiedsgerichts abweichende Bestellung eines Einzelschiedsrichters hat das Gericht als Ausfluß der Parteiautonomie ohne weiteres anerkannt.

Mit dieser Entscheidung wird die von der deutschen Rechtsprechung auch vorher bezeugte schiedsfreundliche Einstellung fortgeführt. So hat auch das OLG Frankfurt als Berufungsinstanz in einem Urteil vom 24.6.1994[957], offensichtliche Verzögerungstaktiken der Schiedsbeklagten (= Feststellungskläger) bei der Schiedsrichterbenennung abgewehrt. In diesem Fall war der erste durch die Schiedskläger ernannte Schiedsrichter wegen Befangenheit abgelehnt worden, der zweite hatte am 10. Juli 1992 sein Amt niedergelegt. Daraufhin hatten die Schiedskläger es versäumt, fristgerecht einen neuen Schiedsrichter zu benennen und so – unstreitig – ihr Recht auf Ernennung eines Schiedsrichters verwirkt. Sie hatten deshalb die Ernennung eines Ersatzschiedsrichters beim Präsidenten des OLG München als vereinbarte zuständige Stelle beantragt. Gegen diese Ersatzernennung wandten sich die Schiedsbeklagten als Feststellungskläger und beantragten die Unzulässigkeit dieses Ersatzbestellungsverfahrens festzustellen, da ein derartiges Verfahren in der Schiedsvereinbarung nicht geregelt sei. Vielmehr sehe Ziff. (3)[958] der Schiedsvereinbarung nur vor, daß die das Verfahren betreibende Partei für die Gegenpartei ein Ersatzernennungsverfahren beantragen könne, nicht aber für sich selber.

Das OLG Frankfurt wies die Klage unter Hinweis auf Ziff. (5)[959] der Schiedsvereinbarung ab. Gem. Ziff (5) habe, bei Wegfall eines Schiedsrichters, „die Partei, die ihn ernannt hat, binnen vier Wochen einen neuen Schiedsrichter zu bestellen“. Diese Frist hatten die Schiedskläger hier zwar unstreitig versäumt. Bei Fristversäumnis erklärt Ziff. (5) der Schiedsvereinbarung aber Ziff. (3) für entsprechend anwendbar und verweist somit ausdrücklich auf das dort geregelte Ersatzernennungsverfahren. Aus diesem ausdrücklichen Verweis schloß das Ge-

956 Vgl. Berger, zu BayObLG, a.a.O., S. 1056.

957 19 U 110/93, auszugsweise abgedruckt in BB 1995, Beil. 5, S. 21ff.; schon das LG Frankfurt hatte die Klage mit Urteil v. 14.4.1993 abgewiesen, allerdings mit falscher Begründung, vgl. BB 1995, Beil. 5, S. 21f.

958 Ziff. (3) der Schiedsklausel lautet: Jede Partei benennt einen Schiedsrichter. [...] Kommt die Gegenpartei [nämlich die Schiedsbeklagten] dieser Aufforderung [einen Schiedsrichter zu ernennen] nicht fristgerecht nach, so soll auf Antrag der das Verfahren betreibenden Partei der Präsident des OLG München [...] einen Schiedsrichter für die säumige Partei ernennen.[...].

959 Ziff. (5) der Schiedsklausel lautet: Fällt ein Schiedsrichter weg, so ernennt die Partei, die ihn ernannt hat, binnen vier Wochen einen neuen Schiedsrichter. [...] Kommt die Partei dieser Verpflichtung nicht nach, so gilt Ziff. (3) entsprechend. [...].

richt, daß das Schiedsverfahren auf jeden Fall weiterzuführen sei und nicht durch den Wegfall eines Schiedsrichters beendet werde. Denn der Verweis in Ziff. (5) betreffe „die Partei, deren Schiedsrichter weggefallen ist". Daraus folge, daß auch der beklagten Partei (=Schiedskläger) das Recht zustehe, die Eröffnung eines Ersatzernennungsverfahrens zu beantragen. Denn unter „betreibende Partei" i.S.d. Ziff. (3) sei immer diejenige Partei zu verstehen, welche die Entscheidung des Rechtsstreits aufgrund der Schiedsvereinbarung durch ein Schiedsgericht herbeiführen wolle, unabhängig von der Position, die sie aufgrund der materiellen Rechtslage einnehme. „Betreibende Partei" könnten deshalb auch die Beklagten (=Schiedskläger) sein, da sie die Konstituierung des Schiedsgerichts vorantrieben, um Klarheit über den behaupteten Anspruch zu schaffen[960].

Der Versuch, das Schiedsverfahren dadurch zu verzögern, daß kein Schiedsrichter bestellt wird, scheint in Hong Kong an der Tagesordnung zu liegen. So führt *Kaplan J.* in *Safond* v. *East Asia Sawmill*[961] an, daß er alleine innerhalb des letzten Jahres 34 Schiedsrichter gem. Art. 11 Abs.4 ModG ernannt habe. Dies bestätigte auch der Kläger in *China Ocean Shipping* v. *Mitrans*[962]. In dem dieser Entscheidung zugrunde liegenden Sachverhalt hatte die beklagte Partei keinen Schiedsrichter ernannt, so daß die Klägerin sich schließlich gezwungen sah, die Benennung eines Schiedsrichters durch das staatliche Gericht gem. Art. 11 Abs.4 ModG zu beantragen. Einen Tag vor dieser Ernennung erklärte sich die Beklagte plötzlich zur Kooperation und zur Ernennung eines Schiedsrichters bereit, vorausgesetzt die durch die Schiedsrichterbestellung bei Gericht entstandenen Kosten würden ihr nicht allein zur Last fallen, sondern in der üblichen Weise geteilt werden. Diese Forderung lehnten die Kläger ab und beantragten, die Beklagten zur Erstattung aller ihnen durch die Schiedsrichterbestellung bei Gericht entstandenen Kosten zu verurteilen.

Der Richter gab dem Klägerantrag statt. Er führte aus, daß es unter Berücksichtigung der Tatsache, daß die Vereinbarung eines Schiedsverfahrens gerade ein Auftreten vor dem Gericht mit den damit verbundenen Kosten vermeiden solle, unerträglich sei, wenn sich eine Partei völlig grundlos derart unkooperativ verhalte. Vielmehr müßten die Parteien dazu angehalten werden, ihre Schiedsvereinbarungen zu respektieren, und nicht die Gerichte unnötig in einen solchen Prozeß zu verwickeln. Er halte es aufgrund des Verhaltens der Beklagten für gerechtfertigt, die Kläger kostenmäßig so zu stellen, wie sie gestanden hätten, wenn die Beklagten selber einen Schiedsrichter ernannt hätten.

960 BB 1995, Beil. 5, S. 21 (22f.); so auch Schütze/Tscherning/Wais, Rn. 202.

961 *Safond Shipping Sdn. Bhd* v. *East Asia Sawmill Corp.*, 6.10.1993, Miscellaneous Proceedings 1993, No. MP 2635, CLOUT Case 60.

962 *China Ocean Shipping Co.* v. *Mitrans Maritime Panama S.A.*, 28.9.1993, Miscellaneous Proceedings No. 3033 OF 1993, CLOUT Case 59.

Auch in *Safond* sind die Beklagten zur Erstattung der Kosten an die Kläger verurteilt worden. Gleichzeitig stellte *Kaplan J.* aber fest, daß die Verurteilung zur Kostenerstattung seiner Meinung nach keine Änderung im Verhalten der Parteien bewirken werde. Er hielt es deshalb für angebracht, auf die Probleme bei der Anwendung des Art. 11 Abs.4 ModG hinzuweisen. Da die Beklagte regelmäßig ihren Sitz im Ausland habe, müsse zunächst bei

Gericht ein Beschluß über die Bestellung eines Schiedsrichters im Ausland beantragt werden. Nach Erhalt dieser gerichtlichen Entscheidung müsse diese im Ausland zugestellt und gegebenenfalls in die Amtssprache übersetzt werden. Sofern dies nicht durch die Anwälte erledigt werde, müsse die Übersetzung bei dem Gericht vor Ort beantragt werden. Erst wenn die Zustellung in der jeweiligen Amtssprache erfolgt, und die Frist für die Zustellungsbestätigung abgelaufen sei, könne der Antrag auf Bestellung des Schiedsrichters festgesetzt werden. In den meisten Fällen, in denen dieses Vorgehen mittlerweile als normal zu bezeichnen sei, liege der Streitwert mit US$ 30.000 – 100.000 relativ niedrig. Es könne deshalb vorkommen, daß die Kosten der Schiedsrichterbestellung 15 % des gesamten Streitwerts ausmachten. Vor diesem Hintergrund regte *Kaplan J.* deshalb an, Art. 11 ModG benutzerfreundlicher auszugestalten. Eine Möglichkeit bestünde etwa darin, Art. 11 ModG nach dem Vorbild des nationalen Schiedsverfahrensrechts Hong Kongs auszugestalten. Danach kann eine Partei bei Weigerung der anderen Partei und nach Ablauf einer bestimmten Frist, den von ihr ernannten Schiedsrichter ermächtigen, als Einzelschiedsrichter zu handeln. Die Anrufung des Gerichts kann dadurch vermieden werden. Eine andere Möglichkeit bestünde darin, das Ernennungsrecht auf eine lokale Schiedsorganisation übergehen zu lassen.

Es ist jedoch nicht davon auszugehen, daß das ModG geändert wird, zumal das oben beschriebene zeitraubende Procedere zu einem Großteil auf das komplizierte Zustellungsverfahren nach dem Recht von Hong Kong zurückzuführen ist. Allerdings handelt es sich bei den Regeln über die Bestellung der Schiedsrichter nicht um zwingende Vorschriften. Die Parteien können deshalb im Rahmen der Schiedsvereinbarung andere Regeln festlegen.

4. Ablehnungsgründe und Offenbarungspflicht

Die Ablehnungsgründe, deren fehlende Offenbarung durch den Schiedsrichter zu dessen Haftung führen kann, sind in den Gesetzen entweder gar nicht oder jedenfalls nicht einheitlich geregelt. Unabhängigkeit und Unparteilichkeit werden von allen Rechtsprechungen als unabdingbare Voraussetzungen jedweder Tätigkeit richterlicher Art anerkannt; ihre konkrete Auslegung hat in den Modellgesetzjurisdiktionen, soweit ersichtlich, noch keine Rolle gespielt. Um die Ablehnungsgründe flexibel handhaben zu können, verweist der deutsche Gesetzgeber nicht mehr auf die für den staatlichen Richter geltenden Ablehnungsgründe. Die Richtigkeit dieser gesetzgeberischen Entscheidung soll an folgendem französischen Fall verdeutlicht werden.

Auch das französische Schiedsrecht enthält keinen Verweis auf die in Art. 341 *NCPC* festgelegten, für den staatlichen Richter geltenden, Ablehnungsgründe. Vielmehr wurden die fehlende Unparteilichkeit oder Unabhängigkeit eines Schiedsrichters in ständiger Rechtsprechung als allgemeine Ablehnungskriterien statuiert[963]. Ein (zusätzlicher) Verweis auf Art. 341 *NCPC* wird deshalb, insbesondere von der Literatur, als überflüssig und verfehlt angesehen.

In *Société Graine d'élite* c/ *Gérin*[964] hat die *Cour de Cassation* die Ablehnung eines Schiedsrichters mit der Begründung verweigert, daß sich aus keinem Gesetzestext ein einschlägiger Ablehnungsgrund ergebe. Das Gericht vertrat den Standpunkt, eine Offenbarungspflicht des Schiedsrichters könne nur hinsichtlich schriftlich fixierter Ablehnungsgründe bestehen. Da die Ablehnungsgründe im Rahmen des Schiedsverfahrensrechts nicht definiert seien, obliege dem Schiedsrichter also nur hinsichtlich der in Art. 341 *NCPC* enthaltenen Ablehnungsgründe eine Offenbarungspflicht. Im vorliegenden Fall sei aber keiner dieser Gründe einschlägig, so daß einer Ablehnung nicht zugestimmt werden könne.

Diese Entscheidung ist von der französischen Literatur stark kritisiert worden. Der französische Gesetzgeber habe in der Zivilprozeßordnung die Eigenheiten der Schiedsgerichtsbarkeit in derartiger Weise umgesetzt, daß nur dort Verweisungen auf das generelle Verfahrensrecht vorgesehen seien, wo diese auch angebracht wären. Daraus ergebe sich im Umkehrschluß, daß bei fehlender Verweisung große Vorsicht hinsichtlich jeglicher Analogie geboten sei. Es müsse deshalb jedes Mal überprüft werden, ob eine eventuelle Verweisung den Besonderheiten der Schiedsgerichtsbarkeit nicht zuwiderlaufe. Gerade bei einem Verweis auf die für den staatlichen Richter anzuwendenden Ablehnungsgründe sei das aber der Fall. Zwar entspreche die Funktion des Schiedsrichters der des

963 Zuletzt *Société Commerciale Agraria Hermanos Lucena* c/ *Société Transgrain France*, Cour d'Appel (1re Ch.), 12.12.1996, Rev. arb. 1998, 699 m. Anm. Bureau; *Sociétés TAI, ESW et IEC* c/ *sociétés SIAPE, Engrais de Gabès, Me Lafont ès qual. et Ferrari* und *Société Gemanco* c/ *sociétés SAEPA et SIAPE,* Cour d'Appel (1re Ch. suppl.), 2.6.1989, Rev. arb. 1991, 87; vgl. auch Derains/Goodman-Everard, ICCA-Handbook II, 21; Jarrosson, Rev. arb. 1991, 76 (77); Reymond, Rev. arb. 1991, 3.

964 14.11.1990, Rev. arb. 1991, 75; ebenso *Société Reliure et autres* c/ *société Papeteries de l'Aa et autre*, Cour de Cass (Ch. com.), 29.10.1991, Rev. arb. 1996, 398.

staatlichen Richters[965]; im Gegensatz zum staatlichen Richter sei der Schiedsrichter aber von den Parteien gewählt. Die für den staatlichen Richter geltende Liste von Ablehnungsgründen könne schon deshalb nicht ohne weiteres auf das Schiedsrichteramt übertragen werden, da die in Art. 341 *NCPC* genannten Gründe nicht im entferntesten die vielfältigen Bereiche möglicher Beeinflussung im Rahmen der Schiedsgerichtsbarkeit abdeckten. Denn gerade im Bereich der internationalen Schiedsgerichtsbarkeit suchten sich die Parteien häufig einen Schiedsrichter aus, der ihnen bekannt, und mit dem in Frage stehenden Bereich vertraut sei. Die Gründe, die zur Ablehnung eines Schiedsrichters führen könnten seien deshalb wesentlich vielfältiger[966]. Um sich nicht haftbar zu machen, sei dem Schiedsrichter deshalb zu empfehlen, weitaus mehr offen zu legen, als durch Art. 341 *NCPC* vorgeschrieben sei. Andererseits müsse über die Ablehnung eines Schiedsrichters unter Berücksichtigung aller Umstände des Einzelfalles entschieden werden können. Eine solche Flexibilität würde aber eine starre Liste verhindern[967]. Richtiger sei es deshalb, generelle Standards der Unabhängigkeit und Unparteilichkeit aufzustellen und im konkreten Fall flexibel anzuwenden[968]. Nur so könne man den Eigenheiten der Schiedsgerichtsbarkeit gerecht werden.

Für die Schweiz ergibt sich eine Besonderheit daraus, daß lediglich die Abhängigkeit des Schiedsrichters, nicht aber dessen Parteilichkeit einen Ablehnungsgrund darstellt[969]. Begründet wird diese Unterscheidung damit, daß es sich bei der „Parteilichkeit" einerseits um eine kaum feststellbare, subjektive Einstellung handele und vor allem bei parteiernannten Schiedsrichtern eine gewisse Parteilichkeit unvermeidbar sei[970]. Andererseits bestehe zwischen diesen Kriterien eine Wechselwirkung, da ein unabhängiger Schiedsrichter regelmäßig auch

---

965 Vgl. hierzu die Rechtsprechung *Bompard c/ consorts C. et autres*, Trib. Gr. inst. Paris, 13.6.1990 und Cour d'Appel (1re Ch. A), 22.5.1991, Rev. arb. 1996, 476; *E. Richy c/ Warlaumont et Union des Assurances de Paris*, Cour d'Appel (1re ch. B), 20.10.1994, Rev. arb. 1996, 442.

966 Jarroson, Rev. arb. 1991, 76 ff.; Reymond, Rev. arb. 1991, 3 ff.

967 Jarrosson, Anmerkung zu *Société Graine d'élite Clause c/ Gérin*, Cour de Cass. (2e Ch. civ.), 14.11.1990, Rev. arb. 1991, 75 (76 f.).

968 Vgl. nur *Société Raoul Duval c/ société Merkuria Sucden*, Cour d'Appel, Paris (1re Ch.C), 2.7.1992 und Trib. Gr. inst. Paris, (1re Ch., 1re sect.), Rev. arb. 1996, 411; *Société Annahold BV et D. Frydman c/ société L'Oréal et B.*, Trib. Gr. inst. Paris, 2.7.1990 und Cour d'Appel Paris (1re Ch.C), 9.4.1992, Rev. arb. 1996, 483.

969 Art. 180 Abs.1 (c) schweiz. IPRG.

970 Das Bundesgericht weigert sich, eine Unterscheidung zwischen neutralem und parteiernanntem Schiedsrichter zu machen, da beide dieselbe, dem Richteramt entsprechende, Funktion ausüben würden, vgl. *Centrozap*, BGE 92 I 271 (276 f.); *Black Clawson*, BGE 105 Ia 247 (248).

unparteiisch sei. Die Begriffe werden deshalb von der schweizerischen Rechtsprechung fast immer gleichgesetzt[971].

Dagegen hat der englische Gesetzgeber nur die fehlende Unparteilichkeit, nicht aber die fehlende Unabhängigkeit als Ablehnungsgrund normiert[972]. Auch hier wird aber eine Wechselwirkung zwischen diesen Begriffen angenommen, die im Endeffekt ebenfalls zur Beachtung beider Kriterien führt[973]. Im Unterschied zum ModG, stuft das englische Recht auch die Untätigkeit bzw. die Unmöglichkeit der Aufgabenerfüllung als Ablehnungsgründe ein[974]; diese werden im ModG systematisch als Beendigung des Schiedsrichtermandats bzw. als Rücktrittsgrund behandelt[975].

V. Zuständigkeit des Schiedsgerichts

1. Kompetenz-Kompetenz Regelung

In *Prima Paint v. Flood*[976] entschied der *Supreme Court*, daß es zwar den Schiedsrichtern obliege, über die Frage der Gültigkeit des die Schiedsvereinbarung enthaltenden Vertrages zu entscheiden. Sofern die Gültigkeit der Schiedsvereinbarung selbst, und damit die Zuständigkeit des Schiedsgerichts in Frage stehe, könne aber allein ein staatliches Gericht diese Feststellung treffen[977]. Dies entspricht der gesetzlichen Regelung in s. 3 *FAA,* und wurde jüngst in der Entscheidung *Gateway* bestätigt[978]. Der Nachteil dieser Regelung besteht darin, daß durch die bis zur gerichtlichen Entscheidung angeordnete Aussetzung des Schiedsverfahrens Verzögerungsversuche gefördert werden. Außerdem kann das staatliche Gericht bei seiner Entscheidung keinerlei Überlegungen des Schiedsgerichts berücksichtigen, die für den Einzelfall sachdienlich sein können[979]. So hat das staatliche Gericht in *Gateway* die Zuständigkeit des Schiedsgerichts verneint, da es sich nicht in der Lage sah, die Kosten eines institutionellen ICC-Schiedsverfahrens mit denen eines auf der Grundlage der AAA-SchO geführten *ad-hoc-*

971 Bucher, Rn. 169.
972 Sect. 24 Abs.1 (a) *Arbitration Act 1996.*
973 Bericht des *Chartered Institute of Arbitrators*, 5.10.1998, www.arbitrators.org/ARBACT.HTM, S. 5; Veeder, Rev. arb. 1997, 3 (15).
974 Vgl. s. 24 *Arbitration Act 1996.*
975 Vgl. Art. 14 ModG.
976 *Prima Paint Corp.* v. *Flood & Conklin MfG. Co.*, 388 U.S. 395 (1967).
977 A.a.O., S. 403 f.
978 *Brower* v. *Gateway 2000, Inc.*, 676 N.Y.S.2d 569 (1st Dept. 1998); vgl. Smit, Am. Rev. Int. Arb. 1997, 167 (168).
979 Smit, Am. Rev. Int. Arb. 1995, 395.

Verfahrens zu vergleichen, um zu ermitteln, welches günstiger war. Es ging deshalb davon aus, daß die Kosten beider Verfahren untragbar hoch seien[980]. Ob die von einem Schiedsgericht im Rahmen einer Vorabentscheidung getroffenen Feststellungen, dem staatlichen Gericht immer sachdienliche Informationen liefern können, ist sicherlich vom Einzelfall abhängig. Vorliegend hätten sie zumindest Informationen für einen fundierten Vergleich bieten können.

Jedenfalls widerspricht die von der amerikanischen Rechtsprechung vorgenommene Auslegung aber in eklatanter Weise der Zielsetzung des ModG, die Interventionsmöglichkeiten des staatlichen Gerichts so weit wie möglich zu begrenzen. Auch nach dem ModG obliegt zwar dem staatlichen Richter die endgültige Entscheidung über die Zuständigkeit des Schiedsgerichts. Der im ModG enthaltenen Regelung einer Vorabentscheidung durch das Schiedsgericht, die zudem als sofort angreifbarer Zwischenentscheid ausgestaltet sein kann, ist aber der Vorzug zu geben. Denn sie wird regelmäßig sachnäher sein, kann Verzögerungstaktiken eindämmen und trägt außerdem der Parteiautonomie besser Rechnung.

2. Anordnung vorläufiger Rechtsschutzmaßnahmen durch das Schiedsgericht

Das Schiedsgericht kann alle vorläufigen Maßnahmen erlassen, die es im Rahmen der Streitigkeit für notwendig hält. Im amerikanischen Recht wurde festgestellt, daß es sich hierbei durchaus auch um Maßnahmen handeln kann, deren Erlaß dem staatlichen Gericht verwehrt ist.

So hat die unterlegene Partei in *Sperry Intern. Trade* v. *Government of Israel*[981] die Aufhebung des Schiedsspruchs, der sie zur Zahlung aus einem Akkreditiv verurteilte, mit der Begründung beantragt, daß das Schiedsgericht seine Befugnisse überschritten habe. Selbst ein staatliches Gericht hätte diese Zahlung nicht anordnen dürfen, da es sich um die Vorwegnahme der Hauptsache handelte, ohne daß ein irreparabler Schaden gedroht hätte. Der *District Court* in New York hat diesem Antrag nicht stattgegeben. Unter Verweis auf *Rochester City School District* v. *Rochester Teachers Association*[982] betonte er, daß ein Schiedsgericht Rechtsschutzmaßnahmen erlassen könne, die das Gericht nicht gewähren dürfe. Eine derartige Rechtsschutzmaßnahme könne auch nicht aufgehoben werden, nur weil diese Entscheidung durch ein staatliches Gericht nicht hätte getroffen wer-

980 „egregiously oppressive", *Brower* v. *Gateway 2000, Inc.*, 676 N.Y.S.2d 569 (1st Dept. 1998), S. 573 f.

981 532 F. Supp. 901 (SDNY 1982).

982 41 N.Y.2d 578, 362 N.E.2d 977, 394 N.Y.S.2d 179 (1977).

den können. Die Parteien müßten sich bei der Wahl des Schiedsverfahrens darüber im Klaren sein, daß ein Schiedsgericht regelmäßig auf der Grundlage von branchentypischen und oft sachnäheren Gesichtspunkten, auch unter Einbeziehung von Billigkeitsgesichtspunkten entscheiden würden. Folglich könnten das Schiedsverfahren und auch der Schiedsspruch von dem abweichen, was man von einer gerichtlichen Entscheidung erwarten würde.

VI. Das Schiedsverfahren

Der Ablauf des Schiedsverfahrens und das durch die Wahl des Schiedsortes bestimmte anwendbare Recht, stellen Bereiche dar, die bei den Beratungen zum ModG als besonders bedeutsam empfunden wurden. Der Ablauf des Schiedsverfahrens wurde deshalb im ModG besonders gründlich geregelt. Dabei gelang es, ein äußerst ausgewogenes Verhältnis zwischen den Kompetenzen der einzelnen Verfahrensbeteiligten herzustellen. Für die Qualität dieser Regelung spricht auch die auffallend geringe Anzahl von Entscheidungen, die sich mit diesen Aspekten befassen. Es kann somit von einer großen Übereinstimmung in den Modellgesetzjurisdiktionen ausgegangen werden[983]. Die Beachtung der Verfahrensgrundsätze des rechtlichen Gehörs und des Gleichbehandlungsgrundsatzes ist weltweit anerkannt und muß nicht im weiteren durch Entscheidungen belegt werden. Auch die parteiautonome Bestimmung des Beweisverfahrens hat sich bewährt. Die Parteien nutzen die Möglichkeit zu einer flexiblen Gestaltung des Verfahrens[984].

Es wird im Rahmen dieses Gliederungspunktes deshalb nur auf zwei Unterpunkte eingegangen, die den Einfluß des ModG auf die Rechtsvereinheitlichung besonders deutlich machen.

1. Gerichtliche Unterstützung bei der Beweisaufnahme

In *Vibroflotation* v. *Express Builders*[985] legte der Kläger, ein Subunternehmer, gegen die Entscheidung des *Master of the court*[986] Berufung ein, in der dieser die gerichtliche Anordnung der Ladung des Generalunternehmers zur Vorlage von Urkunden, die der Kläger zum Beweis seines Anspruchs gegen den Beklagten benötigte, wegen fehlender Zuständigkeit des Gerichts, aufgehoben hatte. Der

983 Lionnet, JIA 1991 (8/3), 5; Gottwald, S. 52.
984 Vgl. hierzu auch schon oben, 2. Kap., VI.2.
985 15.8.1994, MP 1230, unveröffentlicht, CLOUT Case 77.
986 „Rechtspfleger", vgl. Romain, S. 460.

Kläger war der Subunternehmer des Beklagten, der seinerseits ein Subunternehmer des Generalunternehmers war. Anwendbares Recht war das internationale Schiedsverfahrensrecht von Hong Kong. Das Gericht hatte somit über die Frage zu entscheiden, ob die Anordnung der gerichtlichen Ladung des Generalunternehmers zulässig gewesen sei. Die dem staatlichen Gericht durch s. 34E i.V.m. s. 14 Abs.4-6 *HK Arbitration Ordinance* gewährten zusätzlichen Interventionsbefugnisse, stehen unter dem Vorbehalt des Art. 5 ModG, so daß ein Gericht im Rahmen eines internationalen Schiedsverfahrens nur die Befugnisse ausüben darf, die im ModG erwähnt sind[987]. Das Gericht stellte fest, daß es sich bei einer solchen Ladung zwar nicht um eine vorläufige Sicherungsmaßnahme handele, wohl aber um eine Maßnahme i.S.d. Art. 27 ModG. Danach kann eine Partei mit Zustimmung des Schiedsgerichts das zuständige Gericht des Staates um Unterstützung bei der Beweisaufnahme ersuchen. Die hierfür erforderliche Zustimmung des Schiedsgerichts sei implizit erfolgt, indem das Schiedsgericht einen Termin zur Ansicht der Unterlagen anberaumt hatte[988].

Trotzdem gab das Gericht dem Antrag des Klägers nicht statt. Ein Schiedsgericht sei zwar grundsätzlich zur Anordnung einer Ladung des Zeugen zur Vorlage von Urkunden berechtigt. Eine solche Ladung sei aber nur im unmittelbaren Zusammenhang mit dem Beweisverfahren zulässig. Zum jetzigen Zeitpunkt würde die Ladung eher dazu dienen, dem Kläger die Begründung seines Antrags zu erleichtern. Das entspräche aber nicht dem Zweck der Maßnahme.

2. Schiedsort

Die durch das ModG angestrebte Unabhängigkeit des Sitzes des Schiedsgerichts vom Schiedsort, hat sich in den letzten Jahren immer weiter durchgesetzt, und kann als allgemein anerkannt bezeichnet werden. Auch England, als *common law* Jurisdiktion, erkennt in s. 3 *Arbitration Act 1996* die rein rechtliche Relevanz des Schiedsortes an, indem sie ihn als „*juridical seat of arbitration*" bezeichnet[989].

---

987 Vgl. oben, 2. Kap., I.3.

988 Der Richter wies aber gleichzeitig darauf hin, daß sich hier Probleme vermeiden ließen, wenn die Parteien vom Schiedsgericht eine ausdrückliche und schriftliche Zustimmungserklärung verlangten, die sie bei Bedarf, einem Gericht vorlegen könnten

989 Vgl. noch die Kritik zu *Hiscox* v. *Outhwaite*, [1991] 3 W.L.R. 297; Lionnet, S. 97; auszugsweise abgedruckt in YB XVII (1992), 599; van den Berg, YB XIX (1994), 475 (483); Schneider, ASA Bull. 1991, 279. Vgl. aber auch *Naviera Amazonica Peruana SA* v. *Compania Internacional de Seguros del Peru*, YB XIII (1988), 157 (162 unter 17), wo klar unterschieden wird zwischen „the legal seat of an arbitration" und „the geographically convenient place or places for holding hearings".

Diese rechtliche Bewertung entspricht auch dem schweizerischen Recht. In der Entscheidung *T-AG gegen H-Company*[990] stellte das schweizerische Bundesgericht ausdrücklich fest, daß die Bestimmung des Schiedsortes keine andere Bedeutung habe, als das Verfahren und den Schiedsspruch dem Recht dieses Ortes zu unterwerfen. Keineswegs solle dadurch ausgeschlossen werden, daß die Verhandlungen auch an einem anderen Ort stattfinden könnten[991]. Es weigerte sich daher, einen Schiedsspruch aufgrund der Tatsache aufzuheben, daß er nicht an dem von den Parteien festgelegten Schiedsort verhandelt worden wäre.

Besonders deutlich drückte ein französisches Berufungsgericht den Unterschied zwischen dem Schiedsort und dem Sitz des Schiedsgerichts in dem Leitsatz zu der Entscheidung *Société Procédés de préfabrication pour le béton* c/ *Libye* [992] aus.

„Der Sitz des Schiedsverfahrens ist eine vom Willen der Parteien abhängige rein juristische Bestimmung, die insbesondere für die Bestimmung der für das Aufhebungsverfahren zuständigen staatlichen Gerichtsbarkeit von Bedeutung ist. Die Bestimmung des Schiedsortes ist unabhängig davon, wo das Verfahren durchgeführt oder der Schiedsspruch erlassen bzw. unterzeichnet wurde, denn diese Orte können je nach Vorstellung oder Ungeschicklichkeit der Schiedsrichter variieren[993]".

Im Rahmen des französischen Rechts ist diese Feststellung von besonderer Bedeutung, weil der Wortlaut des Art. 1504 Abs.1 *NCPC* –

„Der *in Frankreich* im internationalen Verfahren erlassene Schiedsspruch kann in den in Art. 1502 vorgesehenen Fällen mit einer Nichtigkeitsbeschwerde angefochten werden[994]".

– eine andere Wertung vermuten läßt. Die Formulierung des französischen Rechts widerspricht der des Art. 31 Abs.3 2.HS ModG, wonach der Schiedsspruch als „*an dem* [durch die Parteien bestimmten] *Schiedsort*" erlassen gilt. Fraglich ist, wie sich der auf ein territoriales Kriterium abstellende Wortlaut mit der Aussage des *Cour d'Appel* in der oben angeführten Entscheidung vereinbaren läßt, die die Parteiautonomie in den Vordergrund stellt. Zum Verständnis der

990 Entscheidung des Bundesgerichts v. 24.3.1997, ASA Bull. 1997, 316 ff.
991 A.a.O., S. 329, 330.
992 28.10.1997, Rev. arb. 1998, 399.
993 « Le siège de l'arbitrage est une notion purement juridique, emportant d'importantes conséquences et notamment la compétence des juridictions étatiques pour connaître des recours en annulation, sous la dépendance de la volonté des parties, et non une notion matérielle dépendant du lieu où l'audience a été tenue ou du lieu de signature de la sentence, susceptible de varier au gré de la fantaisie ou de la maladresse des arbitres. »
994 Hervorhebung durch die Verfasserin.

Vorschrift des Art. 1504 Abs.1 *NCPC*, ist ein kurzer historischer Rückblick angebracht.

Als das UN-Übereinkommen von 1958 beraten wurde, gab es zwei verschiedene Ansichten dazu, was unter einem „ausländischen" Schiedsspruch zu verstehen ist. Zum einen wurde an den Ort angeknüpft, an dem das Schiedsverfahren tatsächlich stattgefunden hatte (Territorialitätsprinzip). Zum anderen wurde die Nationalität des Schiedsspruches nach dem Recht des Staates beurteilt, das die Parteien vereinbart hatten (Autonomieprinzip). Um beiden Ansichten gerecht zu werden, wurde in Art. I Abs.1 UNÜ die Formulierung aufgenommen, daß als ausländische Schiedssprüche jene anzusehen seien, die „in dem Hoheitsgebiet eines anderen Staates als desjenigen ergangen sind, in dem die Anerkennung und Vollstreckung nachgesucht wird" und auch solche, „die in dem Staat, in dem um ihre Anerkennung und Vollstreckung nachgesucht wird, nicht als inländische [Schiedssprüche] anzusehen sind[995]„. Während in *common law*-Rechtsordnungen das Territorialitätsprinzip vertreten wurde, war in Frankreich, ebenso wie in den meisten zivilrechtlich geprägten Staaten, die parteiautonome Definition herrschend. Allerdings entwickelte Frankreich im Laufe der Zeit eine überaus liberale schiedsverfahrensrechtliche Einstellung und ermöglichte den Parteien sogar, das Verfahren ohne Anknüpfung an irgendeine Rechtsordnung zu führen. Infolgedessen war für einen Verweis auf das von den Parteien für anwendbar erklärte Verfahrensrecht zur Bestimmung der Nationalität des Schiedsspruchs kein Raum mehr. Gleichzeitig wollte der französische Gesetzgeber aber Einfluß auf die in Frankreich erlassenen Schiedssprüche haben, um mißbilligte Entscheidungen aufheben zu können. Entgegen der im übrigen liberalen Einstellung des französischen Gesetzgebers, wurde daher in das Dekret von 1981 die Vorschrift des Art. 1504 *NCPC* eingefügt[996], und somit ein territoriales Kriterium.

Vor diesem Hintergrund ist Art. 1504 *NCPC* deshalb parteiautonom auszulegen, so daß ein Schiedsspruch nicht deshalb als in Frankreich erlassen anzusehen ist, weil er tatsächlich dort erlassen wurde, sondern weil die Parteien in ihrer Schiedsvereinbarung Frankreich als den Ort des Schiedsverfahrens festgelegt haben. Demnach kann ein Schiedsspruch in Frankreich nur aufgehoben werden, wenn die Parteien Frankreich als Schiedsort bestimmt haben[997].

---

995 Vgl. hierzu van den Berg, AI 1986, 191 ff.

996 Robert, D.1981

997 Kaufmann-Kohler, Rev. arb. 19998, 517 (524); Leurent, Rev. arb. 1998, 399 (402).

3. Stellungnahme

Die Interpretation des französischen Rechts geht einher mit dem allgemeinen internationalen Trend, das auf das Schiedsverfahren anwendbare materielle Recht, unabhängig von der Lokalisierung des Schiedsverfahrens, allein dem Parteiwillen zu unterwerfen. Dabei lehnen außer Frankreich die meisten Rechtsordnungen eine völlige Delokalisierung des Verfahrens, ohne Anknüpfung an irgendeine Rechtsordnung ab. Die Parteien sind zwar nicht gehindert, eigene Verfahrensregeln zu entwerfen, ein „schwebendes Verfahren“ wird aber abgelehnt, da bei Regelungslücken das Verfahrensrecht des Schiedsortes als Grundlage für Entscheidungen dienen müsse. Damit verringert sich die Bedeutung der Wahl des Schiedsortes keineswegs, denn immer noch sehen einzelne Länder überraschende zwingende Regeln vor. Es ist zu hoffen, daß der Wahl des Schiedsortes durch die in Art. 20 Abs.2 ModG ausdrücklich festgelegte Unabhängigkeit des Sitzes des Schiedsgerichts vom Schiedsort und den daraus entstehenden Folgen, nunmehr von Anfang an mehr Aufmerksamkeit gewidmet wird.

VII. Schiedsspruch

1. Anwendbares Recht

a. Kollisionsrechtlicher Ansatz

Die Bestimmung des anwendbaren Rechts durch das Schiedsgericht kann sich als problematisch erweisen, da das Schiedsgericht selbst keine *lex fori* hat[998] und demnach nicht auf bestimmte Kollisionsregeln zurückgreifen kann. Die meisten Schiedsgesetze verweisen den Schiedsrichter deshalb auf bestimmte Kollisionsnormen, oder sehen direkt ein verbindliches Anknüpfungskriterium vor, um die Rechtswahl durch das Schiedsgericht nachvollziehbar zu gestalten.

In *York Airconditioning* v. *Lam Kwai Hung*[999] mußte zunächst geklärt werden, welches Recht auf den Vertrag überhaupt Anwendung findet. Da die Parteien keine Rechtswahl getroffen hatten, oblag es dem Schiedsrichter zu ermitteln, ob sich eine stillschweigende Rechtswahl aus den Umständen ergab bzw. festzustellen, zu welchem Recht der Streitgegenstand die engste Verbindung

998 Berger, JIA 1992 (9/4), 5.
999 *York Airconditioning & Refrigeration Inc.* v. *Lam Kwai Hung (North Sea A/C Elect. Eng. Co.),* 16.12.1994, CLOUT Case 89, High Court of Hong Kong.

aufwies[1000]. Unter Hinweis auf die englische Rechtsprechung hat der Schiedsrichter festgestellt, daß aus der Wahl des Schiedsortes durch die Parteien regelmäßig auf deren Willen zur Anwendung des dort geltenden Rechts geschlossen werden könne[1001]. Vorliegend hatten die Parteien das Verfahren der chinesischen Organisation *CIETAC* unterstellt, was das Schiedsgericht als starkes Indiz für die Wahl chinesischen Rechts wertete. Es führte aber weiter aus, daß die Kriterien der stillschweigenden Rechtswahl und der „engsten Verbindung" regelmäßig ineinander übergingen, so daß es üblich sei, direkt auf das Kriterium der engsten Verbindung abzustellen[1002]. Zur Begründung seiner Rechtswahl zog er deshalb sechs weitere Anknüpfungspunkte in Betracht, nämlich den Ort des Vertragsabschlusses, den Ort der Vertragsdurchführung, den Ort der Niederlassung der Parteien, den Vertragsgegenstand, die Vertragssprache und die Währung, in der der Vertrag zu erfüllen war. Da alle diese Punkte eine Verbindung zu China aufwiesen, sah er die Anwendung chinesischen Rechts bestätigt.

b. Direkter Ansatz *(voie directe)*

Nach französischem Recht, ist der Schiedsrichter dagegen zur direkten Rechtswahl (*voie directe*) befugt. Wohin diese Befugnis führen kann, wird an der IHK-Schiedssache *Compania Valenciana* c/ *Primary Coal*,[1003] deutlich. Die Parteien hatten einen Sukzessivlieferungsvertrag geschlossen. Über drei Jahre hinweg sollte in halbjährlichem Abstand eine bestimmte Menge Kohle aus Südafrika geliefert werden. Der Preis für diese Lieferungen sollte jedesmal neu vereinbart werden. Nach drei erfolgreichen Lieferungen scheiterten diese Preisverhandlungen jedoch. *Primary* strengte daher ein Schiedsverfahren gegen *Compania Valenciana* an. Da die Parteien kein anwendbares materielles Recht vereinbart hatten, forderten sie den Schiedsrichter auf, vorab in einem Teilschiedsspruch[1004] über die Frage des anwendbaren Rechts zu entscheiden.

1000 Vgl. auch *Amin Rasheed Shipping Corp.* v. *Kuwait Insurance Co.*, [1984] AC 50; *Withworth Street Estates (Manchester)Ltd.* v. *James Miller & Partners*, [1970] AC 583 (611).

1001 So auch die englische Rechtsprechung, vgl. die Zitate von Lord Wilberforce und Lord Diplock, CLOUT Case 89, Fn. 999, S. 11 f.

1002 Unter Hinweis auf *Amin Rasheed Shipping Corp.* v. *Kuwait Insurance Co.*, [1984] AC 50.

1003 *Compania Valenciana* c/ *Primary Coal*, Cour d'Appel de Paris (1re Ch. suppl.), 13.7.1989, Rev. arb. 1990, 663; Cour de Cassation (1re Ch. civile), 22.10.1991, Rev. arb. 1992, 457; Schiedsspruch abgedruckt in Rev. arb. 1990, 663.

1004 Die Parteien können dem Schiedsrichter Vorschriften im Hinblick auf zu erlassende Teilschiedssprüche machen, die Schiedsrichter sind in diesen Fällen an die Vorgaben der Parteien gebunden, vgl. Berger, Wirtschaftsschiedsgerichtsbarkeit, 413.

Das Verfahren war der IHK-SchO und dem französischen Recht unterstellt worden[1005]. Die in diesen Rechtsordnungen für die Bestimmung des anwendbaren Rechts aufgestellten Regeln sind aber nicht identisch. Während Art. 1496 *NCPC* das Schiedsgericht dazu ermächtigt, das anwendbare Recht, und zwar auch Rechtsvorschriften, direkt zu bestimmen, sieht Art. 13 Abs.3 IHK-SchO vor, daß das Schiedsgericht das Recht anwenden soll, das sich nach denjenigen Kollisionsnormen ergibt, die es für anwendbar hält. Nach der IHK-SchO hätte das Schiedsgericht also kollisionsrechtlich anknüpfen müssen, bei Anwendung des französischen Rechts jedoch nicht. Statt dessen stütze es seine Entscheidung auf beide Vorschriften. Dafür erwog das Schiedsgericht zunächst neun mögliche objektive Anknüpfungspunkte, hielt diese indessen für unzulässig, um dann festzustellen, daß es an diese Anknüpfungskriterien ohnehin nicht gebunden sei, wenn sich ein hypothetischer Parteiwille ermitteln ließe[1006]. Da die Parteien keine Rechtswahl getroffen hatten, konstruierte das Schiedsgericht als logischen Höhepunkt seiner Ausführungen eine negative Rechtswahl[1007] zugunsten der *lex mercatoria*. Einzig die Anwendung der *lex mercatoria* könne von den Parteien aufgrund dieser „negativen Rechtswahl" gewollt gewesen sein[1008]. Denn die fehlende Wahl eines nationalen Rechts, deute auf den Willen der Parteien hin, *« un droit purement international »* auf ihren Rechtsstreit anzuwenden. Als „Gesamtheit der internationalen Handelsbräuche[1009]„ stelle die *lex mercatoria* eine eigenständige internationale Rechtsordnung dar. Diese Rechtsordnung gelte für alle Parteien, die sich auf dem Gebiet des internationalen Handels betätigen.

Der von *Compania Valenciana* beantragten Aufhebung des Schiedsspruchs wurde nicht stattgegeben. Der Schiedsrichter habe „allgemeine Rechtsgrundsätze des Kollisionsrechts" angewandt. Dies sei nicht zu beanstanden[1010]. Da er sich auf die *lex mercatoria* berufen habe, habe er auch Rechtsregeln angewandt und nicht nach Billigkeit entschieden. Eine weitere Überprüfung des Schiedsspruchs stehe dem Gericht nicht zu[1011].

1005 Vgl. Acte de Mission, abgedruckt in Rev. arb. 1990, 701.

1006 Dieser wäre eigentlich vor der objektiven Anknüpfung zu prüfen gewesen.

1007 Vgl. zur These von der „negativen" Rechtswahl der Parteien schon *Sapphire International Petroleums Ltd.* v. *National Iranian Oil Company*, International Law Reports 1967, 136 ff.; *Texaco Overseas Petroleum Company (Topco) c/ California Asiatic Oil Company (Calasiatic) and the Government of the Lybian Arab Republic*, ILM 1978, 1 (16).

1008 Rev. arb. 1990, 712.

1009 Rev. arb. 1990, 701.

1010 Cour d'Appel de Paris (1re Ch. suppl.), 13.7.1989, Rev. arb. 1990, 663.

1011 Cour de Cassation (1re Ch. civile), 22.10.1991, Rev. arb. 1992, 457 (458).

c. Stellungnahme

Diese Entscheidung zeigt zwei Problemkreise auf. Einerseits wird deutlich, wohin die Methode der Anknüpfung durch direkte Sachnormverweisung (*voie directe)* führen kann. Abgesehen davon, daß es völlig abwegig erscheint, daß keines der neun Anknüpfungskriterien die Bestimmung eines anwendbaren Rechts zuließ, hätte das Schiedsgericht gem. Art. 13 Abs.3 IHK-SchO nicht zu einer Anwendung der *lex mercatoria* kommen können. Denn Art. 13 Abs.3 IHK-SchO ermächtigt es lediglich dazu, eine Rechtsordnung, und nicht Rechtsvorschriften, zu bestimmen. Die direkte Sachnormverweisung birgt also die Gefahr, daß ein Schiedsrichter bei der Bestimmung des anwendbaren Rechts sein Ermessen zu hoch einschätzt und sich dem Willen der Parteien nur noch mäßig verbunden fühlt[1012].

Andererseits liefert diese Entscheidung ein Beispiel dafür, daß im internationalen Rechtsverkehr häufig keine genaue Unterscheidung zwischen dem Institut der *lex mercatoria* und einer Billigkeitsentscheidung getroffen wird. So hat das Schiedsgericht in *Compania Valenciana*, nachdem es die *lex mercatoria* als anwendbares Recht bestimmt hatte, seine Entscheidung ausschließlich unter Anwendung der Grundsätze von Treu und Glauben und *pacta sunt servanda* getroffen[1013]. Diese Prinzipien sind zwar Bestandteil der *lex mercatoria*, sind aber viel zu allgemein, um sie als konkrete Rechtsgrundsätze im Sinne von Normen anzuwenden[1014]. Die Entscheidung kommt daher im Ergebnis einer Billigkeitsentscheidung gefährlich nahe. Der Schiedspraxis wird deshalb, besonders bei der Wahl des anwendbaren Rechts, oftmals eine zu ergebnisorientierte Herangehensweise vorgeworfen. Es werde kein Wert auf eine saubere Trennung von transnationalem Recht und allgemeinen Handelsbräuchen gelegt. Vielmehr würde unter Behauptung der Anwendung der *lex mercatoria* auf allgemeine Handelsbräuche wie *pacta sunt servanda* und Treu und Glauben zurückgegriffen, so daß die Entscheidung im Ergebnis einer Billigkeitsentscheidung gleichkäme[1015]. Es liegen noch keine Erkenntnisse dazu vor, wie hart eine ungenaue Rechtsanwendung durch das Schiedsgericht von den Gerichten geahndet werden wird. Es ist aber auch im Interesse der Glaubwürdigkeit der Schiedsgerichtsbarkeit und der Vorhersehbarkeit des Schiedsverfahrens zu hoffen, daß die Schiedsgerichte sich an die Vorgaben der Parteien halten werden. Außerdem

1012 Vgl. auch Sandrock, JPS 1990, 131 (144).

1013 Vgl. bei Lagarde, Anm. zu Cour d'Appel, 13.7.1989, Rev. arb. 1990, 666.

1014 Vgl. die Listen mit Grundsätzen des transnationalen Wirtschaftsrechts bei Berger, Wirtschaftsschiedsgerichtsbarkeit, S. 373 ff.; ders. IPRax 1993, 281 (m.w.N. in Fn. 52); Mustill, AI 1988, 86; Paulsson, Rev. arb. 1990, 55.

1015 Vgl. Berger, IPRax 1993, 281.

eröffnet die für das Schiedsverfahren charakteristische Nähe zwischen Partei und Schiedsgericht Möglichkeiten zur Verfahrensgestaltung, die ein Abweichen von dem für anwendbar bestimmten Recht in der Regel überflüssig machen werden.

2. Begründung

Besteht eine Pflicht zur Begründung des Schiedsspruches aufgrund eines Gesetzes oder durch Vereinbarung der Parteien, so fragt sich, welche Anforderungen an den Inhalt dieser Begründung zu stellen sind, wann also eine unzureichende Begründung dem Fehlen einer Begründung gleichzusetzen ist. In den meisten Fällen wird die Begründungspflicht weder vom Gesetz noch von den Parteien konkretisiert, so daß die Rechtsprechung den erforderlichen Umfang ermitteln muß. Dabei scheint Einigkeit darüber zu herrschen, daß die Begründung eines Schiedsspruchs jedenfalls nicht den gleichen Anforderungen gerecht werden muß, wie ein Urteil[1016]. In Deutschland hat der BGH gewisse Mindestanforderungen formuliert. Danach darf die Begründung „nicht offenbar widersinnig sein oder im Widerspruch zur Entscheidung stehen; sie darf sich auch nicht auf inhaltsleere Wendungen beschränken, sondern muß zu den wesentlichen Verteidigungsmitteln der Parteien Stellung nehmen[1017]".

Entsprechende Mindestanforderungen werden auch in der kanadischen Rechtsprechung gefordert. So wies der *Cour Suprême* in Montréal in der Entscheidung *Navigation Sonamar* v. *Algoma Steamships*[1018] einen Antrag auf Aufhebung des Schiedsspruchs zurück, nachdem die Antragsteller gerügt hatten, daß die Begründung der von ihnen als Schiedsrichter bestellten Kaufleute unverständlich sei und die Anwendung kanadischen Rechts vermissen lasse. Der *Cour Suprême* stellte daraufhin fest, daß eine gesonderte Form für die Begründung von den Parteien nicht vereinbart wurde, so daß Art. 31 ModG bzw. Art. 945.2 *Québec AA* anzuwenden sei. Dieser sehe für die Begründung keine bestimmte Form vor. Vielmehr reiche es aus, wenn die Begründung auf sachlichen und nachvollziehbaren Argumenten beruhe, die sich mit den wesentlichen Streitpunkten auseinandersetzten. Abgesehen davon, daß eine fehlende Begründung allein keinen Verstoß gegen die öffentliche Ordnung bedeute, der eine Aufhebung des Schiedsspruchs rechtfertigen würde, könne den Schiedsrichtern nicht vorgeworfen werden, sie hätten keinen juristisch formvollendeten Schiedsspruch erlassen. Vielmehr wären diese ja gerade wegen ihrer Erfahrung als Kaufleute und nicht

1016 Bühler/Waitz von Eschen, IPRax 1990, 62 (63).
1017 BGH, in BGHZ 96, 40 (47).
1018 16.4.1987, C.S. Montréal, 500-05-000385-870, CLOUT Case 10.

als Juristen gewählt worden. Bei ihrer Entscheidung hätten sie sich mit den Tatsachen des Falles auseinandergesetzt und Schlußfolgerungen daraus gezogen, die auf ihrer Erfahrung als Kaufleute beruhten. Die Begründung sei für den Antragsteller auch nachvollziehbar gewesen, denn er berufe sich ja darauf, daß sie Rechtsanwendungsfehler enthalte. Solche könne er aber nur feststellen, wenn er die Begründung verstehe und die Argumentation nachvollziehen könne. Der Schiedsspruch sei somit ausreichend begründet.

Die gleiche Bewertung spiegelt sich auch in der französischen Rechtsprechung wider. Der *Cour d'Appel* erklärte den in *Société Total Chine* c/ *sociétés E.M.H. et G.S.C.*[1019] ergangenen Schiedsspruch für teilnichtig, weil der Schiedsrichter die zwischen den Parteien umstrittene Frage, in welcher Währung der Schadensersatz zu zahlen sei, nicht aufgegriffen habe, sondern einfach zur Zahlung in französischen Francs verurteilte. Darin sah das Gericht einen Begründungsmangel. Bei entscheidungserheblichen Aspekten müsse der Schiedsrichter deutlich machen, warum er so und nicht anders entschieden habe.

3. Korrektur des Schiedsspruchs

In einem unter Anwendung der Regeln des *Singapore International Arbitration Centre* (*SIAC*) geführten Schiedsverfahren, ging es um die Befugnis des Schiedsrichters den Schiedsspruch nach Erlaß zu korrigieren[1020]. In dem der Entscheidung zugrundeliegenden Sachverhalt stellte die Berufungsbeklagten (Schiedskläger) nach Beendigung des Verfahrens und nach Erlaß der Kostenfestsetzungsbescheinigung fest, daß die von ihr geltend gemachten Kosten nicht vollständig waren. Sie beantragten daraufhin die Abänderung der Kostenfestsetzung durch den Schiedsrichter unter Berücksichtigung der zusätzlichen Kosten.

Dagegen brachten die Berufungskläger (Schiedsbeklagten) vor, daß die Parteien die Anwendung der SIAC-SchO 1992 vereinbart hätten. Die Fehler, die zu einer Korrektur des Schiedsspruchs berechtigten, seien in Art. 28.1 SIAC-SchO abschließend geregelt[1021]. Die Unterlassung eines Kostenvortrags durch eine Partei stelle aber keinen Fehler i.S.d. Art. 28.1 SIAC-SchO dar. Denn bei den dort erwähnten Fehlern handele es sich nur um solche, die durch den Schiedsrichter begangen worden seien und auch nur um „Rechen-, Schreib- oder ähnliche Fehler". Art. 28.1 SIAC-SchO erfasse dagegen keine Unterlassungen. Die Kläge-

1019 Cour d'Appel (1re Ch. suppl.) Rev. arb. 1989, 328.

1020 CLOUT Case 208, anonymisiert.

1021 Art. 28.1 SIAC-SchO 1992 lautet: [...] a party may [...] request to the Tribunal to correct in the award any errors in computation, any clerical or typographical errors or any errors of a similar nature."

rin könne sich auch nicht auf die Entscheidung *Chessum & Sons* v. *Gordon*[1022] berufen, in der entschieden worden war, daß auch solche Fehler zur Korrektur des Schiedsspruchs ermächtigen, die darauf beruhen, daß die Rechtsanwälte der Partei vergessen, die Kosten für das Honorar des Schiedsrichters geltend zu machen. Diese Entscheidung sei auf der Grundlage des Art. 13 b) *Singapur IAA* ergangen. Die Formulierung des Art. 28.1 SIAC-SchO entspreche aber Art. 33 Abs.1 a) ModG, und sei enger auszulegen als der Begriff *„accidental slip or omission"* in Art. 13 b) *Singapur IAA*.

Das Schiedsgericht sah sich trotzdem dazu ermächtigt, die Kosten neu zu berechnen. Zunächst einmal gehe aus dem Wortlaut des Art. 28.1 SIAC-SchO nicht hervor, daß es sich nur um Fehler des Schiedsrichters handeln solle[1023]. Außerdem sei aus der Formulierung der SIAC-SchO nicht ersichtlich, daß Art. 28.1 SIAC-SchO enger auszulegen als Art. 13 b) *Singapur IAA*. Denn bei beiden Gesetzestexten würden die möglichen Fehler in zwei Kategorien unterteilt, namentlich Schreib- oder Rechenfehler und sonstige Fehler. Zwar bezeichne der *Singapur IAA* „sonstige Fehler" ausdrücklich mit *„slip or omission"*. Aus dem Zusammenhang ergebe sich aber, daß auch unter *„similar errors"* gem. Art. 28.1 SIAC-SchO solche zu verstehen seien, die keine Rechen- oder Schreibfehler darstellten, zu deren Berichtigung das Schiedsgericht aber befugt sei. Der Begriff sei also am besten zu verstehen, wenn man ihn in Gegensatz zu solchen Fehlern eines Schiedsspruchs stelle, zu deren Korrektur das Schiedsgericht keinesfalls berechtigt sei. Das Schiedsgericht gab dem Antrag auf Berichtigung deshalb statt. Wie erwähnt, entspricht Art. 28.1 SIAC-SchO dem Art. 33 Abs.1 a) ModG, so daß für das ModG eine ähnlich weite Auslegung zu erwarten ist.

VIII. Rechtsbehelf gegen den Schiedsspruch

1. Grundsatz der Endgültigkeit des Schiedsspruchs

Die Finalität des Schiedsspruchs ist eines der fundamentalen Prinzipien des Schiedsverfahrens und wird in allen Rechtsordnungen beachtet. Dementsprechend eng werden die Aufhebungsgründe ausgelegt und dementsprechend begrenzt ist auch die Kontrolle eines Schiedsspruchs durch die Gerichte. Beispielhaft für die Frage der Befugnisüberschreitung durch das Schiedsgericht

1022 [1901] 1 King's Bench (English Law Reports) 644.

1023 Dies habe auch das Gericht in *Chessum* erkannt, wo es um einen Fehler des Anwalts einer Partei ging.

ist die kanadische Entscheidung *Quintette Coal* v. *Nippon Steel*[1024]. In dieser Entscheidung stellte der Richter fest[1025], daß zunächst immer eine starke Vermutung zugunsten der Zuständigkeit des Schiedsgerichts bestehe. Diese Vermutung müsse diejenige Partei widerlegen, die die Aufhebung des Schiedsspruches beantrage. Eine solche Widerlegung der Vermutung sei dann nicht möglich, wenn der im Rahmen des Schiedsverfahrens behandelte Streitgegenstand dem Schiedsgericht durch die Schiedsvereinbarung zur Entscheidung zugewiesen worden sei. Eine gerichtliche Kontrolle des Schiedsspruchs widerspräche dann der weltweiten Tendenz zur Beschränkung der Interventionsmöglichkeiten des Gerichts.

Die Endgültigkeit eines Schiedsspruchs kann aber von einer Partei auch verwirkt werden. Dies hat der *Harare High Court* in *Durco* v. *Dajen*[1026]. entschieden. Die Beklagte, zu deren Gunsten in einem ersten Schiedsverfahren ein Schiedsspruch ergangen war, hatte sich in gleicher Sache auf ein zweites Schiedsverfahren eingelassen, in dessen Verlauf ein Schiedsspruch gegen sie erging. Der *Harare High Court* entschied, daß die Berufung auf die Finalität des ersten Schiedsspruchs in dieser Situation nicht möglich sei, da die Partei durch ihre freiwillige Einlassung auf ein zweites Schiedsverfahren, das Recht auf die Endgültigkeit des ersten Schiedsspruchs verwirkt hat.

Trotz der grundsätzlichen Anerkennung der Finalität des Schiedsspruchs, sorgt die gerichtliche Kontrolle im Rahmen des Schiedsverfahrens doch immer wieder für Aufsehen. Immer wieder wird hierbei der Versuch unternommen, unter dem Deckmantel legitimer Gründe, wie etwa unter Berufung auf den ausdrücklichen Parteiwillen, die Kontrolle zu erweitern.

2. Umfang der Kontrolle

a. Erweiterung der Aufhebungsgründe durch Parteivereinbarung

Im amerikanischen Recht ist die Frage aufgekommen, ob die gerichtliche Kontrolle eines Schiedsspruchs ausschließlich auf die gesetzlich vorgesehenen Gründe beschränkt sei, oder ob diese Gründe durch Parteivereinbarung erweitert werden können[1027]. In den Entscheidungen *FICAL*, *LaPine* und *Gateway*[1028]

1024 24.10.1990, [1991 1 W.W.R. 219, CLOUT Case 16.

1025 Unter Hinweis auf die amerikanische Entscheidung *Parsons & Whittemore Overseas Co.*, 508 F.2d 969 (976) (1974).

1026 1997 (2) Zimbabwe Law Reports 199 (Harare), CLOUT Case 233.

1027 Der *District Court* hatte diese Erweiterung abgelehnt, *LaPine I*, 909 F.Supp. 697 (705).

hatten die Parteien in der Schiedsvereinbarung festgelegt, daß das staatliche Gericht einen Schiedsspruch auch im Hinblick auf eine falsche Rechtsanwendung oder -auslegung durch den Schiedsrichter kontrollieren könne[1029]. Diese Schiedsvereinbarungen wurden von den amerikanischen Gerichten, unter Verweis auf den Zweck des FAA für zulässig gehalten. Danach sei die Durchsetzung einer Schiedsvereinbarung in gleicher Weise zu garantieren, wie jede andere vertragliche Vereinbarung[1030]. Ein Schiedsverfahren beruhe auf einer vertraglichen Vereinbarung und der darin zum Ausdruck kommende Parteiwille sei zu beachten, solange er nicht gegen fundamentale verfahrensrechtliche Grundsätze oder die öffentliche Ordnung verstoße[1031]. Im Einklang mit diesem Grundsatz sahen sich die Gerichte verpflichtet, eine der Parteivereinbarung entsprechende, intensivierte Kontrolle durchzuführen, da der Wille der Parteien, die Informalität und Schnelligkeit des Schiedsverfahrens zugunsten einer Berufungsinstanz zu opfern, keinen Verstoß gegen die öffentliche Ordnung darstelle. Im gleichen Maße, indem die Parteien den Umfang des Schiedsverfahrens festlegen könnten, müßten sie auch die auf das Verfahren anwendbaren Regeln bestimmen können[1032]. Die Akzeptanz einer auch in diesem Bereich möglichst weitreichenden Parteiautonomie, entspreche vielmehr der schiedsfreundlichen Einstellung des *Supreme Court*. So habe dieser auch Schiedsvereinbarungen anerkannt, die *punitive damages* als Rechtsfolge vorsahen, obwohl diese nach dem jeweiligen Recht des Staates ausgeschlossen waren[1033].

Letztendlich wird die Zulässigkeit der Erweiterung der gerichtlichen Kontrolle durch Parteivereinbarung also damit begründet, daß es an einem Verstoß gegen die öffentliche Ordnung fehle, da es das Recht der Parteien sei, den Verfahrensablauf zu bestimmen. Dabei wird nicht darauf eingegangen, daß zwischen der parteiautonomen Festlegung des Streitgegenstandes, über ein Schiedsgericht entscheiden soll, und der Erweiterung der Interventionsmöglichkeiten des staatlichen Gerichts, ein Unterschied besteht. Lediglich in *LaPine* bemerkt der kalifornische *Court of Appeal (9th Cir.)* in einem Nebensatz, daß man schon einen

---

1028 Vgl. Fn. 561.

1029 Vgl. beispielhaft *LaPine*, „The Court shall vacate, modify or correct any award: (i) based upon any of the grounds referred to in the Federal Arbitration Act, (ii) where the arbitrators' findings of fact are not supported by substantial evidence, or (iii) where the arbitrators' conclusions of law are erroneous.", a.a.O., Fn. 561, S. 887.

1030 Unter Hinweis auf *Volt Info Sciences* v. *Board of Trustees*, 489 U.S. 468 (478 f.), 109 S.Ct. 1248 (1255 f.), 103 L.Ed.2d 488 (1989).

1031 *FICAL*, a.a.O., S. 244.

1032 *LaPine*, a.a.O., S. 889.

1033 Vgl. hierzu auch oben, 3. Kap., III.3.; *Mastrobuono* v. *Shearson Lehman Hutton, Inc.*, 514 U.S. 52 (55), 115 S.Ct. 1212 (1216) (1995); *First Options of Chicago* v. *Kaplan*, 115 S.Ct. 1920 (1923).

Unterschied zwischen der Festlegung des Umfangs des Schiedsverfahrens und des Umfangs der gerichtlichen Kontrolle sehen würde. Die Zweifel an der Gleichstellung dieser Bereiche werden jedoch mit der apodiktischen Feststellung beseitigt, daß diese letztlich doch zu eng zusammenhängen würden, um eine andere Beurteilung zu rechtfertigen[1034].

b. Stellungnahme

Obwohl es sich bei den genannten Entscheidungen nicht um internationale Verfahren handelt, und die Aufhebung sich somit nach s. 10 *FAA* richtet, und nicht nach dem in Chapter 2 *FAA* inkorporierten UN-Übereinkommen, an dem sich das ModG ja auch orientiert, sind diese Fälle für die hier stattfindende Analyse aus mehreren Gründen von Interesse.

Zunächst kann davon ausgegangen werden, daß die amerikanischen Gerichte diese Auffassung auch auf internationale Fälle übertragen werden. Denn die Frage, ob die parteiautonome Erweiterung der gerichtlichen Kontrolle einen Eingriff in staatliche Kompetenzen und damit einen Verstoß gegen die öffentliche Ordnung darstellt, wird von den amerikanischen Gerichten ja schon im Hinblick auf den nationalen *ordre public* einstimmig verneint. Der internationale *ordre public* wird aber noch enger ausgelegt, als der nationale *ordre public*. Daher ist nicht davon auszugehen, daß amerikanische Gerichte diesen dann für verletzt halten werden.

Außerdem wurden zwei der drei Entscheidungen von einem texanischen und einem kalifornischen Gericht getroffen, also von Modellgesetzjurisdiktionen. Da davon auszugehen ist, daß diese Rechtsprechung auch in internationalen Verfahren nach dem ModG fortgeführt wird, kann es dann zu einer uneinheitlichen Auslegung kommen. Zwar ist es auch Ziel des ModG, daß Schiedsvereinbarungen möglichst weitgehend und entsprechend dem Parteiwillen durchgesetzt werden. In einem ebenso hohen Maße muß aber die Finalität des Schiedsspruchs gewährleistet sein. Der amerikanische Ansatz stellt sich im Grunde als Neuauflage des Art. 1717 Abs.4 *CJ belge* dar[1035], diesmal aber mit der umgekehrten Zielrichtung. Während der belgische Gesetzgeber versuchte, die Kontrolle internationaler Schiedssprüche völlig auszuschließen, versucht der amerikanische Gesetzgeber, sie enorm zu erweitern. Geht man vom Normalfall aus, bei dem sich die Verfahrensbeteiligten auf ein faires Verfahren mit einem fairen Ablauf einstellen, so muß dieser Versuch einer Sonderregelung genauso scheitern, wie der belgische.

1034 *LaPine*, a.a.O., S. 889.
1035 Vgl. oben 2.Kap., VIII.1.c.(2).

3. Zurückverweisung an das Schiedsgericht i.R.d. Aufhebungsverfahrens

Die kanadische Entscheidung *D. Frampton v. Sylvio Thibault*[1036] behandelte unter anderem die Auslegung des Art. 34 Abs.4 ModG[1037]. Dieser sieht vor, daß das ordentliche Gericht in geeigneten Fällen auf Antrag einer Partei das Aufhebungsverfahren aussetzen kann, um dem Schiedsgericht Gelegenheit zu geben, die Gründe für die Aufhebung durch geeignete Maßnahmen zu beseitigen. Das Schiedsgericht hatte bei seiner Entscheidung die Frage der Zinsen nicht in Betracht gezogen. Das angerufene kanadische Gericht sah sich jedoch einerseits nicht befugt diese Zinsen zuzusprechen; andererseits sah es Art. 34 Abs.4 ModG auch nicht als ausreichende Ermächtigung dafür an, den Schiedsspruch an das Schiedsgericht zur Klärung der Frage zurückzuverweisen. Ein ordentliches Gericht dürfe nicht so weit gehen, die Entscheidung des Schiedsgerichts durch die eigene Entscheidung zu ersetzen.

Diese Einstellung vertrat auch das Berufungsgericht von Québec in *Cargo Carriers v. Industrial Bulk Carriers*[1038]. Die Beklagte betrieb ein Frachtschiff, das zwischen Nigeria und Spanien pendelte. Sie hatte mit der Klägerin einen Vertrag geschlossen, demzufolge diese sich um alle Hafenangelegenheiten zu kümmern verpflichtete. Es entstand ein Streit über die Erstattung von Kosten, die die Klägerin ausgelegt hatte, während das Frachtschiff im Hafen lag. In dem von der Klägerin angestrengten Schiedsverfahren wurden ihr diese Kosten im Schiedsspruch zugesprochen, aus dem sie Vollstreckung beantragte. Dagegen beantragte die Beklagte die Aufhebung des Schiedsspruchs, da dieser der Klägerin eine größere Summe zusprach, als diese jemals bezahlt hatte und somit auf arglistiger Täuschung beruhe. Das Berufungsgericht lehnte es ab, sich mit diesem Argument auseinanderzusetzen, da es sich hierbei um eine Tatfrage handele. Die Kontrolle einer Tatfrage sei aber in Art. 34 ModG nicht als Aufhebungsgrund vorgesehen und würde überdies zu einer *revision au fond* führen. Die Überprüfung dieser Frage obliege deshalb allein dem Schiedsgericht. Den hierfür erforderlichen Antrag gem. Art. 34 Abs.4 ModG, hatten die Parteien aber nicht gestellt, so daß sich eine Entscheidung hierüber erübrige.

Weiterhin brachte die Beklagte vor, daß der Schiedsspruch aufzuheben sei, da er gegen die öffentliche Ordnung Kanadas verstoße. Die von der Klägerin geforderten Kosten seien nur deshalb so hoch gewesen, weil sie ein Schmiergeld bein-

---

1036 *D. Frampton & Co. Ltd.* v. *Sylvio Thibault and Navigation Harvey & Frères Inc.*, 7.4.1988, F.C. T.D., T-723-86, unveröffentlicht, CLOUT Case 12.

1037 In das kanadische Recht umgesetzt durch den *Commercial Arbitration Act*, S.R.C. 1985, c.C-34.6.

1038 *Transport de cargaison (Cargo Carriers) v. Industrial Bulk Carriers,* Rev. dr. jud. [1990] 418, CLOUT Case 185.

halteten, dessen Zahlung aber gegen die öffentliche Ordnung verstoße. Das Gericht wies auch dieses Argument zurück und stütze sich hierbei auf die Beurteilung der gerügten Zahlung durch das Schiedsgericht. Bei der Zahlung habe es sich nicht um ein Schmiergeld, sondern vielmehr um ein Lösegeld gehandelt, das gezahlt worden sei, damit das Schiff den Hafen verlassen konnte . Während ein Schmiergeld aber unmoralisch für beide Seiten, den Leistenden und den Empfänger, sei, stelle bei einem Lösegeld nur die Annahme der Zahlung einen Verstoß gegen die öffentliche Ordnung dar. Die Zahlung des Lösegeldes sei auch im Interesse der Beklagten erfolgt, da die Alternative darin bestanden hätte, das Frachtschiff aufzugeben. Das Gericht erklärte den Schiedsspruch damit für vollstreckbar.

IX. Anerkennung und Vollstreckung des Schiedsspruchs

1. Ausschließlichkeit der Versagungsgründe

In bezug auf die in Art. 36 ModG aufgezählten Versagungsgründe besteht insoweit Einheitlichkeit, als sie zwar in den meisten Gesetzen enthalten sind. Oftmals sind sie aber nicht als ausschließliche Gründe aufgezählt, so daß diese Einheitlichkeit durch den Rückgriff auf zusätzliche andere Versagungsgründe gestört wird.

Kanada hat die Versagungsgründe dagegen als ausschließliche Gründe normiert. Dies wurde in der Entscheidung *Schreter* v. *Gasmac*[1039] ausdrücklich betont. Zwischen den Parteien war ein Schiedsspruch ergangen, der im folgenden durch ein Urteil bestätigt worden war. Als die Klägerin die Vollstreckung des Schiedsspruchs beantragte, brachte die Beklagte vor, daß der Schiedsspruch in dem Urteil aufgegangen sei und deshalb als solcher nicht mehr vollstreckt werden könne. Die Klägerin könne nur noch aus dem Urteil vollstrecken. Dies ist vom *Ontario Court* nicht anerkannt worden. Art. 35 ModG schreibe ausdrücklich vor, daß Schiedssprüche als bindend anzuerkennen und zu vollstrecken seien, sofern keiner der in Art. 35 ModG und Art. 36 ModG genannten Versagungsgründe vorliege. Aus diesen ergebe sich aber nicht, daß ein Schiedsspruch in das Anerkennungsurteil übergehe und deshalb in Ontario nicht mehr vollstreckt werden könne. Vielmehr würde eine solche Vollstreckungssperre eine Lücke im System des ModG hervorrufen und dadurch denjenigen die Unterstützung versagen, die auf den Durchsetzungsmechanismus des ModG vertrauten. Der Schiedsspruch sei somit vollstreckbar.

1039 [1992] 7 O.R. (3d) 608, *Ontario Court General Division,* CLOUT Case 30.

2. Überschreitung der Schiedsvereinbarung

In dem in *AAMCO Transmission* v. *Kunz*[1040] behandelten Sachverhalt war zwischen den Parteien ein Franchisevertrag geschlossen worden, der auch eine Schiedsvereinbarung enthielt. Diese Schiedsvereinbarung schloß die Durchführung eines Schiedsverfahrens für solche Streitigkeiten ausdrücklich aus, die darauf beruhten, daß *AAMCO* als Franchisegeber den Vertrag „wegen des betrügerischen Verhaltens des Franchisenehmers oder dessen Unvermögen, ehrlich und fair mit Kunden zu verhandeln oder dessen ungenauer Mitteilung von hohen Einnahmen beendete". Im Laufe der Vertragsabwicklung geriet der Franchisenehmer mit den Zahlungen in großen Rückstand und versäumte es außerdem, Geschäftsberichte einzureichen. *AAMCO* kündigte daraufhin den Vertrag.

In einem anschließend durchgeführten Schiedsverfahren obsiegte *AAMCO* und beantragte die Anerkennung und Vollstreckung des Schiedsspruchs. Dieser Antrag wurde zunächst vom *chambers judge*[1041], und dann auch vom Berufungsgericht auf der Grundlage von Art. 36 Abs.1 (a) (iii) ModG[1042] und den Hinweis auf den Inhalt der Schiedsvereinbarung abgelehnt. Wie vom Franchisenehmer vorgebracht, seien Streitigkeiten bezüglich eines Fehlverhaltens des Franchisenehmers bei der Berichterstattung hinsichtlich gemachter Einnahmen ausdrücklich von der Schiedsvereinbarung ausgenommen worden. Die Geschäftsberichte, die solche Einnahmen auswiesen, wären vom Franchisenehmer nicht eingereicht worden, was einer fehlenden Berichterstattung gleichkäme. Dagegen wurde die Auslegung des Klägers, die Ausschlußklausel beträfe nur betrügerisches oder quasi-betrügerisches Verhalten abgelehnt, da dies aus dem Wortlaut nicht eindeutig hervorgehe. Selbst wenn allerdings Unklarheiten oder Zweideutigkeiten hinsichtlich der Auslegung der Schiedsvereinbarung bestünden, so gingen diese zu Lasten des Klägers. Dieser habe als großes Unternehmen die bessere Verhandlungsposition beim Vertragsschluß gehabt, während der Franchisenehmer den Vertrag nur hätte akzeptieren können. Der Antrag auf Vollstreckung des Schiedsspruchs sei deshalb abzulehnen.

3. Fehlerhafte Rechtsanwendung

Die Enttäuschung der Parteien über die Auslegung des Rechts durch die Schiedsrichter, rechtfertigt nicht die Aufhebung des Schiedsspruchs. Der Umfang der

1040 17.9.1991, 97 Saskatchewan Reports 5, CLOUT Case 67.

1041 Einzelrichter, außerhalb des Termins im Bürowege entscheidender Richter, vgl. Romain, Wörterbuch, S. 400.

1042 Umgesetzt durch den *International Commercial Arbitration Act*, S.S. 1988, c.I-10.

Kontrolle eines Schiedsspruchs durch die staatlichen Gerichte, wird überaus eng ausgelegt. Mittlerweile ist auch in den Rechtsordnungen des *common law* anerkannt, daß eine falsche Rechtsauslegung durch das Schiedsgericht nicht ohne weiteres zur Aufhebung oder Nichtanerkennung des Schiedsspruchs gem. Art. V Abs.1 lit.d UNÜ bzw. gem. Art. 36 Abs.1 (a) (iv) ModG berechtigt[1043]. Im Rahmen seines durch die Parteien erteilten Auftrages ist das Schiedsgericht nur dazu verpflichtet, eine Rechtsvorschrift, sei sie materiell- oder verfahrensrechtlicher Natur, nach seinem Wissen sachgerecht und korrekt auszulegen[1044]. Erst, wenn die gegebene Auslegung schlechthin unvertretbar ist, liegt ein zur Aufhebung berechtigender Verfahrensfehler vor. Der Schiedsspruch muß von dem anwendbaren materiellen oder prozessualen Recht geprägt sein, muß aber nicht notwendigerweise mit der herrschenden Meinung im Heimatland des jeweiligen Rechts übereinstimmen[1045].

4. Fehlende Schiedsfähigkeit

In der Entscheidung *Kanto Yakin* v. *Can-Eng Manufacturing*[1046] war die Beklagte durch einen Lizenzvertrag mit der Klägerin ermächtigt, bestimmte Produkte der Klägerin in Kanada herzustellen. Der Vertrag enthielt eine Schiedsvereinbarung, derzufolge alle entstehenden Streitigkeiten im Wege eines Schiedsverfahrens nach den Regeln der *Japan Commercial Arbitration Association* beigelegt werden sollten. 1990 leitete die Klägerin ein Schiedsverfahren ein, da die Beklagte bestimmte Gebühren nicht bezahlt hatte. Der zugunsten der Klägerin ergangene Schiedsspruch sollte in Ontario vollstreckt werden. Dagegen wandte sich aber die Beklagte unter anderem mit dem Argument, daß die Klägerin einen schwerwiegenden Vertragsbruch begangen habe, indem sie ihr wichtige

1043 Unter dem alten englischen Schiedsrecht hatten die Gerichte das Recht, im Wege der „*special case procedure*" Rechtsfragen zur Entscheidung an sich zu ziehen, vgl. s. 19 Arbitration Act 1950 (*Statement of case pending arbitration*). Ebenso konnte ein Schiedsspruch wegen „*misconduct*" des Schiedsrichters aufgehoben werden, vgl. s. 11 Arbitration Act 1950: [...] where an arbitrator or umpire has misconducted himself, or an arbitrator or award has been improperly procured, the Court may set the award aside".

1044 Vgl. *National Oil Corp.* v. *Lybian Sun Oil Co.*, ILM 1990, 716 (*manifest disregard of the law*); BGH, RIW 1985, 970 (972).

1045 Sog. Geprägetheorie vgl. Aden, NJW 1993, 1964 (1965); so auch die Theorie der *dénaturation* im französischen Recht; *SEEE* v. *République fédérale de Yougoslavie*, Rev. arb. 1978, 363.

1046 *Kanto Yakin Kogyo Kabushiki-Kaisha* v. *Can-Eng Manufacturing Ltd.* [1992] 7 O.R. (3d) 779, CLOUT Case 29.

Informationen vorenthalten habe. Der Streit müsse deshalb von einem staatlichen Gericht entschieden werden, da der Streitgegenstand nicht schiedsfähig sei.

Ohne auf die Frage der Schiedsfähigkeit einzugehen, schloß der *Ontario Court* diesen Einwand als verspätet aus und begründete dies damit, daß die Beklagte sich gem. Art. 16 Abs.2 ModG spätestens bei Einlassung zur Sache auf die Unzuständigkeit des Schiedsgerichts hätte berufen müssen. Tatsächlich habe die Beklagte das Schiedsverfahren aber während des gesamten Verlaufs ignoriert und ihre Bedenken erst vorgebracht, als der Schiedsspruch bereits ergangen war und vollstreckt werden sollte. Ihr Vorbringen sei deshalb als verspätet abzuweisen. Die Aufhebung des Schiedsspruchs wurde folglich abgelehnt.

5. Verstoß gegen die öffentliche Ordnung

In der Entscheidung *Arcata Graphics Buffalo* v. *Movie (Magazine)*[1047] beantragte die Beklagte die Aufhebung des Schiedsspruchs, da dessen Durchsetzung gegen die öffentliche Ordnung verstoße. Zur Begründung berief sie sich darauf, daß das Schiedsgericht in dem Schiedsspruch nur eine monatliche, aber keine jährliche Zinsrate berechnet habe. Die Zinsrate sei deshalb zu hoch berechnet, da bei monatlichen Zinsraten gem. s. 4 *Canada's Interest Act* deren Höhe zu begrenzen sei. Das Gericht wies diese Argumentation zurück. Ein Verstoß gegen die öffentliche Ordnung könne nur angenommen werden, wenn die Durchsetzung eines Schiedsspruchs fundamentale Grundwerte einer Rechtsordnung verletzen würde[1048]. Ein solcher Verstoß sei bei einer lediglich fehlerhaften Zinsberechnung aber keinesfalls zu bejahen. Selbst wenn jedoch ein solcher Fehler als Verstoß gegen die öffentliche Ordnung zu werten wäre, könne das nicht die Aufhebung des gesamten Schiedsspruchs zur Folge haben, sondern nur die Aufhebung des belasteten Teils. Der Antrag auf Aufhebung wurde folglich abgewiesen.

Ob die Verurteilung zu *punitive damages* durch einen Schiedsrichter einen Verstoß gegen die öffentliche Ordnung darstellt[1049], wurde in einem internationalen Schiedsspruch bisher nicht entschieden. Erkenntnisse lassen sich aber gewinnen, wenn man die Zuerkennung von *punitive damages* im Rahmen eines Zivilprozesses betrachtet. Für das deutsche Recht bestimmt der BGH[1050], daß zwar auch exzessive Schadensersatzsummen, die von amerikanischen Gerichten zugesprochen werden, solange als anerkennungsfähig betrachtet werden, wie sie

1047 12.3.1993, unveröffentlicht, CLOUT Case 37.
1048 Unter Verweis auf *Boardwalk Regency Corp.* v. *Maalouf*, (1992) 6 O.R. (3d) 737.
1049 Kühn, FS Glossner, S. 193 (201).
1050 BGHZ 118, 312 = NJW 1992, 3096; vgl. auch OLG München, 1992, 616.

der Kompensation des erlittenen Schadens dienen. Sobald mit der Verurteilung aber gleichzeitig eine Bestrafungsfunktion wahrgenommen werde, so verstoße dies gegen den materiellen *ordre public*[1051], da mit dieser Zielrichtung das Strafmonopol des Staates, die rechtsstaatlichen Verfahrensgarantien und der Grundsatz der Verhältnismäßigkeit verletzt würden[1052]. Dies entspricht auch der schweizerischen Rechtsprechung, wo dieselbe Begründung zur Versagung der Anerkennung eines texanischen Urteils über *punitive damages* führte[1053].

In England stellen *exemplary damages* eine den *punitive damages* entsprechende Rechtsfigur dar. Die Rechtsprechung hat eine extrem restriktive Haltung gegenüber dieser Rechtsfigur eingenommen[1054]. Zwar soll die Zuerkennung von *exemplary* oder *punitive damages* nicht gegen den *ordre public* verstoßen. Der Vollstreckung eines Schiedsspruchs stehe aber Art. V Abs.2 lit.a UNÜ entgegen, da *exemplary* oder *punitive damages* in England nicht schiedsfähig seien.

Aufgrund dieser Wertungen ist davon auszugehen, daß ein internationaler Schiedsspruch, der *punitive damages* anordnet, jedenfalls aufgrund der damit verbundenen Bestrafungsfunktion von außeramerikanischen Gerichten nicht anerkannt wird. Außerdem wird aber auch davor gewarnt, daß die Zulassung von *punitive damages* in internationalen Schiedsverfahren der Akzeptanz der Schiedsgerichtsbarkeit insgesamt schaden könnte. Das Risiko, so wird argumentiert, gegebenenfalls mit einer in ihrer Höhe nicht vorhersehbaren *punitive damages*-Schadensersatzforderung konfrontiert zu sein, könnte viele Parteien von der Durchführung eines Schiedsverfahrens abhalten[1055]. Will das Schiedsgericht die Verurteilung zu *punitive damages* vermeiden, kann es auf seine Pflicht zur Vollstreckungssicherung des Schiedsspruchs verweisen, da die fehlende Schiedsfähigkeit von *punitive damages* der Anerkennung des Schiedsspruchs in den meisten Ländern entgegensteht. Diese Begründung ist aber nicht einschlägig, wenn die Parteien amerikanisches Recht gewählt haben, da davon auszugehen ist, daß die amerikanische Rechtsprechung *punitive damages* auch in internationalen Schiedsverfahren für schiedsfähig halten wird. Die Möglichkeit, *punitive damages* zuzusprechen, wäre somit abhängig vom Vollstreckungsforum, was zu

1051 Vgl. § 328 Abs.1 Nr. 4 ZPO: Die Anerkennung des Urteils eines ausländischen Gerichts ist ausgeschlossen, [...] wenn die Anerkennung des Urteils zu einem Ergebnis führt, das mit wesentlichen Grundsätzen des deutschen Rechts offensichtlich unvereinbar ist, insbesondere wenn die Anerkennung mit den Grundrechten unvereinbar ist.

1052 So auch Schlosser, Rn. 871.

1053 Rechtseröffnungsbescheid des Bezirksgerichtspräsidiums von Sargans von 1982, auszugsweise abgedruckt bei Drolshammer/Schärer, SJZ 1986, 309 (310 f.).

1054 Vgl. *Rookes* v. *Barnard*, London Court of Appeal [1964] A.C. 1129.

1055 Stein, EuZW 1994, 18 (20).

einer großen Unvorhersehbarkeit und auch Ungerechtigkeit führen würde. Denn erstens ist es nicht immer vorhersehbar, wo der Schiedsspruch vollstreckt werden soll, und zweitens wären die Beklagten, die über Vermögen in den Vereinigten Staaten verfügen, dann größeren Repressalien ausgesetzt, als andere.

Für die Frage der Zulässigkeit von *punitive damages* in internationalen Schiedsverfahren muß außerdem beachtet werden, daß deren Verfassungsmäßigkeit selbst in Amerika bestritten wird. Das Fehlen einer summenmäßigen Höchstgrenze sowie die mangelnde Konkretisierung verfahrensrechtlicher Vorgaben, haben kritische Stimmen hervorgerufen[1056]. Erschwerend kommt hinzu, daß die Verurteilung zu *punitive damages* lange Zeit ausschließlich den Gerichten vorbehalten war. Aktuell ist die Verurteilung zu *punitive damages* im Rahmen eines Schiedsverfahrens nur nach amerikanischem Bundesrecht zugelassen, nicht aber nach dem Recht der jeweiligen Bundesstaaten[1057]. Die Zuerkennung von *punitive damages* durch Schiedsgerichte kann somit als Verstoß gegen das Strafmonopol des Staates angesehen werden. Ein Schiedsgericht sollte sich deshalb bei einer auf Zuerkennung von *punitive damages* gerichteten Klage darauf berufen, daß es zur Einhaltung verfahrensrechtlicher Mindeststandards verpflichtet ist, um die Funktionsfähigkeit der Schiedsgerichtsbarkeit zu garantieren und das Vertrauen in die Beachtung rechtsstaatlicher Verfahrensgarantien nicht zu zerstören. Den Parteien ist zu empfehlen die Befugnis des Schiedsgerichts, *punitive damages* zuzuerkennen, in der Schiedsvereinbarung ausdrücklich auszuschließen.

6. Fehlende Verbindlichkeit des Schiedsspruchs

In *Murmansk Trawl Fleet* v. *Bimman Realty*[1058] wandte sich die Beklagte mit der Begründung gegen den Antrag der Klägerin auf Vollstreckung des Schiedsspruchs, daß dieser Schiedsspruch nach dem Recht von New York für die Parteien noch nicht verbindlich geworden sei. Danach beträgt die Rechtsmittelfrist 90 Tage, der Beklagte kann aber dem Antrag auf Vollstreckung ein Jahr lang unter Verweis auf die Versagungsgründe widersprechen. Der Schiedsspruch war in New York erlassen worden. Da die Klägerin den Schiedsspruch in Ontario vollstrecken lassen wollte, hatte sie ihn nicht durch ein Gericht in New York bestätigen lassen. Als sie nach Ablauf der Rechtsmittelfrist von 90 Tagen die Vollstreckung beantragte, brachte die Beklagte vor, der Schiedsspruch sei mangels

1056 Vgl. hierzu Beucher, RiW 1992, 893 (898).

1057 Tolsen, AI 1988 (4/3), 255; Vgl. *Garrity* v. *Lyle Stuart, Inc.*, New York Court of Appeals, 40 N.Y. 2d 354, 353 N.E. 2d 793, 386 N.Y.S. 2d 831 (1976); vgl. außerdem Stein, EuZW 1994, 18 (25, Fn. 66).

1058 19.12.1994, Ontario, unveröffentlicht, CLOUT Case 117.

gerichtlicher Anerkennung noch nicht für beide Parteien verbindlich geworden. Das Gericht vertrat jedoch eine andere Auffassung. Sinn und Zweck einer gerichtlichen Bestätigung des Schiedsspruchs in New York sei allein, daß dieser dann in New York vollstreckt werden könne. Daran habe der Klägerin aber nichts gelegen, so daß eine Bestätigung die Durchsetzung des Schiedsspruchs nur verzögert hätte. Das ModG bezwecke aber die Vermeidung einer langen Prozeßdauer und die Förderung einer effektiven Streitbeilegung. Dem Antrag auf Vollstreckung des Schiedsspruchs wurde somit stattgegeben.

7. Sonderfall: Vollstreckung trotz Vorliegens eines Versagungsgrundes

In *China Nanhai* v. *Gee Tai Holdings*[1059] gab das Gericht dem Antrag der Klägerin auf Vollstreckung des Schiedsspruchs statt, obwohl ein Versagungsgrund gem. Art. 36 Abs.1 (a) (iv) ModG vorlag. Die Beklagte hatte die Vollstreckung des Schiedsspruchs mehr als zweieinhalb Jahre nach dessen Erlaß als unzulässig angefochten, da die Zusammensetzung des Schiedsgericht nicht der Vereinbarung der Parteien entsprochen habe. Denn das Schiedsverfahren sei von Schiedsrichtern der *CIETAC* in Beijing und nicht, wie vereinbart, von Schiedsrichtern der *CIETAC* in Shenzhen geführt worden. Das Gericht gab der Beklagten insoweit Recht und bestätigte, daß *CIETAC* in Shenzhen grundsätzlich nicht für die Entscheidung zuständig gewesen sei. Allerdings habe die Beklagte an dem Verfahren teilgenommen, ohne dies gerügt zu haben. Unter Berufung auf das Estoppelprinzip stellte das Gericht fest, daß es gegen Treu und Glauben verstoße, wenn die Beklagte sich nach mehr als zweieinhalb Jahren auf Verfahrensfehler berufe, die sie im Rahmen des Verfahrens nicht gerügt hatte. Die Entscheidung wäre deshalb auch nicht anders ausgefallen, wenn die Beklagte einen schwerwiegenden Verfahrensfehler gerügt hätte[1060]. Vorliegend wäre das verspätete Vorbringen der Rüge aber auch nicht entscheidungserheblich gewesen. Das Gericht machte darauf aufmerksam, daß es in seinem Ermessen[1061] stünde, die Vollstreckung des Schiedsspruchs trotz des Vorliegens eines Versagungsgrundes anzuordnen. Die Parteien hätten sich geeinigt, Streitigkeiten im Rahmen eines Schiedsverfahrens nach den Regeln der *CIETAC* lösen zu wollen. Zwar sei das Verfahren nicht von Schiedsrichtern der *CIETAC* in Beijing, sondern von denen der *CIETAC* in

1059 *China Nanhai Oil Joint Service Corp. Shenzen Branch* v. *Gee Tai Holdings Co. Ltd.*, 13.7.1994, No. MP 2411, unveröffentlicht, CLOUT Case 76.

1060 Das Gericht berief sich hierfür auf die Ausführungen von van den Berg, NYC, S. 185, in bezug auf das UN-Übereinkommen.

1061 Art. 36 ModG lautet: Die Anerkennung oder Vollstreckung eines Schiedsspruchs *darf* [...] nur versagt werden [...]. [Hervorhebung durch die Verfasserin].

Shenzhen entschieden worden. Beide Institutionen würden aber dieselben Regeln anwenden, so daß die Beklagte im Ergebnis das bekommen habe, was schiedsvertraglich vereinbart worden war. Entscheidungserheblich sei somit nicht die Verspätung, sondern die Unerheblichkeit des Vorbringens gewesen. Das Gericht hat den Schiedsspruch folglich für vollstreckbar erklärt.

Auf das einem staatlichen Gericht im Rahmen des Art. 36 ModG[1062] zustehende Ermessen, hat sich auch der *Supreme Court of Hong Kong* in der Entscheidung *Nanjing Cereals* v. *Luckmate*[1063] berufen. In dem dieser Entscheidung zugrundeliegenden Sachverhalt, hatte die Klägerin einen Schiedsspruch gegen die Beklagte erwirkt, in dem diese zur Zahlung des von der Klägerin erworbenen peruanischen Fischmehls zu dem von ihr bestrittenen Kaufpreis verpflichtet wurde. Dem Antrag auf Vollstreckung des Schiedsspruchs hielt die Beklagte Art. 36 Abs.1 (a) (ii) 2.HS ModG mit der Begründung entgegen, daß sie ihre Verteidigungsmittel hinsichtlich der Höhe des Kaufpreises nicht habe geltend machen können. Vielmehr habe das Schiedsgericht die Höhe des Anspruchs unabhängig ermittelt. Das Gericht hielt dieses Vorbringen jedoch für unbegründet, da die Beklagte ausreichend Gelegenheit gehabt habe, ihre Verteidigungsmittel vorzubringen. Sie habe dies aber auch dann nicht getan, als das Schiedsgericht nach Abschluß der Anhörungen eine erneute Frist von zwei Wochen gestellt habe. Es war somit ihre eigene Entscheidung mit deren Konsequenzen sie sich nun abfinden müsse[1064]. Das Gericht führte aber aus, daß es dem Antrag der Beklagten auf Versagung der Vollstreckung des Schiedsspruchs auch bei ausreichender Begründung nicht stattgegeben hätte. Es handele sich hier um einen klassischen Fall, in dem sich das Gericht auf sein Ermessen im Rahmen des Art. 36 ModG berufen könne. Da die Beklagte es versäumt habe, sich ordnungsgemäß zu verteidigen, sei ihr Antrag trotz Vorliegen eines Versagungsgrundes abzuweisen.

1062 Die Anerkennung oder Vollstreckung eines Schiedsspruchs *darf* [...] nur versagt werden [...]. [Hervorhebung durch die Verfasserin].

1063 *Nanjing Cereals, Oils and Foodstuffs Import & Export Corp.* v. *Luckmate Commodities Trading Ltd.*, (1994), unveröffentlicht, CLOUT Case 88.

1064 Unter Berufung auf *Qinghuangdao Tongda Enterprise Development Co.* v. *Million Basic Co. Ltd.*, [1993] 1 HKLR 173, „All proceedings must have a finite end."

X. Nicht geregelte Problembereiche

1. Mehrparteienschiedsgerichtsbarkeit

Im Rahmen der Mehrparteienschiedsgerichtsbarkeit hat die *Dutco*-Entscheidung der *Cour de Cassation* von 1992[1065] für großes Aufsehen gesorgt. Dieser Entscheidung lag folgender Sachverhalt zugrunde:

Zwischen *BKMI* als Konsortialführer und *Siemens* und *Dutco* als Konsorten bestand ein Konsortialvertrag, aufgrund dessen die Unternehmen sich gemeinsam zur Errichtung einer Zementfabrik im Oman verpflichtet hatten. Der Konsortialvertrag enthielt eine ICC-Schiedsklausel, die ausdrücklich vorsah, daß Streitigkeiten zwischen den Parteien durch ein Dreier-Schiedsgericht gelöst werden sollten. Bei der Vertragsabwicklung kam es zwischen den Konsortialpartnern zu Unstimmigkeiten, und *Dutco* verklagte schließlich *BKMI* und *Siemens* wegen Verletzung verschiedener individuell geschuldeter Vertragspflichten als Streitgenossen auf Schadensersatz. Die Beklagten beriefen sich aufgrund der unterschiedlichen Ansprüche auf ihr Recht zur Bestellung eines jeweils eigenen Schiedsrichters. Der ICC-Schiedsgerichtshof hielt die Bestellung je eines Schiedsrichters durch *BKMI* und *Siemens* jedoch für unzulässig. Vielmehr sah er die Beklagten als eine prozessuale Einheit an und forderte sie auf, sich auf einen gemeinsamen Schiedsrichter zu einigen, andernfalls würde ein Schiedsrichter für die Parteien bestimmt werden. Die Beklagten sahen sich deshalb gezwungen, gemeinsam einen Schiedsrichter zu wählen, taten dies allerdings nur unter Vorbehalt. Der Zwischenschiedsspruch, durch den das Schiedsgericht im darauffolgenden Verfahren seine ordnungsgemäße Bestellung bestätigte, wurde von den Beklagten ohne Erfolg vor der *Cour d'Appel* in Paris angegriffen. Das Gericht begründete seine Entscheidung damit, daß die Parteien in ihrer Schiedsvereinbarung vereinbart hätten, alle Streitigkeiten aus dem Konsortium einem Dreier-Schiedsgericht vorzulegen. Dadurch hätten sie sich auch mit der Wahl eines gemeinsamen Schiedsrichters einverstanden erklärt, so daß ihre Rechte gewahrt worden seien. Nachdem erneut Rechtsmittel eingelegt wurden, hob schließlich die *Cour de Cassation* die Entscheidung des *Cour d'Appel* mit der Begründung auf, daß „die Gleichheit der Parteien bei der Bildung des Schiedsgerichts zum *ordre public* gehöre, und auf dieses Recht erst nach Entstehung eines Rechtsstreits verzichtet werden könne[1066]„. Aus dem Abschluß einer Schiedsvereinbarung könne daher nicht automatisch auf den Verzicht einer gleichwertigen Beteiligung bei der Bestellung des Schiedsgerichts geschlossen werden.

1065 *Siemens* v. *BKMI and Dutco*, Rev. arb. 1989, 723 (Cour d'Appel), m. Anm. Bellet, 727; Rev. arb. 1992, 470 (Cour de Cassation) m. Anm. Bellet, 473.

1066 Rev. arb. 1992, 470 [Hervorhebung durch die Verfasserin].

Im deutschen Recht ist die Frage der gleichwertigen Beteiligung aller Parteien bei der Bestellung eines Schiedsgerichts im Rahmen der bereits erwähnten BGH-Entscheidung zur Schiedsfähigkeit von Gesellschafterbeschlüssen ansatzweise diskutiert worden[1067]. Auch der BGH sieht „[...] das Recht jeder Partei zur Ernennung eines eigenen Schiedsrichters ihres Vertrauens im Schiedsverfahren als prozessuales Grundrecht [an], auf das grundsätzlich nicht vor Entstehung des konkreten Streitfalls verzichtet werden kann". Welche Konsequenz aus einem solchen Verstoß gegen den Gleichheitsgrundsatz erwächst, ist nach Ansicht des BGH grundsätzlich von den vorher getroffenen vertraglichen Vereinbarungen abhängig. Der BGH schloß deshalb auch nicht aus, daß ohne eine solche vertragliche Regelung gegebenenfalls gar kein Schiedsverfahren stattfinden könne, weil für eine wirksame Bestellung des Schiedsgerichts nicht gesorgt sei. Hierfür berief er sich ausdrücklich auf die *Dutco*-Entscheidung[1068].

Auch in der deutschen Literatur wurde das Ergebnis der *Dutco*-Entscheidung als richtig begrüßt, allerdings gestützt auf eine andere dogmatische Herleitung[1069]. Dabei geht es um die im Rahmen des *Dutco*-Verfahrens nicht entschiedene Frage, ob *Dutco* zwei verschiedene Klagen gegen die Konsortialpartner hätte erheben müssen, da die gegen sie geltend gemachten Ansprüche in keinerlei Zusammenhang standen[1070]. Zwar stellt auch *Schwab* fest, daß ein Verzicht der Parteien auf die Ernennung eines eigenen Schiedsrichters erst nach Entstehung der konkreten Streitigkeit zulässig sei. Eine Pflicht zur Ernennung eines gemeinsamen Schiedsrichters kann seiner Ansicht nach aber nur in den Fällen angenommen werden, in denen die Voraussetzungen einer notwendigen Streitgenossenschaft gem. § 60 ZPO vorliegen[1071]. Die Parteien müssen also aus prozessualen oder materiellrechtlichen Gründen zum gemeinsamen Handeln verpflichtet sein, d.h. der Streitgegenstand muß identisch sein und die Parteien dürfen nur nach Mehrheitsgrundsätzen über ihn verfügen können[1072]. Nur bei Bestehen einer solchen Verpflichtung müßten sich die Parteien, sollten sie ihrer Pflicht nicht nachkommen, mit der Ersatzbestellung eines Schiedsrichters abfinden.

In der *Dutco*-Entscheidung war die Bestellung des Schiedsgerichts durch den ICC-Schiedsgerichtshof also nicht (nur) unzulässig, weil ein Verzicht auf die

---

1067 BGHZ 132, 278; vgl. dazu oben 3. Kap. III.5.

1068 BGH, a.a.O.., S. 288.

1069 Schwab, BB 1992, Beil. 15, S. 17 (18); Koussoulis, ZZP 107 (1994), 195 (205 ff.).

1070 Vgl. zur Frage unter welchen Voraussetzungen eine Streitgenossenschaft im Schiedsverfahren überhaupt möglich ist, Koussoulis, ZZP 107 (1994), 195 (201 m.w.N.).

1071 Vgl. zur Frage unter welchen Voraussetzungen eine Streitgenossenschaft im Schiedsverfahren überhaupt möglich ist, Koussoulis, a.a.O., S. 201 m.w.N.; Berger, RIW 1993, 702 (705); Schlosser, Rn. 559.

1072 Schwab, a.a.O., S. 18.

Bestellung eines eigenen Schiedsrichters nicht vor Entstehung der Streitigkeit in der Schiedsvereinbarung erklärt werden konnte, sondern auch, weil zwischen den Be-klagten keine Pflicht zum gemeinsamen Handeln bestand.

2. Gerichtlich angeordnete Verbindung von Verfahren (Court-ordered Consolidation)

In *Boart Sweden AB* v. *NYA Stromnes AB*[1073] galt es zu entscheiden, ob einer Schiedsvereinbarung auch dann stattzugeben sei, wenn sie nur mit einigen der verklagten Parteien getroffen wurde, oder ob die Schiedsvereinbarung in einem solchen Fall unwirksam sei, da dann die Streitigkeiten für alle Parteien gemeinsam vor einem staatlichen Gericht zu klären seien. Für die zweite Alternative würde unter anderem sprechen, daß parallele Verfahren vor dem staatlichen Gericht und vor einem Schiedsgericht zu verschiedenen Ergebnissen führen könnten. *Campbell J.* hat aber unter Verweis auf Art. 8 ModG, bzw. s. 7 *Ontario AA*, die Parteien und Streitgegenstände, die von der Schiedsvereinbarung erfaßt waren, auf das Schiedsverfahren verwiesen, und das Verfahren für die anderen Parteien ausgesetzt[1074]. Der Zweck des Art. 8 ModG bestehe nach Auffassung des Gerichts darin, die Durchsetzbarkeit von Schiedsvereinbarungen zu garantieren. Die Verbindung aller Verfahren zu einem einzigen Gerichtsverfahren würde diesem Zweck jedoch widersprechen. Vielmehr sollten sich diejenigen Parteien, die eine Schiedsvereinbarung abgeschlossen hätten, auch auf diese berufen können.

Dagegen sah das erstinstanzliche Gericht in *Kaverit Steel* v. *Kone*[1075] die Gefahr überlappender Verfahren und konkurrierender Entscheidungen als zu groß an, um nur einen Teil der Parteien auf das Schiedsverfahren zu verweisen. Ebensowenig sei es aber möglich, diejenigen Parteien, die keine Schiedsvereinbarung abgeschlossen hätten, dazu zu zwingen, ein Schiedsverfahren durchzuführen. Deshalb müßten alle Fragen im ordentlichen Verfahren entschieden werden, wenn nur einige der Parteien eine Schiedsvereinbarung abgeschlossen hätten. Diese Entscheidung wurde aber vom *Court of Appeal* in Alberta aufgehoben[1076]. Ebensowenig wie man eine Partei zur Durchführung eines Schiedsverfahrens zwingen könne, könne man aber eine Partei, die eine Schiedsvereinbarung abgeschlossen habe, zur Durchführung eines Verfahrens im Rahmen der ordentlichen Gerichtsbarkeit zwingen. Vielmehr müsse ein Kompromiß gefunden werden, bei

1073 (1988), 41 B.L.R. 295 (Ont. H.C.J.).
1074 A.a.O, S. 302 ff.
1075 *Kaverit Steel & Crane Ltd.* v. *Kone Corp. et al.*, 119 A.R. 194; [1991] A.W.L.D. 460; [1992] 3 W.W.R. 716.
1076 [1992] 3 W.W.R. 716.

dem man den Rechten der Parteien gerecht werde, ohne die Gefahr konkurrierender Verfahren heraufzubeschwören. Der *Court of Appeal* verwies deshalb die Parteien, zwischen denen eine Schiedsvereinbarung bestand, auf das Schiedsverfahren, während die Verfahren der anderen Parteien, ausgesetzt wurden.

Die erwähnten Entscheidungen entsprechen der überwiegenden Meinung in der Literatur zur internationalen Schiedsgerichtsbarkeit, derzufolge Schiedsvereinbarungen weitestgehend zu respektieren sind. Auch in der kanadischen und englischen Rechtsprechung ist es ein genereller Grundsatz, daß es den Parteien nicht verwehrt werden darf, sich auf ihre Schiedsvereinbarung zu berufen. Das muß auch gelten, wenn von mehreren Parteien und hinsichtlich mehrerer Streitgegenstände nur einige eine Schiedsvereinbarung abgeschlossen haben. Der Zusammenhang, der regelmäßig zwischen diesen Ansprüchen besteht, darf nicht dazu führen, Parteien die Berufung auf ihre Schiedsvereinbarung zu versagen[1077]. Vielmehr ist der Wortlaut des Art. 8 ModG, sowohl dem reinen Wortsinn als auch dem Ziel des ModG zufolge, klar und eindeutig im Sinne einer Verweisung der betreffenden Parteien an die Schiedsgerichtsbarkeit auszulegen[1078]. Allerdings besteht in dieser Situation die Gefahr konkurrierender Entscheidungen.

Um diese Gefahr zu vermeiden, wurde in *BWV Investments* v. *Saskfero Products*[1079] entschieden, daß gerichtliche Verfahren über Ansprüche von Parteien, die nicht selbst Partei der Schiedsvereinbarung sind, ausgesetzt werden sollen, soweit die von ihnen geltend gemachten Ansprüche im Zusammenhang mit dem Schiedsverfahren stehen. Dadurch würden konkurrierende Verfahren vermieden und die Parteien könnten so gegebenenfalls von Ergebnissen des Schiedsverfahrens profitieren[1080].

Diese Einstellung wird auch der amerikanischen Rechtsprechung vertreten. In *Scherk* v. *Alberto-Culver*[1081] wurde ausgeführt, daß bei modernen Wirtschaftsverträgen regelmäßig mehrere Parteien auf der Grundlage verschiedener Verträge involviert seien. Es wäre unvertretbar, wenn ein Schiedsverfahren in einem solchen Fall nie stattfinden könnte.

1077 *The City of Prince George* v. *A.L. Sims & Sons Ltd.* (C.A.), [1995] W.W.R. 503, CLOUT Case 179; *Kvaerner Enviropower Inc.* v. *Tanar Industries Ltd.*, [1994] 9 W.W.R. 228 (229), CLOUT Case 112; *Roussel-Uclaf* v. *G.D. Searle & Co.*, [1978] 1 Lloyd's Rep. 225 (Ch. D.).

1078 *Nanisivik*, F.C.A., Mahoney J.: „Shall" clearly means „must" not „may".

1079 *BWV Investments Ltd.* v. *Saskfero Products Inc.*, [1995] 2 W.W.R. 1 (2) (C.A.), CLOUT Case 116.

1080 A.a.O., S. 22.

1081 417 U.S. 506 (1974), S. 516.

3. Haftung des Schiedsrichters

Obwohl die Haftung des Schiedsrichters in den meisten Gesetzen nicht geregelt ist, sind einige generelle Verhaltenspflichten des Schiedsrichters auch ohne gesetzliche Fixierung allgemein anerkannt. Hierbei geht es hauptsächlich um die Pflicht zur Offenlegung von Interessenkonflikten vor und während des Verfahrens, um die zügige und faire Durchführung des Verfahrens sowie um die Pflicht zur Mitwirkung und zum Erlaß des Schiedsspruchs.

Um so unverständlicher ist die vom *Supreme Court* in Minnesota in dem Fall *L and H Airco* v. *Rapistan Corp.*[1082] getroffene Entscheidung. Obwohl der Schiedsspruch wegen der Verletzung der Offenbarungspflicht durch den Schiedsrichter vor dem Gericht in erster Instanz aufgehoben worden war, gab der *Supreme Court* dem in einem Folgeprozeß gegen den Schiedsrichter geltend gemachten Anspruch auf Schadensersatz nicht statt. Er begründete dies damit, daß die Haftungsimmunität des Schiedsrichters auch die Nicht-Offenlegung von geschäftlichen oder sozialen Kontakten mit einer der Parteien umfassen müsse[1083]. Derartige Entscheidungen verhindern sowohl die Entwicklung eines Verhaltenskodex für Schiedsrichter, als auch die gerechtfertigte Möglichkeit, für schiedsrichterliches Fehlverhalten Ersatz zu erlangen. Damit wird dem erklärten Ziel der Schiedsfreundlichkeit[1084] entgegengewirkt, da die Parteien durch diese Recht-sprechung davon abgehalten werden, ein Schiedsverfahren durchzuführen[1085].

Doch auch im amerikanischen Rechtskreis gibt es Entscheidungen, in denen der Schiedsrichter für sein Fehlverhalten haftbar gemacht wird. So verurteilte das Gericht den Schiedsrichter in *Baar* v. *Tigerman*[1086] zu $US 148.000 Schadensersatz und $US 1.000.000 Strafschadensersatz, weil er den Schiedsspruch, den er 30 Tage nach Abschluß des Verfahrens erlassen sollte, sieben Monate später noch nicht erlassen hatte. Ebenso gab das Gericht in *E. C. Ernst* v. *Manhattan Construction*[1087] einer Klage gegen den Schiedsrichter statt, weil er keinen Schiedsspruch erlassen hatte. In beiden Entscheidungen beriefen sich die Gerichte auf die vertraglich festgelegte Pflicht der Schiedsrichter, eine Entscheidung in der vorgegebenen Frist zu erlassen. Diese Pflicht unterliege auch nicht der richterlichen Haftungsimmunität.

1082 446 N.W. 2d 372.

1083 A.a.O., S. 377.

1084 A.a.O., S. 377: „[...] we decline to permit a civil suit against the arbitrator for failure to disclose prior business or social contacts because of our policy of encouraging arbitration and of protecting the independence of the decision made.“

1085 Hausmaninger, JIA 1990 (7/4), 7 (29 f.).

1086 Vgl. Fn. 626.

1087 551 F.2d 1026.

Allerdings sind die Befürworter einer solchen Haftung des Schiedsrichters in den Vereinigten Staaten immer noch in der Minderheit. So rief die Entscheidung *Baar* v. *Tigerman* starke Kritik in der Literatur[1088] hervor, die schließlich in Kalifornien zu einer Gesetzesänderung führte, um den Schiedsrichter in Zukunft vor derartigen „richterlichen Exzessen" zu bewahren[1089]. In krassem Gegensatz dazu, stehen die Vorschläge einiger Autoren, daß der Schiedsrichter bei mangelnder Offenlegung seine Ablehnung begründender Fakten den Anspruch auf Bezahlung verlieren soll, bzw. zur Rückerstattung bereits erhaltener Vergütungen verpflichtet sein soll[1090]. Außerdem wird vorgeschlagen, den Schiedsrichter für alle Kosten, die nicht entstanden wären, wenn er den Interessenkonflikt offenbart hätte, haftbar zu machen. Diese Position ist vertretbar und gerechtfertigt, da es sich bei der Offenlegungspflicht des Schiedsrichters ja eben nicht um ein Verhalten handelt, das im Sinne der ungestörten Rechtsfindung durch Haftungsimmunität zu schützen ist.

4. Anpassungsrecht des Schiedsrichters

In *Onex Corp.* v. *Ball Corp.*[1091] stellte sich die Frage, ob das Schiedsgericht das Recht hat, den zwischen den Parteien getroffenen Hauptvertrag zu korrigieren bzw. über einen Antrag auf Korrektur zu entscheiden. Im Rahmen des zwischen den Parteien geschlossenen *Joint Venture* Vertrags entstand Streit über die Auslegung oder Gültigkeit einer Verkaufsoptionsklausel. Während die Beklagte behauptete, daß diese Klausel mittlerweile ungültig geworden sei, bestand die Klägerin darauf, daß es sich um ein Redaktionsversehen bei der Abfassung des Vertrags handeln würde. Der *Ontario Court of Justice* führte aus, daß die Korrektur des Hauptvertrages keine dem Schiedsrichteramt innewohnende Befugnis sei. Vielmehr hänge es von der Formulierung der Schiedsvereinbarung ab, ob eine solche Befugnis bestehe. Dies sei z.B. dann der Fall, wenn die Parteien vereinbart hätten, daß „alle Streitigkeiten in Verbindung mit dem in Frage stehenden Vertrag[1092]„ oder in „bezug auf den Vertrag oder die Vertragsbedingungen[1093]"
im Wege des Schiedsverfahrens beizulegen seien. Vorliegend gehe aus der For-

1088 Hoellering, Arb. & the L. 99 (1983), 104 ff.

1089 Cal. CCP § 1280.1.

1090 Olesen, Cal. Western L.R. 1985, 564 (588); Mustill/Boyd, S. 230.

1091 1994, unveröffentlicht, CLOUT Case 69.

1092 *Ontario Hydro* v. *Denison Mines Ltd.*, unveröffentlicht, 3.6.1992, [1993] O.J. No. 2948 (Gen. Div).

1093 *Macdonald* v. *U.A., Local 488* (1988), 58 Alt. L.R. (2d) 179, [1988] W.W.R. 92, 88 A.R. 316 (C.A.), 95 f.

mulierung klar der Wille der Parteien hervor, alle Streitigkeiten im Wege des Schiedsverfahrens beizulegen. Um dieses Ziel zu erreichen, müsse der Schiedsrichter deshalb auch zur Anpassung einer Vertragsklausel berechtigt sein, wenn diese ihre Berechtigung verloren habe. Der Richter verwies die Parteien deshalb auf das Schiedsverfahren.

Zwischenergebnis

Die Rechtsprechungsanalyse macht deutlich, daß trotz unterschiedlicher nationaler gesetzlicher Regelungen, eine der schiedsfreundlichen Einstellung des ModG entsprechende Auslegung und Anwendung durch die Rechtsprechung erfolgt. Viele der Wertungen, die das ModG durch eine Vereinheitlichung der Gesetze erreichen wollte, wurden von der nationalen Rechtsprechung der einzelnen Staaten aufgegriffen. Besonders deutlich wird dies an der von allen gleichmäßig betonten Bedeutung der Parteiautonomie und der Begrenzung der gerichtlichen Interventionsmöglichkeiten, die sich wie ein roter Faden durch die Fallanalyse ziehen. Auch die Tendenz, die Verrechtlichung des Schiedsverfahrens zu reduzieren, ist auf den Einfluß des ModG zurückzuführen. Das Bedürfnis, dilatorischen Prozeßtaktiken entgegenzuwirken und wieder verstärkt den Grundgedanken der Fairneß zu berücksichtigen, spiegelt sich z.B. in der häufigen Berufung auf den Verlust des Rügerechts und in dessen Normierung wider. Auch an den vom ModG nicht geregelten Problembereichen wird deutlich, wie groß der Einfluß der Wertungen des ModG auf die einzelnen nationalen Rechtsprechungen ist. Die Bewertung der in diesem Bereich auftretenden Fragen erfolgt ganz im Sinne einer schiedsfreundlichen Einstellung, die das Schiedsverfahren als dem Gerichtsverfahren gleichwertig anerkennt.

Zusammenfassung und Ausblick

Als Ergebnis der Analyse der nationalen Reformen kann zunächst festgehalten werden, daß die Vereinheitlichung der nationalen Schiedsverfahrensgesetze nicht in dem von den Vereinten Nationen angestrebten Maße stattgefunden hat.

Diese Aussage darf nicht darüber hinwegtäuschen, daß das ModG mittlerweile von vielen Staaten übernommen wurde. Zwar fanden die Umsetzungen selten ohne Abänderung der Vorschriften statt (insbesondere im Hinblick auf den speziellen Ansatz und das Unterschriftserfordernis). Dies war aber aufgrund der als Vereinheitlichungsgrundlage gewählten Form eines Modellgesetzes vorauszusehen. Dieser Erfolg des ModG wird aber dadurch zum Teilerfolg, daß insbesondere Staaten wie England, Frankreich und die Schweiz, in denen die meisten internationalen Schiedsverfahren durchgeführt werden, und die über ein gut funktionierendes und effektives Schiedsverfahrensgesetz verfügen, die Übernahme des ModG abgelehnt haben. Anstelle sich dem „kleinsten gemeinsamen Nenner" aller Schiedsverfahrensgesetze anzupassen haben sie es vorgezogen, ihre bewährten Gesetze beizubehalten. Hinter dieser Entscheidung stand vor allem der Wettbewerbsgedanke und der Wille, sich auch weiterhin durch besonders liberale oder traditionelle Regelungen (z.B. die Anknüpfungsmethode der *voie directe* in Frankreich, die gesetzliche Festlegung der subjektiven Schiedsfähigkeit von Staaten und staatlichen Organisationen in der Schweiz oder die Möglichkeit der Überprüfung einer Rechtsfrage in England) von anderen Staaten abzuheben.

Auch in den vom ModG nicht geregelten Bereichen hat der Vergleich der Reformen deutlich gemacht, daß weiterhin große Unterschiede bei den einzelnen Rechtsvorschriften bestehen, die eine bewußte Wahl des Schiedsortes erforderlich machen, wenn man nicht mit unliebsamen und überraschenden Vorschriften konfrontiert werden will. Insgesamt kann also festgestellt werden, daß das Ziel der Vereinten Nationen, die Bedeutung der Wahl des Schiedsortes durch die Vereinheitlichung des Schiedsverfahrensrechts zu verringern, nur teilweise erreicht worden ist.

Dagegen macht das Ergebnis der Rechtsprechungsanalyse eine andere Tendenz deutlich. Die Rechtsprechungsanalyse zeigt auf, daß die schiedsfreundliche Einstellung des ModG und die hinter diesem Gesetzeswerk stehenden Grundsätze mittlerweile überall anerkannt sind. So ziehen sich die Stärkung der Parteiautonomie, die Verringerung der Interventionsmöglichkeiten der staatlichen Gerichte und die Anerkennung der Schiedsgerichtsbarkeit als ein der staatlichen Gerichtsbarkeit gleichwertiges Rechtsschutzverfahren als Leitmotive durch alle Reformen. Das gilt auch für die Staaten, die das ModG nicht übernommen haben. Weniger als die Übernahme identischer Rechtsvorschriften hat das ModG also eher die Verbreitung und Akzeptanz allgemeiner Rechtsgrundsätze und einheitlicher Wertungen erreicht. Ein Erfolg, der mindestens genauso wertvoll ist, wie die angestrebte Vereinheitlichung der Rechtsvorschriften, da die Vorhersehbarkeit des Verfahrens von der Auslegung und Anwendung der Vorschriften durch die Rechtsprechung abhängt.

Als Beispiel für eine gelungene Übernahme des ModG kann Deutschland dienen. Ohne die kritisierten Vorschriften des ModG zu übernehmen, hat es dessen Aufbau und Struktur so weit beibehalten, daß der Wiedererkennungswert für ausländische Anwender garantiert ist. Nationale Besonderheiten wurden nur weitergeführt, sofern sie als dem Schiedsverfahren förderlich angesehen wurden (z.B. die Entscheidung durch Endurteil bei wirksamer Schiedseinrede, § 1032 Abs.1 ZPO). Durch den Vergleich mit anderen Rechtsordnungen und die Übernahme von Lösungen, die sich auf internationaler Ebene bewährt haben bzw. zukunftsorientiert sind, hat sich das neue deutsche Schiedsverfahrensrecht schon kurz nach seinem Erlaß in das System der internationalen Schiedsgerichtsbarkeit eingefügt. Dies wurde auch dadurch erleichtert, daß mit der Übernahme des ModG größtenteils die schon existierende deutsche Rechtsprechung (Erweiterung der Schiedsfähigkeit, Grundsatz der Unabhängigkeit, § 1040 Abs.1 Satz 2 ZPO) in Gesetzesform gegossen wurde. Damit ist gleichzeitig eine hohe Gewähr für die Vorhersehbarkeit zukünftiger Entscheidungen gewährleistet, was die ersten Entscheidungen auf der Grundlage des neuen Rechts auch beweisen.

Durch den Erlaß eines ModG anstelle einer Konvention, hat die Kommission die Anerkennung weltweit einheitlicher Standards erreicht, und so die Grundlage für eine weitergehende Vereinheitlichung des Schiedsverfahrensrechts geschaffen. Auch wenn eine bis in alle Einzelheiten gehende Vereinheitlichung der Vorschriften sogar als wettbewerbshindernd und nicht erstrebenswert angesehen wird, da sie dem Wesen des Schiedsverfahrens und dessen Bedarf nach Flexibilität widerspricht[1094], so kann doch über weitere Maßnahmen zur Harmonisierung dieses Rechtsgebietes nachgedacht werden. An erster Stelle wäre hier an die Einrichtung einer zentralen Gerichtsinstanz zu denken. Die Einrichtung eines internationalen Schiedsgerichtshofs, nach dem Vorbild z.B. des internationalen Seegerichtshofes, steht indes wohl noch in weiter Ferne und ist als eher unwahrscheinlich anzusehen. Zumindest die jeweiligen nationalen Rechtsordnungen könnten sich aber Gedanken über eine zentrale Gerichtsinstanz machen. In Deutschland wurden schon 1987 konkrete und realisierbare Pläne für eine solche

1094 Gaillard, FILJ, 1987 (2), 424 (438).

Einrichtung vorgestellt, die aufgrund widriger äußerer Umstände und der üblichen politischen Eitelkeiten bis heute relativ unbeachtet blieben[1095]. Es wäre allerdings bedauernswert und der Position Deutschlands als Schiedsplatz für internationale Verfahren abträglich, wenn diese Idee im Sande verlaufen würde.

Auch bei der Schaffung einheitlicher Verfahrensregeln und –grundsätze, die trotz der Unterschiede der verschiedenen Rechtssysteme überall Anwendung finden können, sind in der aktuellen Schiedspraxis große Fortschritte zu beobachten[1096]. So verlieren etwa im Beweisverfahren, das je nach System traditionell große Unterschiede beinhaltet, die Begriffe „inquisitorisch" und „kontradiktorisch" im Rahmen von internationalen Schiedsverfahren mehr und mehr an Bedeutung[1097]. Diese Annäherung beruht aber nicht nur auf einer immer weitergehenden Vereinheitlichung der Verfahrensregeln, z.B. der einzelnen Schiedsgerichtsinstitutionen, sondern auch auf einer Synthese der verschiedenen Verfahrensphilosophien, die im Laufe der Jahre aufgrund von Erfahrungen der Praxis entwickelt wurde[1098]. Dabei wird das inquisitorische System zivilrechtlicher Rechtsordnungen regelmäßig bevorzugt, was sich wohl damit begründen läßt, daß sich ein Schiedsrichter ungern mit der dem *common law*-Richter zugeschriebenen passiven Rolle abfinden mag. Auch in diesem Bereich hat das ModG durch die Festschreibung allgemein anerkannter Verfahrensregeln eine Grundlage für die Vereinheitlichung geleistet.

Eine Änderung des UN-Übereinkommens von 1958 zur Anpassung an die modernen Gegebenheiten der Schiedsgerichtsbarkeit wird einhellig abgelehnt. Zu überlegen wäre aber, ob nicht dem Beispiel des UN-Übereinkommens entsprechend, Konventionen zu einzelnen Bereichen des Schiedsverfahrensrechts, etwa zum Beweisverfahren oder zur Mehrparteienschiedsgerichtsbarkeit erlassen werden könnten. Bei allen Vereinheitlichungsversuchen im Rahmen der internationalen Schiedsgerichtsbarkeit sollte aber beachtet werden, daß die Grundvoraussetzung für die Harmonisierung einzelner Rechtsinstitute die Überwindung der Divergenzen in den verschiedenen Rechtskulturen ist.

1095 vgl. Schumann, RIW 1987, 415 ff.; ders. RIW 1993, 701 f.

1096 Vgl. auch Kerr, AI 1997 (13/2), 121 (125f.).

1097 Vgl. hierzu die *Supplementary Rules governing the presentation and reception of evidence in international commercial arbitration, adopted by the Council of the International Bar Association on 28th May 1983*, vgl. Rev. arb. 1986, 655.

1098 Kerr, AI 1997 (13/2), 121 (126); Söderlund, BB 1997, Beil. 13, S. 20.

Literaturverzeichnis

Aboul-Enein, M.I.M.: Reflections on the New Egyptian Law on Arbitration, AI 1995 (11/1), 75.

Aden, Menno: Rechtswahl und Schiedsklausel im Verbraucherschutz – Zugleich Anmerkung zu OLG Düsseldorf vom 8.3.1996 – 17 U 179/95, RIW 1996, 681 ff., RIW 1997, 723.

Aden, Menno: Auf dem Weg zu einer internationalen Kultur der Handelsschiedsgerichtsbarkeit – Towards an International Arbitration Culture, Bericht über den Kongreß des International Council for Commercial Arbitration, (ICCA) in Seoul, Korea, vom 10. –12.10.1996, NJW 1997, 1493.

Aden, Menno: Gewährung rechtlichen Gehörs im Schiedsgerichtsverfahren?, NJW 1993, 1964

Aden, Menno: Der einstweilige Rechtsschutz im Schiedsgerichtsverfahren, BB 1985, 2277.

Barber, Horst: Objektive Schiedsfähigkeit und *ordre public* in der internationalen Schiedsgerichtsbarkeit Dissertation Universität Münster 1994, Frankfurt a.M., Berlin 1994 (zit.: Barber, S.).

Basedow, Jürgen: Vertragsstatut und Arbitrage nach neuem IPR in: Jahrbuch für die Praxis der Schiedsgerichtsbarkeit, Band 1 (1987), Ottoarndt Glossner (Hrsg.), Heidelberg, 1988, S. 3 (zit.: Basedow, JPS 1987, 3).

Batifol, H: Arbitration Clauses Concluded between French Government-Owned Enterprises and Foreign Private Parties, Colum. J. Transnat'l L. 1968 (8), 32.

Bellet, Pierre: Anmerkung zu KFTCIC c/ Icori Estero, Cour d'Appel de Paris (1re Ch. suppl.), 28.6.1991, Rev. arb. 1992, 572.

Bellet, Pierre: Le symposium international de Varsovie sur l'arbitrage international dans les litiges commerciaux multilatéraux, Rev. arb. 1981, 50.

Berg, Albert Jan van den: Auswirkungen aus das schiedsgerichtliche Verfahren und die Vollstreckung von Schiedssprüchen, Vortrag auf dem Kolloquium der Deutschen Institution für Schiedsgerichtsbarkeit in Köln, 23.4.1996 (zit.: DIS-Kolloquium in Köln, 1996).

Berg, Albert Jan van den: New York Convention of 1958 - Consolidated Commentary YB XII (1994), 483.

Berg, Albert Jan van den: Non-domestical arbitral awards under the 1958 New York Convention, AI 1986, 191.

Berger, Klaus-Peter: Das neue deutsche Schiedsverfahrensrecht, DZWir 1998, 45.

Berger, Klaus-Peter: Aufgaben und Grenzen der Parteiautonomie in der internationalen Wirtschaftsschiedsgerichtsbarkeit, RIW 1994, 12.

Berger, Klaus-Peter: Anmerkung zu BGH, Urt. v. 3.12.1992, DZWir 1993, 466.

Berger, Klaus-Peter: „Sitz des Schiedsgerichts" oder „Sitz des Schiedsverfahrens"?, RIW 1993, 8.

Berger, Klaus-Peter: Schiedsrichterbestellung in Mehrparteienschiedsverfahren – Der Fall „Dutco Construction" vor französischen Gerichten, RIW 1993, 702.

Berger, Klaus-Peter: Lex mercatoria in der internationalen Wirtschaftsschiedsgerichtsbarkeit: Der Fall „Compania Valenciana", IPRax 1993, 281.

Berger, Klaus-Peter: The International Arbitrator's Application of Precedents, JIA 1992 (9/4), 5.

Berger, Klaus Peter: Das neue Recht der Schiedsgerichtsbarkeit - The New German Arbitration Law, Köln 1998 (zit.: Berger, Deutsches Schiedsrecht, S.).

Berger, Klaus Peter: Formalisierte oder schleichende Kodifizierung des transnationalen Wirtschaftsrechts – Zu den methodischen und praktischen Grundlagen der lex mercatoria, Berlin, New York 1996 (zit.: Berger, Kodifizierung, S.).

Berger, Klaus Peter: Internationale Wirtschaftsschiedsgerichtsbarkeit – Verfahrens- und materiellrechtliche Grundprobleme im Spiegel moderner Schiedsgesetze und Schiedspraxis Berlin, New York 1992 (zit.: Berger, Wirtschaftsschiedsgerichtsbarkeit, S.).

Bericht mit einem Diskussionsentwurf zur Neufassung des Zehnten Buches der ZPO, Kommission zur Neuordnung des Schiedsverfahrensrechts, Februar 1994 (zit.: Bericht zum Schiedsverfahrensrecht, 1994).

Bernini, Giorgio: Italy, in: International Handbook on Commercial Arbitration National Reports, Basic Legal Texts, Volume II, Pieter Sanders und Albert Jan van den Berg (Hrsg.), Den Haag, London, Boston, 1998 (zit.: Bernini, ICCA-Handbook II, S.).

Besson, Sébastien: Arbitrage international et mesures provisoires – Étude de droit comparé, Zürich 1998 (zit.: Besson, Nr.).

Beucher, Klaus: Punitive Damages und Rechtsstaatsprinzip, RIW 1992, 893.

Biukovic, Ljiljana: Impact of the Adoption of the Model Law in Canada: Creating a new environment for international arbitration, C.B.L.J. 1998 (30/3), 376.

Blessing, Marc. Das neue internationale Schiedsgerichtsrecht in der Schweiz – Ein Fortschritt oder ein Rückschritt? in: Die internationale Schiedsgerichtsbarkeit in der Schweiz (II) – Das neue Recht ab 01.01.1989, Karl-Heinz Böckstiegel (Hrsg.), Köln 1989, S. 13 (zit.: Blessing, Schweiz (II), S.).

Böckstiegel, Karl-Heinz: Einführung zum neuen Recht der Schiedsgerichtsbarkeit in Deutschland in: DIS-Materialien, Neues Deutsches Schiedsverfahrensrecht, Neue DIS-Schiedsgerichtsordnung, DIS-MAT IV (1998), Bonn 1998, S. 1 (zit.: Böckstiegel, DIS-MAT IV (1998), S.).

Böckstiegel, Karl-Heinz: Germany in: International Handbook on Commercial Arbitration National Reports, Basic Legal Texts, Volume II, Pieter Sanders und Albert Jan van den Berg (Hrsg.), Den Haag, London, Boston, 1998 (zit.:Böckstiegel, ICCA-Handbook II, S.).

Böckstiegel, Karl-Heinz: Schlichten statt Richten – Möglichkeiten und Wege außergerichtlicher Streitbeilegung, DRiZ 1996, 267.

Böckstiegel, Karl-Heinz: The Problems Facing Arbitration in the European Union, Arbitration 1995 (61/3), 191.

Böckstiegel, Karl-Heinz: Schiedsgerichtsbarkeit im wiedervereinigten Deutschland, BB 1992, Beil.15, S. 4.

Böckstiegel, Karl-Heinz: States in the International Arbitration Process, AI 1986 (2/1), 22.

Böckstiegel, Karl-Heinz: ICC-Schiedsgerichtsbarkeit aus der Sicht einer Partei in: Recht und Praxis der Schiedsgerichtsbarkeit der Internationalen Handelskammer, Karl-Heinz Böckstiegel (Hrsg.), Köln 1986, S. 75 (zit.: Böckstiegel, Recht und Praxis, S.).

Böckstiegel, Karl-Heinz: Das UNCITRAL-Modell-Gesetz für die internationale Wirtschaftsschiedsgerichtsbarkeit, RIW 1984, 670.

Böckstiegel, Karl-Heinz: Abschluß von Schiedsverträgen durch konkludentes Handeln oder Stillschweigen in: Festschrift für Arthur Bülow zum 80. Geburtstag, Köln 1981, S. 1 (zit.: Bückstiegel, FS Bülow, S.).

Böckstiegel, Karl-Heinz: Besondere Probleme der Schiedsgerichtsbarkeit zwischen Privaten und ausländischen Staaten oder Staatsunternehmen, NJW 1975, 1577.

Böckstiegel, Karl-Heinz: Arbitration and State Enterprises: Survey on the National and International State of Law and Practice Deventer 1984 (zit.: Böckstiegel, Arbitration and State Enterprises, S.).

Boele-Woelki, Katharina: Die Anwendung der UNIDROIT-Principles auf *internationale* Handelsverträge, IPRax 1997, 161.

Bonell, Michael Joachim: Das UNIDROIT-Projekt für die Ausarbeitung von Regeln für internationale Handelsverträge, RabelsZ 56 (1992), 274.

Bork, Reinhard: Internationale Schiedsgerichtsbarkeit in Deutschland in: Arbitrage International – International Arbitration, Generalbericht und Nationalberichte, Bielefeld 1997, S. 283 (zit.: Bork, Nationalbericht Deutschland, Nr.).

Bork, Reinhard: Zur Schiedsfähigkeit von Beschlußmängelstreitigkeiten BGH, Urt. v. 29. März 1996 – II ZR 124/95, ZHR 160 (1996), 374.

Bork, Reinhard: Der Begriff der objektiven Schiedsfähigkeit (§ 1025 Abs.1 ZPO), ZZP 100 (1987), 249.

Bowen, Andrew: The Civil Procedure Rules 1998: The Overriding Objective, SLT 1999, 97.

Bredow, Günther M.: Die Zukunft der Schiedsklausel für GmbH-Beschlußmängelklagen – Anmerkungen zum BGH-Urteil v. 29.3.1996, II ZR 124/95, DStR 1996, 1653.

Briner, Robert: Switzerland, YB XIV (1989), 1.

Brown, Henry J./ Marriott, Arthur L.: ADR Principles and Practice London, 1993 (zit.: Brown & Marriott, S.).

Bucher, Andreas: Die neue internationale Schiedsgerichtsbarkeit in der Schweiz Basel, Frankfurt a.M., 1989 (zit.: Bucher, Rn.).

Budin, Roger: La nouvelle loi suisse sur l'arbitrage international, Rev. arb. 1988, 51.

Bühler, Michael: Staatsgerichtliche Aufhebungskontrolle am Schiedsort? Zur Reform Belgiens, IPRax 1987, 253.

Bühler, Michael/ Waitz von Eschen, Friedrich: Frankreich: Teilweise Aufhebung eines internationalen Schiedsspruchs mangels Begründung, IPRax 1990, 62.

Bülow, Arthur/ Böckstiegel, Karl-Heinz/Geimer, Reinhold/Schütze, Rolf A.: Der internationale Rechtsverkehr in Zivil- und Handelssachen – Quellensammlung mit Erläuterungen, Band II München, Stand 1.12.1997, 20. Ergänzungslieferung (zit.: Bülow/Böckstiegel II, Teil, S.).

Calavros, Constantin: Das UNCITRAL-Modellgesetz über die internationale Handelsschiedsgerichtsbarkeit, Dissertation, Bielefeld 1988 (zit.: Calavros, S.).

Carmona, Carlos Alberto: Arbitrato Internazionale in Brasile in: Arbitrage International – International Arbitration, Generalbericht und Nationalberichte, Bielefeld 1997, S. 211 (zit.: Carmona, Nationalbericht Brasilien, Nr.).

Craig, Laurence: Some Trends and Developments in The Laws and Practice of International Commercial Arbitration, Texas Int'l. L.J. 30 (1995), 1.

Craig, W. Laurence/Park, William/Paulsson, Jan: International Chamber of Commerce Arbitration New York, London, Rom 2. Aufl. 1994 (reprint) (zit.: Craig/Park/Paulsson, S.).

Cullinan, Tom: Contracting for an Expanded Scope of Judicial Review in Arbitration Agreements, Vand. L. Rev. 51 (1998), 395.

David, René: Le Droit du Commerce International: Une Nouvelle Tache pour les Législateurs Nationaux ou une Nouvelle „Lex Mercatoria"? in: UNIDROIT (Hrsg.), New Directions on International Trade Law, 2 Bände, New York 1977, S. 5 ff. (zit.: David, S.).

Davidson, Fraser P.: International Commercial Arbitration, Scotland and the UNCITRAL Model Law Edinburgh 1991 (zit.: Davidson, S.).

De la Houssaye, Isabel: Manifest disregard of the Law in International Arbitration Colum. J. Transnat'l L. 1982/1983 (28), 449.

Delaume, Georges: The Finality of Arbitration Involving States: Recent Developments, AI 1989 (5/1), 21.

de Ly, Filip: International Arbitration – The Netherlands in: Arbitrage International – International Arbitration, Generalbericht und Nationalberichte, Peter Gottwald (Hrsg.), Bielefeld 1997, S. 667 (zit.: De Ly, Nr.).

de Ly, Filip: The place of arbitration in the conflict of laws of international commercial arbitration: an exercise in arbitration planning in: The Place of Arbitration, Third International Symposium on the Law of International Commercial Arbitration, Storme, Marcel und De Ly, Filip (Hrsg.), Gent, 30-31 may 1991, Institute of National and International Arbitration Law, Gent 1992 (zit.: De Ly in Storme/De Ly, S.).

Derains, Yves/Schwartz, Eric A.: A Guide to the New ICC Rules of Arbitration, The Hague, 1998 (zit.: Derains/Schwartz; S.).

Domke, Martin: Die Haftpflicht des Schiedsrichters in rechtsvergleichender Sicht in: Festschrift für Martin Luther zum 70. Geburtstag, München 1976, S. 39 (zit.: Domke, FS Luther, S.).

Dreher, Meinrad: Der Verbraucher – Das Phantom in den opera des europäischen und deutschen Rechts?, JZ 1997, 167.

Drobnig, Ulrich: The UNIDROIT Principles in the Conflict of Laws, ULR/RDU 1998, 385.

Drolshammer, Jens/ Schärer, Heinz: Die Verletzung des materiellen *ordre public* als Verweigerungsgrund bei der Vollstreckung eines US-amerikanischen „punitive damages-Urteils" (Urteilsanmerkung), SJZ 1986, 309.

Drucksache 13/9124 Beschlußempfehlung und Bericht des Rechtsausschusses (6.Ausschuß) zu dem Gesetzentwurf der Bundesregierung (zit.: BT-Drucks. 13/9124).

Drucksache 13/5274 Gesetzentwurf der Bundesregierung vom 12.07.1996, Entwurf eines Gesetzes zur Neuregelung des Schiedsverfahrensrechts (Schiedsverfahrens-Neuregelungsgesetz) (zit.: BT-Drucks. 13/5274, S.).

Dubarry, Jean-Claude/ Loquin, Eric: Chroniques de législation et de jurisprudence francaise Droit de la consommation et arbitrage international, RTD com. 1995 (48), 401.

Ebbing, Frank: Schiedsvereinbarungen in Gesellschaftsverträgen, NZG 1998 (8), 281.

El-Kosheri, Ahmed S.: Egypt in: International Handbook on Commercial Arbitration National Reports, Basic Legal Texts, Vol. II, Pieter Sanders und Albert Jan van den Berg (Hrsg.), Den Haag, London, Boston, 1998 (zit.: El-Kosheri, ICCA-Handbook II, S.).

Final Report on the Status of the Arbitrator ICC-Bulletin 1996 (7/1), 27.

Fouchard, Philip: International Arbitration in France in: Arbitrage International – International Arbitration, Generalbericht und Nationalberichte, Peter Gottwald (Hrsg.), Bielefeld 1997, S.365 (zit.: Fouchard, Nr.).

Fouchard, Philip: Le statut de l'arbitre dans la jurisprudence française, Rev. arb. 1996, 325.

Fouchard, Philip: Où va l'arbitrage international ?, McGill L.J. 34 (1989), 435.

Fouchard, Philip: La loi-type de la C.N.U.D.C.I. sur l'arbitrage commercial international, Clunet 114 (1987), 861.

Fouchard, Philip: La spécificité de l'arbitrage international, Rev. arb. 1981, 449.

Fouchard, Philippe : L'arbitrage commercial international, Paris, 1965.

Fouchard, Philippe/Gaillard, Emmannuel/Goldman, Berthold: Traité de l'arbitrage commercial international, Paris 1996 (zit.: Fouchard/Gaillard/ Goldman, Nr.).

Fröhlingsdorf, Josef: Das neue spanische Gesetz über Schiedsgerichtsbarkeit, RIW 1989, 686.

Gaillard, Emmanuel: Les manœuvres dilatoires des parties et des arbitres dans l'arbitrage commercial international, Rev. arb. 1991, 759.

Gaillard, Emmanuel: L'interdiction de se contredire au détriment d'autrui comme principe général du droit du commerce international (le principe de l'estoppel dans quelques sentences arbitrales récentes), Rev. arb. 1985, 241.

Gaillard, Emmanuel: The UNCITRAL Model Law and Recent Statutes on International Arbitration in Europe and North America, FILJ 1987 (2), 424.

Gaja, G. International Commercial Arbitration, New York Convention, Travaux Préparatoires, Gaja (Hrsg.), New York, 1978 (zit.: Gaja).

Gharavi, Hamid G.: The 1997 Iranian International Commercial Arbitration Law: The UNCITRAL Model Law, AI 1999 (15/1), 85.

Glossner, Ottoarndt: Eine zentrale Gerichtsinstanz für internationale Schiedsverfahren in der Bundesrepublik Deutschland?, RIW 1986, 214.

Glossner, Ottoarndt/Bredow, Jens/Bühler, Michael: Das Schiedsgericht in der Praxis, 3. Aufl., Heidelberg 1990 (zit.: Glossner/Bredow/Bühler, Rn.).

Goldmann, Berthold: La nouvelle réglementation française de l'arbitrage international in: The Art of Arbitration, Jan Schultz und A.J. van den Berg (Hrsg.), Deventer 1982 (zit.: Goldmann, S.).

Goldmann, Berthold: La *lex mercatoria* dans les contrats d'arbitrage internationaux: Réalité et perspectives, JDI 1979, 475.

Gottwald, Peter: Internationale Schiedsgerichtsbarkeit – Generalbericht, in: Arbitrage International – International Arbitration, Generalbericht und Nationalberichte, Bielefeld 1997, S.1 (zit.: Gottwald, S.).

Gottwald, Peter (Hrsg.): Internationale Schiedsgerichtsbarkeit – Arbitrage International – International Arbitration, Generalbericht und Nationalberichte, Bielefeld 1997 (zit.: Gottwald, S.).

Granzow, Joachim: Das UNCITRAL-Modellgesetz über die internationale Handelsschiedsgerichtsbarkeit von 1985, Dissertation München 1988.

Gravel, Serge/ Peterson, Patricia: French Law and Arbitration Clauses – Distinguishing Scope from Validity: Comment on ICC Case No. 6519 Final Award McGill L.J. 1992 (37), 510.

Habscheid, Walther: Einstweiliger Rechtsschutz durch Schiedsgerichte nach dem schweizerischen Gesetz über das Internationale Privatrecht (IPRG), IPRax 1989, 134.

Hausmaninger, Christian: Civil Liability of Arbitrators, JIA 1990 (7/4), 7.

Henn, Günter: Schiedsverfahrensrecht – Ein Handbuch, 2. Aufl, Heidelberg 1992.

Herrmann, Gerold: The UNCITRAL Arbitration Law: a Good Model of a Model Law, ULR/RDU 1998, 483.

Herrmann, Gerold: The Arbitration Agreement as the Foundation of Arbitration and its Recognition by the Courts in: ICCA Congress Series No.6, International Arbitration in a changing world, Bahrain Conference 1993, Deventer 1994, S. 41 (zit.: Herrmann, ICCA Congress Series No. 6, S.).

Herrmann, Gerold: The UNCITRAL Model Law – its background, salient features and purposes, AI 1985, 6.

Herrmann, Gerold: Introductory Note on the UNCITRAL Model Law on International Commercial Arbitration, ULR/RDU 1985, 285.

Hill, Jonathan: Some private international law aspects of the *Arbitration Act 1996*, ICLQ 46 (1997), 275.

Hoellering, Michael: Immunity in Arbitration, Arb. & the L. 99 (1983), 104 ff.

Holtzmann, Howard M./Neuhaus, Joseph E.: A Guide to the UNCITRAL Model Law On International Commercial Arbitration – Legislative History and Commentary, Deventer, Boston 1989 (zit.: Holtzmann/Neuhaus, S.).

Hußlein-Stich, Gabriele: Das UNCITRAL-Modellgesetz über die internationale Handelsschiedsgerichtsbarkeit, Dissertation Universität Regensburg 1989, Köln 1990.

International Handbook On Commercial Arbitration: International Council for Commercial Arbitration, National Reports, Basic Legal Texts, Pieter Sanders und Albert Jan van den Berg (Hrsg.), Den Haag, London, Boston, 1998 (zit.: ICCA-Handbook, Vol.).

Jarrosson, Charles: La clause compromissoire, Rev. arb. 1992, 259.

Jarrosson, Charles: Anmerkung zu *Société Graine d'élite Clause* c/ *Gérin*, Cour de Cass. (2e Ch. civ.), 14.11.1990, Rev. arb. 1991, 76.

Jarvin, Sigvard: Choosing the Place of Arbitration – Where do we stand?, I.B.L. 16 (1988), 417.

Jarvin, Sigvard: La Loi-Type de la C.N.U.D.C.I. sur l'arbitrage commercial international, Rev. arb. 1986, 509.

Jarvin, Sigvard/Boissavy, Matthieu: « Jurisprudence arbitrale », RDAI/IBLJ 1999/3, 354.

Jones, Timothy: Judicial Interpretation of the *Arbitration Act 1996*, Arbitration 1999 (65/1), 35.

Kahn, Anne-Emmanuelle: Anmerkung zu *Société Excelsior Film TV, SRL c/ société UGC-PH*, 24.3.1998, J.D.I. 1999, 156.

Kaplan, Neil: The Hong Kong Arbitration Ordinance: Some Features and Recent Amendments, Am. Rev. Int. Arb. 1990, 25.

Kaufmann-Kohler, Gabrielle: Le lieu de l'arbitrage à l'aune de la mondialisation – Réfléxions à propos de deux formes récentes d'arbitrage, Rev. arb. 1998, 517.

Kerr, Michael Sir: Arbitration and the Courts – The UNCITRAL Model Law, ICLQ 34 (1985), 1.

Kerr, Michael Sir: Concord and Conflict in International Arbitration, AI 1997 (13/2), 121.

Keutgen, Guy: NOTE – L'arbitrage des personnes morales de droit public – Une interprétation extensive de l'article 1676 du Code judiciaire, R.C.J.B. 1998, 391.

Keutgen, Guy: Le droit belge de l'arbitrage, in: Festschrift für Ottaoarndt Glossner zum 70. Geburtstag, Alain Plantey, Karl-Heinz Böckstiegel, Jens Bredow (Hrsg.), Heidelberg 1994, S.165 (zit.: Keutgen, FS Glossner, S.).

Kirry, Antoine: Arbitrability: Current Trends in Europe, AI 1996 (12), 373.

Kornblum, Udo: „Ordre public transnational", „ordre public international" und „Ordre public interne" im Recht der privaten Schiedsgerichtsbarkeit in: Festschrift für Heinrich Nagel zum 75. Geburtstag, Münster 1987, S. 140 (zit.: Kornblum, FS Nagel, S.).

Koussoulis, Stelios: Die internationale Schiedsgerichtsbarkeit in Griechenland in: Arbitrage International – International Arbitration, Generalbericht und Nationalberichte, Bielefeld 1997, S. 405 (zit.: Koussoulis, Nationalbericht Griechenland, S.).

Koussoulis, Stelios: Fragen zur Mehrparteienschiedsgerichtsbarkeit, insbesondere zur Bestellung der Schiedsrichter, ZZP 107 (1994), 195.

Krishnamurthi, N./Nariman, F.S.: India in: International Handbook on Commercial Arbitration National Reports, Basic Legal Texts, Volume II, Pieter Sanders und Albert Jan van den Berg (Hrsg.), Den Haag, London, Boston, 1998 (zit.: Krishnamurthi/Nariman, ICCA-Handbook II, S.).

Kröll, Stefan: Ergänzung und Anpassung von Verträgen durch Schiedsgerichte, Dissertation Universität Köln 1997/98, Köln Berlin Bonn 1998.

Kronke, Herbert: Internationale Schiedsverfahren nach der Reform, RIW 1998, 257.

Kropholler, Jan: Das Unbehagen am forum shopping in: Festschrift für Karl Firsching zum 70. Geburtstag, Dieter Henrich, Bernd von Hoffmann (Hrsg.), München 1985, S.165 (zit.: Kropholler, FS Firsching, S.).

Kuckenburg, Joachim: Das Jahr 1995 im Internationalen Schiedsgerichtshof der Internationalen Handelskammer (ICC), BB 1996, Beil.15, S. 2.

Kühn, Wolfgang: RICO-Ansprüche im internationalen Schiedsverfahren und deren Anerkennung in Deutschland in: Festschrift für Ottaoarndt Glossner zum 70. Geburtstag, Alain Plantey, Karl-Heinz Böckstiegel, Jens Bredow (Hrsg.), Heidelberg, 1994, S. 193 (zit.: Kühn, FS Glossner, S.).

Kühn, Wolfgang: Vorläufiger Rechtsschutz und Schiedsgerichtsbarkeit, JPS 1987, 47.

Labes, Hubertus W./Lörcher, Torsten (Hrsg.): Textausgabe Nationales und Internationales Schiedsverfahrensrecht, München 1998 (zit.: Labes/Lörcher, Nr.).

Lachmann, Jens-Peter: Handbuch für die Schiedsgerichtspraxis, Köln 1998.

Lalive, Pierre: Problèmes spécifiques de l'arbitrage international, Rev. arb. 1980, 341.

Lalive, Pierre: Problèmes spécifiques de l'arbitrage international, Rev. arb. 1980, 341.

Lando, Ole: The lex mercatoria in International Commercial Arbitration, ICLQ 1985 (34), 34.

Lange, Dieter G./Wiessner, Siegfried: Die Schiedsfähigkeit internationaler Antitruststreitigkeiten, RIW 1985, 757.

Langkeit, Jochen: Staatenimmunität und Schiedsgerichtsbarkeit, Dissertation Universität Münster 1988, Heidelberg 1989.

Larenz, Karl: Methodenlehre der Rechtswissenschaft, 6. Aufl., Berlin 1991.

Laschet, Franz Florian: Schiedsgerichtsbarkeit und einstweiliger Rechtsschutz, ZZP 99 (1986), 271.

Laschet, Franz Florian: Verbindung internationaler Schiedsverfahren durch den englischen *Court of Appeal* , IPRax 1985, 49.

LCIA-Report: The Chartered Institute of Arbitrators, Report on the Arbitration Act 1996, London, http://www.arbitrators.org/ARBACT.HTM (zit.: LCIA-Report, S.).

Leurent, Bruno: Note – *Société Procédés de préfabrication pour le béton c/ Libye*, Entscheidung des Cour d'Appel de Paris; (1re Ch.C) vom 28.10.1997, Rev. arb. 1998, 402.

Lionnet, Klaus: The New German Arbitration Act – A User's Perspective, AI 1998 (14/1), 57.

Lionnet, Klaus: Handbuch der internationalen und nationalen Schiedsgerichtsbarkeit, Stuttgart, 1996.

Lörcher, Gino: Towards a Reform of the German Rules Governing Arbitration, AI 1995 (11/4), 391.

Lörcher, Heike: Das internationale Handelsschiedsverfahren in Frankreich Köln, Berlin 1997 (zit.: Lörcher, Frankreich, S.).

Lord Dervaird: Scotland in: International Handbook on Commercial Arbitration National Reports, Basic Legal Texts, Volume III, Pieter Sanders und Albert Jan van den Berg (Hrsg.), Den Haag, London, Boston, 1998 (zit.: Lord Dervaird, ICCA-Handbook III, S.).

Lorenz, Karl: Die Rechtsnatur von Schiedsvertrag und Schiedsspruch, AcP 157 (1958/59), 265.

Lowenfeld, Andreas F.: Singapore and the Local Bar: Aberration or Ill Omen?, JIA 1988 (5/3), 71.

Malouche, Habib: Tunesien in: International Handbook on Commercial Arbitration National Reports, Basic Legal Texts, Volume IV, Pieter Sanders und Albert Jan an den Berg (Hrsg.), Den Haag, London, Boston, 1998 (zit.: Malouche, ICCA-Handbook IV, S.).

Matray, Lambert: Belgien in: International Handbook on Commercial Arbitration National Reports, Basic Legal Texts, Volume I, Pieter Sanders und Albert Jan van den Berg (Hrsg.), Den Haag, London, Boston, 1998 (zit.: Matray, ICCA-Handbook I, S.).

Meier, Isaak/ Duve, Christian: Vom Friedensrichter zum Mediator – Einführung von Mediation in bestehende Institutionen der Streitschlichtung, SJZ 95 (1999), 157.

Melis, Werner: Austria in: International Handbook on Commercial Arbitration National Reports, Basic Legal Texts, Volume I, Pieter Sanders und Albert Jan van den Berg (Hrsg.), Den Haag, London, Boston, 1998 (zit.: Melis, ICCA-Handbook I, S.).

Michaels, Ralf: Anerkennung internationaler Schiedssprüche und ordre public, ZfRV 1999, 5.

Münchener Kommentar zur Zivilprozeßordnung mit Gerichtsverfassungsgesetz und Nebengesetzen, Band 3, §§ 803–1048, EGZPO, GVG, EGGVG, Internationales Zivilprozeßrecht, Gerhard Lüke und Alfred Walchshöfer (Hrsg.), München 1992 (zit.: MüKo-Bearbeiter, §, Rn.).

Mustill, Lord: A new Arbitration Act for the United Kingdom? The Response of the Departmental Advisory Committee to the UNCITRAL Model Law, AI 1990 (6/1), 3.

Mustill, Lord: Arbitration: History and Background, JIA 1989 (6/2), 43.

Mustill, Lord: The new Lex Mercatoria: The first Twenty-five Years, AI 1988, 86.

Mustill, Lord: Departmental Advisory Committee on Arbitration Law, A Report on the UNCITRAL Model Law on International Commercial Arbitration, London 1989 (zit.: DAC-Report, S.).

Mustill, Michael J/ Boyd, Stewart C.: The Law and Practice of Commercial Arbitration in England, 2nd Edition, London 1989.

Nolting, Ekkehard: Empfiehlt es sich, das deutsche Schiedsrecht zu reformieren? IPRax 1987, 387.

Olesen, Elvi J.: *Baar v. Tigerman:* An Attack on Absolute Immunity of Arbitrators!, Cal. Western L.R. 1985 (21), 564.

Paulsson, Jan: La Lex Mercatoria dans l'arbitrage C.C.I., Rev. arb. 1990, 55.

Paulsson, Jan: Arbitration unbound in Belgium, AI 1986 (2/1), 68.

Paulsson, Jan: May a state invoke its internal law to repudiate consent to international commercial arbitration ? Reflections on the *Benteler v. Belgium* Preliminary Award, AI 1986 (2/2), 90.

Peter, Wolfgang: Arbitration and Renegotiation Clauses, JIA 1986 (3/2), 29.

Plantey, Alain: Is a general policy of international arbitration possible? ICC-Bulletin 1996 (7/1), 15.

Plantey, Alain: L'arbitrage international dans les nouveaux enjeux culturels mondiaux in: Festschrift für Ottaoarndt Glossner zum 70. Geburtstag, Alain Plantey, Karl-Heinz Böckstiegel, Jens Bredow (Hrsg.), Heidelberg, 1994, S. 241 (zit.: Plantey, FS Glossner, S.).

Prujiner, Alain: Chronique de Jurisprudence candienne et québécoise – La force obligatoire des clauses d'arbitrage (Article 8 de la Loi-type de la CNUDCI), Rev. arb. 1994, 569.

Raeschke-Kessler, Hilmar: The New German Arbitration Act v. Old German Case Law: Which Case Law of the *Bundesgerichtshof* (German Federal Supreme Court) is to be applied to the New Act?, AI 1998 (14/1), 47.

Raeschke-Kessler, Hilmar: Neuere Entwicklungen im Bereich der internationalen Schiedsgerichtsbarkeit, NJW 1988, 3041.

Raeschke-Kessler, Hilmar/Berger, Klaus-Peter/ Lehne, Hans K.: Recht und Praxis des Schiedsverfahrens, 2. Aufl., Köln 1995 (zit.: Raeschke-Kessler/ Berger/Lehne, Rn.).

Redfern, Alan/ Hunter, Martin: Law & Practice of International Commercial Arbitration, 2. Aufl., London 1991.

Reithmann, Christoph/Martiny, Dieter: Internationales Vertragsrecht – Das internationale Privatrecht der Schuldverträge, 5. Aufl., Köln 1996 (zit.: Reithmann-Bearbeiter, Rn.).

Reymond, Claude: Des connaissances personnelles de l'arbitre à son information privilégiée – Réflexions sur quelques arrêts récents, Rev. arb. 1991, 3.

Reymond, Claude: La nouvelle loi suisse et le droit de l'arbitrage international Réflexions de droit comparé, Rev. arb. 1989, 385.

Römisches EWG – Übereinkommen über das auf vertragliche Schuldverhältnisse anzuwendende Recht vom 19.6.1980 i. d. F. des Übereinkommens von Funchal vom 18.5.1992, in Kraft getreten am 1. April 1991, BGBl. 1986 II S. 809 (zit.: EWG-Übereinkommen).

Romain, Alfred: Wörterbuch der Rechts- und Wirtschaftssprache, Teil I, Englisch-Deutsch, 4. Aufl., München 1989.

Sanders, Pieter: The Future of International Commercial Arbitration in: LIBER AMICORUM – Commission Droit et Vie des Affaires, 40ème Anniversaire (1957-1997), Brüssel 1998, S.251 (zit.: Sanders, Liber Amicorum, S.).

Sanders, Pieter: Arbitration in: International Encyclopedia of Comparative Law, Vol. XVI (Civil Procedure), Chapter 12, Tübingen 1996 (zit.: Sanders, Nr.).

Sanders, Pieter: Unity and Diversity in the Adoption of the Model Law, AI 1995 (11), 1.

Sandrock, Otto: Welche Verfahrensregeln hat ein Internationales Schiedsgericht zu befolgen? in: Festschrift für Ottaoarndt Glossner zum 70. Geburtstag, Alain Plantey, Karl-Heinz Böckstiegel, Jens Bredow (Hrsg.), Heidelberg 1994, S. 281 (zit.: Sandrock, FS Glossner, S.).

Sandrock, Otto: Welches Kollisionsrecht hat ein Internationales Schiedsgericht anzuwenden?, RIW 1992, 785.

Sandrock, Otto: Zur Auslegung des Art. 13 Abs.3 und 5 der Verfahrensordnung des Internationalen Schiedsgerichtshofes der Internationalen Handelskammer – Zugleich eine Besprechung des Schiedsspruchs vom 1.9.1988 in der IHK-Schiedssache Nr. 5953 und des Urteils der „Cour d'Appel de Paris“ vom 1.9.1989, JPS 1990, 131.

Sandrock, Otto: International Arbitration in the Federal Republic of Germany: A Hitherto Missed Opportunity, Am. Rev. Int. Arb. 1990, 49.

Sandrock, Otto/Nöcker, Thomas: Einstweilige Maßnahmen internationaler Schiedsgerichte: bloße Papiertiger?, JPS 1987, 74.

Schlabrendorff, Fabian: Auswirkung des neuen Rechts auf die Praxis des Schiedsverfahrens in: DIS-Materialien, Neues Deutsches Schiedsverfahrensrecht, Neue DIS-Schiedsgerichtsordnung, DIS-MAT IV (1998), Bonn 1998, S. 27 (zit.: Schlabrendorff, DIS-MAT IV (1998), S.).

Schlosser, Peter: Die Schiedsfähigkeit im engeren und weiteren Sinne in: DIS-Materialien, Neues Deutsches Schiedsverfahrensrecht, Neue DIS-Schiedsgerichtsordnung, DIS-MAT IV (1998), Bonn 1998, S. 51 (zit.: Schlosser, DIS-MAT IV (1998), S.).

Schlosser, Peter: Anmerkung zu BGH, Urteil vom 29.3.1996 –II ZR 124/95 (OLG Karlsruhe), JZ 1996, 1020.

Schlosser, Peter: Bald neues Recht der Schiedsgerichtsbarkeit in Deutschland?, RIW 1994, 723.

Schlosser, Peter: Notwendige Reform des deutschen Rechts der Schiedsgerichtsbarkeit – Eine Studie im Lichte der Rechtsvergleichung, ZIP 1987, 492.

Schlosser, Peter: Einstweiliger Rechtsschutz durch staatliche Gerichte im Dienste der Schiedsgerichtsbarkeit, ZZP 99 (1986), 241.

Schlosser, Peter: Das Recht der internationalen privaten Schiedsgerichtsbarkeit, 2. Auflage, Tübingen 1989 (zit.: Schlosser, Rn.).

Schmidt, Corinna: Zulässigkeit eines Wechselprozesses bei Vorliegen einer Schiedsabrede?, RIW 1993, 639.

Schmidt, Karsten: Neues Schiedsverfahrensrecht und Gesellschaftsrechtspraxis, ZHR 162 (1998), 265.

Schmidt, Karsten: Schiedsklage gegen Hauptversammlungsbeschlüsse – Ein Beitrag zum Innenrecht der „kleinen AG", AG 1995, 551.

Schneider, Michael E.: L'arret de la Chambre des Lords dans l'affaire *Hiscox v. Outhwaite,* ASA Bull. 1991, 279.

Schröder, Jochen/Wenner, Christian: Internationales Vertragsrecht – Das Kollisionsrecht der transnationalen Wirtschaftsverträge, 2. Aufl., Köln 1998.

Schumacher, Klaus: Anwendungsbereich des künftigen deutschen Schiedsverfahrensrechts in: Festschrift für Ottaoarndt Glossner zum 70. Geburtstag, Alain Plantey, Karl-Heinz Böckstiegel, Jens Bredow (Hrsg.), Heidelberg, 1994, S. 341 (zit.: Schumacher, FS Glossner, S.).

Schumann, Claus-Dieter: Plan eines Zentralen Gerichtshofs für die Anerkennung von Schiedssprüchen – Was ist daraus geworden?, RIW 1993, 701.

Schumann, Claus-Dieter: Plan eines Zentralen Gerichtshofs für die Anerkennung von Schiedssprüchen, RIW 1987, 415.

Schütze, Rolf A.: Zur partiellen Rechtsfähigkeit in internationalen Schiedsverfahren (zu BGH, 23.4.1998 – III ZR 194/96), IPRax 1999, 87.

Schütze, Rolf A.: Zur Präzedenzwirkung von Schiedssprüchen in: Festschrift für Ottaoarndt Glossner zum 70. Geburtstag, Alain Plantey, Karl-Heinz Böckstiegel, Jens Bredow (Hrsg.), Heidelberg 1994, S. 333 (zit.: Schütze, FS Glossner, S.).

Schütze, Rolf A.: Die Bedeutung der Rechtsprechung als Rechtsquelle im deutschen internationalen Zivilprozeßrecht, ZVglRWiss 92 (1993), 29.

Schütze, Rolf A./Tscherning, Dieter/Wais, Walter: Handbuch des Schiedsverfahrens, 2. Aufl., Berlin, New York 1990 (zit.: Schütze/Tscherning/Wais, Rn.).

Schwab, Karl Heinz: Die Gleichheit der Parteien bei der Bildung des Schiedsgerichts, BB 1992, Beil.15, S. 17.

Schwab, Karl Heinz/Walter, Gerhard: Schiedsgerichtsbarkeit, Kommentar, 5. Aufl., München 1995.

Schwark, Eberhard: Kommentar zum Börsengesetz und zu den börsenrechtlichen Nebenbestimmungen, 2. Aufl., München 1994 (zit.: Schwark, §, Rn.).

Shenton, David W./Kühn, Wolfgang: Interim Court Remedies in Support of Arbitration – A country by country analysis, London, 1987.

Shifman, Bette E.: Developments in Adoption of the UNCITRAL Model Law on International Commercial Arbitration, Am. Rev. Int. Arb. 1990, 281.

Smid, Stefan: Kompetenz-Kompetenz der Schiedsgerichte und Autorität des Schiedsrichters– Zur Kritik der Reform des 10. Buches der ZPO (Teil 3), DZWiR 1996, 52.

Smit, Hans: Contractual Modification of the scope of judicial Review of Arbitral Awards, Am. Rev. Int. Arb. 1997, 147.

Smit, Hans: May an Arbitration Agreement calling for institutional arbitration be denied enforcement because of the cost involved?, Am. Rev. Int. Arb. 1997, 167.

Smit, Hans: The Arbitration Clause: Who determines its validity and its personal and subject matter reach?, Am. Rev. Int. Arb. 1995, 395.

Söderlund, Christer: Verfahrensfragen im Rahmen der Internationalen Schiedsgerichtsbarkeit, BB 1997, Beil. 13, S. 18.

Sonnauer, Heinz: Die Kontrolle der Schiedsgerichte durch die staatlichen Gerichte, Dissertation Universität Regensburg 1991, Köln 1992.

Staudinger, Julius von: Kommentar zum Bürgerlichen Gesetzbuch mit Einführungs- und Nebengesetzen, Art 27–37 (Internationales Vertragsrecht); Art 10 (Internationales Namensrecht), 12. Aufl., Berlin 1998 (zit.: Staudinger-Bearbeiter).

Stein, Ursula: Punitive Damages – eine Herausforderung für die internationale Wirtschaftsschiedsgerichtsbarkeit?, EuZW 1994, 18.

Stein-Jonas: Kommentar zur Zivilprozeßordnung, Bearbeitet von Reinhard Bork, Band 7/2, §§ 946-1048, 21. Aufl., Tübingen 1994, Band 1, §§ 1-90, 21. Aufl., Tübingen 1993 (zit.: Stein/Jonas-Bearbeiter, §, Rn.).

Storme, Marcel (Hrsg.)/De Ly, Filip (Hrsg.): The Place of Arbitration Third International Symposium on the Law of International Commercial Arbitration, Gent, 30-31 may 1991, Institute of National and International Arbitration Law, Gent 1992.

Stumpf, Herbert/ Steinberger, Christian: Bedeutung von internationalen Schiedsgerichten und ihre Vereinbarung in verschiedenen Ländergruppen, RIW 1990, 174.

Thomas, Heinz/Putzo, Hans: Zivilprozeßordnung mit Gerichtsverfassungsgesetz und den Einführungsgesetzen, §§ 1025-1066 bearbeitet von Dr. Heinz Thomas, 21. Aufl., München 1998 (zit.: Thomas/Putzo-Thomas, §, Rn.).

Tolsen, Karen: Conflicts presented by Arbitral Awards of Punitive Damages, AI 1988 (4/3), 255.

Triebel, Volker: Die Bundesrepublik wird als Schiedsgerichtsort in internationalen Schiedsverfahren gemieden, AnwBl 1985, 296.

Triebel, Volker/ Petzold, Eckart: Grenzen der Lex Mercatoria in der internationalen Schiedsgerichtsbarkeit, RIW 1988, 245.

Triebel, Volker/ Plaßmeier, Heiko: Das neue englische Schiedsgerichtsgesetz, BB 1997, Beil. 13, S. 1.

Tschanz, Pierre-Yves: La Convention d'Arbitrage, RDAI/IBLJ 1989/6, 749.

Tschanz, Pierre-Yves: Le nouveau droit suisse de l'arbitrage international, RDAI/IBLJ 1988/4, 443.

van den Berg, Albert Jan: New York Convention 1958, Consolidated Commentary Cases Reported in Volumes XVII (1992) – XIX (1994), YB XIX (1994), 475.

van den Berg, Albert Jan: The Netherlands, YB XII (1987), 3.

van den Berg, Albert Jan: Non domestic arbitral awards under the 1958 New York Convention, AI 1986, 191.

van den Berg, Albert Jan: The New York Convention of 1958: toward a uniform judicial interpretation, Deventer 1981 (zit.: van den Berg, NYC, S.).

van Houtte, H.: La Loi Belge du 27 mars 1985 sur l'arbitrage international, Rev. arb. 1986, 29.

Veeder QC, V.V.: England in: International Handbook on Commercial Arbitration National Reports, Basic Legal Texts, Volume II, Pieter Sanders und Albert Jan van den Berg (Hrsg.), Den Haag, London, Boston, 1998 (zit.: Veeder, ICCA-Handbook II, S.).

Veeder QC, V.V.: La Nouvelle Loi Anglaise sur l'arbitrage de 1996: la naissance d'un magnifique éléphant (1), Rev. arb. 1997, 3.

Verbist, Herman: Reform of the Belgian Arbitration Law (The Law of 19 May 1998) – Réforme du droit de l'arbitrage en Belgique (La loi du 19 mai 1998), RDAI/IBLJ 1988/7, 842.

Voit, Wolfgang: Privatisierung der Gerichtsbarkeit, JZ 1997, 120.

Wagoner, David E.: Arbitration: Preparing for the 21st Century – The Mandate for Harmonisation of International Arbitration, Arbitration 1999 (65/1), 17.

Walter, Gerhard: Internationales Zivilprozeßrecht der Schweiz, 2. Aufl., Stuttgart, Berlin 1998 (zit.: Walter, §).

Weigand, Frank-Bernd: Das neue englische Schiedsverfahrensrecht, RIW 1997, 904.

Weller, Heinz: Die Bedeutung der Präjudizien im Verständnis der deutschen Rechtswissenschaft, Berlin, 1979.

Werro, Franz/ Belser, Eva Maria: Die UNIDROIT Grundregeln der internationalen Handelsverträge – Eine Würdigung aus schweizerischer Sicht in: Rapports suisses présentés au XVème Congrés international de droit comparé, Bristol, 27.7. au 1.8. 1998, Zürich 1998, Vol. 34, 511.

Wetter, Gillis: The Internationalization of International Arbitration: Looking Ahead to the Next Ten Years, AI 1995 (11/7), 117.

Wichard, Christian: Die Anwendung der UNIDROIT-Prinzipien für internationale Handelsverträge durch Schiedsgerichte und staatliche Gerichte, RabelsZ 60 (1996), 269.

Wiebringhaus, Hans: Die Bemühungen des Europarats um eine Rechtsangleichung auf wirtschaftlichem Gebiet, Beiträge zum Internationalen Wirtschaftsrecht und Atomenergierecht, Bd. 2, Heft 4, Institut für Völkerrecht der Universität Göttingen (Hrsg.), Göttingen 1967.

Yearbook Commercial Arbitration: Herausgegeben bis 1985 von Pieter Sanders, seit 1986 von Albert Jan van den Berg, in Zusammenarbeit mit dem T.M.C. Asser Institute for International Law, Den Haag (zit.: YB, Vol. (Jahr) S.).

Zerbe, Götz: Die Reform des deutschen Schiedsverfahrensrechts auf der Grundlage des UNCITRAL-Modellgesetzes über die internationale Handelsschiedsgerichtsbarkeit, Dissertation Universität Bielefeld Baden-Baden 1995,1994.

Zilles, Stephan: Vereinbarung des Schiedsverfahrens über Beschlüsse von GmbH-Gesellschaftern, BB 1999, Beil. 4, S. 2.

Zimmermann, Walter: Zivilprozeßordnung mit Gerichtsverfassungsgesetz und Nebengesetzen, Kommentar, 5. Aufl., Heidelberg 1998 (zit.: Zimmermann, §).

Zöller: Zivilprozeßordnung mit Gerichtsverfassungsgesetz und den Einführungsgesetzen, mit internationalem Zivilprozeßrecht, Kostenanmerkungen, begr. von Richard Zöller, 21. Auflage, Köln 1999 (zit.: Zöller-Bearbeiter, §, Rn.).

Schriftenreihe der August Maria Berges Stiftung für Arbitrales Recht

Herausgegeben von Dr. Hubertus W. Labes

Band 1 August Maria Berges – Ausgewählte Schriften zum Schiedsrecht. Herausgegeben von der August Maria Berges Stiftung für Arbitrales Recht. 1998

Band 2 Iris Koch: Außergerichtliche Streitbeilegung im japanischen Wirtschaftsverkehr unter besonderer Berücksichtigung der Schiedsgerichtsbarkeit. 2000.

Band 3 Hans-Claudius Scheef: Der einstweilige Rechtsschutz und die Stellung der Schiedsrichter bei dem Abschluß von Schiedsvergleichen nach dem deutschen und englischen Schiedsverfahrensrecht. Eine rechtsvergleichende Untersuchung. 2000.

Band 4 Dominik Lentz: Die internationale Wirtschaftsschiedsgerichtsbarkeit in der Russischen Föderation. Darstellung und Analyse anhand der Praxis des internationalen Handelsschiedsgerichts bei der Handels- und Industriekammer der Russischen Föderation. 2000.

Band 5 Torsten Lörcher: Neue Verfahren der internationalen Streiterledigung in Wirtschaftssachen. Verfahren vor dem Internationalen Seegerichtshof, WTO-Panelverfahren, ICSID-und WIPO-Schiedsverfahren. 2001.

Band 6 Julia Tief: Discovery und Informationspflichten der Parteien in der Internationalen Schiedsgerichtsbarkeit. Ein deutsch-amerikanischer Vergleich. 2000.

Band 7 Richard Happ: Schiedsverfahren zwischen Staaten und Investoren nach Artikel 26 Energiechartavertrag. Eine Studie zum Wandel der Streitbeilegung im Investitionsschutzrecht unter den Bedingungen einer globalen Weltwirtschaft. 2000.

Band 8 Jörn Schämann: Schiedsgerichte unter staatlicher Kontrolle. Das englische Recht und das UNCITRAL-Modellgesetz. 2001.

Band 9 Jana Dominique Jaeger: Die Umsetzung des UNCITRAL-Modellgesetzes über die internationale Handelsschiedsgerichtsbarkeit im Zuge der nationalen Reformen. 2001.

Peter Lang · Europäischer Verlag der Wissenschaften

Robert Jofer

Strafverfolgung im Internet

Phänomenologie und Bekämpfung kriminellen Verhaltens in internationalen Computernetzen

Frankfurt/M., Berlin, Bern, New York, Paris, Wien, 1999. 252 S.
Europäische Hochschulschriften: Reihe 2, Rechtswissenschaft. Bd. 2555
ISBN 3-631-34335-3 · br. DM 84.–*

Das Internet hat Straftätern neue Betätigungsfelder eröffnet, mit denen sich Justiz und Gesetzgeber zunehmend auseinandersetzen müssen. Nach der Darstellung der bisher aufgetretenen Kriminalitätsphänomene und der zugehörigen Erkenntnisquellen widmet sich ein zweiter Schwerpunkt materiell-rechtlichen Fragestellungen. Unter anderem werden die Anwendbarkeit deutschen Strafrechts und die Strafbarkeit des Providers – unter Berücksichtigung des neuen TDG – intensiv erörtert. Im dritten Teil werden die technischen und prozessualen Probleme der Strafverfolgung in Computernetzen sowie die Möglichkeiten und Grenzen der Strafverfolgung untersucht. Schwierigkeiten bereitet die Internationalität des Mißbrauchs und der Auslandsbezug von Ermittlungen. Der staatliche Zugriff auf Mailboxen ist mit dem vorhandenen rechtlichen Instrumentarium kaum zu rechtfertigen. Verschlüsselungsverbote werden ausführlich behandelt.

Aus dem Inhalt: Erscheinungsformen des Verbrechens im Internet · Strafbarkeit von Providern und Nutzern · Technische und strafprozessuale Probleme der Strafverfolgung im Internet · Überwachung von Mailboxen · Das Kryptographieproblem

Frankfurt/M · Berlin · Bern · Bruxelles · New York · Oxford · Wien
Auslieferung: Verlag Peter Lang AG
Jupiterstr. 15, CH-3000 Bern 15
Telefax (004131) 9402131
*inklusive Mehrwertsteuer
Preisänderungen vorbehalten

Printed by
CPI books GmbH, Leck

FSC
www.fsc.org
MIX
Papier | Fördert
gute Waldnutzung
FSC® C083411

Kolibri 360 GmbH
Ferdinand-Jühlke-Straße 7
99095 Erfurt, Deutschland
produktsicherheit@kolibri360.de